07.05

Grace Irwin
Die Karriere

Grace Irwin

Die Karriere

Der Weg des Andrew Connington

BRUNNEN VERLAG GIESSEN/BASEL

ABCteam-Bücher erscheinen in folgenden Verlagen:
Aussaat- und Schriftenmissions-Verlag Neukirchen-Vluyn
R. Brockhaus Verlag Wuppertal
Brunnen Verlag Gießen (und Brunnquell-Verlag)
Christliche Verlagsanstalt Konstanz
(und Friedrich Bahn Verlag/Sonnenweg Verlag)
Christliches Verlagshaus Stuttgart
(und Evangelischer Missionsverlag)
Oncken Verlag Wuppertal und Kassel

Originaltitel: Least of all Saints
McClelland & Stewart Limited, Toronto, Canada
Deutsch von Dr. E. Gauhe

Ungekürzte Lizenzausgabe
mit freundlicher Genehmigung des
R. Brockhaus Verlages, Wuppertal

1989 Brunnen Verlag Gießen
Umschlaggestaltung: Martin Künkler
Herstellung: Ebner Ulm
ISBN 3-7655-3383-1

Das Erbe der Conningtons

An einem Sonntagabend im Frühjahr 1778 betrat Andrew Connington mit verächtlicher, mißbilligender Miene Wesleys Kapelle. Ohne das Anerbieten des Platzanweisers zu beachten, ging er zu der am wenigsten besetzten Bank und nahm dort Platz; aus seiner Haltung konnte man erraten, was er war: ein kluger Londoner Geschäftsmann, Skeptiker und überzeugter Gegner des neuen »Enthusiasmus« in religiösen Dingen.

Dennoch stand das, was er an diesem Abend tat, nicht im Widerspruch zu seinem allgemeinen Charakter. Obwohl er überzeugt war, daß die von Jonathan Williams, einem neuen Geschäftskollegen, vorgebrachten Argumente unsinnig und absurd seien, hatte er doch nicht bestreiten können, daß seine eigenen Meinungen über den Methodismus sich nur auf die Berichte anderer gründeten. Und als Mensch von ehrlicher Gesinnung war er zu dem Schluß gekommen, daß er, um seinen Standpunkt fester zu begründen und seinen Gegner zum Schweigen zu bringen, selbst in die Kapelle gehen müsse; und außerdem, überlegte er, konnte der Besuch vielleicht auch dazu helfen, ihn von dem Druck einer quälenden Kindheitserinnerung zu befreien.

Vor langer Zeit, als Zwölfjähriger, war er in seinem Heimatort mit einem Menschenhaufen mitgelaufen, der einen Laienprediger verfolgt und auf den Dorfteich zugetrieben hatte. Er hatte diesen Mann mit Dreck beworfen — mit besserem Erfolg als die übrigen —, sein Geschoß traf den Prediger seitlich am Gesicht und Hals. Der Mann drehte sich herum, sah ihn an und sonderte ihn mit seltsam ruhigen Augen aus dem Haufen aus; und obwohl der Blick nicht böse war, fiel es dem jungen Andrew schwer, ihm standzuhalten. Diese Augen hatten ihm die Lust an dem üblen Spiel verdorben, und unbemerkt hatte er sich von dem Menschenhaufen weggeschlichen, bevor der Teich erreicht war. — Das lag zwar weit zurück, viele Jahre, ehe ihn sein Weg aus Pensford, seinem Heimatdorf, in die Hauptstadt führte; doch seit jenem Tage hatte er sich nie mehr einem Pöbelhaufen angeschlossen, und oft hatte er darüber nachgedacht, was aus dem Opfer wohl geworden sei, denn es war ein zart gebauter Mann gewesen – ursprünglich, bevor er das Predigen angefangen hatte, Weber in einer nahen Stadt, hatte es geheißen – und der Tag war kalt und rauh gewesen.

Die Methodisten seien Friedensstörer, hatte man gesagt, ungehörige und verrückte Leute. Und diese Anschuldigungen hatte er damals geglaubt. Später hatte er gemerkt, daß seine frühere Meinung überspitzt gewesen war, doch noch immer hielt er an der Ansicht fest, daß die Methodisten hysterische Fanatiker seien, daß sie gefährliche Lehrmeinungen verbreiteten und geschmacklose kirchliche Gebräuche hätten. Infolgedessen hatte er sich stets bemüht – bis vor einiger Zeit mit ausgesprochenem Erfolg –, ein Zusammentreffen mit Angehörigen dieser Sekte, deren Wachstum in bezug auf Zahl und Einfluß ihn sehr stark verdroß, zu vermeiden.

Aber sein Freund Williams war allem Anschein nach ein durchaus vernünftiger Geschäftsmann, und was er sagte, zeugte von Intelligenz und Sachkenntnis. Es war für Connington ein großer Schock gewesen, als Williams bei seinem ersten Besuch im Hause das angebotene Glas Gin zurückgewiesen und, als er daraufhin – nur scherzhaft – methodistischer Neigungen beschuldigt wurde, heiter und demütig bekannt hatte, daß er nicht nur ein aufrichtiger Bewunderer Wesleys sei, sondern auch eine Bibelgruppe in dessen neuer Kapelle leite. Und so war es nach mehreren Monaten des Debattierens und Hinausschiebens zu Conningtons bedeutsamem Kirchenbesuch gekommen.

Der erste Eindruck, den er von der Kapelle hatte, war außerordentlich befriedigend, denn er wünschte nichts so sehr, als in seiner abschätzigen Meinung bestätigt zu werden. Die schmucklose Nüchternheit des Raumes stieß ihn ab; er war ganz anders als die »neue« Kirche St. Mary le Bow – nach dem großen Brand durch Sir Christopher Wren in großer Schönheit wieder aufgebaut – von deren Pracht und Würde er sich immer in angenehmer Weise selbst emporgehoben fühlte. Mit dem kritischen Auge dessen, der erst seit kurzem zu einigem Wohlstand aufgestiegen ist, stellte er fest, daß in der Menschenmenge, die die Kapelle füllte, die ärmlich oder einfach Gekleideten überwogen. Bisher hatte er noch nie in einer vollen Kirche gesessen, und die äußere Beengtheit hier verdroß ihn; auch störte ihn die Heiterkeit und Freude auf vielen Gesichtern, ihre deutliche Interessiertheit und eifrige Anteilnahme. Die heitere Gelassenheit schien von innen zu kommen, sicherlich nicht vom Anblick des viereckigen, kahlen, mit Galerien versehenen Raumes. Die Erwartung konzentrierte sich in steigendem Maße auf eine Türe links der großen, hohen Kanzel und erreichte ihren Höhepunkt in einem tiefen Aufatmen voll liebevoller Sympathie, als die Türe sich jetzt öffnete und eine kleine, gedrungene Gestalt hervortrat, weißhaarig und mit einem Chorhemd bekleidet. Obwohl er ihn noch nie gesehen, wußte Connington sofort, daß dies kein anderer sein konnte, als der große John Wesley selbst — Mr. Wesley, wie er bezeichnenderweise sowohl von Freunden wie Feinden genannt wurde.

Auf ihn konzentrierte Connington nun seine ganze verhaltene Mißbilligung: er mißbilligte die schlichte und spontane Art des Gottesdienstes, die hier die glatte Schönheit der altvertrauten Liturgie verdrängte, an welcher Wesley, angeblich noch immer Angehöriger der Staatskirche, doch hätte festhalten müssen; er mißbilligte das lange, inbrünstige und offensichtlich aus dem Augenblick geborene Gebet, das von einem Hilfsprediger gesprochen wurde, der nicht einmal das weiße Chorhemd trug; er mißbilligte das ergriffene und laute »Amen!« und »Hallelujah!« der Teilnehmer, das sich jeder ordentliche Geistliche von seiten der Gemeinde doch verbeten hätte; und er mißbilligte die Begeisterung der Gemeinde beim Singen und die ungewohnten, störenden Liedtexte.

So verfolgte Andrew Connington die Vorgänge mit ständiger Kritik, bis schließlich Wesley sich erhob, die Wendeltreppe hochstieg und oben, auf gleicher Höhe mit der Galerie, wieder auftauchte; der ehrwürdige Kopf mit dem weißen Haar und dem ruhigen, vollmächtigen Gesicht vor dem tiefen Schwarz der Kanzelrückwand erweckte den Gedanken an ein übernatürliches Wesen zwischen Himmel und Erde, besonders wenn er mit weitausholender Gebärde die Arme ausbreitete.

Und dann fing Wesley an zu sprechen. Sein Text war der, über den er schon so viele Male überall im Land gepredigt hatte: »Christus Jesus, welcher uns gemacht ist von Gott zur Weisheit und zur Gerechtigkeit und zur Heiligung und zur Erlösung«. In Connington vollzog sich eine Wandlung, je länger er zuhörte. Zunächst war es nichts als eine leise Scham über die verleumderischen, haßerfüllten Urteile, die er gutgeheißen und geteilt hatte; eine immer stärkere Gewißheit, daß dies ein Mensch von makelloser Lauterkeit und festfundiertem Wissen sei. Dann wuchs in ihm das unbehagliche Gefühl, daß Wesley nicht zu der atemlos lauschenden Menschenmenge redete, sondern einzig und allein zu ihm; daß die intensiven grauen Augen ihn entdeckt hätten und bis in seine tiefste Seele drängten; daß das Geheime seines Herzens, sonst von konventioneller Ehrbarkeit bequem verdeckt, jetzt nackt und offen daläge – nicht nur vor Gott, der immer viel zu weit entfernt gewesen war, als daß er ihn beunruhigt hätte, sondern auch vor diesem Mann, der, obwohl er nur als Mensch und Sünder sprach, dennoch diese furchtbare Macht besaß, ihn von seiner sündigen Natur zu überzeugen. »Alle unsere Gerechtigkeit ist wie ein unflätig Kleid«, sprach die klare, eindringliche Stimme, »aber er hat den, der von keiner Sünde wußte, für uns zur Sünde gemacht; auf daß wir würden in ihm die Gerechtigkeit, die vor Gott gilt«. Und nicht nur die markanten Worte, sondern auch die unerschütterte Gewißheit, mit der sie ausgesprochen wurden, erweckten jetzt in Andrew zum erstenmal in seinem Leben das Bewußtsein seiner unwürdigen Natur, seiner Hilflosigkeit und Heilsbedürftigkeit. Verflogen war seine Furcht vor Schwärmerei, sein Mißtrauen gegen den Gefühlsüberschwang. Mochten Wesleys Anhänger auch oftmals überspannt sein, er selber war so sachlich und vernünftig denkend wie ein Advokat, seine Ausdrucksweise war so folgerichtig wie ein Satz der Logik. Nur der mächtige Geist, der in dem kleinen und massiven Körper brannte und das klare Denken speiste, verlieh den Worten Durchschlagskraft und herzberührende Gewalt – den Worten, die an sich vielleicht zu nüchtern und zu kühl gewesen wären, um die Herzen und Gemüter zu bewegen.

Connington berührten sie in einem Maße, wie er noch nie von etwas angerührt worden war. Unsägliche Scham stieg in ihm hoch, Angst, Verzweiflung. In seinem Innern rangen ungekannte, nie geahnte Mächte. In dem qualvollen Ringen, das in ihm entbrannte, hätte er laut aufschreien können. Wahrscheinlich waren sämtliche Versammelten auf ihn aufmerksam geworden; alle diese Menschen mit ihrer seltsam heiteren Ruhe spürten sicherlich, daß ein Fremdling unter ihnen saß, ein nicht Wiedergeborener, ein Mensch, auf welchem Gottes Zorn lag, ein Sünder, an den sich die sanften, aber unentrinnbar konsequenten Worte ganz persönlich richteten.

Als die Stimme verstummte und er beim Einsetzen des nun folgenden Liedes die schweißfeuchte Stirn aus der schützenden Hand löste, bemerkte er mit Staunen, daß niemand auf ihn achtete. Dann, nachdem der Gottesdienst beendet war, wollte ihn eine mächtige innere Stimme antreiben, zu Mr. Wesley zu gehen, der, in ein ernstes Gespräch vertieft, noch unterhalb der Kanzel stand. Beinahe hätte er dem Impuls nachgegeben, aber dann bäumte sich sein ganzer Stolz dagegen auf. Ihr nachgeben, dieser Sehnsucht nach Geführtwerden? Seine innere Leere diesem Manne eingestehen, offen davon sprechen? Niemals! Mit einem Ruck, als durchbräche er einen Bann, drehte er sich um und drängte sich rücksichtslos durch die Menschen, die sich in geziemender Langsamkeit dem Ausgang zu bewegten.

Der Wunsch zu fliehen blieb beherrschend, auch als die sonntägliche Stille der City Road ihn aufnahm. Er trieb ihn immer weiter, durch dämmerige Straßen bis zu den Feldern, die die Stadt umgaben, über aufgeweichte Lehmwege und zurück auf einer abgelegenen Straße. Aber es gab kein Entrinnen. Wesleys Stimme war verstummt, doch die Worte klangen immer noch in seinem Innern nach. Von Wesleys Gegenwart und ihrer Anklage war er jetzt befreit, aber eine andere Gegenwart war da, und ihr konnte der Gehetzte nicht entfliehen. Auch wenn ihn keine flackernde Kirchenbeleuchtung mehr den Blicken seiner Mitmenschen aussetzte, so war die Dunkelheit, die ihn umhüllte, doch nicht dicht genug, um ihn zu verbergen vor den Augen, von denen Wesley eben erst gesprochen hatte – für sie war Licht und Dunkel eins.

Verzweifelt und erschöpft erreichte er schließlich seine Wohnung in Whitechapel. Seine Frau, schon in Sorge, ließ ihn ein, stellte aber keine Fragen, als sie sein Gesicht erblickte, und begab sich, seinem Winke folgend, still zu Bett. Die gewohnte Art ihres Mannes, wenn er getrunken hatte, war dies nicht; doch sie war zu klug, um Einwendungen zu machen.

Allein geblieben, sah sich Connington mit stumpfem Blick in dem vertrauten Raum um. Unsicher suchte er nach der neuen Bibel — er hatte sie vor kurzem erst gekauft, weil Williams bei ihren Diskussionen öfters Stellen aus der Schrift zitiert hatte. Er wußte selbst nicht, was er wollte; doch aus seinem zuverlässigen Gedächtnis stieg der Text von Wesleys Predigt auf. Nach längerem Herumsuchen fand er die Stelle im ersten Kapitel des ersten Korintherbriefes und fing mühsam an zu lesen.

Die Mitternacht fand ihn auf den Knien liegend, die Hände um die Bibel gekrallt wie um eine letzte Rettungsplanke, an die sich seine Seele in ihrer höchsten Not jetzt klammerte. Er betete — wenn man die mechanisch hingesprochenen Responsorien beim Gottesdienst nicht zählte — zum erstenmal in seinem Leben, manchmal lautlos, manchmal mit ersticktem, abgebrochenem Stöhnen. Es war kein leichter Sieg. Die ganzen bösen, eigensinnigen Teufel, die sich in seiner Seele schon so lange häuslich eingerichtet hatten, standen vor der angeschlagenen Zitadelle Wache und suchten zu verhindern, daß er die Festung übergab.

Jedoch ihr Widerstand war nutzlos. Einige Zeit nach Mitternacht, in den Stunden tiefster Dunkelheit, kam in seine Seele plötzlich Frieden, unbeschreiblich , aber klar und unverkennbar. Am Morgen fand ihn seine Frau noch immer dort, neben seinem Stuhl am Boden schlafend, und sie zögerte, ihn aufzuwecken, weil sie fürchtete, der beglückte Ausdruck würde dann von seinem Angesicht verschwinden.

Wunderbarerweise aber schwand er nicht. Er blieb. Er blieb auch weiterhin: als er sein Erlebnis dann erzählte, das seine Frau und ihn in gleichem Maß erstaunte; als er in der Arbeitszeit zu Williams ging und von der Herzensfreude seines Freundes tief berührt wurde; als sie gemeinsam dann zu Wesley gingen, der sich mit ihnen lange unterhielt und mit ihnen betete — so ruhig und so ohne Hast, als warte seiner keine andere Arbeit, und mit solcher liebenswürdigen Höflichkeit, als seien diese beiden wichtiger als die Tausende von Menschen, die oft an seinen Lippen hingen.

In den folgenden Wochen und Monaten wuchs aus Conningtons wunderbarer Bekehrung sein neues Leben. Das große Ereignis verlor nichts von seinem wunderhaften Charakter, als sich mit den Jahren dieses neue Leben immer fester gründete und das alte zu einer fernen Erinnerung verblaßte, auf welche Connington mit schauderndem Staunen zurückblickte. In der Rückschau schien es ihm jetzt unerträglich, sein einstiges Dasein — gekennzeichnet durch trübselige Unzufriedenheit mit der Gegenwart und durch den steten Drang nach einer Zukunft, von der man dennoch keine größere Befriedigung erhoffen konnte. Jetzt lebte er in der frohen Gewißheit seiner Gotteskindschaft, und von diesem Zustand gingen seine Gedanken zurück zu den Tagen, als Gott nur ein Name gewesen war, keine Realität; als Menschenverachtung die Liebe, die jetzt sein Herz durchblutete, blockiert hatte; als er immer wieder seinen Schwächen, die er selber haßte, unweigerlich erlegen war und den Ekel vor dem eigenen Ich und das innere Unbehagen überkleidet hatte mit dem verachtungsvollen Skeptizismus, der die allgemeine Haltung seiner Zeit war.

Conningtons Kinder waren alle noch jung genug, um von den nunmehr eingeführten Hausandachten und dem regelmäßigen Kirchenbesuch befruchtet zu werden; und alt genug, um in ihren Herzen die kostbare Erinnerung an ernste Gespräche mit Wesley zu bewahren, dessen freundliche Zuneigung ein wichtiger Anstoß für ihre innere Entscheidung war — bei allen Sechsen mündete sie in eine »solide« Bekehrung. Daß auch Conningtons Frau sich ergab, war eine natürliche Folge der Dinge und entsprang ihrer Freude über die Wandlung des Gatten, über die nunmehr beständige Enthaltsamkeit ohne Perioden der Trunksucht, über seine wachsende Güte und Rücksicht. Auch für sie war die Wandlung ein Geschenk des Himmels, das sie dankbar annahm.

Für Connington bedeutete seine Bekehrung mehr, als er je in Worten ausdrücken konnte, auch nicht, als er später Laienprediger wurde und mit stillem Eifer Bibelgruppen und größere Versammlungen leitete. Auch sein Geschäft florierte in ungeahntem Maße. Als es größer wurde und er weitere Hilfskräfte einstellte, nahm er sie aus dem Kreis seiner neuen Freunde in der City Road-Gemeinde; ihr Fleiß und ihre wirtschaftliche Arbeitsweise belohnten ihn durch wachsende Erträge. Seinen geschäftlichen Erfolg, der um so bemerkenswerter war, als das erwachte Gewissen ihm verbot, die damals allgemein übliche Kinderarbeit auszunutzen, schrieb er der göttlichen Vorsehung zu; er nahm ihn in Empfang als eine Gabe, für die er verantwortlich war und über die er strikte Rechenschaft ablegen mußte. Aber trotz guter Löhne und großer Stiftungen für wohltätige Zwecke wuchs der Umfang seines Geschäftes immer mehr, so daß die Glaswerke Connington schließlich zu einem Namen wurden, mit dem man in der Londoner Geschäftswelt zu rechnen hatte.

Die Firma stand auf so festen Füßen, daß selbst die schwarzen Tage der Napoleonischen Kriege ihren Aufschwung nur vorübergehend hemmten, und bei seinem Tode, kurz nach der Schlacht bei Waterloo, hatte Andrew Connington nur eine Sorge: der irdische Wohlstand könne den Glaubenseifer seiner Nachkommen schwächen.

Unter einem dieser Nachkommen, John Connington, erreichte die Firma ihre größte Ausdehnung mit Niederlassungen in Indien und Kanada; und John wurde von der Königin Viktoria ausgezeichnet, weil er dem Staat in einer Zeit finanzieller Anspannung zu Hilfe kam. Er heiratete früh, verlor aber seine junge Frau samt dem erstgeborenen Kind, und zwanzig Jahre vergingen, bis der Wunsch nach einem Erben ihn zu einer zweiten Heirat führte. Seine Tochter Alexandra und der zwei Jahre später geborene Sohn Edward waren von Geburt an für das Geschäft bestimmt. Alexandra, mit zwanzig Jahren in die Gesellschaft eingeführt, heiratete pflichttreu, aber auch beglückt, einen entfernten Vetter, George Mansell, der später nach Kanada geschickt wurde und die Leitung der Filiale in Toronto übernahm. Edward, der seine Schwester innig liebte und der nach ihrem Fortgang keine rechte Ruhe finden konnte, erbat sich, als er nach seinem Studium aus Oxford zurückkam, vom Vater die Erlaubnis zum Reisen; und der Vater, der den Wunsch seines Sohnes erfüllen wollte, ohne die eigenen Ziele zu opfern, sandte ihn nach Südafrika mit dem Auftrag, die Aussichten für eine dortige Filiale zu prüfen. Die Filiale war erfolgreich aufgebaut, als in dem Jahre, in dem die Königin starb, die niederschmetternde Depesche kam, daß Edward und seine Frau von Buren-Scharfschützen getötet worden seien; Andrew, ihr dreijähriger Sohn, befinde sich in einem Lazarett, und man erwarte Direktiven aus England.

Die Direktiven kamen, und zwar von Conningtons Frau – er selbst hatte bei der Nachricht vom Tode seines Sohnes einen

Schlaganfall erlitten. Der kleine Andrew wurde nach England gebracht, erlebte als ersten Eindruck die Beerdigung seines Großvaters und irrte unglücklich und verlassen durch die großen Zimmer seines neuen Heims in London; er merkte nur zu bald, daß die würdige Dame in Schwarz, zu der er Großmutter sagte, sein Dasein als ein ziemlich störendes und beunruhigendes Problem empfand.

Dabei kam die kühle Haltung Georgina Conningtons nicht daher, daß sie besonders gefühllos gewesen wäre. Aus einer großen Familie mit vielen Töchtern stammend, hatte sie mit Freuden und vornehmlich um seines Geldes willen einen fünfundzwanzig Jahre älteren Mann geheiratet, gesellschaftlich von etwas tieferem Niveau und dazu Mitglied einer Freikirche – ohne zu bemerken, daß es ihm bei dieser Heirat um den erhofften Erben ging. Als ihr dies dann langsam aufgegangen war und sie gleichzeitig erkannte, daß sie in das verschlossene Herz dieses ernsten Mannes nie würde eindringen können, hatte sie ihren Anteil bei dem Handel ordnungsgemäß erfüllt, es dann aber abgelehnt – mit mehr Entschlossenheit, als man von einer Ehefrau in der Viktorianischen Ära erwartete – das unästhetische Geschäft des Kinderkriegens weiter fortzusetzen. Und John, dessen ganze Leidenschaft seiner ersten Frau zugeflossen war, hatte zugestimmt und sich begnügt mit den zwei vorhandenen Kindern, die ihm viele Freude machten.

Sein Stolz auf die Kinder, die er unbewußt als seinen eigenen, persönlichen Besitz empfand, trug dazu bei, sie der mütterlichen Liebe zu entfremden. Auch die Mutter kam dahin, sie als *seine* Kinder zu betrachten – ja, als seine und die der anderen Frau, deren feines Antlitz aus dem großen goldenen Rahmen stumm herabsah und Georgina stets daran erinnerte, daß sie selbst für ihren Ehegatten mehr ein körperliches Werkzeug war als eine geistige Lebenspartnerin. Sie war eine freundliche, konventionelle Mutter, die mit ihren Kindern wenig innere Berührung hatte, auch in den Ferien, wo die Kinder ständig um den Vater waren; sie leitete den Haushalt würdevoll, arrangierte mit Befriedigung die Heirat ihrer Tochter und sah ohne allzu großen Herzenskummer beide Kinder scheiden und ins Ausland gehen; der Tod des Sohnes betrübte und erschütterte sie, aber hauptsächlich wegen der Wirkung auf ihren Mann, den sie nie verstanden hatte. Und als sie sich mit fünfundvierzig Jahren als ziemlich reiche und recht hübsche Witwe sah und zum erstenmal in ihrem Leben ihre eigenen Wege gehen konnte in einer Gesellschaft, die nach dem Regierungsantritt König Eduards gerade amüsant zu werden anfing, konnte es kaum überraschen, daß das Dasein eines Enkelkindes von drei Jahren sie nicht allzusehr entzückte.

Eine Kinderwärterin und eine Gouvernante waren der gegebene Ausweg, bis der Enkelsohn das Schulalter erreichte und in das gleiche Internat kam wie einst sein Vater und sein Großvater. Aber problematisch wurden jedesmal die Ferien. Georgina war sich klar, daß sie sich mehr mit ihrem Enkelsohn befassen müsse, daß er Liebe und Verständnis brauche; jedoch mit diesem kühlen, reservierten Jungen, der so ausgesprochen in die Conningtonsche Art schlug, konnte sie nicht warm werden. Zudem beschäftigte sie die Frage einer zweiten Heirat. Und so wurde Andrew, als er zehn war, von seiner Großmutter nach Kanada geschickt zu ihrer Tochter Alexandra, die nach dreizehnjähriger kinderloser Ehe die Hoffnung auf eigene Nachkommen aufgegeben hatte und sich ehrlich freute, den Sohn des Bruders bei sich aufzunehmen und für ihn zu sorgen. Unmittelbar darauf verheiratete sich Georgina mit Hubert Power, einem etwas jüngeren Witwer. Abgesehen von ihrem Interesse am Familienvermögen und von gelegentlichen Briefen, die sie mit ihrer Tochter wechselte, brach sie die Verbindung mit den Conningtons für immer ab.

1

Bei Andrew Connington, dem sechsten dieses Namens seit dem Begründer des Familienvermögens, hätte man erwarten mögen, daß Begeisterung für das Religiöse ihm im Blute liege. Jedoch verschiedene Umstände hatten dieses religiöse Feuer abgekühlt: die gar nicht methodistische Erziehung in der Kindheit, das spätere Zusammenleben mit seinem Onkel Mansell, einem überzeugten, amüsanten Freigeist, sowie die aufreibenden Erlebnisse des einen Jahres in den Schützengräben Frankreichs. Daher traf ihn jetzt, als er eines Sonntags im April, fünf Jahre nach dem Kriege, über die Avenue Road in Toronto schlenderte, das Läuten einer Kirchenglocke als ein Klang, der altvertraut, doch ohne innere Bedeutung für ihn war.

Indessen brachte er ihm zum Bewußtsein, wieviel Uhr es war und daß die Dämmerung schon hereinbrach. Nun wurde es zu spät, die Krokus zu besehen; und gerade das Verlangen, die Krokusblüten an der Universität zu sehen, hatte ihn hierher geführt, ein halb unbewußter Wunsch, die freundlichen Erinnerungen an die Studienzeit wieder wachzurufen, die absurderweise so unendlich fern und friedlich schienen. Trotzdem kehrte er nicht um, denn er hatte sonst kein Ziel, wo er hätte hingehen sollen. Sein Onkel und seine Tante waren geschäftlich nach Montreal gefahren, und er selber hatte nichts Besonderes vor, weil das Abendessen, zu dem ihn Freunde eingeladen hatten, nachmittags unerwartet abgesagt worden war. Toronto war für ihn nach seiner sechsjährigen Abwesenheit verhältnismäßig neu, und bei seinem Weggang von zu Hause hatte er sich das Universitätsgebäude zum Ziel genommen. Nun war es schon zu spät, um dort noch etwas sehen zu können; dennoch ging er weiter.

Das Läuten hatte aufgehört, kurz bevor er an der Kirche ankam. Eine kleine alte Frau, sichtlich bestürzt über ihr Zuspätkommen, überquerte dicht vor ihm die Straße, huschte die Stufen hinauf, zog an der schweren Kirchentür und schlüpfte durch den Spalt hinein. Was in Andrew den Impuls weckte, ihr zu folgen, war wohl dieser Kampf mit der schweren Tür und der halb aus

Überlegenheit, halb aus Freundlichkeit entsprungene Wunsch, er wäre näher bei der Frau gewesen und hätte ihr die Mühe sparen können. Er überlegte einige Sekunden, überrascht und amüsiert, doch ohne feindliche Gefühle. Dann stieg er die Stufen hinauf und betrat die Kirche, lässig und mit beiläufigem Interesse – so, wie wenn man sich bei einem Regenguß unter die Markise eines Ladens stellt und bei diesem Aufenthalt das Schaufenster besieht.

Sein letzter Kirchgang lag so weit zurück und die Zahl der Gottesdienste seines ganzen Lebens war so klein, daß das Gefühl, er nehme teil an etwas, gar nicht in ihm aufkam. Ohne im besonderen darauf zu achten, merkte er, daß der Ritus anglikanisch war, noch bevor er das Gebetbuch angesehen hatte, das einer von den Kirchenältesten ihm brachte. Da die Texte monoton gesprochen wurden und Andrew sie nicht mitlas, gingen sie zum größten Teil an ihm vorüber, bis am Schluß der Eingangsliturgie die Worte kamen: »Die Gnade Jesu Christi, unseres Herrn, und die Liebe Gottes und die Gemeinschaft des Heiligen Geistes ...«

Sie trafen ihn mit einer sonderbaren Macht und klangen in ihm fort, als er bei dem Liede, das nun folgte, schweigend dastand. Gnade – ein seltsames Wort. Was hatte es genau bedeutet, als die Wendung geprägt wurde? Ein faszinierender Vorgang, die Entwicklung der Wörter; wie sie sich in ihrem Sinngehalt doch meistens verschlechterten und abschwächten, viel öfter, als daß sie an Kraft und Tiefe zunahmen. Die Liebe Gottes! Es war ein schönes Wort, gewiß, ein schöner Glaube, wenn man daran teilhaben konnte. Aber nicht so einzigartig wie jene andere Wendung – die Gnade Jesu Christi, unseres Herrn. Machtvolle Worte. Was mochten sie für diese Gruppe pflichttreu Singender bedeuten?

Jetzt begann die Predigt, und Connington war gespannt, ob sie ihn belustigen oder zum Widerspruch herausfordern oder auch beeindrucken werde. Er brauchte eine ganze Weile, bis ihm klar wurde, daß die mit Plattheiten und Entschuldigungen angefüllte Rede aus dem Munde eines Theologen kam und sich in vollem Ernst an ausgewachsene Menschen richtete. Der Prediger war ein Gast, der den eigentlichen Pfarrer der Gemeinde hier vertrat. Das war aus der langatmigen Einleitung zu entnehmen, mit der der

Gastprediger seiner Freude Ausdruck gab, daß ihm diese ehrenvolle Einladung zuteil geworden sei. Genau die gleichen Sprüche hatte Andrew Connington in Tischreden bei weltlichen Veranstaltungen gehört, und er überlegte immer wieder, warum der Prediger sich gegenüber denen, die er unterhalten oder inspirieren sollte, zu solchem untertänigen Dank verpflichtet fühlte, wo er selbst doch soviel Mühe davon hatte.

Nachdem der Prediger in wortreichen Wendungen betont hatte, welches Fest und welche unverdiente Ehre es für ihn bedeute, den Gemeindepfarrer zu vertreten, ging er endlich zur Betrachtung seines eigentlichen Themas über. Auch diese versetzte Andrew in Verwunderung. Zwar die Worte des Textes: »Wir aber, die wir stark sind, sollen der Schwachen Gebrechlichkeiten tragen und nicht Gefallen an uns selber haben«, beeindruckten ihn durch ihre Kraft und Tiefe, jedoch die Predigt selbst blieb völlig im Belanglosen stecken. Sie setzte sich zusammen aus weitschweifigen, in konventionelle Redensarten eingekleideten Bemerkungen und war offensichtlich angeregt durch die Biographie irgendeines Heiligen der Frühzeit. Der Prediger legte dar — wobei er jede Behauptung, die durch ihre Bestimmtheit die Hörer hätte kränken können, sofort wieder abschwächte oder ganz zurücknahm —, daß es der Gemeinde helfen könne, wenn sie die Tage der Kalenderheiligen gewissenhaft beachte; daß die Selbstverleugnung des frühen Aufstehens, um zum Abendmahl zu gehen — er wisse, daß dieses manchen ja besonders schwerfalle — eine gute Wirkung auf ihr inneres Wesen haben werde; daß sie sehr viel lernen könnten durch Nachsinnen über die Lebensläufe jener großen Männer und durch Lesen der im Gebetbuch jeweils angegebenen Gebete; sie sollten auch die Gottesdienste regelmäßiger besuchen, eingedenk ihrer Pflicht der Kirche gegenüber und ihres Gelübdes bei der Konfirmation, und nicht »das Beieinandersein vergessen«, wie dies heutzutage leider allzu viele täten — auf sie selbst beziehe sich dies letztere natürlich nicht, denn von der Gemeinde seines lieben Freundes, ihres abwesenden Pfarrers, nehme er als selbstverständlich an, daß sie fleißige und fromme Kirchgänger seien! Der Prediger schien tatsächlich so sehr überzeugt zu sein, daß keines seiner Worte auf die vor ihm Sitzenden anwendbar sei, daß Connington sich fragte, ob auch seine sonstigen Predigten dazu bestimmt seien, von den Hörern bloß weitergegeben zu werden, etwa an widerspenstige Verwandte. Connington betrachtete die Gemeinde mit erwachendem Interesse. Sie war klein, die Frauen überwogen; jung war fast niemand, und alle schienen sich in erster Linie zu bemühen, unbeweglich dazusitzen. Kein Funke von Interesse belebte die Gesichter, noch weniger sah man Zeichen von amüsierter oder kritischer Stellungnahme. Und dennoch, dachte Andrew, mußten Menschen hier sein, die hergekommen waren mit Problemen, mit Anfechtungen, mit hungernder Seele. Was gewannen sie aus dieser blutlosen Botschaft? Gab es ein geheimes Chiffresystem, durch welches diese platten Trivialitäten einen tieferen Sinn bekamen? Warum waren sie gekommen?

Diese Fragen, die im Untergrund von Conningtons Bewußtsein aufstiegen, lenkten seine Aufmerksamkeit nicht von der Predigt ab; doch deren Abschluß war so matt, daß er wiederum verwundert aufblickte. Dann stand er, dem Beispiel der Gemeinde folgend, auf, während der Prediger auf der Kanzel herumschnellte, zum Altar hin, und in einem Atemzug die Worte leierte: »Lob und Preis sei Gott, dem Vater und dem Sohne und dem Heiligen Geist, wie es recht und billig ist, denn sein ist alle Herrschaft, Obrigkeit, Gewalt und Macht, in Ewigkeit. Amen.«

Die Gemeinde bewegte sich in wohlerzogener Haltung zum Ausgang. Ein freundlich aussehender Hilfspfarrer schüttelte Andrew die Hand und sprach die Hoffnung aus, ihn wieder hier zu sehen. Andrew dankte ihm, machte keine höflichen Bemerkungen, unterdrückte aber auch die weniger höflichen, die ihm auf der Zunge lagen, und schritt die Stufen hinunter zur Straße.

Die Dunkelheit war jetzt hereingebrochen, die magisch zarte Dunkelheit der ersten Frühlingsnächte. Die aufbrechenden Knospen der Ahornbäume, angestrahlt vom sanften Licht der Straßenlampen, bekräuselten wie eine grünlich-goldene Stickerei den samtenen Himmel. Das war nicht der Augenblick, um in ein leeres Heim zurückzukehren. Andrew wollte lieber noch ein Stück spazieren gehen. Er schickte sich an, den Fahrdamm zu überqueren, als ein offener Wagen kreischend vor ihm bremste und ihn anhupte.

»Hallo, Connington!« Die Tür des Wagens öffnete sich einladend.

»Wohin gehst du?«

»Kein besonderes Ziel.«

»Dann steig ein und fahr mit. Komisch, nach sechs Jahren treffen wir uns jetzt zum zweitenmal in einer Woche. Und wo warst du?«

»Kirche«, erwiderte Andrew lakonisch.

Bob Harkness, mit dem er an der Universität studiert hatte, sah ihn mit einem raschen Blick an. In seiner Vorstellung hatte er Connington mit der Kirche niemals in Zusammenhang gebracht. An sich war es in Toronto nichts Absonderliches, daß man in die Kirche ging.

»Ich habe meinen Kirchgang heute morgen schon gemacht, mit der Familie. Hör zu, ich bin gerade auf dem Wege zu Phyl Service. Kennst du sie?«

»Nein.«

»Ach, das macht nichts. Sie rief mich nämlich an und sagte, eine Freundin wäre bei ihr, und wenn möglich, sollte ich noch einen anderen mitbringen. Und dieses Opfer könntest du doch sein.«

»Meinetwegen. Wenn es sie nicht langweilt – ich werde es schon überstehen.«

Sehr entzückt war Andrew nicht, doch der Plan versprach zum mindesten Zerstreuung.

»Oh, davor habe ich keine Angst. Mit Frauen auszukommen, macht dir sicher keine Schwierigkeiten. Dein sphinxhaftes Wesen zieht sie doch sehr an, nicht wahr? Das habe ich selbst gesehen.«

Andrew schwieg. Es stimmte, sein »sphinxhaftes Wesen« wirkte auf die Frauen anziehend, aber hieran war er zu gewöhnt, um stolz darauf zu sein, und er hatte immer noch ein peinliches Gefühl, wenn jemand meinte, es sei Absicht. Er atmete erleichtert auf, als Bob vor einem Haus am Walmer Road den Wagen anhielt und seine psychologischen Gedankengänge abbrach.

»So, hier wären wir. Ich hoffe, sie wird nicht allzu strapaziös und scheußlich für dich werden, diese unbekannte Einladung. Im Notfall können wir ja eine kleine Tour mit meinem Wagen machen, draußen ist es dunkel.«

Die unbekannte Einladung war weder strapaziös noch scheußlich. Auch Phyllis selber nicht, obwohl sie einem etwas ausgefallenen Typus angehörte, klein, mit rötlich-gelbem Haar, und reizvoll eigentlich nur dadurch, daß sie sich wie ein Chamäleon den Stimmungen und dem Geschmack der Männer anzupassen wußte. Die Freundin war größer, von betonter, katzenartiger Geschmeidigkeit, der Körper flach und knabenhaft, wie es damals Mode wurde. Die Haare trug sie glatt und kurzgeschnitten, in ausgesprochenem Gegensatz zu Phyllis mit ihren eingerollten und toupierten Locken. Sie hieß Frances Long, aber Phyllis fügte bei der Vorstellung hinzu, daß ihre Freundin lieber auf den Namen Sonja höre.

»Ich heiße seit zwei Jahren Sonja. Es entspricht viel besser meiner Aura, finden Sie nicht auch?« Sie lehnte sich mit einer schlangenhaften Windung in die Polster ihres Sessels, die Hände hinterm Kopf verschränkt, und sah mit riesengroßen braunen Augen zu Connington empor.

Harkness ersparte ihm die Mühe, auf ihre Frage einzugehen. »Sagen Sie, was ist das, eine Aura? Ich bin erst im zwölften medizinischen Semester. Oder ist es ungehörig, so etwas zu fragen?«

»Idiot!« Das Wort galt Bob Harkness, aber Sonjas Blick blieb auf dem Gesicht von Connington. »Sie wissen es doch sicher, Mr. Connington, nicht wahr? Jeder Mensch hat eine Aura. Ich sehe sie sofort, wenn jemand hereinkommt. Sie kann jede Farbe haben – auch verschiedene nebeneinander – aber vorhanden ist sie immer. Ich kann das nicht genau erklären. Man muß es eben spüren. Sie spüren es doch, Mr. Connington, nicht wahr?«

»Nicht unbedingt«, sagte Andrew, da er eine Antwort nicht umgehen konnte. Es kam ihm albern vor, daß man ihn für einen Menschen hielt, der Auren spürte – oder hieß die Mehrzahl etwa Aurae?

»Ach, natürlich, Sie wollen es nicht zugeben. Sie sind ein Mann, und Männer scheuen sich immer, zuzugeben, daß sie sich für solche Dinge interessieren. Ich glaube, Sie wissen aber doch davon. Die von Phyllis ist zum Beispiel rosa – ausgesprochen rosa – und Ihre, Bob, ist lederbraun. Sie haben doch wohl nichts dagegen, wenn ich Bob zu Ihnen sage? Ich habe schon so viel gehört von Ihnen.«

»Und wie ist Ihre eigene Aura?«

»Oh, das kann ich Ihnen nicht verraten. So was muß man selber fühlen.« Ihr dunkler Blick heftete sich wieder herausfordernd auf Andrews Gesicht. »Was würden Sie denn meinen, Mr. Connington? Ich bin sehr gespannt.«

»Ich fürchte, ich habe kein Talent für dieses Spiel, Miß Long«, meinte Andrew, höflich ausweichend. »Sagen Sie mir lieber etwas über *meine* Aura.«

»Über Ihre? Ihre ist nicht einfach – nicht so auffällig wie die von Bob.« Ihr roter Mund – abgesehen von den Augen das einzige Lebendige in ihrem mageren Gesicht – lächelte ihn langsam an. »Sie ist dunkel – grün oder schwarz – an manchen Stellen hat sie sonderbare Lichter. Und komisch, Ihr Name paßt dazu. Sie sind einer der wenigen, die ich kenne, bei denen alles *harmoniert.* Verstehen Sie? Mein Name paßte überhaupt nicht. Das hat jeder auch gespürt. Ich hatte *immer* einen anderen Namen. Bis vor zwei Jahren hieß ich Tony – kannst du dich erinnern, Phyl? Und zu ihr paßt ›Phyllis‹ auch nicht. Sie müßte Betty heißen – oder Sunny. Aber ihren Namen zu ändern, dazu ist sie zu konventionell.«

»Ich komme mir ganz dumm vor«, murmelte Phyllis. »Aber das finde ich auch, Tony, ›Sonja‹ paßt sehr gut zu dir.«

»Wie ist es, würde es den Auren schaden, wenn wir eine kleine Fahrt mit meinem Wagen machten?«, schlug Bob Harkness vor.

Die Mädchen stimmten seinem Vorschlag zu, Phyllis freudig, Sonja mit einem vielsagenden, erwartungsvollen Blick auf Connington. Zu seiner Überraschung und Erleichterung schwieg Sonja eine ganze Weile still, als sie im Auto auf den beiden Rücksitzen nebeneinander saßen und der kühle Nachtwind ihnen um die Ohren pfiff. Andrew hatte Sonjas Gegenwart sehr bald vergessen, seine Gedanken kehrten zu dem Gottesdienst zurück. Nur drei Worte waren ihm noch deutlich in Erinnerung: die Gnade Jesu Christi, unseres Herrn – Wir aber, die wir stark sind, sollen der Schwachen Gebrechlichkeit tragen – Alle Herrschaft, Majestät und Macht.

»Verzeihung!« Sonja wandte sich ihm zu, mit einem plötzlichen bewußten Aufseufzen.

»Wieso?« fragte Andrew, aus seiner Träumerei zurückkehrend.

»Weil ich so weit weg war – oder vielmehr schien. In Wirklichkeit war ich es nämlich gar nicht, wissen Sie. Aber es ist komisch, mit manchen Menschen fühlt man sich von Anfang an vertraut. Sie verstehen, Mr. Connington. Sie fänden es wahrscheinlich schrecklich ungehörig und gegen jede Konvention, wenn ich Sie Andrew nennen würde?«

Andrew, dem dies gänzlich gleich war, überlegte, wie er es am höflichsten zum Ausdruck bringen könnte.

»Ich muß sagen, Konventionen sind mir ziemlich unwichtig.«

»Ich wußte es!« Ihr Ton klang triumphierend. »Sofort, als Sie ins Zimmer kamen, habe ich gespürt, daß Sie nicht zu den Gebundenen gehören; gebunden an die äußeren Kleinigkeiten, meine ich. Sie sind anders, irgendwie. Und ich könnte Sie nicht immer weiter ›Mister‹ nennen, wo ich doch in Wirklichkeit die ganze Zeit schon ›Andrew‹ sagte. Es wäre unaufrichtig, es paßte nicht zu mir. Sie verstehen.«

Ihr langsames, intimes Lächeln stieg durch die vom Frühlingsduft erfüllte Dunkelheit zu ihm empor. Widerstrebend löste er sich von den Worten, die ihm unablässig durch den Sinn gingen, und lenkte die Gedanken auf das junge Mädchen neben ihm. Schließlich war er ja ein Beobachter der menschlichen Natur. Und dieses Exemplar war zu apart, um es auszulassen. Er hatte aber nicht die Energie, sich anzustrengen und die Antworten zu geben, die erwartet wurden.

Gerade dieses Schweigen war für seine Partnerin ein neuer Reiz. Sie senkte ihre Stimme.

»Es ist komisch, daß ich so mit Ihnen sprechen kann. Gewöhnlich fragem mich die Leute immer, warum ich so still wäre und woran ich dächte. Aber bloß von irgendwelchen äußerlichen Dingen schwatzen – nein, das kann ich nicht. Es interessiert mich nicht. Und wenn ich mich für Leute gar nicht interessiere, dann will ich mich auch nicht mit ihnen unterhalten – bloß wegen irgendwelchen antiquierten Anstandsregeln. Auch das ist eine von den Konventionen, die zertrümmert werden müssen. Ich sehe gar nicht ein, warum man sich immerzu mit uninteressanten Leuten herumlangweilen soll. Finden Sie nicht auch?«

Andrew fühlte sich hin- und hergerissen zwischen dem Verlangen, ihr seine Meinung offen ins Gesicht zu sagen, und der

Lust, die hervorquellenden Vertraulichkeiten weiter anzuhören. »Wir sollen andere so behandeln, heißt es, wie wir selber auch behandelt...«

»Ja, ja, ich weiß! Aber warum soll das für mich maßgebend sein, maßgebender als meine eigene Ansicht? Auch das ist so ein albernes Prinzip, das wir endlich über Bord geworfen haben — die Meinung, daß irgend jemand maßgebend wäre, daß irgendwelche Dinge außer unserer eigenen Erfahrung Gültigkeit besäßen. Und außerdem, in demselben Buch wird uns gesagt: ›Eure Rede sei: ‚Ja, Ja; Nein, Nein'‹. Das klingt wahrhaftig nicht nach höflicher Konversation, oder?«

Einer Straßenkreuzung wegen fuhr der Wagen langsamer, und Sonjas Worte waren von den beiden vorne Sitzenden gehört worden.

»Sonja wird es zwar nicht mögen, daß Sie es erfahren, Mr. Connington«, sagte Phyllis über ihre Schulter, »aber sie ist selber eine Pfarrerstochter.«

Andrew blickte Sonja von der Seite an und wartete, ob sie es bestätigen würde.

»Es ist wahr. Jahrelang habe ich mich damit herumgeschleppt, aber dann habe ich mich endlich frei gemacht. Sie können sich nicht vorstellen, wie so was einen hemmt, Andrew, körperlich wie seelisch. Und noch dazu ein Methodistenpfarrer. Ich war sogar auf dem Victoria College!«

»Predigt Ihr Vater noch immer?«

»Sicher. Und er tut sich ziemlich schwer dabei, der Arme. Ich meine, er wird nie auf eine Großstadtkanzel kommen. Eine Zeitlang war er Hilfsprediger in Roseland. Jetzt sind sie in Easton draußen.«

»Und Sie, Sie wohnen also nicht bei Ihren Eltern?«

»Um Himmels willen, nein! Ich habe ein Appartement — ich nenne es ›mein Atelier‹. Jedes Mädchen, finde ich, sollte von zu Hause fortgehen. Jeder hat das Anrecht auf ein eigenes Leben.«

»Und sehen Sie Ihre Eltern oft?«

»Oft genug. Mutter kommt ziemlich häufig in die Stadt, und dann erscheint sie jedesmal bei mir. Und immer kommt sie gerade dann, wenn ich allein sein möchte, wenn ich arbeiten und mich konzentrieren will. Sie redet und redet, immer von den trivialsten Dingen, lauter Kirchenklatsch. Ich finde, eine Mutter hat kein Recht, sich einem anderen Menschen aufzudrängen, nur weil sie ihn zur Welt gebracht hat. Alles purer Egoismus, diese ständigen Einmischungen der Familie. Der Zufall, daß man von jemandem geboren worden ist, bedeutet ja so wenig. Dadurch entsteht noch lange keine geistige Verwandtschaft. Sie verstehen, ja? Die Russen, finde ich, haben da das einzig richtige Prinzip — sie lassen es nicht zu, daß die Eltern, nur weil sie biologisch die Erzeuger sind, die Kinder mit Beschlag belegen und als Eigentum behandeln. Finden Sie nicht auch?«

Andrew flüchtete sich in eine leichte Ironie. »Über die Russenfrage bin ich leider wenig informiert. Ich hatte im Völkerbund nur eine kleine Stelle, ungefähr ein Jahr, Miß Long.«

»›Sonja‹«, verbesserte sie vorwurfsvoll. »Aber warum haben Sie mir das nicht erzählt, daß Sie beim Völkerbund gewesen sind? Und ich habe die ganze Zeit geredet — eine arme kleine Zeitungsreporterin, die alles nur aus zweiter Hand bekommt. Einem, der die *Wirklichkeit* gesehen hat, komme ich ja sicher wie ein Kind vor. Erzählen Sie mir doch von sich.«

»Es gibt nichts zu erzählen«, sagte Andrew hastig; der Gedanke an eine seelische Entblätterung erschreckte ihn. »Ich bin nicht mehr beim Völkerbund.«

»Und was tun Sie jetzt?«

»Momentan befasse ich mich mit dem schlichten Zeitvertreib, den man ›Sich-Umsehen‹ nennt. Nach was, weiß ich leider selber nicht.«

»Oh, ich verstehe. Man sieht nichts, was groß genug ist. Alles scheint so unzulänglich.« Unter der Decke griff sie nach seiner Hand und drückte sie. »Wir müssen uns bald wiedersehen. Ich spüre, daß wir ...«

»Ist das Ihre Wohnung, Sonja?« fragte Bob und hielt vor einem hohen Haus in der Grosvenor Street.

»Ja. Du liebe Zeit, sind wir schon da? Wollt ihr nicht hereinkommen und etwas essen? Eine große Hausfrau bin ich nicht, aber ich kann rasch etwas Toast und Kakao machen.«

»Ich habe Bob schon gefragt, Sonja«, sagte Phyllis, »aber sein Examen käme näher und er müßte schlafen, meint er.«

Connington brachte Sonja bis zur Türe. Als sie aufgeschlossen hatte, drehte sie sich zu ihm um und trat im Dunklen dicht an ihn heran.

»Wollen Sie nicht doch noch mit hereinkommen? Nein, wahrscheinlich würden es die anderen komisch finden. Aber Sie werden mich bald besuchen? Ach ja, tun Sie das, wir machen dann auf meinem Grill ein Abendessen. Ein bißchen bohèmehaft ist es, aber es macht Spaß. Ich sage nicht: ›Ich freue mich, Sie kennengelernt zu haben‹. Über solche Dinge sind wir ja hinweg. Aber ich habe das Gefühl, daß wir uns sehr viel zu geben haben. Sie werden kommen, ja?«

»Vielen Dank«, sagte Connington mit einiger Verlegenheit. Das Mädchen war in seinem Äußeren zweifellos recht anziehend, aber das genügte nicht, um in Connington den Wunsch zu wecken, die Einladung anzunehmen.

»Ich will doch keinen Dank hören. Nicht um Höflichkeiten habe ich Sie gebeten. Sie sollen mir nur sagen, daß Sie kommen werden!«

So, nun saß er fest. Was konnte man jetzt als Mann noch machen? »Ich werde kommen«, versprach er.

Obwohl er erklärte, er könne gut zu Fuß nach Hause gehen, beharrte Bob in seiner flotten Art darauf, daß sie doch fast den gleichen Weg hätten. So fuhren sie zunächst zum Walmer Road zurück, und nachdem sich Bob im Hausflur ausgiebig von Phyllis verabschiedet hatte, setzte er sich aufgeräumt und redselig wieder an sein Steuer.

»Dein Mädchen war nicht übel, wie? Für mich allerdings ein bißchen tiefgründig. Bei den gescheiten fühle ich mich immer etwas unbehaglich. Ich mag die Mädchen lieber so wie Phyllis. Bei ihr braucht man sich nicht übermäßig anzustrengen, man kommt sich manchmal sogar ganz bedeutend vor. Einen klugen Kopf hat sie natürlich auch – muß sie, hat ja am Victoria College promoviert – sie trägt ihn aber nicht so auf dem Präsentierteller. Sonja sieht ja allerdings gut aus. Tolle Augen. Geht sicher ziemlich ran, wenn man auf sie fliegt – und das tatest du ja wohl. Nein? Ah, wieder sphinxhaftes Schweigen. Zigarette?«

»Nein, danke«, sagte Connington zum sechstenmal an diesem Abend.

»Sag' mal, was ist los mit dir? Herzbeschwerden?«

»Nein, stecken Sie Ihr Hörrohr ruhig wieder ein, Herr Doktor. Ich rauche eben nicht.«

»Ach, mach doch keinen Unsinn. Du bist doch alt genug jetzt. Hier, steck' dir eine an.«

»Ist dir schon mal aufgegangen, Harkness, daß ich auch alt genug bin, um meine eigenen Entscheidungen zu treffen?«

Die Worte, obwohl in ruhigem Ton gesprochen, bewirkten bei Bob Harkness ein bedrücktes Schweigen. Woher kam es bloß – dieser Mensch hier, der nur zwei Jahre älter war als er, brachte es doch immer wieder fertig, daß er sich wie ein dummer, kleiner Junge vorkam.

Andrew mußte heimlich lächeln. Es war nicht nett von ihm gewesen, aber es geschah Bob Harkness doch ganz recht, denn er hatte wieder diese alte Tour versucht. Andrew mußte daran denken, wie die abgedroschene Methode zum erstenmal von jemandem bei ihm probiert worden war. Zehn Jahre war er damals gewesen – in dem Sommer vor der Übersiedlung nach Kanada – und zu Besuch bei Vettern auf dem Land, in Sussex. Eines schönen Nachmittags nahm der älteste der Vettern und ein Freund von ihm die drei kleineren Jungen in den hinteren Garten mit, möglichst weit vom Haus entfernt, dort zogen sie dann Zigaretten aus der Tasche und machten sich daran, die Kleineren in die Geheimnisse des Rauchens einzuweihen. Andrew hatte auch geraucht, neugierig, aber nicht beeindruckt. Einem von den Knaben wurde übel, worauf die übrigen ihn aufzogen und mit der Erklärung trösteten, beim nächstenmal werde alles schon viel leichter gehen. Andrew selber wurde es nicht übel. Er rauchte mit verbissenem, finsterem Gesicht, aber ruhig und beharrlich weiter, bis sein Vetter schließlich fragte, wie es ihm gefalle.

»Nicht besonders. Der Rauch schmeckt ziemlich eklig. Findest du ihn angenehm?«

»Das kann ich nicht behaupten. Aber man gewöhnt sich dran.«

»Aber warum tust du es dann überhaupt? Ich finde keinen Witz dabei.«

»Begreifst du denn nicht, du Kindskopf, man *muß* eben rauchen. Jeder tut es. Wenn du es nicht fertigbringst, werden sie dich in der Schule einen Waschlappen nennen.«

Die Begründung war ein Fehlgriff. Der kleine Andrew starrte einen Augenblick lang vor sich hin, dann stand er auf und zertrat den Zigarettenstummel mit dem Absatz.

»Wenn du meinst«, erwiderte er mit der gleichen ruhigen Verachtung, die auch Harkness eben in Erstarrung hatte sinken lassen, »ich würde jemals etwas tun, was ich nicht will, nur weil mich sonst ein anderer als Waschlappen betrachten könnte, dann bist du sehr im Irrtum. Von jetzt ab rauche ich nie mehr.«

Und dabei war er auch geblieben. Mit verbissenem Stolz hatte er sein Wort gehalten, auch in den grauenhaften Zeiten an der Front, als müde Körper und zerfranste Nerven sich auf alles stürzten, was im Moment Erleichterung gab. Die Ablehnung von Massensuggestionen, nicht verdammend, aber dennoch kompromißlos, war für Andrew charakteristisch. Spott von seiten anderer Menschen war ihm immer einerlei gewesen und daher auch nur selten widerfahren.

Plötzlich wurde ihm bewußt, daß das von seiner Antwort ausgelöste Schweigen noch immer nicht gebrochen war.

»Verzeih, alter Freund«, sagte er.

»Ach, keine Ursache.« Harkness richtete sich wieder auf.

»Es ist nur so«, erklärte Andrew, »diese ganze Idee, man müsse sich dem Zwang der großen Masse fügen, hängt mir zum Hals hinaus. Ich muß mich jedesmal darüber ärgern.«

»Jaa?« Der Gedanke war für Harkness offensichtlich neu. Er dachte eine Weile nach. »Aber das ist doch gerade das demokratische Prinzip. Ich meine, man kann doch nicht anders sein als alle andern?«

Andrew beherrschte sich, obwohl mit einiger Anstrengung, und verzichtete auf eine weitere Diskussion, und Bob war froh, daß er das Gespräch in andere Bahnen lenken konnte.

»Hast du dich schon entschlossen, was du tun willst?«

»Nein.« Noch immer bestrebt, das Vorherige wieder gut zu machen, zeigte Andrew mehr von seinem Innern als sonst. »Ich hänge in der Luft zur Zeit. Mein Onkel möchte, daß ich zu ihm in die Firma komme; aber nach den Rückschlägen in England weiß ich nicht, wie sich die Zukunft hier entwickeln wird. Und außerdem entspricht das Kaufmannsleben auch zu wenig meinen eigentlichen Neigungen – auch in einer vornehmen Branche wie dem Glashandel.«

»Und wie steht es mit dem Völkerbund?«

Andrew schüttelte den Kopf. »Der Job war nur vorübergehend. Und außerdem bin ich Europa etwas leid. Nein, ich werde hier schon irgend etwas finden – einstweilen habe ich es noch nicht entdeckt.«

»Na ja, jedenfalls brauchst du nicht in vierzehn Tagen ins Examen zu steigen. Ist dies deine Wohnung?«

»Ja. Danke, Harkness. Nett, daß du mich hergebracht hast. Zeig mir eines Tages dein College, wenn die Büffelei für dich vorüber ist.«

»Gut.«

Der Wagen fuhr weiter. Andrew sah ihm nach, bis er verschwunden war, dann machte er sich auf, um noch eine Stunde spazierenzugehen.

2

Er hatte nicht gedacht, als er am folgenden Sonntag aus der Kirche kam, mißvergnügt und unbefriedigt, daß er jemals wieder einen Gottesdienst besuchen würde. Jedoch im Laufe der Woche merkte er, daß der Gottesdienst, gerade weil er so armselig gewesen war, ihm ständig wieder in den Sinn kam. Er hatte immer angenommen, wenn er über solche Fragen hin und wieder nachdachte, daß die Kirche, auch wenn sie für ihn selber keine Botschaft habe, im Leben der meisten Angehörigen der Gemeinden eine große Rolle spiele, indem sie tröste, wo er selber keines Trostes bedurfte, indem sie unterweise und moralisch lenke, wo er selber vom Verstand geleitet wurde. Jetzt entdeckte er mit Schrecken, wie unzulänglich sie ihr Werk verrichtete, wie wenig inneren Einfluß sie auch auf ihre Angehörigen hatte. Sonjas Erzählungen waren nicht ohne Nachwirkungen geblieben, und er hatte während dieser Woche wachen Ohres viele Unterhaltungen von Leuten angehört, die regelmäßig in die Kirche gingen: das einzige, was aus ihrem Denken ausgeschlossen schien und keine Rolle spielte, war die Religion. Dann aber meldete sich sein Gerechtigkeitsgefühl, und er sagte sich, daß er die Struktur des offiziellen religiösen Lebens nicht beurteilen dürfe nach einem einzigen Gottesdienst — besonders nicht nach einem Gottesdienst an einem Frühlingsabend, wo Autos und Landstraßen die Kirchgänger zu anderem verlockten; desgleichen war es unfair, nach einer einzigen Konfession die ganze Kirche zu beurteilen. Bei den Anglikanern, fiel ihm ein, hatte die Predigt nie so sehr im Vordergrund gestanden wie etwa bei den Freikirchen. Und er selbst entstammte ja dem Methodismus. So ging er denn das nächstemal in eine Methodistenkirche und in den Gottesdienst am Morgen; er gab dabei dem Gegenspieler alle Chancen und wählte einen sehr beliebten Prediger, bekannt auch wegen seines Interesses für die Jugendarbeit und wegen seiner tätigen Bemühungen um die Kircheneinheit Kanadas.

Mit dem zielbewußten Schwung eines gut vorbereiteten Erforschers trat er am nächsten Sonntag in die Ransomkirche.

Diesmal wirkte alles hoffnungsvoller. Die Menschen, bequemer und gelöster sitzend, füllten fast den ganzen, ziemlich großen Kirchenraum, auch auf der Empore waren wenig freie Plätze, dafür erfreulich viele Jugendliche. Man erstrebte keine kirchliche Formalität; der Chor stand als Haufen vor den großen Orgelpfeifen, direkt hinter der Kanzel; durch grüne Fenster an den Seitenwänden fiel gedämpftes »frommes« Licht. Aber Andrew fand das Ganze gar nicht unsympathisch; wenn es keiner äußeren Schönheiten bedurfte, um alle diese Menschen herzuziehen, überlegte er, dann mußte irgend etwas Wesentliches im Gottesdienst selber liegen.

Durch dessen Schlichtheit fühlte er sich gleich zu Anfang angezogen. Der Gesang klang ziemlich herzlich, auch der Chor sang gar nicht schlecht, und von den Stimmen der bezahlten Solisten war zumindest eine – die der Sopranistin – ausgezeichnet. Andrews sachliche Beurteilung war bis hierher positiv. Besonders interessierte ihn das Hauptgebet – das sogenannte »lange«. Es war kein fertiges, es stammte von dem Prediger selbst; aber in dem Beobachter auf der Empore regte sich ein leiser Widerwille, als er sah, daß der Prediger beschriebene Bogen vor sich liegen hatte und sie beim Sprechen umwandte. Es war weniger ein fürsprechendes als ein berichtendes Gebet, und Andrew konnte sich des Eindrucks nicht erwehren, daß es wie ein Wochenbulletin an den Allmächtigen klang, mit Neuigkeiten, die Ihm vielleicht entgangen waren. Teilweise besaß es auch belehrenden Charakter und erteilte der Gemeinde Winke. Die ganze innere Haltung zeigte wenig Ehrfurcht, wenig Demut, wenig Flehen um Vergebung. Der Prediger schien mit seinem Gott auf recht vertrautem Fuß zu stehen, er sprach zu ihm von Mann zu Mann. Seltsam, dachte Andrew. Doch er wartete ab.

Auf die Schriftlesung wurde nur wenig Zeit verwandt; zehn Verse waren es, die der Gemeinde von der Wahrheit verkündet wurden – vielleicht die einzigen zehn Verse, die viele von ihnen während der ganzen Woche hörten. Dann wurde das erste Lied angesagt; währenddessen durften die Kinder in den Raum für die Sonntagsschule gehen, um dort eine jugendlichere Art von Gottesdienst zu hören. Andrew verfolgte interessiert diesen Aufbruch; besonders die Vorbereitungen einer Mutter neben ihm, die ihre Sprößlinge mit ihren Sachen versah, nahm seine Aufmerksamkeit so sehr gefangen, daß die ersten Worte des Liedes ihn mit einem Ruck zu dem Liederbuch in seiner Hand zurückriefen: »Oh, daß ich tausend Zungen hätte, zu singen meines großen Heilands Preis.«

Wieder bewegte sich etwas in seinem Innern. Welche Größe des Gedankens! Ob diese Menschen merkten, was sie sangen? Die meisten sahen recht gelassen aus — als wenn für ihre Bedürfnisse *eine* Zunge völlig ausreiche. Manche hielten nur das Buch, ohne mitzusingen — kam es daher, daß sie keine Stimme hatten? Oder keine Überzeugung? Immer wieder setzte eine Zeile Andrew in Erstaunen: »Das macht ein Ende unserem Leid, des Sünders Ohr vernimmt es wie Musik, es schenkt ihm Leben, Friede, Seligkeit.« Natürlich ganz unmöglich. Und dennoch, ein Mann mit gesundem Verstand hatte so empfunden. Und diese Leute schienen es zu glauben. »Er bricht der Sünde Macht entzwei, er machet den Gefangenen frei, sein Blut wäscht auch den Schlimmsten rein.« Rein — ein gutes Wort. Erinnerungen regten sich in Connington, und seine Stirn wurde dunkelrot. Die Menschen hier, denen eine solche Versicherung gegeben wurde, mußten eigentlich sehr glücklich sein. Zu schade, daß er selber alle jene Argumente kannte, die dagegen sprachen, gegen die Theologie vor allem dieses Schlußverses. Nein, glauben war unmöglich. Aber sicher würde es interessant werden, eine Predigt anzuhören, die sich auf einem solchen Glauben aufbaute. Erwartungsvoll setzte er sich hin. Der Prediger in seinem eleganten schwarzen Rock, mit sanftem, allversöhnlichem Gesicht, erhob sich nach einigen Sekunden innerer Versenkung und begann zu sprechen.

»Viele der Studenten, deren wachsende Zahl hier jeden Sonntagmorgen mein Herz erfreut, kennen einen gewissen roten Backsteinbau am Nordrand des Queen's Park — das Victoria College, meine Alma mater und auch die eure. Wie eure Urteile über die architektonische Schönheit des Eingangsportals auch sein mögen« — sein Lächeln sprang über auf die Gesichter derer, die die Anspielung verstanden —, »sicherlich seid ihr genauso wie ich, wenn ich zu meinen Vorlesungen oder zu fröhlichen Zusammenkünften ging, gepackt worden von den Worten, die ihr über dem Portal dort eingemeißelt saht, den Worten meines heutigen Textes: ›Die

Wahrheit wird euch frei machen‹. Diese Worte, die, wie ihr wißt, aus dem achten Kapitel des Johannesevangeliums stammen — dem wir zwar nicht den gleichen historischen Wert zuerkennen wie den synoptischen Evangelien, das uns aber dennoch Stellen von großer Schönheit geschenkt hat — diese Worte sind seit langem der Wahlspruch des Victoria College und der Antrieb für die Studenten. Darf ich euch an diesem schönen Frühlingsmorgen auffordern, diese Worte zu betrachten? ›Und ihr werdet die Wahrheit erkennen, und die Wahrheit wird euch frei machen‹.«

Nachdem der Prediger hiermit eine Verbindung zwischen sich und den Studenten hergestellt und sie an seine akademische Bildung erinnert hatte, wandte er sich seiner eigentlichen Predigt zu. Seine Stimme war angenehm, gut abgetönt, sonor. Hin und wieder streute er eine Geschichte oder einen harmlosen Scherz ein; dann reagierte die Gemeinde mit munterer Zustimmung, und die, welche eingeschlafen waren, wachten bei der Woge gesitteter Heiterkeit wieder auf. Die Freiheit, erklärte der Prediger, sei unser köstlichster Besitz. Er zählte die besonderen Arten von Sklaverei auf, die die Menschen in früheren Zeiten in Fesseln gehalten hätten, und machte seinen Hörern klar, daß sie glücklich — und auch stolz — sein könnten, weil sie davon frei seien. Nicht nur äußere, sondern auch geistige Knechtschaft habe die Völker und Generationen behindert und gebunden; die Knechtschaft des Aberglaubens habe den Fortschritt der Wissenschaft vereitelt und vereitele ihn in manchen religiösen Kreisen auch jetzt noch, wo die wissenschaftliche Wahrheit bekämpft werde wie einst die Wahrheit Galileis. Doch die Wahrheit werde siegen.

»Wenn für die Freiheit eine Tat geschieht,
Dann läuft ein ahnungsvoller Freudenschauer
Rings um die weite, schmerzensreiche Brust der Erde
Und setzt sich bebend fort von Land zu Land.«

Seine Stimme zitterte in salbungsvollem Pathos, als er sich über die Kanzel vorbeugte und seine Worte mit dem ziemlich kurzen, dicken Zeigefinger unterstrich. »Wir in Kanada«, sagte er, »sind vom Glück begünstigt, denn unser Freiheitserbe wurde uns bewahrt durch jene edlen Jünglinge, die im Kriege für uns gestorben sind, jeder von ihnen ein Christus auf seinem geringen

Kalvarienberg.« (Mit Schaudern dachte Andrew an manche Männer, denen er im Krieg begegnet war.) Die Kanadier seien frei von Klassenhaß und Volksaufruhr, von Aberglaube, Ignoranz und religiöser Bitterkeit. Man dürfe aber weder ruhen noch rasten. »Vorwärtsstreben muß ein jeder, der dem Siegeslauf der Wahrheit folgen will.« Die Wahrheit sei uns erst halb enthüllt. Selbst Jesus, gebunden und gehemmt durch die Unwissenheit seiner Zeit, habe viele Wahrheiten, die wir heute kennten, nicht gewußt; aber Er habe prophezeit, daß die Menschheit fortschreiten werde, je mehr sie sich von den Fesseln ihrer animalischen Ahnen befreie und sich zum Menschen der Zukunft hinaufentwickle. »Diese Dinge werden kommen. Eine erhabenere Menschenrasse wird erstehen, als die Welt sie je gesehen hat«, verkündete der Prediger zuversichtlich. Wir sollten stolz sein auf unseren Aufstieg aus dem Urschleim und glücklich, daß wir die Leitersprossen seien, auf denen unsere Nachkommen zu einem höheren Entwicklungsstand emporsteigen würden, und wir müßten alles tun, um das Gottesreich auf dieser Welt herbeizuführen.

Wie dies zu bewerkstelligen sei, darüber machte der Prediger keine festen Angaben. Andrew fragte sich, ob von den Hörern nur ihm selbst unklar sei, was »Wahrheit« und »Freiheit«, die Schlagworte des Predigers, genau bedeuteten: wie die eine zu erkennen und die andere zu erringen sei. Abgesehen von einem gelegentlichen respektvollen Hinweis auf Gott enthielt die Predigt nichts, was Andrew nicht schon bei Idealisten aus dem weltlichen Bereich gehört und gelesen hätte. Da er selber keine eigene religiöse Überzeugung hatte, stieß keine der Behauptungen bei ihm auf Widerstand. Doch das Ganze schien ihm äußerst platt, verschwommen, theoretisch. Nach dem, was das Lied versprochen hatte, fühlte er sich sehr enttäuscht. Dieser Mann war ein begabter Redner, das konnte man nicht leugnen. Auch verstand er es, einen wirkungsvollen Höhepunkt herbeizuführen: auf einen rhetorischen Endspurt folgte plötzlich eine Pause und dann ein ziemlich längliches Gedicht — auch dieses wieder äußerst edel, visionär und nebulos, und mit leicht gedämpftem, weihevollem Pathos vorgetragen. Das Gedicht machte Andrew Magenkrämpfe. Es erinnerte ihn an die anonymen Verse über den Kapiteln aller Backfischbücher, die er im Hause seiner Großmutter zuweilen in den

Ferien gelesen hatte. Mißmutig stand er da, als das letzte Lied gesungen wurde, und fragte sich, warum der Geistliche zum Abschluß einer solchen Predigt gerade dieses Lied gewählt habe. »Gern erzähle ich die frohe Botschaft.« Wie viele dieser Menschen erzählten sie tatsächlich? Etwa der junge Mann, der auf der Galerie ihm gegenüber saß und dem man ansah, daß er allerhand zu tun hatte, das Tier in seinem Innern zu bändigen? Oder das junge Mädchen neben ihm, seiner schönen Haare und des neuen Hutes so bewußt, daß es immer wieder hinfaßte – würde es sich freuen oder in Verlegenheit geraten, wenn er es bäte, ihm die Botschaft zu erzählen? Wie vielen würde es wohl in den Sinn kommen, den Namen Jesus auch nur zu erwähnen bis zum nächsten Sonntag – und vielleicht auch dann nicht? Einen Vorwurf machte er den Menschen nicht – aber wozu sang man dieses Lied? Und merkte er als einziger in der ganzen Kirche die ungeheuerliche Diskrepanz zwischen Liedertext und Predigt – der Predigt, über die er beim Hinausgehen ein Gezwitscher schmeichelhafter Äußerungen hörte, und im gleichen Atemzug sprach man dann vom Wetter und erkundigte sich nach dem Befinden. Nein, ihm reichte es. Dies war bestimmt sein letzter Gottesdienst!

Aber es war *nicht* der letzte. Er hatte, wie sich zeigte, nicht gerechnet mit seiner angeborenen Veranlagung, die es nicht vermochte, eine Untersuchung unvollendet abzubrechen; und auch nicht mit der Kraft der Worte, die ihm nun immer wieder in den Sinn kamen – Er bricht der Sünde Macht entzwei. Er schenkt ihm Leben, Friede, Seligkeit.

Vierzehn Tage später, an einem Abend im Mai, saßen George Mansell und sein Neffe in der Bibliothek beim Kaffee. Mansells Frau, die mit Kopfweh von einem Tee zurückgekommen war, hatte sich in ihrem Zimmer hingelegt, und das Gespräch der Männer war vom Geschäft zum Golf und dann zur Nahostkrise hinübergewechselt.

»Onkel George«, sagte Andrew plötzlich nach einer jener Pausen, wie sie nur bei Fremden peinlich sind, »was weißt du eigentlich von der Kirche?«

Mansell legte die Zigarre hin und blickte seinen Neffen an. In Andrews Gesicht ließ nichts darauf schließen, daß dieser prüfende Blick ihm unbehaglich sei. Dabei war der magere, zynische Anglokanadier der einzige Mensch, dessen Kritik der Neffe fürchtete. Andrew wäre überrascht gewesen, wenn er erfahren hätte, daß sein Onkel nur um seinetwillen sich bemühte, amüsant und selbstsicher zu sein, nachdem er im Anfang die grüblerischen Augen seines Neffen gefürchtet und nach dessen nur zögernd gegebener Anerkennung getrachtet hatte; denn zuerst hatte der zurückhaltende Junge seine kühlen Annäherungsversuche mit Scheuheit erwidert, bis sie sich dann beide, der Vaterlose und der Kinderlose, gegenseitig wortlos angenommen hatten. Von da an waren sie immer freundlich zueinander gewesen und froh über ihr Zusammensein, aber nie ganz gelöst und offen zueinander. Es lag auf der Linie ihres beiderseitigen Sichverstellens, daß Mansells Stimme jetzt gleichgültig, fast gelangweilt war.

»Welche Kirche?«

»Die Kirche im allgemeinen. Oh, ich meine nicht die römisch-katholische. Ich weiß, es geht ihr wie gewöhnlich – in den protestantischen Ländern floriert sie, und in den Gegenden, wo sie allein herrscht, hat sie mit Schwierigkeiten zu kämpfen. Nein, ich meine jetzt den Protestantismus mit seinen vielen Spielarten, hier in unserer Stadt zum Beispiel. Wann bist du zum letztenmal in einem Gottesdienst gewesen?«

»Mein Sohn, mein Leben ist für dich ein aufgeschlagenes Buch. Du weißt doch genau, daß ich in keinem einzigen Gottesdienst gewesen bin, seit du zu uns kamst. Oder ja, einmal doch! Damals, als der Waffenstillstand unterzeichnet war, habe ich einem unvorhergesehenen Sentimentalitätsanfall von Alexandra nachgegeben und einen Dankgottesdienst mit ihr besucht. Ich muß beschämt gestehen, daß ich dir dies verheimlicht habe. Beurteile mich nicht zu hart. Es gab mildernde Umstände. So unglaubhaft es klingt, wir waren beide froh, daß sie die Sache erledigten, bevor du zurückkamst.«

Sein Lächeln, durch den leicht herabhängenden Schnurrbart noch betont, war halb entschuldigend, halb spöttisch. Wenige hatten gewußt, wie enttäuscht Mansell über seine eigene Zurückweisung vom Kriegsdienst gewesen war – sein Alter hätte die Armee damals eventuell übersehen, aber seinen Herzklappenfehler hatte sie nicht ignorieren können. Jetzt hätte er davon sprechen können, weil es ihn nicht mehr berührte – wie überhaupt die meisten Dinge ihn nicht mehr berührten, sondern sich nach einer Weile in der durchweg enttäuschenden Grundströmung seines Lebens auflösten.

Andrew erwiderte sein Lächeln mit entwaffnender Unbefangenheit. Sein glattrasiertes Gesicht mit dem starken Unterkiefer, älter als seine fünfundzwanzig Jahre, stand in auffälligem Kontrast zu dem sandfarbenen und verwelkten Angesicht des Älteren. Das Lächeln und die Klarheit der Linien und des Ausdrucks, die durch das allzu seltene Lächeln hervortrat, verliehen Andrews Gesicht eine flüchtige Jungenhaftigkeit.

»Wir wollen nicht mehr davon sprechen, Onkel. Weißt du, in wie vielen *ich* gewesen bin?«

»Bisher konnte ich sie ohne Schwierigkeiten zählen – wenn ich von den Abirrungen in deiner Militärzeit absehe, die mir ja nicht bekannt sind. Rechnen wir doch nach, da war ...«

»Kürzlich, meine ich. In fünfen, innerhalb der letzten vierzehn Tage. Und außerdem in einer Gebetsversammlung. Ja, tatsächlich! Der Schatten John Wesleys und zum mindesten eines geheiligten Vorfahren! Weißt du, daß die methodistischen Gemeinden heute keine Gebetsversammlungen mehr haben – jedenfalls nicht alle? Sie haben Bibelkreise oder Wochengottesdienste. Ich war in einer Bibelstunde, dort studieren sie die Schrift. Etwa zwölf ›Studenten‹ waren da – Durchschnittsalter Sechzig. Sie verbrachten eine ziemlich öde Dreiviertelstunde, während der der Hilfspfarrer einen der kleinen Propheten ›vornahm‹. Und mein Erscheinen erregte großes Staunen – wäre ich nicht der Wissenschaft halber hingegangen, so hätte ich sie ihr Bibelstudium bestimmt ohne mich machen lassen.«

»Träume ich«, murmelte Mansell, »oder bist du es leibhaftig, der sich hier ereifert, weil eine Kirche, die du nie besuchtest, keine Gebetsversammlungen mehr abhält? Sei doch froh, daß sie etwas Praktischeres tun. Aus der Bibel können sie doch jedenfalls ein ordentliches Stück Moral bekommen – obwohl mir die Moralität der kleineren Propheten etwas zweifelhaft erscheint. Sag mal, was ist los mit dir? Du bist doch nicht etwa religiös geworden, oder?«

Andrew lachte. »Verehrter Oheim, wenn du von den Diensten, die du dem dir anvertrauten Waisenknaben tatest« – die Worte waren ohne jede Bitterkeit – »einen gründlicher getan hast als die übrigen, dann war es der, in mir ein Vakuum zu schaffen, dort, wo andere ein geistliches Verlangen haben. Oh, auch ich hatte selbstverständlich mystische Momente, aber schon in meiner Jugend hast du sie mir mit soviel wissenschaftlicher Präzision erklärt und kommentiert, daß ich nie dahin gekommen bin, sie falsch einzuschätzen.«

»Das paßt schon mehr zu dir.« Mansell brummte erleichtert. »Erst habe ich geglaubt, du hättest, wie so mancher andere vor dir, einen Anfall von Lebensüberdruß gehabt; und statt deinen Zustand richtig zu erkennen als Verdauungsstörung oder Atavismus oder Kriegsnachwirkung oder gut bürgerlichen Wunsch nach Weib und Kind – Freud nennt es Geschlechtstrieb, aber lange vor ihm sprach von Littré vom Fortpflanzungstrieb – statt dessen wärest du hingegangen und hättest es erklärt mit ›Gottsuchen‹ oder irgendeinem anderen Schlagwort dieser Art.«

»Keinerlei Gefahr. Nicht, daß ich es nicht gerne täte; aber mein Verstand geht andere Wege – zweifellos dank deiner Erziehung.«

»Weshalb dann dieses plötzliche Interesse für die Kirche?«

»Rein sachlich. Ich glaube nicht an das, was das Christentum verlangt – du auch nicht; von Christen dagegen erwarte ich, daß sie daran glauben und entsprechend handeln. Und diese Pfarrer predigen etwas anderes, als was sie angeblich glauben.«

»Sei nicht zu streng mit ihnen, Andrew. Es ist ja schließlich nicht so einfach, wenn jemand einen überholten Glauben haben und dennoch ein modernes Publikum zufriedenstellen soll. Manche mögen wohl tatsächlich glauben; aber kein ehrlich denkender Mensch mit Verständnis für die inneren Konsequenzen kann den strengen Christenglauben heute akzeptieren.«

»Das scheint mir nicht so sicher. Natürlich, wenn jemand ehrlich denkt und geistiges Verständnis hat, wie du sagst, wird er vieles ablehnen; aber für das Ausmaß dessen, was die Menschen glauben können, wenn sie ihren Willen darauf richten, auch gebildete, dafür gibt es keine Grenzen, wie es scheint. Nimm zum Beispiel nur die Katholiken. Sie glauben – oder akzeptieren –

einen Haufen offener Widersprüche und Ungenauigkeiten, und trotzdem kann man nicht bestreiten, daß unter ihren Priestern viele sehr gescheite und zeitgemäße Menschen sind. Du wirst allerdings ihre Ehrlichkeit in Zweifel ziehen, vermute ich. Gut, dann nimm die Entwicklungstheorie. Im besten Falle ist sie eine Arbeitshypothese. Gegen jeden der angeblichen Beweise sind Zweifel laut geworden. Und trotzdem gibt es Tausende, die sie mit Haut und Haaren schlucken, besonders unter halbausgebackenen Studenten und solchen, die als Crème der Intelligenzschicht angesehen werden wollen. Sie werden so dogmatisch wie religiöse Proselytenmacher. Ach, viel schlimmer noch; denn daß jemand versucht hat, mir seine Religion aufzudrängen, ist mir seit Jahren nicht mehr vorgekommen, aber mindestens ein Dutzend Vertreter der Entwicklungslehre haben sich bemüht, mir mit allen Mitteln ihre Theorien einzutrichtern. Im Grunde glaube ich die Theorie wahrscheinlich selber, obwohl die Grundidee mir ziemlich unsympathisch ist — vielmehr, ich hätte sie vielleicht geglaubt, wenn nicht so viele Leute derart auf mich eingeredet hätten.«

Sein Onkel lachte.

»Man hätte dich Ismael nennen sollen, Andrew.«

»Wieso?«

»Großer Gott!« — Es war nicht das erstemal, daß Andrew diesen Ausruf aus dem Munde seines Atheistenonkels hörte, doch zum erstenmal fiel ihm jetzt auf, daß das Wort nicht zu ihm paßte — »da habe ich Angst gehabt vor deinen religiösen Neigungen, und dabei kennst du deine Bibel jetzt so wenig, daß du nicht mal weißt, wer Ismael war.«

»Ich bin beschämt. Sag du es mir.«

Mansell, darauf festgenagelt, wurde unsicher. »Es ist eine Geschichte aus dem Alten Testament — die Einzelheiten habe ich vergessen. Jedenfalls, er kämpfte gegen alle, und alle kämpften gegen ihn. Das scheint auch deine Art zu sein.«

Andrew schob die Einwendungen beiseite.

»Ich gebe gerne zu, daß ich die Bibel wenig kenne, obwohl — ich möchte wetten, von ihrem eigentlichen Inhalt weiß ich genausoviel wie viele offizielle Christen. Und außerdem, ich hole nach. In der letzten Zeit habe ich einige Teile durchgelesen, und ich bin erstaunt, wie wesentlich sie ist. Wären ihre Aussagen glaubhaft, so böte sie die Lösung für das ganze hoffnungslose Durcheinander, in dem die Welt sich jetzt befindet. Und warum nirgendwo ein Mensch mit Geist und Temperament und praktischem Verstand sie ausnutzt, das ist mir wirklich rätselhaft.«

»›Mit deinen eigenen Worten muß ich dich verdammen‹«, erwiderte ihm Mansell träge. »Was berechtigt dich, den Rest der Menschheit anzuklagen? Wenn du so sehr darauf erpicht bist, warum tust du es nicht selbst?«

Eine plötzliche Totenstille trat ein; in langsamen Kringeln stieg der Rauch von Mansells Zigarre um die Tischlampe zu der dunklen Decke. Connington blickte seinen Onkel an, seine braunen Augen waren nicht erschreckt, aber plötzlich wach, wie die Augen eines Menschen, dem etwas aufgeht, was ihm lange Zeit verborgen war. Dann:

»Danke dir, daß du mich darauf gebracht hast. Wahrscheinlich werde ich es tun.«

In seinem ruhigen Ton lag keine Prahlerei. Auch Scherze machen war nicht Andrews Art. Mansell fühlte sich beunruhigt, doch der Gedanke war so unsinnig, daß er ihn beiseiteschob.

»Du solltest deinen armen, alten Onkel nicht zum Narren halten«, sagte er leichthin. »Wie sind wir bloß in die verflixte Diskussion geraten?«

»Ich habe dich nicht zum Narren gehalten.«

»Dann bist du selber einer. Solche Dinge tut man nicht. Mach dich doch nicht lächerlich.«

Die Worte waren schlecht gewählt. Andrews Haltung wurde steif und ablehnend.

Mansell erhob sich und trat an den Kamin, so daß er auf seinen Neffen hinuntersehen konnte, der ihn, wenn beide standen, um eine Handbreite überragte.

»Wenn du es tatsächlich ernst gemeint hast«, sagte er, »dann vergißt du auf jeden Fall einige wichtige Momente. Da wäre zum Beispiel die Ehrlichkeit im Denken.«

»Das ist ein Wort, das man so und so verstehen kann. Wäre ich Jurist, so würde mir niemand Unehrlichkeit im Denken vorwerfen, wenn ich einen Mann verteidigte, von dem ich glaubte oder sogar wüßte, daß er schuldig ist. Oder wenn ich zum Beispiel dein freundliches Angebot annehme und in die Glasfirma eintrete, dann werde ich den Leuten einzureden suchen, daß unser Glas unvergleichlich besser sei als das der Konkurrenz – wovon ich gar nicht restlos überzeugt bin.«

Überraschenderweise hatte er seinen Onkel verletzt.

»Zum Teufel, Conningtonglas war immer tadellose Ware.«

»Richtig – aber nicht die einzige tadellose auf dem Markt. Auch bin ich nicht sicher, ob sie tatsächlich so billig und so geeignet für alle möglichen Verwendungszwecke ist, wie eure Reklame einen glauben läßt. Aber darauf kommt es jetzt nicht an. Wenn ich bei dieser harmlosen Verschwörung mitmachte, würde niemand von gedanklicher Unehrlichkeit sprechen, auch wenn ich in Wirklichkeit anderer Meinung wäre. Und genauso hier – wenn ich durch Predigen von Lehren, die möglicherweise wahr sind, obwohl ich selbst nicht an sie glauben kann, anderen zu helfen vermag, dann lasse ich mich nicht durch ein Schlagwort wie ›unehrliches Denken‹ davon abhalten. Auch ein Arzt sagt dem geisteskranken Patienten nicht die Wahrheit. Er sagt ihm etwas, was ihn beruhigen oder heilen kann.«

»Ihr Götter«, sagte Mansell sanft, »hört den großen Menschheitsarzt.«

Andrew wurde rot. »Verzeihung, Sir«, sagte er; der Rückfall in die Schülersprache verriet seine Verlegenheit. »Es klang etwas großspurig, ich weiß. Aber ich empfinde es tatsächlich so. Ich habe keine Beschäftigung; und die Welt ist durcheinander – ihr in Kanada, ihr habt bis jetzt noch nicht gemerkt, wie groß das Durcheinander ist und wie wenig durch den Krieg bereinigt worden ist, von dem ihr so gemütlich sprecht. Aber auch ihr werdet es bald merken. Und ich glaube wirklich, daß ich auf diese Weise mehr Gutes tun könnte als auf jede andere. Ich will dich nicht ausnutzen. Was ich von Großvaters Besitzungen geerbt habe, müßte genug abwerfen, um mich über Wasser zu halten, auch wenn die geschäftliche Lage in England so gedrückt bleibt wie zur Zeit. Und ich muß gestehen, daß der Plan mit seinen neuen Möglichkeiten mich verlockt.«

Mansell hatte das verwirrte Gefühl, daß dieser Junge, der sich sooft seinem Verständnis entzogen hatte, nun auch seinem Einfluß entglitt.

»Von Ausnutzen wollen wir nicht mehr sprechen«, sagte er, hitziger als sein sanfter Zynismus es bisher jemals zugelassen hatte. »Aber hier steckt mehr dahinter, als man sieht. Irgendwer hat dich bekehrt.«

Andrew lachte ehrlich belustigt. »Ich glaube, du bist genauso entsetzt über diese Möglichkeit, wie wenn ein christlicher Vater hört, sein Junge sei auf Abwege geraten. Nein, lieber Onkel. Wenn es dich beruhigt, werde ich aufstehen, das Glaubensbekenntnis sprechen — mit Bewußtsein habe ich es übrigens zum erstenmal am vorigen Sonntag gehört — und vor jedem Satz ›Non credo‹ sagen. Nimm es nicht so tragisch, Onkel. Die Situation hat einen gewissen ironischen Humor, der dich doch eigentlich entzücken müßte.«

Mansell lächelte unfreundlich. Daß er beschuldigt wurde, irgend etwas ernst zu nehmen, war ihm sehr zuwider.

»Ich bin gespannt, wie dein Humor dich über Jahre öder Tätigkeit in einem hinterwäldlerischen Nest hinwegbringen wird«, erwiderte er grimmig. »Du solltest dich nach einer tüchtigen Ehehälfte umsehen, Andrew. Für Mütterversammlungen, Kirchenkränzchen und so weiter ist sie, glaube ich, unentbehrlich.«

»Aber Onkel!« Andrew war ehrlich entsetzt. »Anscheinend hältst du mich für ganz verrückt. Nein, so weit treiben mich meine philanthropischen Impulse nun doch nicht. Für mich heißt die Frage: eine Großstadtkirche oder gar nichts. Und verlaß' dich drauf, ich werde eine kriegen. Bist du nun von der Weltlichkeit meiner Intentionen überzeugt? Ja, und du, lieber Onkel, sollst für mich antichambrieren, Hebel in Bewegung setzen, alles tun, was du tätest, wenn ich einen Job im Staatsdienst suchte — oder mich entschlossen hätte, ›ehrlich zu denken‹ und in die Politik zu gehen! Abgemacht?«

Später am Abend, als er allein durch den neuen Bezirk von Forest Hill ging, wurde Andrew klar, daß der Gedanke sich schon seit einiger Zeit in ihm geregt hatte. Er war entstanden auf dem Hintergrund all des Ärgers und Unwillens, den er in den besuchten Gottesdiensten empfunden hatte; ein Verlangen, das Unvollkommene zu verbessern, etwas, was vergeudet wurde, wieder nutzbar zu machen, gute Arbeit zu leisten, wo die verfügbaren Mittel verschwendet wurden für eine schlechte. Der Krieg, die

Nachkriegszeit in Oxford und die beiden Jahre auf dem Kontinent hatten kein bestimmtes Lebensziel in ihm entstehen lassen. Mansell, der bei der Rückkehr seines Neffen angenommen hatte, der verlorene Sohn sei endlich zu sich selbst gekommen und heim zur Conningtonschen Glasfirma, hatte Andrew nicht zu der Überzeugung bringen können, daß seine Pflicht auf diesem Felde liege. Da die meisten Berufe Andrew enttäuschend erschienen und er einen gewissen Akademikerabscheu vor jeder Tätigkeit mit wirtschaftlicher Konkurrenz empfand, sah er in dem neuen Plan einige unerforschte und zum Zupacken herausfordernde Möglichkeiten.

Der Plan schien wie kein anderer geeignet, ihm eine passende Berufsbetätigung zu geben, die Erfüllung seines unbestimmten Wunsches, der Menschheit zu nützen. Und außerdem gab er ihm Gelegenheit, eine seiner besonderen Fähigkeiten zu betätigen, nämlich Menschen durch seine Redegewandtheit zu beeinflussen. Die Entdeckung dieser Gabe war für ihn eine Überraschung gewesen. Von Natur aus zurückhaltend, hatte er als Junge nur ungern vor einem großen Kreis gesprochen; aber in den seltenen Fällen, wo ein Ärger oder die Stärke seiner Überzeugung ihn dazu getrieben hatten, bei einer offenen Debatte in Oxford einzugreifen, waren seine Gegner jedesmal besiegt worden. Später, als er während seiner Arbeit beim Völkerbund einen unpopulären Antrag mit großer Überzeugungskraft verteidigt hatte, war seine Rede von einem bedeutenden älteren Politiker verglichen worden mit Cäsars Rede zur Verteidigung der Catilinarischen Verschwörer. Nachdem er bei einigen weiteren Sitzungen hervorgetreten war, hatte man ihm nach Ablauf seiner vorläufigen Anstellung einen gehobeneren Posten angeboten; aber Unruhe, leichtes Heimweh und ein wachsender Widerwille gegen Bürokratismus, Kompromisse und Tatsachenverdrehung hatten ihn nach Kanada zurückgetrieben. Und doch war es angenehm gewesen, das Gefühl, die Menschen beeinflussen zu können, und er fand es richtig, wenn er seine rednerischen Gaben nutzbar machte.

Ein beharrlicher Sonnenstrahl fand einen Weg durch die dunkelgrünen Vorhänge, als sie sich im Morgenwind bewegten, und Andrew erwachte mit dem Bewußtsein, länger und tiefer geschlafen zu haben als gewöhnlich. Außerdem beherrschte ihn ein ungewohntes Gefühl, das er aber früher schon erlebt hatte, vor so langer Zeit jedoch, daß er es im ersten Augenblick nicht einzuordnen wußte. Dann wurde es ihm klar: es war das Gefühl, mit dem er als Kind an besonderen Tagen aufgewacht war, wenn etwas Angenehmes unmittelbar bevorstand. Insbesondere erinnerte er sich an seinen elften Geburtstag, als er aus sonderbaren Geräuschen am Abend vorher mit ziemlicher Sicherheit entnommen hatte, daß er zum Geburtstag seinen ersten jungen Hund bekommen würde. Aber warum sollte dies Gefühl freudiger Erwartung ihn auch jetzt erfüllen? Plötzlich fiel ihm der ungewöhnliche Entschluß von gestern abend wieder ein, und seine frohe Stimmung sank zunächst zusammen. Konnte diese unbestimmte Zukunft andere Empfindungen hervorrufen als Angst oder bestenfalls grimmige Entschlossenheit? Dennoch durchströmte ihn von neuem Freude, und er gab ihr ohne Widerstreben nach. Eines jedenfalls stand fest — sein Entschluß hatte sich durch den Schlaf nicht geändert, wie er halb und halb erwartet hatte. Von neuer Entschlossenheit erfüllt, badete er, kleidete sich an und ging ins Eßzimmer hinunter.

Mansells Platz am Kopf des eichenen Eßtisches war leer, sein Gedeck aber noch nicht fortgeräumt. Andrews Tante saß noch bei ihrer Kaffeetasse, anscheinend, weil sie mit dem Neffen plaudern wollte, während er sein Frühstück zu sich nahm. Als er eintrat, blickte sie mit einem freundlichen und liebevollen Lächeln auf; man merkte: nach ihrer Meinung konnte er nichts Schlechtes tun.

»Guten Morgen, mein Lieber. Wir bekommen gleich noch Speck. Möchtest du ein Ei dazu? Hoffentlich hast du gut geschlafen.«

»Viel zu gut. Bis vor einer Viertelstunde. Nein, für mich kein Ei, vielen Dank. Onkel George ist schon an sein Tagewerk gegangen, wie ich sehe. Ist dein Kopf etwas besser?«

»Ja, bedeutend. Es wundert mich, denn ich habe schauderhaft geträumt. Ein richtiger Alptraum war es eigentlich, nur hatte ich zum Glück bei aller meiner Angst das komische Gefühl, daß es bloß ein Traum war. Du weißt ja, wie das manchmal geht.«

Andrew nahm die frische Scheibe Toast, die sie ihm reichte.

»Vielen Dank. Und wovon handelte dein Traum?«

»Von dir und George«, erwiderte die Tante; ihr Ton besagte, daß ein Traum von anderen, geringeren Menschen sie nie ängstigen könne. »Wir schienen in Fairhaven zu sein, obwohl du dort seit Jahren nicht mehr warst. Du und George, ihr saßt in einem Boot und rudertet zu zweit. Nur saßt ihr in entgegengesetzten Richtungen, und jeder hatte nur ein Ruder. Und deshalb drehte sich das Boot ständig auf der gleichen Stelle. Ich selbst stand am Ufer und war fürchterlich nervös; denn wir schienen uns viel weiter flußabwärts zu befinden als Fairhaven, und das Boot trieb auf die Stromschnellen zu. Dann hörte George plötzlich auf zu rudern, und ich hoffte, du würdest jetzt das zweite Ruder nehmen und gegen die Strömung ankämpfen, aber du rudertest mit deinem einen Ruder weiter, und ich sah, wie das Boot in den Sog geriet und mit euch beiden mitten in die Stromschnellen schoß.«

»Und dann?«

»Nichts. Gerade als ich meinen Mund auftat und schreien wollte, sagte ich zu mir: ›Du träumst ja, Alex.‹ Oder umgekehrt. Ich weiß es nicht. Was mag der Traum bedeuten?«

Andrew erwog, ob er seinen Speck mit Traubgelee oder Marmelade essen solle, und entschied sich für die letztere.

»Freud würde es wahrscheinlich wissen.«

»Freud? Ach ja. Wir haben ihn im Leseklub besprochen. Ein sehr unangenehmer Mensch, finde ich. Von ihm möchte ich meinen Traum lieber nicht erklärt bekommen.«

»Gut. Dann wollen wir also davon absehen, zum Analytiker zu gehen. Der hätte außerdem auch viel zu viel mit mir zu tun. Hat Onkel George dir irgendwas erzählt?«

»Von dir? Nein.«

Andrew lächelte. »Das dachte ich mir schon. Wahrscheinlich hoffte er, bis heute morgen wäre ich wieder zur Vernunft gekommen. Dann muß ich es wohl selber tun. Bist du bereit für einen Schock?«

»Du willst doch wohl nicht heiraten?«

»Ich? O nein. Jedenfalls fürs erste nicht. Von meinen bisherigen Bekanntschaften keine. Und wenn, dann werde ich sie vorher, das verspreche ich, zur Besichtigung hier vorführen.«

»Mach' keine leichtsinnigen Versprechungen, nachher bereust du sie. Also, worin besteht der Schock?«

Jetzt, als es so weit war, machte sich bei Andrew wieder seine übliche Verschlossenheit bemerkbar, und er bedauerte, daß er die Verkündigung seines Planes nicht dem Onkel überlassen hatte.

»Ich habe mich entschlossen, Theologie zu studieren und — wie sagt man? — in den Stand der Geistlichkeit zu treten.«

Daß sie überrascht wäre, hatte er erwartet, und die Erwartung wurde keineswegs enttäuscht. Auf ihrem Angesicht erschien ein Ausdruck völliger Verblüffung.

»Aber Andrew.« Sie zögerte und stockte wie ein Mensch, der nicht richtig mitkommt und außerdem der Ansicht ist, daß es sich nicht recht gehöre, solche Themen offen zu besprechen. »Ich habe nicht gewußt... ich meine... ich hatte nie gemerkt, daß du...« Sie brach hilflos ab.

Andrew reichte seine Tasse und ließ sich Kaffee einschenken. Die Alltäglichkeit der Handlung schien Alexandra zu beruhigen.

»Daß ich Christ sei, hast du nicht gewußt? Ich bin auch keiner, Tante Alex.«

Der verwirrte Ausdruck kehrte wieder. »Das hatte ich auch nicht gedacht. Ich meine nur — warum willst du es dann tun? Ich verstehe überhaupt nichts. Oder hast du es im Scherz gesagt?« fügte sie hoffnungsvoll hinzu.

»Nein, ich scherze nicht. Und ich verstehe es im Grunde selbst nicht. Wahrscheinlich ist es eine Wahnsinnsidee. Gibt es in unserer Familie Wahnsinn? Du hast mir davon erzählt. Aber machen werde ich es trotzdem. Ich will versuchen, es dir zu erklären.«

Sein kurzer, sachlicher Bericht über die vergangenen Wochen und über deren unvorhergesehenes Ergebnis ließ seine Tante gespannt und wortlos zuhören. Aber was sie dann am Schluß erwiderte, schien nicht sehr bedeutungsvoll.

»Viel Ähnlichkeit mit meinem Bruder hatte ich bisher bei dir nie finden können, Andrew. Du erinnertest mich immer nur an meinen Vater. Aber jetzt...«

»Ja?« sagte er ermunternd, als sie mit nachdenklich zusammengezogenen Augenbrauen schwieg.

»Im Grunde glaube ich, ist es keine eigentliche Ähnlichkeit. Nur... was du eben sagtest, hat mich so stark an ihn erinnert.«

»Inwiefern?«

»Seit Jahren habe ich nicht mehr daran gedacht. Ich war auch, glaube ich, die einzige, die es wußte. Mir pflegte er fast alles zu erzählen, denn zu Vater hatten wir kein richtiges Vertrauen, obwohl wir ihn ja beide sehr verehrten. Und mit Mutter sprachen wir natürlich wenig. So erzählten wir uns vieles gegenseitig in den Ferien, auch in Briefen. Noch heute ist es schwer zu fassen, daß er tot ist.«

Sie schwieg. Ihre Haut, zart und unverkennbar englisch, aber nach den langen Jahren in dem rauheren Klima Kanadas ein wenig spröde geworden, hatte sich an den Backenknochen leicht gerötet, teils infolge der Gemütsbewegung, die die plötzliche Erinnerung hervorrief, teils aus Verlegenheit darüber, daß sie so offen sichtbar wurde. Mit einiger Beschämtheit merkte Andrew, daß er Alexandra jetzt zum erstenmal in ihrem eigentlichen Wesen sah – nicht als Tante, die die Rolle seiner halbvergessenen Mutter übernommen hatte, nicht als Ehepartnerin des Onkels, sondern als ein eigenständiges Individuum, als eine Frau, die sich noch immer als Tochter und als Schwester fühlte. Er sagte sanft:

»Und was war das, woran ich dich vorhin erinnert habe?«

»Ach so. Es war kurz bevor Edward zum Studium nach Oxford ging. Wer ihn eigentlich beeinflußt hatte, weiß ich auch nicht. Irgendeiner seiner Lehrer an der Schule, glaube ich. Er hat es nie genau erzählt. Aber er hatte damals eine religiöse Zeit und sagte mir, er überlege, ob er Pfarrer werden solle. Die Lage war bei ihm natürlich anders. Ich meine, wir waren als Kinder immer regelmäßig in die Kirche gegangen.«

»Ja, und was geschah?«

»Das weiß ich nicht genau. Er war sich selber wohl nicht klar, und Oxford brachte ihn in eine andere Richtung. Als er sein Examen machte, war ich schon verheiratet und hier in Kanada. Und Vater wollte, daß er in die Firma eintrat – genau wie George bei dir. George wird dies nicht gefallen.«

»Es gefällt ihm ganz und gar nicht.«

»Ach ja, er weiß wohl schon davon. Jetzt, wo ich drüber nachdenke – er war auch heute morgen etwas ... etwas stiller als gewöhnlich. Andrew, hast du dir die Sache auch genügend überlegt? Ich meine, wo du doch nicht gläubig bist, wie willst du dann damit Erfolg haben? Oder bist du es vielleicht im tiefsten Innern doch?«

»Nein, Tante Alex. Und es scheint mir auch sehr zweifelhaft, daß ich es jemals werde. Diese Möglichkeit hat übrigens auch Onkel George beunruhigt. Und was den Erfolg betrifft – daß ich mir den zutraue, ist wahrscheinlich krasse Überheblichkeit. Nur das eine weiß ich: jedesmal, wenn ich in den letzten Wochen ein unfähiges oder selbstgefälliges oder pathetisches Individuum auf einer Kanzel stehen sah und predigen hörte, und der Mensch verschwendete nur seine Zeit und hatte offensichtlich keine Ahnung von den wunderbaren Möglichkeiten in den Worten seines Bibeltextes, dann spürte ich einen unwiderstehlichen Drang, ihn von der Kanzel zu zerren und es selber zu versuchen. Und als Onkel George mich gestern abend völlig harmlos und ironisch fragte, warum ich es nicht täte – zwei Minuten später hätte er sich am liebsten seine Zunge abgebissen – da wußte ich auf einmal, was ich wollte.«

»Aber wirst du dann nicht unaufrichtig? Wie kannst du predigen, wenn du selbst nicht daran glaubst?«

Unter ihrem prüfenden, besorgten Blick wog Andrew seine Antwort.

»Aufrichtig bleibe ich trotzdem – bis zu einem gewissen Grad. Ich habe viele Professoren gehört, manche machten aus Homer, Vergil, Thukydides eine öde, tote Sache, und manche ließen sie lebendig werden. Ein guter Lehrer muß nicht glauben, daß diese Männer göttlich inspiriert gewesen seien; auch ohne das kann er sie schildern, daß sie auf die Hörer wirken. Es kommt nur darauf an, wie man den vorhandenen Stoff benutzt. Und nach dem, was ich von der Bibel gelesen und gehört habe, hat sie bei weitem mehr Gehalt und Wert als alles andere zusammen. Du sagst, ich könne keine Predigt halten, solange ich nicht glaube – hast du je Sir Edward Marshall-Hall gehört?«

»Nein.«

»Nun, ich habe ihn gehört, einmal als er einen Kerl verteidigte, der eines scheußlichen und offenbar mit kalter Überlegung ausgeführten Mordes angeklagt war. Nie in meinem Leben habe ich eine so erstaunliche Beredsamkeit erlebt und nie ein solches Hackfleisch, wie er es damals aus dem Staatsanwalt gemacht hat.

Und den Angeklagten hat er frei bekommen. Und darum drehte es sich ja. Ich weiß nicht, ob er von seiner Rede ein einziges Wort geglaubt hat oder nicht. Möglicherweise war er völlig überzeugt, daß der Angeklagte schuldig sei. Aber das Verteidigen war sein Beruf. Und das war das einzige, was zählte. Mein Fall ist allerdings ganz anders. Bei mir, wenn ich eines Tages predige, ist es ja nicht so, daß ich weiß, die Dinge, die ich sage, sind unwahr. Ich weiß bloß nicht, ob sie wahr sind.«

»Ich verstehe – so etwa wenigstens. Du willst schon gehen?«

»Ja. Ich will meine Dienste einer Institution anbieten, die sie bitter nötig hat, wenn mich nicht alles täuscht. Gehabt Euch wohl, edle Tante. Es lebe die Familie Connington!«

Die Besprechungen mit dem Victoria College wegen seines theologischen Studiums erwiesen sich als einfacher, als er erwartet hatte. Als Feld seiner künftigen Tätigkeit hatte er sich die Methodistenkirche ausgesucht, teils aus scherzhafter Anhänglichkeit an die Familientradition und teils aus sachlicher Berechnung: in einer Freikirche war er als Prediger ungebundener und hatte größere Möglichkeiten, seine rednerischen Fähigkeiten anzuwenden. Kriegsheimkehrern gewährte die Universität noch immer besondere Erleichterungen in fast allen Fakultäten, und insbesondere die theologische Fakultät hatte keinen Grund, übermäßig streng zu sein. Auf Grund seines Oxforder Examens und des Mangels an Kandidaten für das Predigeramt wurde Andrew die normalerweise geforderte praktische Tätigkeit erlassen; und so brauchte er vor Semesterbeginn, Ende September, keine weiteren Schritte mehr zu unternehmen.

Während der folgenden Wochen widmete er sich mindestens zweimal jeden Sonntag seiner Forschung; unvoreingenommen besuchte er die Gottesdienste in den verschiedenen Arten der protestantischen Kirche und manchmal außerdem noch eine Abendandacht in der anglikanischen oder eine Frühmesse bei den Katholiken. Und systematisch machte er sich jedesmal Notizen; Notizen über komische Versehen, Widersprüche, Diskrepanzen, über Fälle, wo die reichen Möglichkeiten eines Textes unvollkommen ausgeschöpft wurden oder wo die Wirkung durch banale oder unsachgemäße Auslegung herabgemindert wurde oder ganz verlorenging. Er versuchte mit der Gemeinde eins zu werden, zu erspüren, was sie packte und was nicht, was sie ansprach und berührte und was wirkungslos vorüberging. Wenn sie sahen, daß er sich unauffällige Notizen machte, hielten sie ihn für einen Pressemann. Sie wären wohl erstaunt gewesen, wenn sie die kurzen, sachlichen Bemerkungen gelesen hätten und gesehen, was für ein scharfsinniges Gehirn hinter diesem ernsten und gesammelten Gesicht am Werke war. Größtenteils waren die Notizen abfällig; aber Andrew mit seiner raschen Auffassung griff auch manchen Hinweis auf, den er sich zunutze machen konnte: Themen, die man nachdrücklicher behandeln sollte; Bibelstellen zum Einflechten in Predigten, die diese Texte in ihm anregten; Stellen aus der Schrift, die er wieder lesen, wieder überdenken wollte. Auch fand er nicht durchweg bestätigt, was er erst behauptet hatte: daß die Pfarrer nicht das predigten, was sie angeblich glaubten. Er entdeckte Geistliche, die aufrichtig und mit spontaner Inbrunst predigten; immer wieder mußte Andrew zugeben, daß eine Predigt eine mächtige Wirkung auf ihn hätte ausüben können, wenn er nur den Glauben gehabt hätte. Allzuoft jedoch ergingen sich die Streiter für das Evangelium in pathetischem Gefühlsschwulst. Sie versteiften sich auf eine bestimmte theologische Richtung, erlaubten sich heftige Schmähworte gegen Konfessionen, Bewegungen, wissenschaftliche Theorien, die zu verstehen oder zu erklären sie gar nicht erst versuchten; wogegen die »modernen« Prediger, stolz auf ihre Bildung und auf ihre Toleranz, unbewiesene Hypothesen sklavisch akzeptierten und in dem Bestreben, sie mit der Religion in eins zu bringen, ein verwässertes und abgeschwächtes Evangelium verkündigten und eine unbestimmte humanistische Moral oder einen lebensfremden Sozialismus predigten.

Bei allen diesen Gottesdiensten blieb Andrew kühl und sachlich und in seinem Innern unbeteiligt. Nie kam er mit der Hoffnung oder der Erwartung hin, daß er Hilfe finden würde; und in dem Interesse, das ihn zum Suchen und zum Forschen trieb, war kein persönliches Bedürfnis, keine innere Not. Sein Sinn für Humor lag immer auf der Lauer nach komischen Zwischenfällen, obwohl er meistens konstatieren mußte, daß er der einzige war, der sich belustigt fühlte. Manchmal allerdings, wenn zum Beispiel ein gefüllter Kollektenteller auf den Boden fiel, entstand bei der Jugend eine leise Heiterkeit; wenn bei einer Taufe der Säugling kräftig heulte und man meinte, ein Teufel müsse mühsam ausgetrieben werden, dann konnte man auf manchen Gesichtern ein leises, irgendwie entschuldigendes Lächeln sehen; und einmal hörte Andrew ein spontanes, durchaus nicht wiedergeborenes Kichern, als bei einem Gottesdienst der Vorsänger das Einsatzzeichen mißverstand und durch ein verfrühtes Responsorium das Gebet des Pfarrers plötzlich unterbrach. Unstimmigkeiten aber von subtilerer Art schien niemand zu bemerken.

So blieb ihm unvergeßlich jener strahlend helle Sommermorgen: er hatte einige Notizen hingeworfen, als das Lied begann, worauf er aufstand, ins Gesangbuch blickte und mit großen Augen dort als Anfangszeile las:

»Die Abenddämmerung sinkt hernieder,
Verblaßt ist schon des Himmels Blau«.

Irgend jemand hatte einen Bock geschossen! Der Pfarrer, dachte Andrew, wird das Lied sicher abbrechen lassen und ein anderes angeben, das der lichten Morgenstunde angemessener ist. Aber nein, das Gesicht des Geistlichen blieb unbewegt. Obwohl er das Versehen sicherlich gemerkt hatte, gab er dies nicht zu erkennen. Zu Andrews wachsendem Erstaunen sangen Chor und Gemeinde weiter:

»Und auf den Blättern, auf den Blüten
Liegt schimmernd nun der Abendtau«.

Und so fort, vier Strophen zu acht Zeilen, bis sie sich mit der inbrünstigen Bitte

»So schenk uns Ruhe nun, o Herr«

befriedigt wieder setzten und auf die Predigt warteten. Während Andrew hastig eine weitere Notiz machte, überlegte er, daß bei vielen diese Bitte vielleicht das echteste Gebet des ganzen Tages war.

Es entging ihm nicht, wie gefährlich es war, wenn man Liedstrophen wegließ. Manche Pfarrer hatten die Tendenz, gerade die wichtigsten und eindrucksvollsten wegzulassen. Im allgemeinen mußte er bewundernd anerkennen, mit welcher Geschicklichkeit die Lieder und Bibelverse ausgewählt wurden, aber einmal erlebte er, wie ein Geistlicher sich selbst übertraf.

Als Kollektenlied hatte er gewählt

»Was dein ist, bringen wir,
Was auch die Gabe sei,«

dann war ihm wohl aufgefallen, daß der letzte Teil des ziemlich langen Liedes nicht so passend sei, und er hatte angegeben, daß nur die drei ersten Strophen gesungen werden sollten. Unglücklicherweise hatte er nicht überlegt, ob die dritte Strophe sich als Abschluß eigne:

»O Herzen tot und kalt,
O Häuser öd' und leer,
Manch' Schaf, für das der Hirte litt,
Irrt fern der Herd' umher.«

Als Andrew das kräftige »Amen« hörte, mit dem die Gemeinde diese düstere Feststellung bekräftigte, dachte er im stillen, daß sie ihr hartes Urteil über die armen Verirrten nur unverhohlener ausgesprochen hatte als gewöhnlich.

Gegen Ende Juli hatte Andrew das Gefühl, daß er die kirchlichen Verhältnisse genügend erforscht hätte. Für die verbleibenden zwei Monate zog er sich daher in das Sommerhaus des Onkels am St.-Lorenz-Strom zurück, ausgerüstet mit verschiedenen Bibelübersetzungen, einer Konkordanz, einem griechischen Testament, viel theologischer Literatur und einer möglichst reichen Kollektion antichristlicher Polemiken. Dort widmete er sich einem intensiven Bücherstudium.

3

Mit seltsam gemischten Gefühlen näherte sich Andrew an dem Oktobermorgen, an dem die Vorlesungen begannen, seiner alten Universität. Sein Onkel hatte sich, halb belustigt, halb resigniert, die Ehre ausgebeten, den geistlichen Neffen auf dem Wege ins Büro bis zur Universität zu fahren, ihn jedoch auf seine Bitte hin in der Yonge Street abgesetzt, denn Andrew hatte noch etwas einkaufen wollen. Von dorther kommend, erblickte er die roten Dächer des Victoria College über den gewölbten Ulmenwipfeln der St. Mary Street vor einem leuchtend blauen Himmel. Der Gedanke, an die Hochschule zurückzukehren, gab ihm, zusammen mit der prickelnden Oktoberluft, ein beglückendes Gefühl von Jungsein. Während er durch den Torbogen des Vorgebäudes und zum Hauptportal schritt, betrachtete er die jungen Leute, an denen er vorüberkam, und fragte sich, ob es unter ihnen jemand gebe, den ein so sonderbarer Grund hierhertrieb wie ihn selbst. Über die breite Treppe stieg er zu den geweihten Stätten der Theologiestudenten in der Jackson Hall empor.

Als die erste, nicht sehr bedeutungsvolle Vorlesung vorüber war, stand er unschlüssig da, bis ein zufällig aufgeschnapptes Wort und das Hinströmen der anderen zur Treppe ihn daran erinnerte, daß das College eine Kapelle hatte. Das war offenbar der Ort, wo der vorbildliche Theologiestudent sich in der Pause aufhielt, von neun Uhr fünfzig bis zehn Uhr zehn; auch Andrew begab sich zur Kapelle — weniger aus Freude an der Pflichterfüllung als in dem eifrigen Bestreben, seine Kirchenstudien fortzusetzen — setzte sich in eine von den hinteren Bänken und beobachtete seine Umgebung.

Bald waren nur noch die ersten Bänke unbesetzt — jene vordersten und sichtbarsten Plätze, die in *jeder* Kirche unbesetzt sind und deren Freibleiben dafür spricht, daß die moderne Christenheit doch *eine* Mahnung Jesu — nicht an auffälligen Stellen zu beten — auf der ganzen Welt beherzigt. Offenbar war der erste Gottesdienst in der Kapelle sozusagen ein gesellschaftliches Ereignis. Die meisten Studenten waren damit beschäftigt, sich leise, aber lebhaft zu unterhalten; außerdem fiel Andrew auf, daß die Mädchen sehr viel eleganter angezogen waren als die jungen Damen vor zwei Jahren an der Universität in Oxford, wo sie damals immer noch davon beeindruckt schienen, daß sie überhaupt zum Studium zugelassen wurden. Von früher her erinnerte er sich, daß das akademische Gewand an der Universität Toronto nur von der Professorenschaft getragen wurde; dennoch versetzte es ihm einen leisen Schock, als er bei diesem ersten öffentlichen Treffen die Versammelten in so modern legerer, bunter Kleidung sah. Der Rektor allerdings und einige Professoren, in ihren breiten Sesseln auf dem Podium sitzend, verliehen der Szene Würde. Mehrere von ihnen kannte er vom Ansehen, einige auch mit Namen: das nüchterne Gelehrtengesicht von Professor J. C. Robertson zum Beispiel kannte er – in seinen früheren Studententagen war er ihm gezeigt worden als »Johnny, der das lateinische Buch geschrieben hat« –; auch Dr. Bell war ihm wie allen andern bekannt, mit seinem majestätisch stolzen Gang, dem wuchtigen, weißbehaarten Haupt und seinen blauen Augen, deren Blick »ins Dunkel früher Zeiten drang«.

Von den Professoren zu den bunten Glasfenstern hinter ihnen brauchten Andrews Augen keinen großen Sprung zu machen. Er hörte die sanfte, ziemlich trockene Begrüßungsansprache des Rektors, benutzte mit seinem Nebenmann das gleiche Gesangbuch, als das Lied gesungen wurde »O Leben, welches alle Dinge neu macht«, und hielt den Psalter aufgeschlagen in der Hand, um den Responsorien zu folgen; und gleichzeitig studierte er die vier Gesichter, durch deren bunte und »naturgetreue« Züge das morgendliche Sonnenlicht gefärbt, doch hell und strahlend in den Raum drang.

Milton erkannte er sofort, nicht nur an dem vertrauten Antlitz, sondern auch an dem Zitat: »Ich darf das Walten Gottes wohl bezeugen, verteidigen vor den Menschen seine Wege«. Genau das gleiche, dachte Andrew, hatte ja auch er sich vorgenommen, allerdings aus einem gänzlich anderen Impuls – oder war er letztlich gar nicht so verschieden? Das sanfte, magere Gesicht im zweiten Fenster machte ihm zuerst zu schaffen, aber dann, als er das verschnörkelte Schriftband las, kam ihm die Erinnerung. Es war Isaac Newton – natürlich, denn Newton hatte sich ja mit einem kleinen Jungen verglichen, der am Strande Steine aufliest: »Vor mir lag unentdeckt der weite Ozean der Wahrheit«. Dieser Ausspruch paßte gut zu Andrews eigener Empfindung — er war im Grunde seines Herzens demütig, auch wenn er es anderen gegenüber niemals zeigte. Und nun der Mann mit dem grimmigen und kämpferischen Blick und der sonderbaren flachen Kappe. Die Worte waren deutsch, deshalb brauchte man nicht viel zu überlegen; von Deutschen konnte einzig Luther in der methodistischen Kapelle dieses Colleges an so zentraler Stelle stehen. Doch die Worte waren imponierend. Kein Wunder, daß das Gesicht einen kämpferischen Ausdruck hatte. Nur eine Kämpfernatur konnte solche Worte sprechen — gegenüber einer allgewaltigen Kirche und teils feindlichen, teils unwissenden Weltmächten: »Hier stehe ich, ich kann nicht anders. Gott helfe mir«. Welche Sicherheit! Und gewiß hatte sein *Gott* — oder das Schicksal — oder die bloße Kraft seiner hartnäckigen Persönlichkeit ihm geholfen und ihn vor der Folter und dem Feuertod bewahrt, durch den das Erdenleben vieler anderer geendet hatte.

Und dieses andere Gesicht, das mit den feingeschnittenen Zügen, den ruhig klaren Augen, dem ausgeprägten Kinn, dem energischen Ausdruck, der in allen Zeiten und in allen Ständen den Menschenführer kennzeichnete — warum war ihm dieses Antlitz so vertraut? Wahrscheinlich — es war das gleiche wie auf dem lebensgroßen Bild an der rechten Wand, das gleiche — ja, jetzt wußte er es wieder! — wie auf dem kleinen alten Kupferstich, der einst im Zimmer seines Großvaters gehangen hatte, in London — als Kind hatte er sich davor gefürchtet, weil die Augen ihn so unentrinnbar durchdringlich angeblickt hatten. Natürlich, wer anders konnte es an einer solchen Stelle sein als John Wesley? Es hatte Conningtons gegeben, die diesen Mann gekannt hatten, überlegte Andrew, überrascht und halb beschämt darüber, daß der Gedanke ihn mit solchem Stolz erfüllte. Wie die Worte richtig aufeinander folgten, ließ sich nicht sofort ersehen, denn das Spruchband schlängelte sich gewunden um das weiße Haupt, aber Andrew fand sie rasch zusammen: »Das Große ist immer: Gott ist bei uns«. Im ersten Augenblick war er enttäuscht. Für einen so gelehrten Mann wie Wesley eine etwas simple Aussage! Er nahm sich vor, herauszufinden, bei welchem Anlaß Wesley dieses

Wort gesprochen hatte und warum man es für wert befand, den Inhalt seiner Botschaft auszudrücken.

Er erhob sich – die Andacht war zu Ende, und die Glocke kündete die nächste Vorlesung an. Wahrlich, ein seltsames Quartett, diese vier Gesichter, wie sie mit starrem Blick herabsahen auf die muntere, aufgeregte Schar, die jetzt aus der Kapelle strömte und schon an gänzlich andere Dinge dachte, an das Fußballtraining, an die erste Nummer der Studentenzeitschrift, an den Semesteranfangsball, an das Buch, das man rasch am Bücherstand noch antiquarisch kaufen wollte. Ob die neu Hinzugekommenen die Fenster überhaupt beachtet hatten? Und waren wohl die Älteren so sehr daran gewöhnt, daß sie die Sprüche nicht mehr lasen? Was ihn selbst betraf – im Hinausgehen wandte er den Kopf und warf noch einmal einen Blick zurück, bevor die Halle draußen mit dem großen Meteorstein seinen Sinn in eine andere Richtung lenkte – was ihn selbst betraf, so stimmte die Anschauung des Naturforschers und des Dichter-Philosophen mit der seinen ziemlich überein; die Aussprüche der beiden Theologen aber trafen in seinem Innern auf eine Leere, die kein Echo geben konnte.

Die Vorlesungen liefen seit etwa einem Monat. Eines Tages, als Andrew gerade auf seinem harten Sitz hin und herrutschte und nach einer etwas bequemeren Stellung suchte, merkte er mit einemmal den heftigen, in seinem Innern angestauten Ärger. Vielleicht hing dessen plötzliches Aufsteigen damit zusammen, daß dies die Vorlesung von zwölf bis eins war, die nun endlich ihrem Ende zuging; vielleicht auch damit, daß er sich in diesem Augenblick wieder hatte beherrschen müssen, um nicht ungeduldig mit dem Fuß auf den Boden zu klopfen, wodurch ihm wohl bewußt geworden war, daß er dies Verlangen in der letzten Zeit schon ziemlich häufig unterdrückt hatte. Der Professor sprach indessen unbekümmert weiter, und die ernsten Jünglinge, die eines Tages Seelenhirten sein würden, schrieben alles pflichtgetreu in ihre Hefte; sie ahnten nicht, daß in ihren Reihen einer saß, schon bekannt durch seine Belesenheit, dem soeben aufgegangen war, daß er sich betrogen fühlte.

»Wir dürfen nie vergessen«, dozierte der Professor, »daß nur der innere Sinngehalt uns beweist, ob es sich tatsächlich um Worte des historischen Jesus handelt. Bei den Jüngern, die zwar ehrlich, aber ungebildet waren, lag es nahe, daß sie leicht vergaßen, daß sie falsch verstanden, daß sie in ihren Berichten das Fehlende durch anderes ersetzten, durch moralische Sentenzen anderer Rabbiner, durch spätere Formulierungen von Paulus, auf dessen Konto ja ein großer Teil der Dogmen geht, die die ursprüngliche, schlichte Lehre des Meisters so verdunkeln, oder auch durch Worte, bei denen sie sich dachten oder wünschten, daß Jesus sie gesagt habe. Die Evangelien enthalten eine Menge solcher Aussprüche, die unser logischer Verstand nicht als echte Worte Jesu anerkennen kann. Und dieses logischen Erkennens müssen wir uns stets bedienen, wenn wir das Wahre von dem Falschen scheiden wollen.«

»Arnolds Prüfsteintheorie?« fragte Andrew ruhig.

»Sehr richtig, Mr. Connington. Gut, daß Sie darauf hinweisen. Zum Beispiel ...«

»Wenn ich richtig sehe«, unterbrach ihn Andrew, »ist es also möglich, daß wir dreizehn, die wir hier beisammen sitzen, dreizehn verschiedene Evangelien zusammenstellen, je nach unserem Temperament und je nachdem, welche Worte Jesu uns am besten passen — der historischen natürlich, von allen Wundertaten, allem Übersinnlichen gereinigt — und unsere Predigten auf diese Auswahl gründen?«

Es folgte eine konsternierte Stille. Andrews Ton war höflich, aber klar. Elf Federn standen plötzlich still. Aber der Professor blieb von allem unberührt.

»Auf den ersten Blick und bei oberflächlicher Betrachtung« — ein geschickter Gegenhieb, dachte Andrew — »könnte es so aussehen, wie Sie sagen. Aber in den meisten Fällen kann es für jeden ehrlich Denkenden nur eine einzige Meinung geben. Zum Beispiel kann man sich unmöglich vorstellen, daß der höfliche, der sanfte und liebevolle Jesus gesagt habe: ›Alle, die vor mir gekommen sind, die sind Diebe und Mörder‹. Ah, meine Herren, jetzt läutet es. Diejenigen, die sich für diese Frage interessieren und ihr weiter nachgehen wollen, werden in dem kleinen Buch von Disney *The Spirit of the Teacher* wertvolle und anregende Hilfen finden. Guten Morgen!«

»Verdammt nochmal, dachte Andrew, als Professor Lingham elegant entschwebte, sicher hat er die Glocke extra so einstellen lassen. Aber auch ohne Glocke, gab er mit neidischer Bewunderung zu, verstand sich dieser Mensch sicherlich aus jeder Diskussion herauszuwinden. Man wußte nie, wie man ihn packen sollte; ganz anders als bei dem armen, alten Dr. Gray, der offenherzig, aber auch so leicht zu fangen war, daß man ihn aus purem Mitgefühl verschonte. Aber dennoch, daß es geläutet hatte, war ganz gut; auf den Einwand mit den Dieben und Räubern hätte man im Augenblick nichts erwidern können. Andrew nahm sein Buch und ging.

»Ich dachte schon, du hättest Lingham festgenagelt, Connington«, sagte Wright, ein stiller junger Mensch mit blonden Haarren, der in der Halle stehengeblieben war, um mit Andrew zusammen die Treppe hinunterzugehen. »Ich wünschte, es gelänge dir. Er fängt allmählich an, mich rumzukriegen.«

»Wie meinst du das, dich rumzukriegen?«

»Na ja, meinen Glauben zu erschüttern, würde man wohl sagen. Diese ganze Art ist schauderhaft verwirrend. Ich weiß schon nicht mehr, wo ich stehe.«

»Hast du das noch nicht gekannt – diese sogenannte ›Höhere Kritik‹? Wahrscheinlich hast du doch in den Vorlesungen über Geisteswissenschaften schon eine ganze Menge davon mitbekommen.«

»Geisteswissenschaftliche Vorlesungen habe ich nicht gehört. Seit dem Abitur habe ich fast die ganze Zeit auf einer Bank gearbeitet, teils weil ich Geld verdienen mußte, teils weil ich mich nicht entschließen konnte, ob ich Theologe werden sollte oder nicht. Meine Mutter wollte es schon immer, schon seit Vaters Tod. Schließlich habe ich mich dann dafür entschieden. Aber in den letzten Wochen frage ich mich verteufelt oft, warum.«

Andrews Gefühle wurden ausgesprochen väterlich.

»Laß dich von Lingham nicht beirren. Der größte Teil von seinen Lehren heute war nämlich gar nicht neu. Er war direkt gestohlen aus Arnolds ›Literatur und Dogma‹. Und überhaupt, bei vielem, was zuerst so überzeugend klingt, entdeckt man, daß es mit den gegebenen Tatsachen gar nicht übereinstimmt. Zum Beispiel der Artikel neulich in der Zeitung, von diesem Dr. Hartle über Jona.«

»Ach, Jona!« Wright lächelte wie einer, der sich auf sicherem Boden findet. »Also beunruhigt mich nun nicht. Weißt du, wörtlich habe ich die Geschichte von Jona sowieso nie geglaubt.«

»Nein?« Andrew sah den anderen so an, als habe er ein höchst belastendes Geständnis abgelegt. »Nun, ich persönlich möchte doch bedeutend eher die Geschichte wörtlich glauben, wie sie in der Bibel steht, als den Unsinn, den Hartle über sie verzapft hat. Dem staunenden Reporter hat er, wie es scheint, erzählt, Geschichten seien zu Jonas Zeit nicht schriftlich überliefert worden, sondern nur von Mund zu Mund. Ich möchte wissen, wie er das belegen will. Je mehr von alten Städten ausgegraben wird, desto mehr erweist sich, daß die Kunst des Schreibens schon sehr alt ist. Jedenfalls, Dr. Hartle hat dann weiterhin behauptet, die Geschichte sei offensichtlich allegorisch, weil die Reise, die Jona unternehmen sollte, gar nicht übers Meer geführt habe, sondern über Land — von Palästina nach Ninive. In der Mitte zwischen beiden haben nun die Archäologen, scheint es, eine alte Stadt ausgegraben, und auf Grund von ziemlich dürftigen Belegen glaubten sie, daß sie *Wal* geheißen hat. Ein sonderbarer Name, und im Alten Testament kommt er nirgendwo vor; aber lassen wir das unberücksichtigt. Kurz und gut, Hartles Theorie ist die: Jona sei beim Weekend in Wal auf Abwege geraten — eine wenig nette Unterstellung, finde ich — und daraus habe die Geschichte sich entwickelt.«

»Und? Es klingt doch ganz einleuchtend.«

»Das ist ja der Haken bei diesen verflixten Dingen — wenn du nichts von ihnen weißt, dann klingen sie tatsächlich sehr vernünftig. Ich zum Beispiel hatte die Einzelheiten der Jonageschichte vergessen; aber, sagte ich mir, wenn man bis heute geglaubt hat, es sei eine Seefahrt gewesen und in Wahrheit war es eine Reise auf dem festen Land, dann hätten sich ja Hunderte von Generationen täuschen lassen. Deshalb habe ich die Geschichte nachgelesen. Und schon lag der Fehler offen da — gleich bei den ersten Versen spang er in die Augen.«

»Welcher Fehler?«

»Ja, der Weg von Palästina nach Ninive war tatsächlich eine Landreise. Klar — aber das ist gerade der springende Punkt. Deshalb wurde die Geschichte überhaupt geschrieben! Jona weigerte sich nämlich, diesen Weg zu gehen, er floh vor dem Herrn und kam hinab nach Japho, das ein eindeutiger Seehafen ist, und nahm ein Schiff nach Tharsis – das vielleicht das heutige England war, vielleicht auch nicht. Als ich das gelesen hatte und dann die Wiedergabe in der Zeitung ansah, traute ich meinen Augen nicht. Ich glaubte sicher, der Reporter habe die Dinge durcheinandergebracht, wie sie das ja meistens tun. Aber ich wartete vergeblich auf die Richtigstellung. Und wenn ich an die vielen Leute denke, die diesen Unsinn als Erklärung für den Jonas-›Mythos‹ weitergeben werden, in Verbindung mit dem großen Namen Hartle, dann wird mir wirklich übel.«

»Na ja«, meinte Wright etwas unsicher, »du hast eben einen klugen Kopf, Connington. Ich wünschte, ich könnte sowas auch. Aber wie parierst du diesen letzten Schlag, den mit den Dieben und Räubern? Hast du auch darauf eine Antwort?«

»Noch nicht.« Es entsprach Andrews Art, daß er solche Dinge unbekümmert zugab. »Aber das kommt daher, daß ich den Zusammenhang nicht weiß. Ich wette, auch hierfür gibt es eine Erklärung, und ich werde sie auch finden – noch bevor ich essen gehe«, fügte er hinzu, denn sie standen auf der Außentreppe, und Wright hatte ein Lokal zum Essen vorgeschlagen.

Als Andrew zwanzig Minuten später aus der Bibliothek kam, mit triumphierendem Gesicht und einem Glänzen in den Augen, das nichts Gutes für Professor Lingham bedeutete, hätte er in der Halle beinahe ein schlankes blondes Mädchen umgerannt. Das Mädchen nahm seine Entschuldigung entgegen und fragte:

»Sind Sie nicht Mr. Connington?«

»Ja«, sagte er, »und Sie sind ...«

»Es ist nett von Ihnen«, sie lächelte ihn offen an, und ihm fiel ein, daß er in der vergangenen Woche, als er an den Tennisplätzen vorbeigekommen war, ihren prachtvollen Aufschlag bewundert hatte, »aber Sie brauchen nicht bestürzt zu sein. Wir sind uns nämlich nie begegnet. Mein Vater kennt nur Ihren Onkel, und neulich in der Thornkirche hat er Sie mir gezeigt. Ich heiße Doris Keith. Sie hören Theologie, nicht wahr?«

»Ja«. Es war das erstemal, daß er es einem Mädchen gegenüber zugab. Meist umging er die direkte Antwort und sprach nur unbestimmt von Doktorandenarbeit. »Und was studieren Sie?«

»Wirtschaftslehre, im achten Semester. Aber Sie wollten gerade essen gehen, nicht wahr? Vielleicht sehen wir uns eines Tages wieder?«

Andrew stimmte zu und ging zum Essen. Es wurde Zeit, daß er vom Hochschulleben auch einmal die lichtere Seite ausprobierte, sagte er zu sich, und sich nicht nur in Lingham und seine Theologie verbohrte. Er hätte Doris Keith zum Beispiel bitten können, mit ihm zu einem Rubgyspiel zu gehen.

Aber dann fiel sein Blick auf ein Plakat, wo ein Rugbywettspiel Aura gegen Lee angezeigt war, und das Wort Aura erinnerte ihn an ein Versäumnis. Er mußte Sonja anrufen. Und er wollte es auch tun, nicht aus persönlichem Interesse, sondern weil er es versprochen hatte. Trotz seiner »sündigen Natur« (ein Ausdruck seines Onkels, im Hinblick auf seinen geistlichen Beruf) hatte er sich ein nicht eingehaltenes Versprechen bisher noch nie zuschulden kommen lassen. Sonja hatte zweimal bei ihm angerufen, als er nicht zu Hause gewesen war, und in seiner angeborenen Höflichkeit machte er sich Vorwürfe, daß er eine offenbare Anstandspflicht versäumt hatte. Auch hatte ihm Phyl Service, die er mit Bob Harkness vor einiger Zeit beim Lunch getroffen hatte, von Sonja Grüße ausgerichtet.

»Sonja sagt, Sie seien der erste Mann in ihrem Leben, dem sie nachlaufen müsse, Mr. Connington. Und gerade das betört sie so an Ihnen, glaube ich«, hatte sie gesagt, so liebenswürdig, daß ihr kein Mann katzenhafte Arglist vorgeworfen hätte.

Und Harkness hatte lachend noch hinzugefügt: »Nimm dich bloß in acht, Connington. Sonja hat die Theorie, ein Mädchen könne jeden Mann bekommen, den sie haben will. Sie kann alles ganz genau berechnen, es hängt alles von den Elektronen ab. Dem Mann bleibt keine Rettungsmöglichkeit.«

Andrew hatte mitgelacht und ein anderes Thema angeschnitten. Etwas in seinem Innern — er selber nannte es ironisch viktorianische Gehemmtheit — sträubte sich dagegen, über Frauen öffentlich zu reden; und dieses gleiche Etwas bestärkte ihn in dem Entschluß, ein gegebenes Versprechen, auch wenn es mehr gesellschaftlicher Art war, zu erfüllen. Aber einer pausenlosen Fütterung mit metaphysischen Gesprächen fühlte er sich nicht gewachsen. Für Sonja wäre sicher eine Dosis Sport gut, überlegte er, irgend etwas Handfestes. Er beschloß, es zu probieren.

Ihre Reaktion auf seinen Vorschlag, als er ihre Nummer nach anhaltenden Besetztzeichen schließlich doch bekam, war ausgesprochen freundlich.

»Hier ist Andrew Connington«, sagte er, nachdem sie sich gemeldet hatte.

»Andrew, ja *natürlich.*«

Sie machte ihm keinen Vorwurf wegen der Verspätung seines Anrufs und fragte nicht, was er getrieben habe. Die Freiheit, die sie für sich selbst beanspruchte, gestand sie offenbar auch ihren Freunden und Bekannten zu. Andrew merkte, daß er sich trotzdem entschuldigte.

»Ich wollte eigentlich schon früher anrufen, aber ich bin zwei Monate verreist gewesen, und ich war durch meine Arbeit ziemlich angebunden.«

»Aber selbstverständlich. Ich wußte, Sie würden schließlich doch noch anrufen. Was machen Sie zur Zeit?«

Dies war an sich der passende Moment für das Eingeständnis seiner neuen Laufbahn, aber er beschloß zu warten, damit er sehen konnte, was für ein Gesicht sie machen würde.

»Ich mache Doktorandenarbeit. Der Universitätsbetrieb hat mich wieder eingefangen. Und Sie? Sind Sie soweit auf der Höhe, um das Rugbyspiel Queen's-Varsity am Samstag anzusehen? Oder komme ich zu spät?« setzte er halb höflich und halb hoffnungsvoll hinzu.

»Ach, das wäre nett. Ich würde gern mit Ihnen hingehen. Sie erwarten ja nicht, daß ich immerzu hurra schreie oder daß ich laut an Ihrer Schulter weine, wenn wir verlieren?«

»Daß Sie an meiner Schulter weinen, erwarte ich auch sonst nicht«, erwiderte er ihr mit heiterer Offenheit. »Also Samstag um halb zwei?«

»Gut. Und nachher kommen Sie zu mir zum Abendessen. Hier ins Atelier, meine ich.«

»Oh —«, darauf war er nicht gefaßt gewesen. »Wir können zum Essen auch in irgendein Lokal gehen. Ich möchte Ihnen keinen Umstand machen.«

»Aber nein, Umstand macht das gar nicht. Wir kaufen ein und kochen dann gemeinsam, das wird sehr amüsant. Also dann bis Samstag. Wiedersehen.«

Die rasche Verabschiedung, auf die sofort ein leises, aber resolutes Knacken in der Leitung folgte, nahm ihm jede Möglichkeit zu einem Einwand. Er sah dem Tag mit einer leisen Angst entgegen, die sich aber auflöste, als er Sonja dann am Samstag traf; sie sah diesmal ganz normal aus und ausgesprochen elegant, in einem schwarzen Jackenkleid mit etwas Rot, ein wenig kürzer nur und fescher als die Mäntel und Kostüme all der anderen, die sich in lärmendem und fröhlichem Gewimmel mit ihnen in das Stadion ergossen. Das Lächeln in Sonjas Augen, von einem kleinen roten Glockenhut beschattet, war das gleiche wie damals – langsam, vertraulich, geladen mit Bedeutung. Es wurde Connington in vollem Maß zuteil, als sie sich auf ihre Plätze setzten und er den mitgebrachten Plaid mit ausgesuchter Sorgfalt unter ihre Beine steckte.

»Wie gut Sie so was machen, Andrew.« Es war für Sonja typisch: ihre Stimme konnte selbst bei einem Rugbyspiel den Eindruck des Intimen schaffen. »Das Weibliche in einem liebt das sehr. Aber ich bin keine von den unselbständigen Frauen, die ohne das nicht existieren können. Ich finde, Mann und Frau müssen Kameraden sein, geistig frei und gleichgestellt. Sie verstehen?«

»Der Himmel sei davor, daß irgendeine meiner Taten zum Ärgernis für Ihren Freigeist werde«, antwortete Andrew gravitätisch. »Wenn Sie die Decke lieber selber arrangieren ...«

»Ich habe Ihnen doch gesagt, daß ich so was liebe!« erwiderte sie mit lachend-vorwurfsvoller Stimme. Sie beugte sich vor, leicht gegen ihn gelehnt, und beobachtete die sich zum Anstoß aufstellenden Mannschaften.

Andrew hatte seit 1916 kein Rugby mehr gesehen, nur in England Fußball oder Kricket, und die begeistert schreiende Menge faszinierte ihn genauso wie der harte Kampf. Die vollen Tribünen mit dem bunten Durcheinander farbenfroher Sweater, Hüte, Decken; die munter wehenden Fahnen; die wilden Zickzackläufe der gestreiften und behelmten Spieler, das sich zusammenballende und wieder lösende Gedränge; das Quieken aufgeregter

Mädchen, die anfeuernden Rufe der Männer, in spannenden Momenten sich zum Chor vereinigend und rhythmisierend; die ungeheure Menschenmasse, die sich in Wellen hob und senkte, um einen unvorhergesehenen Vorstoß zu verfolgen – das ganze buntbewegte Bild mit dem Gewirr der Stimmen fand Andrew äußerst amüsant und unerwartet spannend.

»Aber sind sie nicht wie Kinder?« murmelte Sonja, als nach einem besonders glanzvollen Durchbruch ein Anfeuerer vor Freude einen Salto schlug und sich überall ein tosender Applaus erhob. »Richtiggehende Kinder. Und viele werden nie erwachsene Menschen werden, sie werden nie über dieses Stadium hinauskommen.«

»Ach, der Durchbruch war doch fabelhaft. Ich selber konnte auch nicht anders, ich mußte meinen Beifall demonstrieren.«

»Sie? Aber Sie müssen nicht glauben, Sie gehören zu der gleichen Art wie diese Leute hier. Bei Ihnen, Andrew, bleibt ein Teil des Ichs immer abseits und sitzt sozusagen auf dem Richterstuhl. Mit Leib und Seele bei der Sache, so wie diese Kinder, sind Sie nicht.«

Andrew verstummte, denn an dem, was sie sagte, war zweifelsohne etwas Wahres. Ein Teil seines Innern saß immer kritisch auf dem Richterstuhl. Aber jetzt im Augenblick neigte seine Sympathie eher zu der Masse als zu Sonja, und es irritierte ihn ein wenig, daß Sonja sein Geheimnis aufgestöbert hatte.

Der Himmel war zitronengelb, als sie aus dem Stadion auf die Bloor Street traten, und die Konturen der Häuser, der Bäume, der menschlichen Gestalten hoben sich in der wunderbaren Klarheit der frühen novemberlichen Dämmerung mit besonderer Schärfe ab. Andrew lieh sich nur selten Mansells Wagen aus und machte sich zu wenig aus dem Autofahren, um sich selber einen zuzulegen; daher gingen sie zu Fuß zur Yonge Street, wo Sonja Sachen für das Abendessen kaufte, und dann in ihre Wohnung in der Grosvenor Street.

»Nun, wie finden Sie es denn, mein Atelier? Aber keine Höflichkeiten, wenn ich bitten darf. Ihren wirklichen Eindruck!« Indem sie sprach, schlängelte sie sich aus ihrer Jacke und forderte ihn durch eine Geste auf, ihr die Bänder einer Dreieckschürze über ihrer scharlachroten Bluse festzubinden.

Andrew sah sich um und überlegte. Es war ein großer Raum mit einer eingebauten Schrankküche. Die Wände – so banale Dinge wie Tapeten gab es hier natürlich nicht – waren abgekratzt bis auf den Putz und mit unregelmäßig geometrischen Dessins bemalt. Das Meublement bestand aus einem dreibeinigen Tisch mit rotem Wachstuch, zwei großen Ottomanen, einem Schreibtisch in der Fensternische, einem wackeligen Stuhl, einer Schlafcouch und einer dunkelroten Stehlampe; vervollständigt wurde das Bild durch Kissen, die teils auf der Couch, teils an den Wänden auf dem Boden lagen, ein Bücherregal mit Kerzenleuchtern, eine schwarze Vase mit Lampions und mehrere pariserische, leicht frivole Drucke, die in absichtlich regellos-bohemescher Placierung an die Wand geheftet waren. Was sollte man da sagen?

»So, jetzt haben Sie Zeit genug gehabt. Ich wollte doch den ersten Eindruck.« Sie unterbrach das Büchsenöffnen und blickte ihn mit Augen an, die kein Entrinnen zuließen.

Andrew hatte einen geradezu genialen Einfall.

»Es ist genau wie Sie«, erklärte er. Mit Staunen sah er, welch unwahrscheinliches Entzücken er mit dieser doppeldeutigen Äußerung bei ihr hervorrief.

»Aber das ist wirklich ungeheuer treffend, Andrew, die einzige Charakterisierung, die richtig ist – völlig richtig. Bei Ihnen hätte ich mir das denken sollen, daß Sie das sofort erfühlen würden. Und Sie sind auch nicht schockiert von meinen Drucken? Sie würden staunen, wenn Sie sähen, wie die Leute oft in richtige Verlegenheit geraten.«

Staunen würde ich keineswegs, dachte Andrew. Er selbst fand die Bilder primitiv, verzerrt und langweilig. In Europa hatte er die weit dämonischeren Vorbilder gesehen, von denen diese nur ein blasser Abklatsch waren, deshalb blieb er unbeeindruckt.

»Schockiert bin ich selten«, erklärte er trocken.

»Und das gefällt mir so an Ihnen. Wie kann man auch schokkiert sein, wenn man das Leben so nimmt, wie es ist – wenn man nicht nur die süßen kleinen Dinge, sondern die Gesamtheit fassen will: auch die Häßlichkeit, die genauso wirklich und genauso schön ist wie die Schönheit?«

Es war unglaubhaft, dachte Andrew, daß jemand solche Reden schwingen konnte und zu gleicher Zeit den Inhalt von Konservenbüchsen mischte, die Hitze des Elektroherdes überwachte und eine Batterie von bunten Schüsseln und Tellern auf dem Tisch arrangierte. Sonja reichte ihm ein Roggenbrot zum Schneiden und klärte ihn darüber auf, daß das stark gewürzte Fleischgebräu, das sie aus dem Bratrohr zog, sich Ungarisches Gulasch nenne.

»Ich stimme das Menü nämlich immer auf die Aura meiner Gäste ab«, erklärte sie. »Manchen meiner Freunde – sogenannten Freunde – könnte ich das hier unmöglich vorsetzen, sie würden Schnitzel oder Beefsteak kriegen. Die Kanadier sind so furchtbar spießig mit dem Essen, völlig phantasielos. Wenn Sie nicht anders wären, Andrew, hätte ich als Nachtisch einen ordinären Pie kaufen müssen«.

»Hätten Sie ihn nicht selbst gebacken?«

»Ich – backen? Himmel, nein!« Zwischen Kochen und Backen bestand offensichtlich irgendein subtiler Unterschied, der sich seinem männlichen Verstand entzog. »So bürgerlich könnte ich nie sein. Das geht nicht gegen Sie, verstehen Sie, aber Backen, nein, das paßt nicht zu meinem Wesen. Und ich bin nicht dafür, daß man seiner Persönlichkeit Gewalt antut, daß man sie zu etwas zwingt.«

»Ich komme mir wie ein Verbrecher vor – daß ich Ihre Persönlichkeit zu diesem hier gezwungen habe«, erwiderte Andrew mit einer schuldbewußten Geste auf den noch zugedeckten Topf.

Sonja stellte die Filterkanne mit dem Kaffee auf den Herd, dann wandte sie sich um und berührte Andrews Hand mit einem leise vorwurfsvollen Blick.

»Aber nein, das hier ist doch etwas anderes. Man braucht nur wenig Vorbereitungen zu machen, und der Geist wird nicht dazu erniedrigt, sich auf so banale Dinge wie die Nahrung konzentrieren zu müssen. Und es ist so viel netter als im Restaurant. Oh, eines Tages dürfen Sie mich auch ausführen«, gestattete sie großzügig, »aber eigentlich ist es hier doch viel behaglicher, finden Sie nicht auch?«

Behaglich war es allerdings. Der Tisch stand eingezwängt in einer Nische und berührte mit zwei aneinanderstoßenden Seiten die Wand, an der dritten Seite saß Andrew, und Sonja, die Beine halb unter sich gezogen, hockte auf der Chaiselongue dicht neben ihm. Andrew, dessen Appetit die kalte Luft draußen kräftig angeregt hatte, bedauerte, daß er nicht der Typ war, den seine feinfühlige Gastgeberin passend fand für Beefsteak; er fragte sich betrübt, was an seinem Äußeren, das so ausgesprochen englisch war, sie dazu bringen konnte, ihn mit Gulasch zu verkoppeln. Aber dann, als er mutig zugriff, fand er, daß das Essen besser schmeckte, als es aussah, und konnte das Produkt von Sonjas Mühen sogar ehrlich loben.

»Man könnte sich fast vorstellen, wir säßen im Quartier Latin«, sagte sie mit träumerischem Blick und stellte eine Schüssel mit Kompott und Keks und Käse vor ihn hin. »Allerdings, wenn wir in Paris wären«, meinte sie bedauernd, als sie ihm den schwarzen Kaffee eingoß, »tränken wir jetzt noch Absinth dazu – oder Kognak. Und mein Bootlegger hat nur ordinärsten Whisky. Aber wir haben ja Phantasie, nicht wahr? Was soll es sein, Andrew, Absinth oder Kognak?«

»Meinetwegen machen Sie sich keine Sorgen«, sagte Andrew träge; es belustigte ihn immer, wenn in Kanada die elegante Welt sich kolossale Mühe gab, in puncto Alkohol verrucht zu sein. »Ich trinke nicht«.

»Andrew! Und ich dachte, Sie wären Europäer. Sagen Sie mir nur nicht, es ginge gegen Ihre Grundsätze oder daß Sie Prohibitionist wären.«

»Bin ich nicht. Ich kann auch nicht finden, daß es eine prinzipielle Frage ist. Jeder soll das halten, wie er will. Einen eigentlichen Nutzen hat man nicht davon, und ich habe allzuoft gesehen, wie die Leute, wenn sie Alkohol getrunken haben, Dummheiten machen; das ist alles.«

Sonja löste ihre Seidenbeine und lehnte sich mit einer lässigen Bewegung in die Kissen zurück. Ihre Stimme war leise und voll lächelnder Verlockung.

»Aber Andrew! Haben Sie denn selber nie den Wunsch verspürt – die Versuchung – eine wunderbare Dummheit zu begehen, ein einziges Mal?«

Der schmale Kopf mit dem glatten, schwarzen Haar, das sich vorne wie zwei Lanzenspitzen auf die Wangen vorbog, berührte seinen Arm. Das Kerzenlicht und der zarte Rauchschleier, der von ihrer Zigarette aufstieg, verliehen den großen Augen, den dunkelroten Lippen einen sinnlichen Reiz, den Reiz der Weiblichkeit, trotz des übertrieben kurzen Rockes und der betonten knabenhaften Herbheit der Figur. Plötzlich wurde Andrew von dem männlichen Impuls gepackt, einen körperlichen Augenblicksgenuß, wenn er sich bietet, auch zu nehmen. Aber sein angeborener Geschmack, der immer kritisch blieb, sein Gefühl für Ironie und eine frühere Erinnerung, die in solchen Fällen immer in ihm aufstieg, drängten die Begierde zurück, und nichts in seinem steten und unberührten Blick verriet, daß sie sich in ihm geregt hatte.

»Gelegentlich«, erwiderte er.

»Warum haben Sie dann ...«

»Ich liebe es, mich in der Gewalt zu behalten, das ist alles. Konzession an mein männliches Wichtigkeitsgefühl.«

Es hatte elf Uhr geschlagen, als Andrew sich aus den Labyrinthen von Sonjas Unterhaltung losmachte und sich verabschiedete, nicht ohne die Verabredung, sie in der nächsten Woche in das Hart House-Theater mitzunehmen. Als er in die Trambahn stieg und amüsiert den verlebten Abend überdachte, fragte er sich verwundert, wie es zu dieser Verabredung eigentlich gekommen war. Begonnen hatte es mit einem Gespräch über Kunst und über die »Theaterstudio-Bewegung«, beiläufig hatte er bemerkt, daß er noch nie im Hart House-Theater gewesen sei, worauf dann sie gesagt hatte, er müsse es unbedingt kennenlernen — besonders die kommende Aufführung, »ein düsteres, packendes Stück, für die große Masse ohne Reiz« — und schon war die Sache ausgemacht gewesen.

An dem Abend ihres gemeinsamen Theaterbesuchs kam es Andrew immer stärker zum Bewußtsein, daß in Sonjas Haltung irgend etwas anders war als sonst. Sie sprach weniger und sah ihn immer wieder mit unruhigen und fragenden Augen an. Selbst während der recht anerkennenswerten Aufführung und in den Pausen, wenn sie sich mit Mühe durch die Menschenmassen im Foyer drängten, spürte er, daß der vollkommene Einklang ihrer beiderseitigen Naturen, von dem sie bei den vorigen Begegnungen so überzeugt gewesen war, jetzt irgendeinen Knacks bekommen hatte. Sonja hatte unter den Theaterbesuchern einen großen Kreis von Bekannten. Von diesen sammelte sich eine Gruppe um Sonja und beredete das aufgeführte Stück, einige mit großer Lebhaftigkeit, andere in einer müden, schlaffen Art, die Andrew erst für Langeweile hielt, bis er an den lobenden Äußerungen dieser Leute merkte, daß sie auf diese Weise ihr unerhört tiefes Verständnis zeigen wollten. Ein Mädchen mit besonders kalten grauen Augen unterhielt sich düster blickend mit einem blassen Jüngling über den mutmaßlichen Ödipus-Komplex der Hauptfigur des Stückes. Sonja, die für die Gruppe eine geistige Leuchte zu sein schien, stand gegen einen Wandvorhang gelehnt, die Hände hinterm Kopf verschränkt, und sprach mit rauher Stimme von dem Vorstoß des Autors zur »letzten Wirklichkeit«, von dem Mut, mit dem er die Sattheit der Bürgerlichen attackiere, und mit welchem Genie er die Charaktere bloßlege, bis sie nackt und zuckend unter dem Seziermesser lägen; aus all dem zog Andrew den Schluß, daß Sonja das Theaterstück genoß – wobei »genießen« allerdings eine allzu heitere Bezeichnung war für das düstere Wohlgefallen, das diese morbide Kopie des russischen Theaters bei ihr hervorrief.

Dennoch blieb der Eindruck, daß ihre Haltung sich geändert habe, in Andrew bestehen, obgleich eine eigentliche Verschlossenheit nicht zu bemerken war, weder in der Art, wie sie sich von ihm nach der Vorstellung in den Sealmantel helfen ließ, noch darin, wie sie sich beim Verlassen des Theaters bei ihm einhängte.

»So, wohin wollen wir jetzt essen gehen?« schlug er vor.

»Nirgends. Sie sind mir ja nicht böse, Andrew – ich bin nicht in der rechten Stimmung«, kam die trübe Antwort.

Der Heimweg verlief in beiderseitigem Schweigen. Andrew wartete gelassen ab, in der ruhigen Gewißheit, daß er den Grund ihrer Verstimmtheit noch herausbekommen werde. Erst als sie vor der Tür ihres Hauses standen und er sich verabschieden wollte, fing Sonja an zu sprechen.«

»Aber Sie dürfen noch nicht gehen, Andrew. Kommen Sie herein.«

»Ist es nicht schon reichlich spät?« fragte er, aber Sonja unterbrach ihn mit einer ungeduldigen Geste:

»Haben wir das nötig, uns an solche Dinge zu kehren? Ich habe Ihnen etwas zu sagen.

»Ah, jetzt kommt es«, dachte Andrew und folgte ihr ohne weiteren Einwand in das Treppenhaus.

Sie kamen ins Atelier, das für eine Anklage eine passende Szenerie war. Es entstand eine spürbare Pause. Zum Platznehmen aufgefordert, setzte sich Andrew auf den einzigen Stuhl, der ihm einigermaßen fest erschien, und wartete, daß Sonja begänne. Sie drehte das elektrische Kaminfeuer an und stellte sich dort in Positur, den einen Arm auf den Kaminsims gestützt. Andrew schwieg absichtlich, aber dann kam ihm zum Bewußtsein, daß dieses Benehmen ziemlich kindisch war. Was lag daran, wer den Anfang machte? Er lächelte.

»Ich dachte, Sie hätten mir etwas zu sagen? Haben Sie es vergessen?«

Auf diese Einleitung hatte Sonja offenbar gewartet.

»Ich habe gestern Bob Harkness getroffen.«

Sein Lächeln wurde ironisch.

»Ich könnte mir bedeutend Tragischeres denken. Bob ist doch recht nett. Und durch ihn haben wir uns kennengelernt. Oder werfen Sie ihm das vor?«

Sie ging über seine Leichtigkeit hinweg.

»Er hat mir etwas über Sie gesagt.«

»Oh!« Andrew war von einer enervierenden Schwerhörigkeit. »Ich habe eine unbescholtene Vergangenheit. Sie müßten etwas deutlicher werden, Sonja. Was hat Bob Harkness denn gesagt, was Sie so schockiert hat, daß Sie es für Ihre Pflicht halten, unsere Bekanntschaft abzubrechen?«

Er hatte sie empfindlich getroffen.

»Andrew! Wie können Sie scherzen, wenn es mir so ernst ist? Ein Schock war es allerdings, daß Sie mich so hintergangen haben — nach all unserer Freundschaft, nach unseren Gesprächen, bei denen wir so völlig übereinzustimmen schienen.«

Nach *ihren* Gesprächen, dachte Andrew. Sein eigener Anteil an der Übereinstimmung hatte nur in seinem Schweigen bestanden oder in Bemerkungen, die Sonja nicht für seine wahre Meinung hielt.

»Sie werden mir schon verraten müssen, um was es sich denn handelt, Sonja. Ich bin mir keines Vergehens gegen Sie bewußt. Ich gebe auf.«

»Er hat gesagt, Sie studierten Theologie!«

Die vernichtenden, im Ton einer feierlichen Anklage vorgebrachten Worte klangen derart komisch, daß Andrews Lachen ungekünstelt war.

»Also stimmt es gar nicht? Er hat bloß einen Witz gemacht?«

»Mein liebes Kind, ich wollte es Ihnen sagen. Aber Sie haben mich nie danach gefragt. Sie redeten immer über wichtigere Dinge – über Kunst oder Musik oder über das, was Sie schreiben.«

Die Geschicktheit seiner Antwort hatte ihre Wirkung. Sonja stieß einen Schrei aus, fast wie vor körperlichem Schmerz.

»Aber Andrew! War ich so gedankenlos – so unsensibel?!« Sie kam vom Kamin zu ihm herüber, ließ sich zu seinen Füßen auf eine Ottomane sinken und umschlang seine Knie. Der eigentliche Grund ihrer Klage war in der Tiefe der Zerknirschung vergessen. »Wußten Sie denn nicht, daß ich mich für alles, was Sie angeht, interessieren würde?« Bei der Frage fiel ihr ihre Anklage wieder ein, und ihre Augen wurden wieder grüblerisch. »Damit werden Sie nicht durchkommen. Sie können nicht Pastor werden.«

»Nein?«

»Nein! Sie, dem alle Konvention und Heuchelei so auf die Nerven gehen – der die Freiheit und die Wirklichkeit liebt – gerade Sie wollen sich an muffige Glaubensbekenntnisse binden und an kindische Dogmen! Damit verraten Sie ja das *Individuelle* in Ihnen. Das ist die unverzeihbare Sünde. Wie können Sie die Dinge, die Sie predigen sollen, ehrlich glauben? Oder glauben Sie sie etwa?«

Andrew holte scharf Atem. Nicht für die Welt würde er Sonja verraten, wie die Dinge wirklich standen; unwillkürlich mußte er an die Stelle mit den Perlen denken, die man nicht vor die Säue wirft. Er konnte auch nicht irgendeine Lüge vorbringen. Und der dritte Weg – ihr zu sagen, daß es sie nichts angehe, war häßlich und seiner unwürdig. Er entschloß sich, auszuweichen.

»Sie haben also kein Vertrauen zu mir, Sonja, nicht wahr?« Er war überrascht und erfreut, daß seine Stimme so beherrscht und ernst klang.

»Kein Vertrauen? Natürlich habe ich das. Was meinen Sie damit?«

»Schon eine Kleinigkeit bringt Sie zum Zweifeln. Ein, zwei Sätze, und schon sind Ihre Ansichten ins Gegenteil verkehrt;

schon bin ich in Ihren Augen ein Pastor ›mit muffigen Glaubensbekenntnissen und kindischen Dogmen‹.«

Die Schlacht war gewonnen.

»Ja, ich habe es verdient, Andrew. Verzeihen Sie mir. Aber es hatte mir einen solchen Schock gegeben – und ich dachte, ich hätte mich in Ihnen getäuscht. Aber Sie haben ja sicher Ihre Gründe, selbstverständlich. Erzählen Sie mir. Wissen Sie, ich habe auch eine Religion. Eine Religion hat ja jeder. Und *was* man glaubt, spielt keine Rolle – wenn es nur für einen selber gültig ist, nicht wahr? Meine Religion ist die Wirklichkeit – etwas, das gelebt wird, in jedem Augenblick. Finden Sie nicht auch?«

Andrew, seinen ernsten Ton noch immer beibehaltend, pflichtete ihr bei, daß eine Religion auch gelebt werden sollte.

»Dann sind wir uns also wieder einig. Meine Religion ist auch die Schönheit – nur in einem weiteren Sinn – das Ja zum Leben in allen seinen Formen – ohne daß man etwas wegläßt oder ablehnt oder unterdrückt. Die alten Religionen engten einen ein. Ich muß frei sein. Kennen Sie die Wildeschen Verse:

›Und mich von allen Leidenschaften treiben lassen,
Bis meine Seele eine Harfe ist,
Auf welcher alle Winde spielen können.‹

Das ist herrlich. Und das kleine Gedicht von Millay:

›An beiden Enden brennt die Kerze meines Lebens,
Und bis zum Morgengrauen reicht sie nicht,
Weint nicht, ihr Freund', frohlocket nicht, ihr Feinde,
Sie gibt ein wunderbares Licht!‹

Das ist mein Glaubensbekenntnis. Sie kennen Edna Millay?«

»Leider nicht.«

»Oh, dann müssen Sie sie kennenlernen. Wir werden sie zusammen lesen eines Abends.«

Ohne mich, dachte Andrew. Aber seine Partnerin hatte ein glücklicheres Thema gefunden, die Auren harmonierten wieder, und eine halbe Stunde später, noch ehe sie auf den Gedanken kam, die Erörterung seines Glaubens wieder aufzugreifen, konnte Andrew sich zurückziehen. Während er zur Trambahn schritt, überlegte er, daß die Situation vielleicht einfacher geworden wäre, wenn er ihr die Wahrheit gesagt hätte.

4

Je weiter die Vorlesungen fortschritten, desto mehr wuchs Andrews Unwille. Von einem neutralen, vorurteilsfreien Anfangsstandpunkt ausgehend war er inzwischen unwillkürlich zu der Erkenntnis gekommen, daß die ganze Kraft des Christentums, sein ganzes Wesen, in den sogenannten Grundwahrheiten liege: der Offenbarung Gottes in den Heiligen Schriften, der Sühne und Versöhnung durch das Kreuz, der Möglichkeit der Neuwerdung des einzelnen und der Zusicherung der Unsterblichkeit. Wenn man diese Hauptdinge wegstrich, dann hatten die Gegner des Christentums recht; denn dann wurde das Christentum zu einem bloßen unverbindlichen Moralkodex, zu einer hohen, aber unerfüllbaren Ethik, und die Anhänger waren kümmerliche Nachahmer eines einzigartigen, aber lebensfremden Meisters.

Andrews Unwille entsprang nicht irgendeiner Abneigung gegen die rationalistischen Lehren, die er in den Vorlesungen gelegentlich zu hören bekam; aber er hatte erwartet – wie er fand, mit Recht –, daß an einer christlichen Universität die Lehrer der Jugend ihre ganzen Kräfte dafür einsetzen würden, die Grundprinzipien ihres Glaubens zu verteidigen. Daß die meisten statt dessen diesen Glauben mehr oder weniger in seinen Grundprinzipien verrieten und die Lehren ihrer eigentlichen Gegner nicht nur zuließen, sondern selber lehrten, und zwar oft mit dürftigsten Begründungen, die selbst Andrew, ein Ungläubiger, unannehmbar fand, das schien ihm nicht nur unanständig, sondern ausgesprochen lächerlich.

Da er als Logiker einen eingefleischten Widerwillen gegen unlogisches Denken hatte, nahm er sich fest vor, keine schlecht fundierte oder oberflächliche Behauptung durchgehen zu lassen. In der nächsten Montagsvorlesung, der ersten nach der Auseinandersetzung, behandelte Professor Lingham ein neues Thema; die ungeklärt gebliebene Meinungsverschiedenheit hatte er vergessen, wie es schien. Aber Andrew hatte nicht die Absicht, ihn laufen zu lassen oder in der Rolle des mundtot gemachten Gegners zu verharren. Er wartete ab, bis im Redestrom des Professors eine Pause eintrat und sein »Verstehen Sie, meine Herren« ihm die Gelegenheit zu einem Eingriff gab.

»Ohne Mühe heute, Herr Professor«, sagte Andrew höflich, »aber vorigen Donnerstag kam ein Problem vor, das mir Schwierigkeiten machte. Wie Sie sich erinnern werden, waren Sie dabei, uns die Frage zu erklären, als es schellte.«

Professor Lingham runzelte die Brauen — ob aus Ärger über Andrews Unterbrechung oder weil er sich bemühte, sich an den Gegenstand des Streites zu erinnern, konnte man nicht feststellen.

»Es war mir nicht bewußt, daß in der Diskussion am Donnerstag irgendwelche schwierigen Probleme ungeklärt geblieben waren. Wann immer aber jemand findet, daß solches der Fall sei, so steht meine Zeit Ihnen nach Schluß der Stunde zur Verfügung. Also, bei der Exegese des Neuen Testaments ...«

»Aber diese Frage war von allgemeinem Interesse.« Andrews Stimme klang immer desto eindringlicher, je ruhiger er sprach. »Den Ausspruch Jesu: ›Alle, die vor mir kamen, die sind Diebe und Mörder‹ hatten Sie als Beispiel für Einfügungen angeführt, die von seiten ...«

»Ach ja. Jener angebliche Ausspruch Jesu, Mr. Connington. Wir müssen immer achtgeben, wie wir uns den Meister vorstellen. Eine offensichtliche Hinzufügung, dieser Ausspruch, von seiten eines übereifrigen Jüngers — vielleicht des gleichen Jüngers (obgleich die Urheberschaft des Evangeliums sehr zweifelhaft ist), der die Gesinnung Jesu mißverstand und von ihm annimmt, er habe das Feuer des Himmels herabrufen wollen, um das samaritanische Dorf zu vernichten.«

»Danke, Sir. Es scheint mir jedoch gar nicht sicher, ob dieser Vers, wenn man ihn im Zusammenhang liest, tatsächlich Schwierigkeiten bereitet. Aus dem Zusammenhang gerissen, kann ja fast jeder Vers ein falsches Bild ergeben; die Beispiele ›Es ist kein Gott‹ und ›Alle Menschen sind Lügner‹ sind ja jedem bekannt. Offensichtlich hat Jesus mit dem Ausdruck ›alle, die vor mir gekommen sind‹, nicht die Propheten und Johannes den Täufer gemeint, denn von ihnen sprach er immer mitfühlend und lobend. Der Sinn scheint aber klar, wenn man die ganze Stelle nimmt;

es ist — wie Sie ja wissen, Sir — das berühmte Gleichnis, wo Jesus sich als den Guten Hirten und als die Tür des Schafstalls bezeichnet. Die, die vorher kamen und die Schafe zu leiten versuchten, das waren die falschen Messiasse, von denen es ja damals viele gegeben hatte, und die das Volk zu verfehlten und verhängnisvollen Aufständen gegen die römische Macht verleiteten; welche flohen und die Schafe, wenn der Wolf kam, im Stich ließen. Mein Blick ist vielleicht beschränkt, aber ich kann keinen Widerspruch mit Christi Charakter darin sehen, daß er die Schriftgelehrten und Pharisäer als Diebe und Mörder bezeichnete, besonders wenn man daran denkt, mit welcher — wie soll ich sagen? — Unverblümtheit er diese egoistischen und trügerischen Führer brandmarkte.«

Eine Stille entstand, die gleiche wie nach seinem Eingreifen in der vorigen Woche. Alle Blicke hafteten an Linghams dünnem, ziemlich sarkastischem Gesicht.

»Eine recht plausible Erklärung«, gab er großmütig zu. »Solange sie Sie befriedigt, besteht kein Grund zu einer weiteren Diskussion. Und bitte, Mr. Connington, und auch alle anderen unter Ihnen, die meine Äußerungen vorläufig etwas beunruhigend finden, bedenken Sie, daß wir nicht versuchen, Ihren Glauben zu erschüttern. Gott bewahre! Wir wollen Ihnen lediglich die Wege bahnen für die Schwierigkeiten, die sich mit Sicherheit in Ihren Seelen später einstellen. Sie alle werden eines Tages älter sein als jetzt« — er machte eine Pause und lächelte — »und dann die Dinge zweifellos in einem anderen Licht sehen.«

Andrew schwieg. Sein Sinn für das Groteske kam ihm zu Hilfe, dämpfte seinen Ärger und verhinderte eine scharfe Erwiderung. Was hatte es für einen Zweck, sich mit einem solchen Gegner noch herumzustreiten? Wenn die anderen nicht sahen, mit welchen falschen und gemeinen Argumenten der Professor einen abspeiste, dann war das ihre eigene Sache. Der Bibeltext samt Kommentaren stand ja jedem zur Verfügung. Es lag kaum in Andrews Interesse, sich durch Hervortreten die Feindschaft von Professoren zuzuziehen, von deren Empfehlungen später vieles abhängen konnte. In Zukunft würde er, wenn eben möglich, schweigen und sich damit begnügen, eine Liste von wichtigen Punkten und Widerlegungen zu machen, die er in seinen späteren Predigten benutzen konnte. Die orthodoxe Lehre stand sehr tief im Kurs, sie hatte keine fähigen Verteidiger, sie wurde von den Gegnern unterdrückt: gerade deshalb wuchs in Andrew die Tendenz, sie zu rechtfertigen.

Inzwischen gab es eine Menge anderes zu tun. Da beim Studium des griechischen Neuen Testaments das Grammatische für ihn ein Kinderspiel war, im Gegensatz zu den meisten seiner Kameraden, für die die Sprache neu war, hatte er begonnen, sich gründlich dem Hebräischen zu widmen. Hiermit und mit dem, was er sich sonst noch vorgenommen hatte — viel außerlehrplanmäßige Lektüre sowie ein intensives Bibelstudium — war seine Zeit fast völlig ausgefüllt; sich nebenher an den studentischen Geselligkeiten zu beteiligen, kam daher kaum in Frage.

Durch sein ruhiges und distanziertes Wesen wurde Andrew rasch zu einer allgemein beachteten Figur — nicht eigentlich beliebt, doch prominent. Die Studenten wußten nicht genau, was sie aus ihm machen sollten, schätzten aber das Zusammensein mit ihm und fragten ihn nach seiner Meinung, denn beides war anregend. Die Mädchen fragten, wer er sei, und umwoben ihn mit unwahrscheinlichen Romanzen. Und Andrew war sich seiner Wirkung wohl bewußt, aber dennoch überschätzte er sie nicht. Weniger eitel als der Durchschnittsmann, durchschaute er, daß seine Anziehung für das weibliche Geschlecht, sofern sie größer war als die von anderen heiratsfähigen Junggesellen, ganz bestimmte Gründe hatte: seine Kriegsteilnahme, seine Jahre in Europa und — als Wichtigstes — der leise Widerspruch zwischen seiner intellektuellen Sachlichkeit und der Berufswahl.

Hätte er bei den Studenten nicht dieses vielfältige Interesse erweckt, so wäre sein gesellschaftliches Leben sehr begrenzt geblieben. Für Tanzen hatte er sich nie erwärmen können, denn wie die meisten großen Männer fand er, daß man beim Tanzen einen ziemlich lächerlichen Anblick biete. Jetzt benutzte er seinen Beruf als Entschuldigung, um sich einem langweiligen Zeitvertreib zu entziehen. Aber weder die mangelnde Lust am Tanzen noch die Absonderung von den anderen Theologiestudenten verhinderten seinen gesellschaftlichen Aufstieg; und ohne daß er selber etwas dazu tat, wurde sein Bekanntenkreis immer größer.

Eines Abends nahm er Doris Keith ins Theater mit, und bald darauf wurde er von ihr zum Sonntagnachmittagstee eingeladen.

»Daß Sie auch ja kommen! Ich brauche Sie als Beschützer«, hatte sie lachend gesagt und war die Treppe hinuntergesaust zu einer Vorlesung, noch bevor er ergründen konnte, warum sie um Schutz bat.

»Sind Sie noch in Gefahr?« erkundigte er sich, als sie am Sonntag die Tür öffnete und ihm zeigte, wo er seinen beschneiten Mantel und Hut hinhängen konnte.

»In Gefahr? Ach, das war nur ein Scherz. Aber Sie müssen mich auf jeden Fall begleiten, wenn wir in die Kirche gehen, hören Sie?«

»Wenn das die einzige Beschützung ist, die Sie brauchen ...« begann er, aber sie fiel ihm lachend ins Wort:

»Ich wollte nur sagen, Grainger ist hier.«

»Grainger?«

»Der große Grainger. Sagen Sie nicht, daß Sie ihn nicht kennen. Natürlich, er hat auch einen anderen Namen, nämlich Jack – oder Jackie, bei seinen engen Freunden. Aber Sie sagen bei Paderewski ja auch nicht Ignaz Paderewski, und so gibt es auch nur einen Grainger. So, nun kommen Sie herein. Einige der Mädchen lechzen schon danach, Sie kennenzulernen.«

Nachdem Andrew die Sehnsüchte der lechzenden Mädchen erfüllt hatte, wurde er einem halben Dutzend anderer Studenten vorgestellt, darunter auch dem gefürchteten Grainger. Mit Überraschung stellte Andrew fest, daß es ein ziemlich großer, stiller Mensch war, an welchem nichts Besonderes auffiel, nur das übernatürlich ernste, einfältige Gesicht. Durch ein beiläufiges Gespräch erfuhr Andrew, daß er im achten Semester Staatswissenschaft studiere und im College wohne; aber keine dieser beiden Tatsachen schien die voraufgegangenen Warnungen hinreichend zu erklären.

»Ihr Löwe ist kein übermäßig wilder«› sagte er nachher zu Doris, als er sie von einer Schale mit Gebäck befreite und diese seinem Nachbarn weiterreichte. Die Antwort erhielt er erst einige Minuten später, als Doris aus der Küche zurückkam, sich vergewisserte, daß die hungrigen Studenten aus dem College gut versorgt waren, und sich neben Andrew niederließ, um mit sichtlichem Genuß ihr Stück Kuchen zu verzehren.

»Nein, im Augenblick benimmt er sich sehr gut. Aber das besagt noch nichts. Wahrscheinlich wartet er nur auf den passenden Moment.«

»Wofür?«

»Das kann man nie voraussagen. Deshalb ist er ja so aufreibend. Es ist, als wenn man auf dem Kraterrand eines Vulkans sitzt — nicht, daß ich jemals dort gesessen hätte.«

»Wenigstens merken Sie dann sofort, wenn er ausbricht. Aber worin liegt denn nun bei Grainger das Vulkanische — oder wollen Sie mich weiter in der Spannung halten?«

»Nein — aber bei Grainger weiß man eben nie, was er tun wird. Und wenn er etwas getan hat und Sie haben ihn nicht selbst dabei gesehen, dann wirkt es gar nicht komisch. Er ist eben ein geborener Clown und immer von dem Wunsch besessen, seinen geplagten Freunden den Alltag etwas interessant zu machen. Zum Beispiel, wenn er in der Trambahn sitzt und alles ist entsetzlich öde, dann lockert er die Langeweile auf und markiert irgendeinen Anfall.«

»Überzeugend?«

Sie nickte: »Er kann prachtvoll schäumen. Einmal habe ich es gesehen. Aber er wiederholt fast nie den gleichen Trick. Ein anderes Mal machte er sich beim Verkehrspolizisten beliebt, indem er seinen Wagen steckenbleiben ließ — Sie werden ihn nachher noch sehen, seinen Wagen; glücklicherweise kann ich heute Vaters Wagen haben, wir werden also nicht in Graingers fahren müssen. Ja, da saß er also — mitten auf der Kreuzung King und Yonge Street, nachmittags um fünf im dicksten Geschäftsschlußverkehr — und redete durch Zeichensprache mit dem Polizisten, mit todernstem, melancholischem Gesicht.«

»Für heute, glaube ich, können Sie beruhigt sein.«

Sie schüttelte den Kopf. »Sie kennen Grainger nicht. Und er ist heute furchtbar nett zu Mary. Das bedeutet nichts Gutes. Vielleicht sollte ich sie warnen.«

Nach einer kurzen Überlegung kam sie zu dem Schluß, Mary könne selber auf sich aufpassen. Die Party nahm einen harmlosen Verlauf. Die Unterhaltung verteilte sich auf zwei oder drei Gruppen, zuweilen rief man sich aus der einen oder anderen Ecke etwas zu, und dann kam es vorübergehend zu einem gemeinsamen Gespräch. Schließlich trat eine allgemeine Pause ein.

»Es muß gerade zwanzig vor sein oder zwanzig nach.« Eines der Mädchen warf die Bemerkung in die sich ausbreitende Stille. Doris wandte sich ihr dankbar zu.

»Es ist – genau zwanzig vor sieben. Dabei fällt mir ein: wer ist dafür, in die Kirche zu gehen?«

Da niemand besondere Einwände erhob, ging der Vorschlag durch. Der Besuch des Abendgottesdienstes war bei den Studenten des Victoria College ziemlich beliebt, und der Strom verteilte sich auf zwei große Kirchen in der Nähe mit besonders guten Predigern. Heute fiel die Wahl auf die reiche, elegante Thorn Church, in erster Linie deshalb, weil der erst vor kurzem dorthingekommene Pastor eine Neuheit war.

Da sie zu spät kamen, wurden sie auf die Seitengalerie gewiesen. Die meisten fanden nebeneinander Platz in der dritten Bank von vorne; aber Connington bemerkte, daß Grainger, weil er die andern nicht beengen wollte, die stille, zurückhaltende Mary Gower auf einen Platz in der ersten Bank geführt hatte, von der aus man die ganze Kirche überblicken konnte.

Kurz vor der Predigt wurde die Kollekte angesagt. Der Organist der Thorn Church war mit Recht sehr stolz auf sein hochbezahltes Vokalquartett und ließ es nur dann singen, wenn nichts die Hörer von der Vorzüglichkeit der Stimmen ablenken konnte. Daher begleitete nur sanftes Orgelspiel die glatten, abgemessenen Bewegungen der Kirchendiener, die von Zeit zu Zeit leise hin und her gingen, dann wieder stehenblieben, und deren Gesichter, teils puritanisch ernst, teils weltstädtisch ermutigend, genau den Ausdruck zeigten, den man bei pflichtbewußten, ganz ihrer Arbeit hingegebenen Männern auch erwartet. Während dieses Zwischenspiels geschah es, daß Grainger, der mit geziemender und lobenswerter Aufmerksamkeit dem Gottesdienst gefolgt war, mit einem Schock zusammenfuhr und sah, daß der Kollektenteller schon in seiner nächsten Nähe war. Eilig fühlte er in seiner einen Tasche nach – ohne Ergebnis; die andere Tasche wurde auch durchsucht, dann die Westentaschen – nichts. Inzwischen war der Teller bei Mary angekommen, sie legte ihre bescheidene Gabe hin und wollte ihn dem wartenden

Platzanweiser übergeben, aber ihr Begleiter flehte sie durch Zeichen an, ihn noch einen Augenblick zurückzuhalten, und fuhr mit seiner Suche fort. Die Jackentaschen hatten nichts ergeben. Jetzt stand er auf, und seine lange, allen sichtbare Gestalt blokkierte nun jede etwaige Verständigung zwischen Mary und dem mitleidenden Platzanweiser. Er schüttelte sich erwartungsvoll. Die Gruppe hinter ihm sah mit genießerischer Freude zu. Noch immer voll Entschuldigung, noch immer hoffend, holte Grainger seinen feuchten Überzieher vor, der sorgsam gefaltet unter seiner Bank lag, nahm ihn auseinander und begann ihn systematisch zu durchsuchen. Nicht ein Pfennig kam zum Vorschein. Der Platzanweiser flüsterte ihm etwas zu, das ihn von jedem Vorwurf freisprach, aber Grainger hob beschwörend seine Hand und flehte stumm um eine letzte Gnadenfrist. Der Mann neben Connington schnaubte schon hysterisch, und Doris, auf seiner anderen Seite sitzend, bemitleidete die unglückselige Mary, die feuerrot im allgemeinen Blickfeld saß. Grainger, der auch sein Hutband abgetastet und seine Handschuhe umgestülpt hatte, flehte Mary an, seine Sachen einen Augenblick zu halten, während er sich selber an eine nochmalige und systematische Durchsuchung seiner unermeßlich vielen Taschen machte. In seinem Eifer stülpte er die eine Tasche um, und eine Kollektion von kleinen Gegenständen rasselte mit lautem Poltern auf die Bank und auf den Boden. Mit erwartungsvollen Ausdruck bückte er sich, um sie aufzuheben, wobei Mary und der Platzanweiser ihm zu Hilfe eilten. Als schließlich alle Gegenstände auf seiner Hand versammelt waren, musterte er sie traurig und enttäuscht. Dann plötzlich, mit aufblitzender Erinnerung, fuhr er mit der anderen Hand in eine der Gesäßtaschen, zog ein Taschentuch mit einem Knoten vor, nestelte den Knoten auf und entnahm ihm ein Fünf-Cent-Stück – eine große amerikanische Kupfermünze – ließ sie glücklich und geräuschvoll auf den Teller gleiten und setzte sich befriedigt wieder hin.

»Und deshalb hatte ich um Ihren Schutz gebeten«, sagte Doris leise, als die Gemeinde, die wie gebannt heraufgesehen hatte, aufstand, um zu singen. »Arme Mary, das wird sie nie verwinden.«

Der Schauspieler in Connington zollte dem Schauspieler Grainger rückhaltlose Anerkennung.

Ihre nächste Begegnung geschah auf dem dritten Stock des Victoria College bei einem Empfangsabend, bei welchem Grainger sich nur damit amüsierte, daß er allen und jedem die »Prophezeiung« zeigte, die ihm in einer Wahrsagerbude kurz vorher zuteil geworden war: »Sie sind für den geistlichen Stand bestimmt.«

Der Empfang, an welchem Andrew heute zum erstenmal teilnahm, war eine altehrwürdige Einrichtung des Victoria College. Die beiden vorhergehenden Empfänge während dieses Semesters hatte er nicht mitmachen können. Auf die Teilnahme an dem heutigen wäre er an sich nicht sonderlich erpicht gewesen, hätte nicht Sonja bei einem ihrer früheren Gespräche sich darüber ausgelassen, wie sehr sie Empfänge verabscheue.

»Aber Andrew! Sie haben doch nicht etwa vor, dorthin zu gehen? Gerade Sie?«

»Warum denn nicht?«

»Sie werden sich zu Tode langweilen. Anekeln wird es Sie. Ich schaudere bei der bloßen Erinnerung. Haufen von Menschen werden sich im großen Saal zusammenpferchen, die ganzen Leute, die man nicht kennt und nicht kennen will. Die paar, die man sehen möchte, sieht man erst, wenn man seine Tanzkarte schon voll hat. Und der Rest des Abends: ein tötendes Programm in der Kapelle, kindische Gespräche, das Gedränge um das Essen, der Schlußtanz, die Collegerufe – alles brüllt ›rah, rah!‹ – das Ganze ist so leer, so sinnlos.«

»Warum sind Sie selbst dann wieder hingegangen?«

»Damals tat ich noch vieles, nur weil ›man‹ es tut! Ich hatte mich noch nicht ganz frei gemacht. Ich lehnte mich zwar auf, aber ich fühlte mich noch nicht sicher. Erst später kam ich auf gewisse Tricks – bei besonders hoffnungslosen Männern log ich einfach und sagte, meine Karte sei schon voll. *Eine* gute Erinnerung habe ich allerdings doch, eine einzige. Ich begegnete einem jungen Mann, der genauso empfand wie ich – ich fühlte es instinktiv, als sich unsere Blicke trafen. Er bat mich um einen Tanz – der vierte war es, und als er zu Ende ging, waren wir so tief im Gespräch über wirklich wesentliche Dinge, daß wir beschlossen, von dem öden Haufen wegzulaufen. Die Treppe hinunter wagten wir uns nicht, denn dann wären wir womöglich unseren Partnern begegnet, deshalb suchten wir uns oben eine dunkle Ecke, und dort haben wir gesessen und von Mensch zu Mensch gesprochen, während der ganzen restlichen Tänze. Es war eine richtige Erholung!«

»Und was wurde aus Ihren anderen Partnern und aus seinen?«

»Aus den anderen Partnern? Aber was spielte das für eine Rolle? Was war wichtiger — daß wir uns diese kurzen Augenblicke stahlen und uns gegenseitig finden konnten und im Gespräch zum *Wirklichen* vorstießen, oder daß wir mit primitiven Leuten krampfhaft von primitiven Dingen redeten — nur um einer primitiven Konvention zu genügen?«

»Oder um Ihr Wort zu halten?«

»Ah, jetzt tun Sie, als wenn Sie mir eine Strafpredigt halten wollten. Sie sind der einzige, der das wagt. Bei Ihnen finde ich es nett, denn ich weiß, daß es bei Ihnen immer Scherz ist. Aber gehen Sie nicht zu dem Empfang. Schon der Gedanke ist für mich verletzend.«

Auf das hin hätten ihn keine zehn Pferde mehr zurückgehalten. Die Idee, die den Empfangsabenden zugrunde lag, fand Andrew eigentlich sympathisch. Trotz Sonjas abschreckender Schilderung und trotz der unbestreitbaren Schattenseiten waren diese Feste die einzigen noch wirklich demokratischen Veranstaltungen im Collegeleben, denn jeder konnte hingehen, ob alt oder jung, prominent oder unbekannt, eingeladen oder nicht, und jedem war zum mindesten die Möglichkeit geboten, sich zu amüsieren und Kontakt zu finden.

Solches ging ihm durch den Kopf, als er in der großen Halle des Colleges stand und die amüsante Szenerie betrachtete. Ein in diesen Dingen bewanderter Kommilitone hatte ihm verschiedene Tips gegeben: man müsse ziemlich früh kommen, hatte er gesagt, »bevor die netten Mädchen alle vergeben sind und nur die Nieten übrig bleiben«; und manche gutherzigen jungen Damen hätten die Gewohnheit, eine ganze Schar von weniger begünstigten Freundinnen mitzubringen, so daß »man seine Karte voll hat, bevor man das Mädchen, mit dem man gern tanzen möchte, überhaupt gesehen hat.« Andrew hatte dem Kommilitonen für die Warnungen gedankt und stellte jetzt mit einem Lächeln fest, daß sie durchaus berechtigt waren. Der heutige Empfang war das letzte große gesellige Ereignis vor den Prüfungen, und der Saal füllte sich mit zwei getrennten Gruppen. Vom Haupteingang aus lief mitten durch den Raum eine unsichtbare Linie. Auf der einen Seite standen die Mädchen, farbenfroh in ihren hübschen Abendkleidern; ihre Zahl wuchs ständig, denn von der Garderobe her strömten immer weitere herein, lachend und mit nervöser Lebhaftigkeit durcheinander schwatzend und die Anwesenheit des anderen Geschlechts scheinbar nicht bemerkend. Auf der anderen Seite, durch einen kleinen Zwischenraum getrennt, sammelten sich die Männer, größtenteils in inoffizieller, aber sorgsam ausgewählter Kleidung; leicht verlegen, aber dennoch offen und mit kritischen Augen, musterten sie ihre Nachbarn. Dann machte ein Beherzter, einer, der seine Schwester oder einen sonstigen sicheren Hafen entdeckt hatte, einen Vorstoß und durchquerte nonchalant die Sperrzone. Wie auf ein Signal lösten sich die beiden Gruppen und strömten ineinander über. Das einzige, was Andrew wahrnahm, war eine quirlende Menge von Gestalten; die dunklen Anzüge der Männer drangen immer weiter in die Reihen bunter Kleider vor, bis schließlich nur ein dünner Rand übrig blieb von Mädchen, die zu schüchtern waren, sich zur Mitte vorzuwagen und mit dem Gedanken an einen Rückzug in die öde, aber schützende Garderobe spielten.

Ohne Hast mischte sich Andrew in die Menge. Da für ihn das Amüsement des Abends nicht davon abhing, daß er bestimmte Mädchen noch unbesetzt fand, ging er gemächlich von einer Bekannten zur anderen und nahm mit Gleichmut ihre Antworten entgegen, ihr bedauerndes »Ach, wie schade, warum sind Sie nicht früher gekommen?« oder das erfreute »Den vierten, sagen Sie? Ja, den habe ich noch frei.«

Nach einer Weile erblickte er inmitten einer lebhaften Gruppe die schlanke Gestalt von Doris Keith und steuerte auf sie zu. Sicher hatte sie ihre Karte schon voll, denn sie gehörte zum Sportausschuß und hatte dieses Jahr verschiedene Preise gewonnen. Aber trotzdem war es richtig, wenn er sie begrüßte. Gerade als er auf sie zuging und in seinem Innern konstatierte, daß das strenge schwarze Satinkleid ihren feingeschnittenen blonden Kopf auf das vollkommenste zur Geltung brachte, bemerkte er ein anderes Mädchen, das er beinahe umgerannt hätte. Er entschuldigte sich und trat zur Seite. Er hatte seine alte Richtung wieder aufgenommen, als irgend etwas ihn veranlaßte, sich noch einmal nach der jungen Dame umzuschauen, die verloren an der Stelle stand, wo er sie zurückgelassen hatte. Obwohl sie in plötzlicher Verlegenheit den Blick sofort in eine andere Richtung wandte, merkte Andrew, daß sie ihm nachgesehen hatte. Jetzt erkannte er sie wieder: ein nervöses, kleines Wesen, das er einmal auf der Schlittschuhbahn getroffen hatte. Möglicherweise hatte sie gemeint, daß er absichtlich auf sie zugekommen sei. Plötzlich kam ihm mit großer Schärfe zum Bewußtsein, wie ungleich die gesellschaftlichen Rechte auf die Geschlechter verteilt waren. Er selber konnte jedes Mädchen wählen, das er wollte – und dieses Recht hatte nicht nur er, sondern in der gleichen Weise jeder andere Mann, auch wenn er noch so dumm oder langweilig oder unsympathisch war; wogegen dieses Mädchen – und mit ihr viele andere, auch hübsche, attraktive – herumstehen und warten mußte, nach außen munter und vergnügt, und nur das heimliche, interessierte Herumschauen verriet, daß die Gleichgültigkeit nur vorgetäuscht war. Und er, für den der ganze Abend bloß ein amüsantes Zwischenspiel bedeutete, wollte Doris Keiths Gefolge noch vermehren, oder wenn er keine fand, die ihn genügend interessierte, verzog er sich womöglich für die Dauer einiger Tänze in irgendeine Einzelgängerecke. War er der, der bei Sonja gemeint hatte, sie sei egozentrisch?

Mit einem Ruck drehte er sich um und begrüßte das Mädchen mit seinem seltenen Lächeln.

»Verzeihen Sie! Sie sind so klein, daß ich Sie beinahe überrannt hätte und nicht gesehen habe, wer es ist. Haben Sie noch einen Tanz für mich übrig, oder komme ich zu spät?«

»Nein. Ich bin gerade erst gekommen und habe noch fast keinen getroffen, den ich kenne.« In ihrer Erleichterung sprach sie ganz erregt. »Welchen möchten Sie?«

Andrew überlegte. Auf ihrer Karte, die sie ihm unbefangen hinhielt, stand einsam und verlassen ein einziger Name. Auf Grund seiner neugewonnenen Einsichten sagte sich Andrew, daß für die weniger beliebten Mädchen der Tanz vor dem Essen und der fatale Schlußtanz wahrscheinlich die prekärsten seien. Auf Essen konnte ein Mädchen noch eher verzichten als auf einen männlichen Beschützer für den Heimweg. Ritterlich schrieb er seinen Namen für den Schlußtanz ein, mit der stillen Hoffnung, daß Violet Reed – glücklicherweise stand ihr Name auf der Karte – nicht allzuweit am Stadtrand wohne.

Nachdem er ihre Seele von einer Last befreit hatte, verabschiedete er sich von seiner dankbaren kleinen Freundin und machte sich mit seinen drei noch freien Tänzen auf, um nach weiteren jungen Damen ohne Partner auszuschauen. Sie waren nicht immer so leicht zu erkennen wie die erste, und er verbrachte einen Teil des Abends mit dem lehrreichen Versuch, herauszufinden, warum manche von den Mädchen, die er selber nett und unterhaltend fand, auf ihren Karten große Lücken hatten. Die Ursache lag keineswegs immer in mangelnder Hübschheit und nie in mangelnder Intelligenz. Zuweilen glaubte Andrew, hatte die intellektuelle Überlegenheit eines Mädchens den zaghaften Männern Angst eingejagt, oder die Verlegenheit der jungen Dame hatte sie nervös gemacht. Aber viele andere Fälle blieben Andrew völlig rätselhaft, und er nahm sich vor, seine Forschungen im Laufe des Abends fortzusetzen.

Da ihm für seine Leichtfertigkeit eine sozusagen wissenschaftliche Basis gegeben war, wurde ihm der Abend gar nicht lang. Alle die von alters überkommenen Bräuche waren neu für ihn: er hörte in der Kapelle den ziemlich langwierigen Festakt mit den scherzhaften Zukunftsprophezeiungen für jeden einzelnen der promovierenden Studenten; er wanderte plaudernd und schwatzend von einem Saal zum anderen und besichtigte die Stände und Dekorationen, die das ganze Stockwerk der theologischen Fakultät in einen harmlosen Rummelplatz verwandelten; er holte Gläser mit erstaunlich gutem Fruchtpunsch für die durstigen Partnerinnen; er unterhielt sich über Haartrachten auf den Bildern früherer Collegemitglieder; er suchte seiner Partnerin einen bequemen Sitzplatz, während er selbst auf einem Tablett die üblichen Erfrischungen heranholte – belegte Brote, Eis, Kaffee, Gebäck. Und das Ganze machte ihm viel Spaß.

Das Wiederfinden der Partner für die einzelnen Tänze war oft schwierig. Andrew fand heraus, daß meistens seine Partnerin, wenn er lange genug an der ausgemachten Stelle stand, ihn zuerst erspähte. Aber dann, beim sechsten Tanz, ließ ihn diese sichere

Methode mit einemmal im Stich. Auf seiner Karte stand der Name Rita Sinton, aber für die Welt konnte er sich nicht erinnern, wie sie aussah. Die zuerst so volle Halle lichtete sich zusehends, ein Paar nach dem anderen fand sich und entschwand; und noch immer konnte Andrew niemand sehen, dessen Gesicht ihm durch ein Aufleuchten die Möglichkeit gegeben hätte, seine Partnerin zu erkennen. Er überlegte, ob er vielleicht den Ort verwechselt hatte: unten an der Treppe.

»Verflixt, habe ich die andere Treppe angegeben?« Er drehte sich hastig herum und stieß mit einem Mädchen zusammen, das gerade um den Treppenpfosten kam. Das Mädchen lächelte, entweder über seine eilige Entschuldigung oder über sein Selbstgespräch, das sie wohl gehört hatte. Es war eine kleine, zierliche Person, und das Gesicht kam ihm sehr bekannt vor – aber keinesfalls war es die, auf die er wartete.

»Was macht ein Mensch, der sich nicht erinnern kann, wie seine Partnerin aussieht?« fragte er geknickt.

Sie lachte ihn an, und Andrew sah zwei große, ungewöhnlich dunkelblaue Augen in einem heiteren, kräftigen Gesicht – merkwürdigerweise rief es in ihm die plötzliche Vorstellung eines Frühlingstages wach.

Sie überlegte einen Augenblick und schüttelte dann entschieden den Kopf.

»Es tut mir leid. Den Namen habe ich gehört, aber ich kann ihn mit niemand in Verbindung bringen.«

Er zögerte.

»Es besteht wohl keine Chance, nehme ich an, daß Sie noch nicht vergeben sind – oder daß Ihr Partner plötzlich krank geworden ist?«

»Ich glaube, da kommt er – soviel man sieht, durch und durch gesund.«

Ein junger Mann mit rotem Haar kam an, und sie zog mit ihm ab. »Wenn ich jemand sehe, der verlassen aussieht, frage ich, ob sie Rita Sinton heißt und sage ihr, wo Sie zu finden sind.«

Den Kopf zurückgewandt, lächelte sie ihm zu. Und viel später, als er Rita Sinton, im falschen Stockwerk einsam auf ihn wartend, längst gefunden hatte, merkte Andrew, daß ihm dieses Lächeln immer noch vor Augen stand.

5

Als die Liste herauskam, auf der man sich für die Sommerferien zum freiwilligen Pfarramtsdienst in den abgelegenen Gebieten des Nordens oder Westens meldete, trug sich Andrew nicht ein. Seine fehlende Bereitschaft, diesen Dienst auszuüben, war ein bisher noch nicht dagewesener Fall, jedoch die Fakultät erkannte seine Gründe an und machte keine Einwände. Er fühle das Bedürfnis, erklärte er ganz offen, seine Ferien anders zu gestalten; als Ergänzung zu den Vorlesungen müsse er viel lesen; er brauche nicht die finanzielle Beihilfe, auf welche viele der freiwilligen Ferienprediger angewiesen seien, und auch als Prüfstein für die Berufseignung sei eine praktische Tätigkeit als Sommerprediger bei ihm nicht nötig. Kurz und gut, er glaube, er könne seine Ferien auf andere Weise nützlicher verwenden.

Neben den eigentlichen Theologiestudenten gab es genügend Studenten der Geisteswissenschaften, die gerne eine der verfügbaren Stellen übernahmen. Andrew besuchte eine Zusammenkunft dieser Gruppe; er stellte die verschiedenartigsten Menschentypen fest und fand es interessant, zu ergründen, was die einzelnen veranlaßt hatte, sich zu melden. Für die Theologen war es das Normale, von ihnen wurde es erwartet, und es gab — abgesehen von seinem eigenen Fall — im Grunde keine andere Möglichkeit für sie. Einige der in den ersten Semestern stehenden Studenten anderer Fakultäten betrachteten den Ferienpfarrdienst als ein Abenteuer oder auch als Jux; sie fanden es amüsant und nett, daß man auf diese Weise einmal in die westlichen Gebiete kam. Daß man sich im Predigen versuchte, bildete ein Erlebnis neuer Art. Einer vor allem, ein pausbäckiger junger Mann mit Grübchen im Gesicht, war für seine Kameraden die Zielscheibe aller Witze; sie konnten es sich nicht denken, wie er es fertigbringen würde, solange hintereinander ernst zu bleiben, daß er eine Predigt halten könne; wenn er im Gottesdienst die Kirchenlieder anstimme, schärften sie ihm ein, solle er nur ja nicht meinen, er sei wieder Anfeuerer bei einem Rugbymatch des College. (Einer der größten Lachstürme entstand im College nach den Ferien, als die Nachricht sich verbreitete, daß Jimmie gleich bei Antritt seiner Stelle als erstes eine Beerdigung hatte vornehmen müssen). Andere betrachteten das Ganze mehr vom finanziellen Standpunkt – sachlich und ohne bewußte Ehrfurchtslosigkeit; es war für sie ein »Job«, nicht anders, als wenn sie sich als Aufseher von Kinderspielplätzen verdingten oder einen Posten auf einem Dampfer auf den großen Seen übernahmen; und sofern sie sich imstande glaubten, die gestellte Aufgabe einigermaßen erfolgreich zu erledigen, sahen sie keinen Grund zu Bedenken. Wieder andere, die Pfarrer werden wollten, auf Wunsch ihrer Eltern oder wegen ihrer eigenen früh erwachten Ambitionen, hatten das aufrichtige Verlangen, zu erproben, ob sie für den Beruf geeignet seien; die verstreuten Gemeinden in den nördlichen und westlichen Gebieten waren Kliniken zum Praktizieren.

Indem Andrew die Bewerber in Rubriken einordnete, blieb er sich bewußt, daß er sich bei vielen vielleicht irrte – vor kurzem hatte ihn der Vers beeindruckt »Richtet nicht, auf daß ihr nicht gerichtet werdet« –, und es entging ihm nicht, daß manche von edelsten Motiven geleitet wurden. Insbesondere einen mußte er rückhaltlos bewundern, einen ernsten jungen Menschen namens Cochrane, der im zweiten Jahr Theologie studierte und bei dieser seiner dritten Ferienpredigerzeit nur das eine Ziel hatte, Hilfe und Ermutigung zu bringen für Menschen, die in unerschlossenen Gegenden lebten und in der Diaspora und während der langen Wintermonate von jeder geistlichen Betreuung abgeschnitten waren. Connington hatte sich schon mehrmals mit ihm unterhalten und wußte, daß Cochrane nicht den Wunsch oder Ehrgeiz hatte, an eine Großstadtkirche oder eine glanzvolle Gemeinde zu kommen; freudig ging er dorthin, wohin man ihn schickte, ob Kleinstadt oder Landgegend, und wenn er etwas bevorzugte, so war es Pionierarbeit unter schwierigen Bedingungen. Andrew bewunderte seinen Mut, aber er eiferte ihm nicht nach. Zu den Gründen, die er der Fakultät genannt hatte, kam noch ein weiterer, ausschlaggebender hinzu: Andrew hatte kein Interesse an kleinen Gemeinden und verstreuten Grüppchen; er schreckte davor zurück, vor Menschen zu predigen, bei denen Aufrichtigkeit, selbst wenn sie primitiv war, sehr viel schwerer wog als rednerischer Glanz und Bildung. Außerdem war er zum Predigen noch nicht genügend vorbereitet. Er konnte nichts dem Zufall überlassen, und es gab zu viele Fragen und Anschauungen, über die er erst ins klare kommen mußte. Erst dann würde er die Sicherheit haben, die ihm unerläßlich schien.

Einige dieser Dinge erwähnte er eines Abends im Gespräch mit seinem Onkel. Mansells Stellung zu den Kaprizen seines Neffen hatte sich von Feindlichkeit zu sanftem Spott gemildert, aber dieser Spott blieb ohne Wirkung, weil sich Andrew meist daran beteiligte. Daß der Onkel sich so sehr zurückhielt, bedeutete — für jeden, der ihn kannte — eine Huldigung vor dem Neffen. Obwohl es Mansell immer reizte, seinem Mißfallen durch entsprechend aggressive Schmähreden Ausdruck zu verleihen, bezähmte er sich doch fast jedesmal aus Furcht, daß er sich den Jungen sonst entfremden werde. Es waren Fälle vorgekommen, wo Andrews liebenswürdige und scherzbereite Haltung einer kühlen Reserviertheit gewichen war, und Mansell hatte dann gemerkt, daß er diesen Umschwung überraschend schwer ertragen konnte. Er hatte keine Freunde, und sein Neffe und seine Frau waren die einzigen Menschen auf der ganzen Welt, von denen er erklärte, daß sie ihn nicht langweilten — Andrew, weil er meistens logisch denke, Alexandra, weil sie solches nie versuche. Infolgedessen hörte Mansell sich die amüsanten Anekdoten seines Neffen immer mit Interesse an, und er wäre überrascht gewesen, hätte er erfahren, wie viele andere ihm nicht erzählt wurden. Denn in Andrew entwickelte sich ein sonderbares Loyalitätsgefühl gegen den Beruf, und dieses hielt ihn davon ab, manche Aspekte und Angehörige desselben der Möglichkeit des Spottes auszusetzen.

»Mein Gott, du hast aber Nerven!« antwortete Mansell auf Andrews neueste Eröffnungen. »Du willst eines Tages Pfarrer werden, und die Gelegenheit zum Predigen lehnst du kaltlächelnd ab, weil du dich auf andere Weise, ach, so viel besser darauf vorbereiten kannst — und in Wahrheit ist es einfach so, daß du gar nichts hast zum Predigen. Du bist ein fabelhafter Heuchler, Andrew!«

Andrew nahm die freundliche Bezeichnung nicht persönlich; er lag ruhig und entspannt auf der Chaiselongue. Seine Tante sah von ihrer Näherei auf und streifte ihn mit einem raschen Blick.

In manchen Familien wäre ein solches Wort ein Alarmsignal gewesen; aber freundliche Bezeichnungen von seiten ihres Ehegatten hatten bisher noch nie bewirkt, daß die beiden Männer, die sie liebte, sich in die Haare gerieten.

»Du hast nicht ganz unrecht, George«, meinte sie nach einer Weile, »aber das gleiche kann man von den meisten Menschen sagen. Und schauspielern muß man ja in jedem Beruf.«

»O ja, ich gebe ohne weiteres zu, die meisten Menschen müssen ihre Meinungen und Gefühle mehr oder weniger verbergen«, sagte Mansell. »Aber auf Wahrhaftigkeit ist der Durchschnittsmensch auch gar nicht so erpicht – so wie du, Andrew, damals stolz von dir behauptet hast. Stelle dir vor, ich ginge zum College und ließe deinen Schwindel auffliegen, ich erzählte ihnen, daß sie an ihrem Busen eine Schlange nähren – einen Wolf im Schafspelz – ein getünchtes Grab.«

»Ich würde, glaube ich, bei der Schlange bleiben«, meinte Andrew treffend. »Wölfe und Gräber, könnte ich mir denken, wären für den Busen etwas sperrig. Die Frage der Wahrhaftigkeit haben wir im übrigen schon früher erörtert, und du kennst meinen Standpunkt. Ich finde es abscheulich, Onkel, wenn man ein abgetanes Thema ständig wieder aufgreift! Lügen muß ich nicht nur in diesem, sondern auch in jedem anderen Beruf; und meine wahren Gefühle und Meinungen öffentlich zu zeigen, dazu hast du mich ja nie erzogen.«

»Richtig«, gab Mansell zu, »aber deine Abgründe vor der Obrigkeit ein bißchen aufzudecken – du glaubst nicht, wie mich das locken würde. Stachle mich nicht zu sehr auf.«

»Ich weiß tatsächlich nicht, wie ich das vermeiden könnte«, seufzte Andrew, »aber deine Drohungen sind zwecklos. Erstens einmal liebst du mich.«

»In einer Weise, die du selber nicht begreifst, nicht wahr, George?« schaltete Alexandra ein.

»Genauso«, brummte Mansell, und Alexandra verfiel wieder in Schweigen, mit der Befriedigung stiller Frauen, wenn sie zum Gespräch der Männer etwas Gleichwertiges beigetragen haben.

»Und zweitens würden sie dir gar nicht glauben«, fuhr Andrew fort. »Du mußt bedenken, ich bin einer ihrer Musterschüler; ich bin in ihren Augen sogar eine Spur zu strenggläubig und dogmatisch. Ja, du wirst lachen, Onkel. Sie gehen zart mit mir um, weil sie meinen Glauben nicht erschüttern wollen. Sie brechen einige meiner wankenden Fundamente vorsichtig ab, um sie fester wieder aufzubauen — auf daß ich mich zum unerschütterlichen Ja durchringe, à la Carlyle.«

»Ich verstehe nicht, wie du das aushältst«, knurrte George.

»Oh, es gibt als Trost auch manches Amüsante. Dabei fällt mir eines ein, was dich sicherlich ergötzt hätte. Es wird dich interessieren — die neue Auffassung von Shakespeares Stücken lautet jetzt, leicht aufgehellt: ›Das Gute, das die Menschen tun, lebt nach ihrem Tode fort‹. Das war jedenfalls der Text, über den ein Student neulich seine Probepredigt hielt. Erst dachte ich, er habe absichtlich eine Korrektur vorgenommen, aber nein, er belegte es genau mit Stellen aus den Dramen. Alles stimmte, nur daß alles falsch verstanden war.«

»Wirklich? Hat ihn denn niemand verbessert?«

»Oh, der Professor wird es schon gemerkt haben — einige von den anderen wahrscheinlich auch, aber gesagt wurde nichts, weder in der Vorlesung noch später. Warum, denkt man sich, soll man auch so kritisch sein — bei außerbiblischen Texten? Der gleiche Student — er hatte es auf Shakespeare abgesehen — illustrierte eine Stelle seiner Predigt, indem er das Zitat brachte: ›Aus, kleines Licht!‹«

»Und?«

»Weißt du, wo es herstammt?«

»*Macbeth* — oder? ›Leben ist nur ein wandelnd Schattenbild; ein armer Komödiant ———.‹ Sagt er es nicht, als er die Nachricht vom Tode seiner Frau bekommt?«

»Das dachte ich auch. Aber unser Prediger brachte es in *Julius Cäsar* unter — viel wirkungsvoller. Er zeichnete ein hochdramatisches Bild, wie Brutus, kurz bevor Cäsars Geist erscheint, mit eben diesen Worten müde seine Kerze ausbläst.«

»Grotesk«, sagte Mansell und biß die Spitze einer neuen Zigarre ab, erbost wie bei einer persönlichen Beleidigung. »Man sollte den Leuten so etwas nicht durchgehen lassen — das ist ja krasseste Unbildung.«

»Na ja, so aufzuregen braucht man sich auch nicht. Nicht so plötzlich, meine ich. Es geht ja schon seit Jahren so — und nicht nur bei Predigten. Öffentliche Redner, Politiker, gewöhnliche Privatleute in der Unterhaltung, alle führen immerzu Zitate an, und keiner kümmert sich darum, ob sie auch stimmen. Das Ganze ist eine Art von Unredlichkeit, die mich besonders ärgert — und deshalb etwas, was ich selbst vermeiden muß.«

Hier unterbrach ihn das Läuten des Telefons. Als sein Onkel das Zimmer verlassen hatte, um an den Apparat zu gehen, richtete sich Andrew mit einer unlustigen Bewegung auf.

»Ich muß wieder zu Augustinus gehen. Kein Friede für die Gottlosen, Tante Alex.«

Sie lächelte ihm mütterlich zu, und wieder mußte er sich wundern, wie eine so gütige und sanfte Frau so vollständig von der Religion hatte weggezogen werden können. Aber dennoch, wenn er überlegte, war die Kette der Zusammenhänge durchaus klar: eine konventionelle, viktorianische Erziehung und Eltern, die sich zu wenig geliebt hatten, um den religiösen Bräuchen Wärme und Gehalt zu geben; eine Wesensart, die sich immer angelehnt hatte, erst an Vater und Bruder, dann, nach deren Ausscheiden, an einen Gatten, dessen Ansichten so bestimmt waren, daß auch ein stärkerer Glaube als der ihre vernichtet worden wäre; die Bitternis, zwei Kinder zu verlieren, schon bei der Geburt, und die schmerzliche Gewißheit, daß sie keine mehr bekommen konnte; und schließlich die Jahre des Wohlstandes und der gesicherten Verhältnisse. Aber es war jammerschade, dachte Andrew. Um ihren Mund sah man wehmütige, enttäuschte Züge; das dunkle Haar, ihr einziges Conningtonsches Merkmal, wurde immer grauer und ließ sie älter scheinen, als sie war. Eine Frau in ihrem Alter brauchte unbedingt den Trost der Religion.

»Andrew ...«, ihre Stimme kam zögernd, befangen. »Ich möchte kein lästiger Familienanhang sein oder so etwas, aber machte es dir etwas aus, wenn ich eines Sonntags in die Kirche mitginge?«

Ihr Neffe fuhr schuldbewußt zusammen, als hätte sie seine Gedanken erraten.

»Tante Alex, du bist wirklich erstaunlich! Was würde Onkel George dazu sagen?«

Etwas nervös blickte sie zur Tür, durch die man Mansell am Telefon hörte.

»Ich glaube, nach dem Schock mit dir wird ihn ein weiterer nicht mehr sehr berühren. Ich dachte nur, ich könnte wieder einmal hingehen. Ich weiß schon kaum mehr, was das ist, ein Gottesdienst. Natürlich, wenn du es nicht möchtest ...«

Sehr angenehm berührte ihn der Vorschlag nicht. Bisher war er immer nur allein in die Kirche gegangen, als Beobachter, oder auch gelegentlich mit einer Gruppe, die aber nichts von seinen eigentlichen Gründen wußte. Wenn aber seine Tante mitging und seine Reaktionen sehen konnte, so war das etwas gänzlich anderes. Aber seine Antwort hatte einen liebevollen Ton.

»Mit wem könnte es mir mehr Freude machen als mit dir, möchte ich wissen? Selbstverständlich mußt du mitkommen. Diesen Sonntag, ja?«

Nach beiderseitiger Übereinstimmung zog er sich zurück zu Augustinus.

6

Der Märzwind, der nach einem ruhigen Tage plötzlich aufgestanden war, blies mit voller Kraft in Andrew Conningtons Gesicht, als er sich von der Charles Street nordwärts wandte und in die Avenue Road einbog. Eigentlich hatte er zu Fuß nach Hause gehen wollen, doch bei diesem Wetter machte es ihm keinen Spaß, und als er eine überfüllte Trambahn um die Ecke biegen sah, rannte er zur Haltestelle und kam gerade noch zur Zeit.

Die flatternden Zeitungen der Fahrgäste erinnerten ihn daran, daß er in der Eile versäumt hatte, bei dem blinden Zeitungshändler an der Ecke sich das Abendblatt zu kaufen, aber der kleine, dicke Mann neben ihm hielt sein Blatt so ruhig und stand so fest auf seinen Beinen, daß Andrew ohne weiteres, über seine Schulter blickend, mitlesen konnte. Aus dem Datum ersah er, daß heute Frühlingsanfang war – der dritte und letzte Frühlingsanfang seiner Studienzeit als Theologe. Sie waren rasch vergangen, diese Jahre, reich erfüllt von den verschiedenartigsten Interessen; dennoch war er froh, daß die Studienzeit nun bald zu Ende ging. In den ganzen letzten Wochen hatte er eine Unruhe verspürt, die er auf das Verlangen zurückführte, sich in dem erwählten Beruf praktisch zu betätigen. Verstärkt wurde seine Unruhe dadurch, daß er nicht wußte, an welchem Ort und in welcher Gemeinde er diese Tätigkeit ausüben würde.

Sein Nachbar war ein langsamer Leser, und Andrew wartete mit der leicht überheblichen Ungeduld des Schnellesers. Als die Zeitung schließlich umgeblättert wurde und sorgsam geknifft und wieder zusammengelegt war, fiel sein Blick auf ein Bild auf der zweiten Seite. »Prominenter Pfarrer gestorben«, stand darüber. »Shorncliffegemeinde betrauert das Hinscheiden ihres Hirten.« Darunter berichtete eine halbe Spalte über die Einzelheiten von Dr. Thrings Tod, sein Alter, seinen langen Dienst als Geistlicher, seine vierunddreißig Jahre Pfarrer an der Shorncliffekirche, den Termin der Beerdigung und die hinterbliebene Familie. Andrew las den Nachruf zu Ende, überflog die übrigen Artikel und wandte sich dann ab, um zu warten, bis der Nachbar fertig wäre. Er hatte Dr. Thring selbst predigen hören, wie er ja fast jeden Prediger gehört hatte in der Stadt; aber sein Besuch der Shorncliffekirche war einer seiner ersten gewesen, denn sie gehörte zu den größten und feinsten von Toronto. Der Gottesdienst war schwach besucht und ziemlich matt gewesen, und Andrew hatte sich gewünscht, ihm wäre die Gelegenheit gegeben, ihn etwas zu beleben. Dr. Thring hatte ihm den Eindruck eines ernsten und würdevollen Menschen gemacht, aber schwerfällig in der Redeweise und, nach seiner Sprache und seinen Beispielen zu urteilen, erschreckend fern von den Problemen und Bedürfnissen der Umwelt. Außerdem, hatte Andrew gehört, war er etwas selbstherrlich. Man hatte gehofft, einen Austausch machen zu können mit dem Pfarrer einer anderen Kirche. Aber diese Hoffnung war gescheitert, weil Dr. Thring auf seinem Posten bleiben wollte und weil einige hartnäckige Älteste, Säulen der Gemeinde, auch ihrerseits entschlossen waren, ihn zu halten. Sie fanden, wenn ein Pfarrer dreißig Jahre lang am gleichen Ort amtiert habe, sei dies Grund genug, daß sein Amt auf unbegrenzte Zeit dort weiterlaufe. Also blieb er; die Gemeinde ging zurück; die Jugend war schon vorher in andere Kirchen abgewandert; und dieser Zustand würde sich wahrscheinlich immer mehr verbreiten, seit die Vereinigte Kirche das System des Dauerpfarramts aufgegriffen hatte. Bei diesem System entstand beim Weggang eines Pfarrers — in Fällen, wo ein Wechsel unumgänglich wurde — ein Gefühl der Bitterkeit, sowohl bei der Gemeinde als auch bei dem scheidenden Pfarrer. Eine lächerliche Einrichtung, überlegte Andrew. Hatte nicht John Wesley selbst gesagt, er werde jede Gemeinde nach einem Jahr in Schlaf gepredigt haben? Die Situation an der Shorncliffekirche war natürlich ein besonders krasser Fall gewesen. Andrew kannte manche anderen Fälle, wo die ganze Gemeinde, nachdem sie ihren Pfarrer fünfundzwanzig Jahre hatte predigen hören, ihm noch immer treu ergeben war. Jedoch im allgemeinen ...

Der Mann mit der Zeitung schlug eine neue Seite auf, und Andrew blickte automatisch hin; er fragte sich, woher es kam, daß er über die Vergangenheit der Shorncliffekirche so viel wußte. Und während er darüber nachdachte, kam ihm wie eine plötzliche Erleuchtung eine großartige Idee. Die Zeitung war mit einemmal vergessen.

»Onkel George«, begann er ganz beiläufig beim Abendessen, gleich nachdem die Suppe aufgetragen war, »wie heißt doch der Bekannte von dir, der in die Shorncliffekirche geht?«

Bemerkungen über Kirchenangelegenheiten wurden jetzt von Mansell meistens ohne kritische Exkurse hingenommen.

»Easton. Raymond Easton von der Firma Easton, Garton & Smith. Wie dieser Smith hineingekommen ist, verstehe ich ja nicht. Der ganze Firmenname wird dadurch verdorben. Aber das Geschäft geht gut.«

»Er macht deine Rechtssachen, nicht wahr?«

»Ja. Schon die ganzen Jahre, seit wir hier sind. Tüchtiger Mann, dieser Easton. Obwohl er Kirchenbeamter ist. Ach, das ist ja etwas für dich – typisches Kirchengezänk. Easton, auf dem fortschrittlichen Flügel, will einen neuen Pfarrer. Finanzlage hoffnungslos – abgesehen von ein paar alten Knackern, die zufällig Geld haben – und von Easton selbst. Er ist in der Gemeinde aufgewachsen und zu loyal, um auszutreten oder seine Beiträge zu kürzen. Ein trauriges Durcheinander – bei Leuten, die sich Christen nennen.«

»Ja, ich erinnere mich, du erzähltest mir damals die genauen Einzelheiten«, erwiderte Andrew. Ihre Blicke trafen sich, und sie lächelten beide; denn Andrew wußte, wie sehr sein Onkel es genoß, alle kirchlichen Streitigkeiten oder Heucheleien, von denen er erfuhr, zu erzählen und nach Möglichkeit noch etwas auszuschmücken; und Mansell wiederum wußte, daß Andrew dies wußte.

»Na, siehst du. Und dieser arme Teufel von Pfarrer – es ist ein Wunder, daß er von den streitenden Parteien nicht in Stücke gerissen wird.«

»Er ist kein armer Teufel mehr. Er ist tot.«

»Tatsächlich?«

»Laut Meldung in den Abendblättern.«

Mansell lachte herzlos.

»Also eins zu null für Easton. Wahrscheinlich wird er darin Gottes Hand sehen. Jetzt können sie also endlich einen neuen Pfarrer kriegen.«

»Gerade das dachte ich mir auch.« Andrews Stimme war wie Samt, aber der Onkel und die Tante sahen ihn mit einem plötzlichen und scharfen Blick an.

»Andrew! Was für eine Dreistigkeit! Du willst die Shorncliffekirche für dich selbst!«

»Das ist doch nichts Neues. Ich will sie seit mehreren Jahren – oder eine ähnliche. Aber jetzt bietet sich die Möglichkeit, daß ich sie bekomme. Und du, Onkel, wirst mir dabei helfen.«

»Ich werde nicht den kleinsten Finger ...«, begann Mansell, aber sein Neffe fiel ihm besänftigend ins Wort.

»Sag nicht irgendwelche Dinge, Onkel, die du später widerrufen mußt. Das hier ist eine einzigartige Gelegenheit – von wem herbeigeführt, davon wollen wir nicht sprechen. Ich stecke nun einmal in der ganzen Sache drin. Lieber wirst du mich doch sicher – trotz deiner Ablehnung – an der Shorncliffekirche sehen, als daß ich meinen Liebreiz an ein ödes Bauerndorf verschwende. Bedenke, Onkel George, Fleisch von deinem Fleisch, Bein von deinem – nein, aber doch von Tante Alexandras Bein, und das ist fast genauso viel.«

»Und schließlich, George«, fügte Mrs. Mansell mit weiblicher Logik ein, »wo ja doch jemand dort predigen muß, könnte es doch ebensogut Andrew sein wie irgendeiner, den du nie gesehen hast.«

»Meinetwegen«, brummte George. »Aber eines sage ich euch – ich kann nichts weiter tun, als meinen Einfluß auf den guten Easton benutzen. Und vielleicht hat das keinerlei Erfolg.«

»Mehr wollte ich auch nicht. Aber benutze deinen Einfluß so, als wenn du wirklich möchtest, daß ich diese Stelle kriege. Für die anderen Einzelheiten werde ich schon selber sorgen. Denk daran, daß die Ehre von ›Connington Glas‹ auf dem Spiel steht und handle dementsprechend.«

»Wenn du ihn dazu bringst, es in *dieser* Weise anzusehen, dann bringt er alles fertig«, sagte Mrs. Mansell, und in ihren Worten lag gerade soviel Ehegattenstolz, daß sie dem düsteren Mann am oberen Tischende ein nur scheinbar ärgerliches Brummen entlockte. »Übrigens, Andrew«, fügte sie hinzu, »diese Sonja hat angerufen. Ich sagte ihr, du wärest nicht zu Hause, und sie bat mich, dir zu sagen, du möchtest bei ihr anrufen. Was ich hiermit ausgerichtet habe.« Tante Alexandra hielt von Sonja offensichtlich nichts.

»Danke dir, ich werde anrufen«, erwiderte ihr Neffe abwesend; statt dessen folgte er dem Onkel in die Bibliothek, um den Kirchenplan weiter zu besprechen, und Sonja war vergessen, bis dann das Telefon erklang.

In den beiden letzten Jahren hatte Andrew Sonja immer seltener gesehen. Das amüsierte Interesse, mit dem er sie im Anfang betrachtet hatte, war mehr und mehr geschwunden, als ihre Posen, ihre Schwärmereien, ihr Überdruß sich immer wieder in der gleichen Weise wiederholt hatten. Auch mit ihrem Anhang konnte er nichts anfangen, obwohl er sich bemühte, seine Unduldsamkeit gegen diese Menschen wenigstens zu dämpfen. Sie machten in »Bohème«, und dabei imitierten sie gewisse Cliquen, die Andrew selbst erlebt hatte, zuerst in England im vergangenen Sommer — denn er war auch dem zweiten Ferien-Pfarramtsdienst entflohen und als arbeitender Passagier auf einem Frachter über den Atlantik gefahren, um die Slumverhältnisse und die kirchlichen Haltungen in Britannien zu studieren — und später in New York, als er mit der Familie zu Weihnachten dorthin gefahren war. Was ihn an jenen Leuten abstieß, war nicht ihre Ablehnung jeder Konvention, sondern die Unaufrichtigkeit, die Leere und Nachgemachtheit ihres Lebens. Sie strebten nach »Ausdruck der Persönlichkeit« um jeden Preis, besaßen aber gar nichts Eigenständiges oder Wesentliches, das sie hätten ausdrücken können. Beruflich führten sie ein unproduktives Leben, manche spekulierten an der Börse und schwärmten gleichzeitig für den Kommunismus. Die Jagd nach dem Geld fanden sie gemein und unter ihrer Würde, und viele ließen sich von ihren mühsam verdienenden Eltern unterhalten, über deren moralische Ansichten sie sich aber lustig machten. Sie redeten große Töne über die Revolutionierung des Dramas, ohne Aristoteles gelesen zu haben, sie schrieben freie Verse, obwohl sie kein Sonett zustande brachten, und machten einen Fetisch aus der freien Liebe, weil sie sich sträubten, zuzugeben, daß sie keine Selbstzucht hatten.

Beim Zusammensein mit diesen Leuten hielt sich Andrew meist zurück, er sagte nichts, aber sein Gesicht sprach Bände.

Manchmal brach sein Ärger offen durch, in Gestalt von scharfen, kritischen Bemerkungen, die normale, nicht so eingebildete Leute tief verletzt hätten. Zu einem dieser Ausbrüche war es auch gekommen, als sie sich zuletzt in Sonjas Atelier gesehen hatten. Die Geladenen räkelten sich auf den Diwanen oder in ausgefallenen Positionen auf dem Boden und konsumierten Salzbrezeln und illegalen Alkohol von zweifelhafter Herkunft. Man diskutierte das Prinzip der natürlichen Auslese, die nur den Stärksten am Leben läßt. Ein Mädchen mit kalten, harten Augen, das Andrew von allen seinen weiblichen Bekannten am unsympathischsten fand und das sich treffenderweise den Namen Lapis zugelegt hatte, saß rittlings auf einem Stuhl und stützte das ausgeprägte Kinn auf die Rückenlehne.

»In unserer Einstellung gegenüber den Alten, Verbrauchten sind wir alle viel zu sentimental.« Mit dieser Stimme, dachte Andrew, hätte man Glas schneiden können. »Unsere Kultur ist vollgestopft mit menschlichem Schrott. Eine vernünftige Gesetzgebung müßte dafür sorgen, daß alle, die das sechzigste Lebensjahr erreicht haben, chloroformiert werden.«

»Oder noch früher – wenn sie über das Stadium der Genußfähigkeit hinaus sind«, sagte zustimmend ein Jüngling mit Bart. »Ich zum Beispiel werde gern einem anderen Platz machen, sobald ich in das Alter komme, wo ich nicht mehr aus dem Vollen leben kann. Die Leute sollten zuviel Stolz haben, um ihre Kinder und die ganze menschliche Gesellschaft zu belasten.«

»Und außerdem«, fügte Sonja ein, »das Dasein ist ja nicht das Erstrebenswerte. Auf das Leben kommt es an. Wenn der Kontakt mit dem Leben verloren ist, kann man genausogut tot sein.«

»Sehr richtig, dieser letzte Satz«, bemerkte Andrew trocken.

»Aber die Schwierigkeit ist wie immer die, die Leute zur Vernunft zu bringen«, fuhr Lapis wieder fort, durch die einmütige Bejahung ihres Vorschlags etwas irritiert. »Menschen dieses Alters sind ausgesprochene Egoisten. Sie drängen sich der Umwelt auf mit ihren antiquierten Ansichten, sie werden kleinliche Tyrannen. Daß sie für die anderen ein Klotz am Bein sind, geht ihnen gar nicht auf. Und deshalb würden sie auch niemals zustimmen.«

Kaum anzunehmen, dachte Andrew. In der gleichen Weise hatte auch Admetus seine Eltern angeklagt, weil sie nicht die

Gelegenheit ergriffen, für ihren Sohn zu sterben. Ihm fielen Verse aus Murrays schöner Alkestis-Übersetzung ein:

»Ew'ges Dunkel herrscht dort unten;
Und unsere kurzen Tage an der Sonne hier
Sind kostbar — ach, so kostbar.«

Was für ein Rückfall in das Heidentum, diese ganze Unterhaltung! Genau solche Diskussionen hatte auch wohl Cicero gehört, als er *De Senectute* schrieb.

Das Gespräch war inzwischen zu benachbarten Themen gewandert, zur Schuld der älteren Generation am Ausbruch des Weltkrieges, zur Viktorianischen Zeit, zur religiösen Bigotterie.

»Es gibt ein fabelhaftes neues Buch über Luther«, sagte Lapis, und ihr Ton ließ keinen Zweifel, daß Luther zu denen gehörte, denen sie noch vor der Altersgrenze Chloroform verpaßt hätte. »Hat sonst noch einer es gelesen?«

»Es entlarvt ihn natürlich?«

»Na, und ob!« Lapis lehnte sich zurück, ließ sich von einem der jungen Männer Feuer geben und blies ihm dann den Rauch ins Gesicht, in einer Art, die Andrew an eine mit ihren Jungen spielende Tigerin erinnerte. Als sie weiter sprach, mit der Zigarette zwischen ihren schmalen Lippen, klangen ihre Worte noch kälter als vorher. »Von Luthers Heldenglanz bleibt nicht mehr viel übrig, wenn man dies gelesen hat. Unglaublich, diese Götter, die unsere Väter verehrt haben! Ein anmaßender, intoleranter, engherziger Dickkopf. Und der Bruch mit Rom kam überhaupt nicht wegen glaubensmäßiger Prinzipien, sondern einfach daher, daß Martin Luther keine Lust mehr hatte, ohne Frau zu leben — oder so zu tun zum mindesten.«

»Köstlich, Lapis, köstlich!« Der Sprecher war ein schmächtiger Jüngling, der freie Verse schrieb; in seinem Äußeren wirkte er so feminin, daß seine ständige Verherrlichung der Sexualität, überlegte Andrew, wahrscheinlich nur dem Wunsch entsprang, sich selber und die Umwelt von seiner Männlichkeit zu überzeugen.

Vor Andrews innerem Auge leuchtete das Fenster im Victoria College auf — das zähe, tapfere Gesicht, das großartige Wort: *Hier stehe ich... Gott helfe mir.* Sein Fuß klopfte hart auf den Boden.

»›Er ist des Todes; mit einem Strich verdamm' ich ihn.‹«

Die allzu ruhige Stimme war ein Zeichen drohender Gefahr, ein Signal, welches Lingham und auch manche andere verstanden hätten. »Entlarven, von den schöneren Künsten die leichteste, ist der Lieblingssport unserer sich abplagenden Generation. Einen Mönch aus dem 16. Jahrhundert mit den Maßstäben des zwanzigsten zu messen, ist genauso albern, als wenn man sich über ein Bild, das die Schönheit der Berengaria wiedergibt, mokierte, weil ihre Kleidung heute auf der Yonge Street komisch wirken würde. Was wissen wir denn von den Qualitäten, die ein Mensch besitzen mußte, um den eingefahrenen Geschichtsverlauf in eine neue Bahn zu lenken, um einer Hierarchie zu trotzen, die die Macht hatte, nicht nur in den Bann zu tun, sondern auch zu foltern und zum Tode zu verurteilen? Für uns Heutige ist es leicht, wir setzen uns bequem in unseren Sessel und reden von der nötigen Zertrümmerung der Konventionen, und dabei wissen wir genau, daß uns nicht das kleinste Haar dafür gekrümmt wird.« Er hatte nicht beabsichtigt, sich so scharf ins Zeug zu legen, und machte eine kurze Pause, um in leichterem Tone fortzufahren. »Wenn jemand einem materiell gesicherten, auf Luxus eingestellten Kreis wie diesem angehört und einem Mönch dann Mangel an Prinzipien vorwirft, weil dieser sich am Schluß den Luxus einer eigenen Familie leistete, dann wirkt das auf den unvoreingenommenen Hörer doch ein ganz klein wenig komisch.«

Es folgte ein gedrücktes Schweigen, Lapis' Blick und Andrews klirrten aneinander, und er sah, daß ihm der Chloroformtod, wenn Lapis zu bestimmen hätte, jetzt so gut wie sicher wäre. Sonja beobachtete die Szene mit dem brütenden Vergnügen, das sie bei Zusammenstößen zwischen ihm und ihren Freunden immer zu empfinden schien. Dann steckte Lapis sich am Stummel ihrer alten Zigarette eine neue an und kehrte in den Kampf zurück.

»Ich verstehe, Mr. Connington, daß ich Ihnen damit auf die Zehen getreten bin. Ich vergaß Ihren Beruf. Aber immerhin, die fürchterliche Heuchelei von vielen sogenannten religiösen Leuten können doch auch Sie nicht leugnen. Zum Beispiel, sehen Sie sich den großen Wesley an. Wie hat man ihn herausgestrichen als unerhörten Heiligen! Und wieviel christliche Gesinnung hatte er in Wirklichkeit? Wo er seine Tochter vor die Tür gesetzt hat, weil das gute Mädchen – wie lautete die alte drollige Bezeichnung? – in unerlaubtem Umgang lebte?«

»Es wird Sie interessieren«, sagte Andrew in das ausbrechende Gelächter, »daß John Wesley keine Kinder hatte. Das Mädchen war nicht seine Tochter, sondern seine Schwester, und daß Samuel, der Vater, ein Heiliger gewesen sei, wird von niemandem behauptet – wenn er auch in mancher Art ein recht bemerkenswerter kleiner Mann gewesen ist. Es wird Sie freuen, Miß Hayes, wenn ich Ihnen sage, daß es gerade wegen der Behandlung Hettys zwischen John und seinem Vater zu einer ernsten Auseinandersetzung kam. Ja, der Sohn hielt auf der Kanzel seines Vaters eine Predigt, in der er dessen hartherziges Verhalten offen rügte.«

Lapis zuckte mit den Schultern und wandte sich verächtlich ab. Und bald darauf hatte Andrew sich empfohlen.

Seit jenem Abend hatte er Sonja nicht mehr gesehen. Er hatte sich des öfteren gefragt, warum er die Beziehungen nicht einfach abbrach, aber seine Antwort schien ihm immer logisch und begründet: da er infolge seines Berufes an geselligen Zusammenkünften selten teilnahm, war Sonja seine einzige Verbindung zu einer Gruppe von Menschen, die er kennen und verstehen mußte. Auch wenn er ihr Benehmen und ihre Ansichten verachtungswürdig fand, so war ihr Einfluß auf das Leben und das Denken der Studenten doch nicht unbeträchtlich. Und als Pfarrer, sagte Andrew sich, mußte man mit möglichst vielen Menschentypen seiner Stadt persönliche Bekanntschaft haben.

Er wußte, daß die Argumente stimmten, aber dennoch täuschte er sich nicht: die eigentliche Attraktion war Sonja selbst. Seine Eitelkeit, nahm er an, seine Eitelkeit als Mann fühlte sich geschmeichelt, weil Sonja ihn so offensichtlich allen anderen vorzog. Und er fand es interessant, daß bei einem Spiel, wo sämtliche Avancen immer nur von ihr kamen und die strategischen Rückzüge von ihm selbst – daß Sonja hierbei nie verwirrt war, nie gekränkt. Auf die Dauer hatte eine Anziehung, die so wenig in die Tiefe ging, aber doch verblassen müssen. Daß sie vorhanden war, verheimlichte sich Andrew nicht, und er erkannte ebenfalls, daß der Charakterzug, den sie bei ihm offenbarte, ihm keineswegs zum Ruhm gereichte. Er hatte schon gehofft, Sonja habe sich am Ende doch geärgert und werde ihn in Ruhe lassen. Aber darin schien er sich getäuscht zu haben. Er seufzte, als er an den Apparat ging.

»Hier ist Sonja, Andrew. Haben Sie für heute abend etwas Besonderes vor?«

Er zögerte. Wie brachte sie es fertig, ihre Fragen immer so zu formulieren, daß eine Ausflucht, wenigstens für ihn, unmöglich war?

Hätte sie gefragt, ob er zu tun habe, ob er Zeit habe ... So aber blieb ihm nur die eine Antwort. »Nichts Besonderes. Warum?«

»Ich möchte Sie nur wiedersehen, das ist alles. Wir haben uns seit Ewigkeiten nicht gesehen. Um wieviel Uhr werden Sie hier sein?«

»Hätten Sie Lust, in einen Film zu gehen?«

»Ach, das können wir noch überlegen, wenn Sie kommen. Im Augenblick ist nichts, was ich besonders gern sehen möchte.«

»Dann komme ich etwas später. Ich sollte in der Bibliothek noch etwas nachsehen für morgen. Gegen neun?«

»In Ordnung. Wiedersehen.«

»Aber Andrew, Sie sind ja ganz durchkältet«, sagte sie bei der Begrüßung, als sie die Hand an seine Backe legte und entsprechend fröstelte.

»Es sieht nach Schneesturm aus. Und dabei haben wir heute Frühlingsanfang.«

»Ich bin fort gewesen«, erklärte sie aus eigenem Antrieb, als wenn sie sich entschuldigen müsse, daß sie sich nicht um ihn gekümmert habe. Ihr Ton besagte, daß er ja sicher viele Male bei ihr angerufen und sie nicht erreicht habe.

Aus Angst, daß sie sich danach erkundigen würde, fragte Andrew hastig:

»Auf Urlaub — oder beruflich?«

»Ach, ich war krank. Erzählen Sie mir nicht, Sie hätten in den »Gesellschaftlichen Nachrichten« nicht eine ausgesprochene Stilverschlechterung bemerkt die letzte Zeit! Ja, ich hatte Grippe. Mutter kam eines Tages hereingeschneit und fand mich zu Bett; es war nichts zu machen, Vater mußte mit dem Auto kommen und mich nach Hause holen. Und dann war ich über drei Wochen dort.«

»Das war doch schön für Sie.«

»Auf der einen Seite, ja. Solange wie ich richtig krank war, war ich froh, daß mich jemand pflegte. Aber Mutter macht so gräßlich viel Getue! Sie ist überzeugt, das Alleinleben könne nicht gesund sein; ich würde mich zu Tode hungern. Auch mein Vater hielt mir lange Reden – alles so massiv, es ging mir richtig auf die Nerven, besonders als ich wieder auf war. Sie kennen das ja nicht.«

»Nein.« Andrew war in seinem Leben einmal krank gewesen, in einer ziemlich ekelhaften Situation, bei einem Übungsmarsch in Frankreich, wo keiner sich darum gekümmert hatte. Er hatte keine Neigung, für Sonjas Klagen Mitgefühl zu zeigen. »Sie können doch recht dankbar sein, würde ich meinen.«

»Ach ja. In gewissem Grade schon. Aber sie genießen es natürlich, das Theater. Meistens ist das Dankbarsein ganz überflüssig, weil die Leute, die soviel Getue machen und sich für einen abrackern, sich ja im Grunde selber ein Vergnügen damit machen. Na ja, man opfert sich und läßt es über sich ergehen. Aber auf die Dauer war es unerträglich, es machte mich ganz kribbelig. Und ich mußte darum kämpfen – im wahrsten Sinne darum kämpfen, daß sie mich nach hier zurückgehen ließen. Das ist das Scheußliche bei Eltern. Das Geben genügt ihnen nicht; sie fordern Gegenleistungen. Sie hatten mich versorgt – darum hatten sie das Recht, mir zu befehlen. Sie verstehen?«

»Mit Eltern habe ich wenig Erfahrung. Mir persönlich, muß ich sagen, macht das Tun für andere Leute keine derart schrankenlose Freude, daß es mir egal wäre, ob sie danke sagen oder nicht.«

Eine gewisse Trockenheit in seinemTon gar ihr ein Warnungszeichen, daß ihre Seelen nicht in Einklang waren.

»Ja, Sie gehören eben zu dem anderen Typ – zu dem nehmenden, nicht zu dem gebenden. Auf jeden Fall, wir wollen uns jetzt nicht mehr über Eltern unterhalten. Ich möchte nicht mit solchen Dingen unsere Zeit verschwenden. So, was mußte ich doch heute abend tun? Ach ja, ich weiß – meine Haare waschen!«

»Verzeihung«, sagte Andrew und erhob sich, »dann werde ich mich aufmachen und ...«

»Aber nein, warum wollen Sie denn gehen? Sie sind doch gerade erst gekommen! Dummkopf, Sie sollen mir doch dabei helfen. Möchten Sie das nicht?«

»Ich verzichte«, erwiderte er mit Bestimmtheit. »Ich weiß, was sich gehört. Es gibt gewisse Dinge, die eine selbständige Frau auch selbst verrichten sollte, und dazu rechnet auch das Haarwaschen.«

»Also gut! Wenn Sie so maskulin sein wollen, meinetwegen! Aber gehen werden Sie auf keinen Fall. So – nehmen Sie ein Buch und hier die Schokolade und amüsieren Sie sich. Es wird nicht lange dauern – und Sie brauchen nicht mal zu mir hinzusehen.«

Er nahm sie beim Wort, und da sowohl das Buch als auch die Pralinen ihm zusagten, verging die Zeit ziemlich rasch. Sonja hatte sich inzwischen umgezogen, ohne daß er es bemerkt hatte. Sie trug jetzt einen Kimono aus scharlachroter Seide mit chinesischen Drachen, und als sie Andrew anlächelte, mit einem großen Badetuch als Turban um den Kopf gewickelt, fand er, daß sie sehr viel älter aussah als im Anfang, als er sie zum erstenmal getroffen hatte. Ihre Augen hatten etwas Ruheloses, und die Mundpartie hatte einen harten Zug bekommen, den auch das Lächeln nicht verwischte.

»Habe ich Sie lange warten lassen?« Rücksichtslos von ihr, aber Sonja fühlte sich jetzt viel wohler. »Bitte, reiben Sie.«

»Was, zum Donnerwetter ...«

»Andrew! Schon wieder schockiert! Oh, für einen Pfarramtskandidaten ist es sicher etwas sehr Entsetzliches, wenn er bei einem Mädchen in der Wohnung sitzt und ihr die Haare trocknet. Aber Sie sind doch nicht so fade. Und Sie können es viel besser tun als ich. Sehen Sie – so.«

Halb verärgert, halb belustigt, legte er das Buch fort und erhob sich. Ihren Instruktionen folgend, begann er ihr mit unnötiger Gründlichkeit den Kopf zu massieren.

»Aber Andrew!« quiekte sie und entwand sich seinem derben Griff. »Das tut doch weh! Sie haben so viel Kräfte! Und außerdem ist es unbequem für Sie. Ich habe eine Idee.« Sie drückte ihn in einen Sessel, schaltete den elektrischen Kamin an und ließ sich auf der Ottomane vor dem Sessel nieder. »Sehen Sie!

Jetzt geht es ganz bequem. Ah, das ist viel besser so. Hören Sie doch nur den Wind. Sind Sie nicht froh, daß wir nicht ausgegangen sind?«

Der Abend verlief ohne peinliche Längen. Sonja, anscheinend eingedenk des schlechten Eindrucks von vorher, vermied alle Themen, die zu Kontroversen führen konnten. Überhaupt war ihr Redefluß gemäßigter, und obwohl ihre Pausen ihm irgendwie ein unbehagliches Gefühl bereiteten, fand er Sonja viel sympathischer als sonst. Aber gerade dadurch wuchs sein Unbehagen, denn es schien ihm immer offensichtlicher, daß das Mädchen regelrecht in ihn verliebt war.

»Was für ein Wetter!« Sie schauderte wohlig, als ein Windstoß Hagelschloßen an die Fenster prasseln ließ. »›Sir Francis sprach: Ihr Herren, 's ist besser hier als dort.‹«

»Ja, aber leider muß einer von uns sich bald nach dort begeben.« Er zog seine Uhr aus der Tasche. »Himmel, es ist schon halb zwölf!«

»Aber Andrew! Sie dürfen nicht gehen. Es ist doch so gemütlich hier.« Sie hatte ihre Haare gekämmt, und der schmale Kopf ruhte leicht an seinen Knien. Die Beine unter sich gezogen, mit bleichen Wangen von der überstandenen Krankheit und großen, schattendunklen Augen wirkte sie verhuschter und rührender denn je. »Müssen Sie gehen?«

»Es hat im Leben Dinge gegeben, die mich mehr lockten, als diesem Unwetter zu trotzen — besonders jetzt, wo die Straßenbahn sich schon zurückgezogen hat. Aber der mutige Mann bietet den Härten des Lebens die Stirn, Sonja! Auch wenn ich noch eine halbe Stunde bleibe, wird der Heimweg nicht leichter.«

»Er soll auch gar nicht leichter werden.« Ihre heisere Stimme sank herab zu einem Flüstern. »Das meinte ich ja gerade, Andrew —«, sie sah ihm in die Augen, »warum mußt du überhaupt gehen?«

Er hatte es kommen sehen. Jetzt, da es ausgesprochen war, empfand er eine leise Übelkeit. Sein Hals war angespannt und trocken.

»Vielen Dank, Sonja, aber das ist völlig ausgeschlossen.«

»Aber warum denn, warum?« Sie hatte sich auf ihrem Fußschemel herumgedreht, und ihre Arme umschlangen seine Knie.

In ihrem Wesen war jetzt keine Pose mehr, nichts Künstliches, Morbides. Zu erstenmal gewahrte Andrew in der Leidenschaft der Stimme eine wirkliche Aufrichtigkeit. »Du hast nichts zu fürchten, Andrew, niemand braucht es zu erfahren. Wenn du dir Gedanken machst wegen des Berufes, werde ich keinem Menschen etwas sagen. Du kannst dich ganz auf mich verlassen. Andrew.«

Er zögerte und sagte sich im Geist die Gründe vor, die für Ablehnen sprachen – aus Angst, in seinem Innern könne der Gedanke lauern, es sei vielleicht nicht nötig, abzulehnen.

»Es gibt etwas wie einen Moralkodex.«

»Du kennst mich so genau, und dann führst du das als Grund an! Als wenn wir beide nicht erhaben wären über solche Konventionen, über die in zwanzig Jahren jeder nur noch lachen wird.«

»Ich spreche nicht von Konventionen«, begann er, aber ungeduldig, fast hysterisch schob sie seinen Einwand von sich.

»Ich weiß, du willst von grundsätzlicher Moral sprechen. Ach, wach doch endlich auf, Andrew! Bist du denn kein Mensch? Hast du gar nichts Männliches? Was wissen wir denn schon von Recht und Unrecht? Hier ist unsere kleine Welt, sie schwebt zwischen Tausenden, Millionen anderer Welten, und hier sind wir, nur du und ich, für einige Sekunden in unendlichen Äonen. Warum sollen wir darauf verzichten, diese Augenblicke zu genießen – nur wegen einer leeren Phrase! Ich bin hier. Und ich will dich haben. Willst du mich nicht auch – ein wenig?«

Haben wollen. Das war das richtige Wort, dachte Andrew, als das Blut durch seinen Körper brauste und es schwierig wurde, überhaupt noch klar zu denken. Nicht Liebe, nicht Zuneigung, nicht Sehnsucht regte sich in ihm, nur das Habenwollen – und der wilde, fast krampfhafte Wunsch, dem Verlangen nachzugeben. Sein Herz begann zu hämmern, und sein Atem klang ihm laut in den Ohren.

Sonja bemerkte sein Schwanken, und ihre Stimme wurde wieder lockend.

»Andrew, Lieber! Du hast dich so lange beherrscht. Einmal vergiß dich. Alles andere ist unecht. Dies ist das einzig Wirkliche.«

Glücklicherweise weckten ihre Worte das logische Denken in Andrew und gleichzeitig einen Unwillen über seine eigene

Schwachheit und über Sonjas Versuch, ihn zu zwingen. Er erhob sich und stellte den Stuhl zwischen sie. Er wollte ihre Argumente widerlegen, die üblichen, billigen Argumente derer, die ihren Mangel an Widerstandskraft durch Vernunftgründe bemänteln und die alles so verdrehen, daß das Schwarze weiß und das Weiße schwarz wird. Aber er konnte jetzt unmöglich einen Vortrag über Selbstbeherrschung und die wahren Freuden von *to eu zen* halten. Glatte Ablehnung war das einzige, was in Frage kam.

»Es tut mir leid, Sonja, wenn ich etwas gesagt oder getan habe, das dies alles verursacht hat, so bedauere ich das wirklich aufrichtig. Aber ich liebe dich nicht.«

Ihr Gesicht blieb ruhig. »Das ist mir gleich, Andrew. Ich weiß nicht, ob ich dich liebe oder nicht. Aber ich möchte dich haben. So sehr habe ich noch nie etwas haben wollen, weder einen Menschen noch sonst was. Du brauchst keine Angst zu haben, ich bin keine Klette. Jeder von uns behält seine Freiheit. Ich werde nachher nichts erwarten und keine Ansprüche an dich stellen. Andrew, bestimmt nicht.«

Mein Gott! dachte er, wie kann man einen Mann in eine solche Lage bringen! Der Abscheu, der ihn erfüllte, ließ seine Besinnung schneller zurückkehren, aber noch mehr als über sich selber schämte er sich für Sonja.

»Sonja, ich kann nicht. Du weißt nicht, was du sagst. Du warst krank, und du kannst nichts dafür. Und jetzt wollen wir das Ganze vergessen.«

Sie machte einen letzten Versuch und wurde sarkastisch. »Ich glaube wahrhaftig, der Mann hat Angst, er würde mir meine Tugend rauben. Ich kann dir versichern, Liebling, du bist nicht der erste.«

Andrews Ritterlichkeit, schon lange überbeansprucht, brach unter dieser neuen Belastung zusammen.

»Meinst du tatsächlich, das machte die Sache verlockender?« fragte er, und obwohl er wußte, daß sie es verdient hatte, bereute er seine Brutalität sofort; denn Sonja, zerrissen von Leidenschaft, Wut und Enttäuschung, glitt in einem plötzlichen Weinkrampf von der Ottomane zu Boden, ihm vor die Füße.

Andrew stand da und blickte auf sie hinunter. Die Bedrückung, die jeder Mann beim Anblick von weinenden Frauen empfindet, wurde bei ihm noch dadurch verstärkt, daß er den Grund kannte und sich dennoch hilflos fühlte. Es war ihm schrecklich, dieses Weinen; wie in einem Abriß lag die ganze jämmerliche Unechtheit von Sonjas Leben offen da – die Mißachtung aller Normen, der Anspruch auf höhere Intelligenz, der Stolz auf das, was sie Freiheit nannte.

Er konnte sie nicht einfach liegen lassen. Das stoßweise, würgende Schluchzen, das die schmächtigen Schultern erschütterte, war beängstigend. Sich vorbeugend, zog er sie hoch und stellte sie behutsam auf die Füße, und als sie gegen ihn sank, setzte er sie in einen Sessel, blieb neben ihr stehen und strich ihre durcheinander geratenen Haare mit einer planmäßigen Bewegung, von der er hoffte, daß sie beruhigend wirkte. Seine Schwachheit, aber auch die von Sonja provozierte Woge der Leidenschaft waren vorüber. Er wußte durchaus, daß die meisten Männer sein Tun, oder vielmehr sein Nichttun, pedantisch und lächerlich finden würden; aber die Meinung der anderen in derartigen Dingen hatte für ihn wenig Gewicht.

Allmählich verebbte auch Sonjas Hysterie. Sie holte mehrmals tief und heftig Luft, strich mit zitternden Händen ihre Haare zurück, zog die Füße hoch und blickte auf; die Augen in dem verweinten Gesicht waren so gerötet und verquollen, daß von ihrer Schönheit nichts mehr blieb.

»Danke. Und jetzt darfst du gehen, Sir Galahad, und dir dieses abschreckende Bild eines gefallenen Mädchens aufheben für eine deiner Predigten, als furchtbares Beispiel.«

Das war für sie die beste Art und Weise, ihre Situation zu nehmen, überlegte Andrew sachlich. Ihr Sarkasmus berührte ihn nicht stärker als die freche Antwort eines Kindes, wenn es bestraft wird. Sein ruhiger, fester Blick ließ ihren Zorn dahinschmelzen.

»Ach, Andrew, verzeih. Aber warum bist du immer so entsetzlich fern? Ich bin doch nicht giftig?«

Es wäre ihm lieber gewesen, ihr Ärger hätte sich nicht so besänftigt. Er erwiderte nichts.

»Du brauchst dir um mich keine Gedanken mehr zu machen. Ich komm schon zurecht jetzt. Gedanken wirst du dir ja sowieso nicht machen. Betrachte mich eben als weiteres Opfer deines berühmten Charmes und laß es dabei bewenden.«

»Pfui, Sonja, du bist wirklich ekelhaft«, sagte Andrew, zum erstenmal errötend und zur Selbstverteidigung greifend. »Was habe ich denn getan?«

»Nichts. Eben nichts. Das ist es ja gerade. Und das unterscheidet dich ja so sehr von den anderen. Aber du vergißt diese Sache, ja? Versprich es! Das Ganze ist nur eine Nervenreaktion«, fuhr sie hastig fort, glücklicherweise ohne das Versprechen von ihm zu erzwingen, das er auch schwerlich hätte einhalten können. »Die Folge von zuviel Affektverdrängung zu Hause. Meine Nerven haben das nicht ausgehalten. Und bei Unwetter habe ich mich schon immer verlassen gefühlt – unterbewußte Nachwirkung eines Kindheitserlebnisses. Und du, du warst nur der Tropfen, der das Faß zum Überlaufen gebracht hat. Reiner Zufall – wenn es nicht durch dich gekommen wäre, dann wäre es durch etwas anderes passiert. Verstehst du?«

Er verstehe, versicherte er ihr, aber ohne zu verraten, was. Wenn sie das Stadium erreicht hatte, wo man Trost in psychoanalytischen Fachausdrücken findet, war das Ärgste zweifellos vorüber. Er empfahl sich, tappte die halbdunkle Treppe hinunter und trat auf die sturmdurchfegte Straße.

Er ging nicht zur Bay Street, sondern schlug die andere Richtung ein, zum Park hin, und stapfte durch die Schneemassen, die der Wind dort angehäuft und mit einer harten Kruste überzogen hatte, weiter nordwärts, am Musikpavillon und an dem friedlichen Lichterschein des Victoria College vorbei, bis zur Bloor Street. Als er sich die Avenue Road entlang kämpfte, immer in den Krallen des Sturmwinds, ratterte hinter ihm eine Straßenbahn, aber er versuchte nicht, sie zu erreichen. Für den Kampf mit seinem Innern war der körperliche Kampf erleichternd und willkommen. Der Abend hatte ihm nichts Neues offenbart, sondern nur das bestätigt, was er instinktmäßig gewußt hatte: daß die Intellektuellen in menschlichen Dingen meistens schwach sind und daß eine Frau, die sich rühmt, über die geltenden moralischen Gesetze erhaben zu sein, gerade von ihrem Sexus zu Boden gezwungen wird.

Aber was ihn dazu trieb, sich mit zusammengebissenen Zähnen und vorgebeugtem Kopf dem Schneesturm entgegenzuwerfen, war ein anderes Gefühl, das noch tiefer lag als das verächtliche Mitleid: das quälende Gefühl seines eigenen Versagens. Es war für ihn typisch: sooft er in engeren Kontakt mit einem Fall von moralischer Verfehlung kam, ergriff ihn ein persönliches Schuldgefühl. Bewußt geworden war ihm dies damals, als er in England zum erstenmal *Macbeth* gesehen hatte – ein ziemlich ungeeignetes Stück für einen jungen Soldaten, der in Kürze zur Front sollte. Während er die Handlung und die Dialoge mit der ihm eigenen Gründlichkeit verfolgt hatte, war ihm vor allem eine Stelle aufgefallen, die Stelle, wo Lady Macbeth's Arzt, als er von der Schuld und den Gewissensbissen seiner Herrin erfährt, die Worte spricht: »Sie bedarf des Beicht'gers mehr noch als des Arztes«, und hinzufügt: »Gott, vergib uns allen.« Der Sinn dieser Worte hatte in Andrews Seele ein Echo geweckt, und was für die meisten Menschen nicht mehr als ein frommer Ausruf war, flammte jedesmal in seinem Innern auf, wenn das bedrückende Gewahrwerden von etwas Bösem in Gesellschaft oder Einzelmenschen die Überzeugung in ihm weckte, daß er selbst mit daran schuld sei.

Das gleiche Schuldgefühl beherrschte ihn auch jetzt. Die hinter ihm liegende Episode war keine sehr große Versuchung gewesen, weil Sonja ihn nicht sonderlich gereizt hatte. Aber hätte sie ihn gereizt – hätte ihre Leidenschaft ein ähnliches Feuer auch in ihm hervorgerufen und nicht nur eine momentane Blutwallung –, er wußte, daß sein Widerstand dann vielleicht zusammengebrochen wäre. Doch auch so schon hatte er sich eine Zeitlang wehrlos gefühlt. Und dabei war es schon von Jugend an sein höchstes Lebensziel und seine einzige Religion gewesen, immer Herr seiner selbst zu bleiben, bei allem Tun den Geboten des Willens und der Vernunft zu folgen. Sich gehen lassen, etwas sagen oder tun, was er in klaren Momenten nicht billigen konnte, war in seinen Augen etwas unsagbar Abscheuliches. Daher bewahrte er unablässig eine Selbstbeherrschung, die manche als unmenschlich ansahen, über die aber keiner zu spotten wagte. Und ständig mußte er mit ganzen Kräften auf der Hut sein, daß ihm das, was er für die »Zierde des Lebens« hielt, nicht noch einmal aus der Hand gerissen wurde. Denn nie würde er die Erinnerung auslöschen können, die in Situationen wie der heutigen quälend aufstieg, die Erinnerung an das eine Mal, da er versagt hatte.

Er war nach drei aufreibenden Wochen an der vordersten Front nach rückwärts gekommen, erschöpft und mit zerfransten Nerven. Bill Sunter, mit dem er das Gymnasium durchlaufen hatte, war im letzten Moment, bevor die Ablösung eintraf, gefallen, Bill, der vor dem Tod solche Angst gehabt und ihm das mit hohlen Augen in seinem mageren jungen Gesicht noch anvertraut hatte, fünf Minuten, bevor ein Schrapnell ihm den Kopf vom Leib riß. Andrew, mit fiebernder Energie durch das französische Dorf gehend, war in die Kneipe getrieben worden und hatte die mitfühlende Aufmerksamkeit eines Mädchens auf sich gezogen, etwas älter als er, das um die Nöte der Männer wußte und mit der nichtberechnenden Freigebigkeit ihres Typs dem nervenverstörten Jungen den einzigen Trost gab, den es kannte. Die Erinnerung an diese Nacht war nur ein verschwommener Nebel; aber die Zwischenzeit hatte kaum etwas ausgelöscht von dem Ekel des folgenden Morgens, als er aufgewacht war — mit wiedergefundener innerer Kraft und Vernunft, aber auch voller Haß und Abscheu, Haß auf die Sonne, Haß auf sich selbst, Haß auf das wohlmeinende Mädchen, das seine Ungnade mit einem Schulterzucken fröhlich hingenommen hatte, ohne zu verstehen, aber auch ohne Groll. Andrew hatte damals gewußt und wußte auch jetzt, als das aufsteigende Blut seine Stirn trotz des eisigen Windes erglühen ließ, daß er dem Ereignis viel zu viel Bedeutung beimaß. Auch wußte er genau die Entschuldigungen, die man anführen konnte und die die meisten Männer als gültig ansehen würden, falls ihnen der Gedanke kam, daß Entschuldigungen nötig seien. Dennoch konnte nichts die Tatsache entschuldigen, daß ihm damals seine Selbstherrschaft entglitten war, daß er gegen sein Urteil und gegen seine eigentliche Wahl gehandelt hatte, daß der Wille durch den Körper überwältigt worden war. Und diese Erinnerung bewahrte ihn vor Selbstzufriedenheit; sie bewirkte, daß er sich — trotz des gegenteiligen Anscheins — innerlich mißtraute.

Die Straße war glatt wie eine Rodelbahn, so daß er nur mit Mühe vorwärts kam. Doch auch dies vermochte ihn nicht abzulenken. Seinen Selbstvorwürfen lag noch etwas anderes zugrunde. Er bereitete sich auf eine Laufbahn vor, zu der er hingezogen worden war durch den Wunsch, anderen zu helfen, ihnen ihre Lasten zu erleichtern. Und bei dem Vorfall heute abend war er selbst ein Hilfloser gewesen. Trotz seines Hineingezogenseins hätte er imstande sein müssen, Sonja irgend etwas Tröstendes zu sagen. Aber er hatte nichts gehabt zum Sagen, nicht ein einziges Wort des Trostes, der Stärkung, keinen Rat, keinen Ausweg aus der tristen, unerfüllten Wirrnis ihres Lebens. Philosophischer Trost, idealistische Phrasen wären genauso nutzlos gewesen wie strenge Zurechtweisung. Etwas Stärkeres war nötig, etwas, was ihr Wesen ganz verwandeln konnte, was ihr Stärke gab, statt Schwachheit, Erkenntnis, statt Oberflächlichkeit, Natürlichkeit, statt Pose, inneren Frieden, statt Enttäuschung. Was das war, dieses Etwas, wußte Andrew nicht. Er besaß es selbst nicht, er wußte nicht einmal, ob es existierte; er spürte nur, daß bloßer guter Wille, wenn dieses Etwas fehlte, ohne Sinn und Nutzen war. Gab es keinen Ausweg aus diesem Labyrinth von Gebundenheiten, in dem fast jeder, ob es ihm bewußt war oder nicht, umherzuirren schien?

Das Unwetter tobte noch immer, äußerlich wie innerlich, als Andrew lange nach Mitternacht nach Hause kam. Und es wurde Morgen, bis er sich daran erinnerte, daß er vielleicht Anwärter für die leergewordene Predigerkanzel in der Shorncliffekirche war.

7

Die Überraschung des Dekans, als Connington mit dem bescheidenen Ersuchen zu ihm kam, die Fakultät möge ihn als Kandidaten für eine der größten Kirchen in der Stadt empfehlen, wurde dadurch gemildert, daß er Connington seit drei Jahren kannte. Daß von einem Theologiestudenten ein derartiges Ansuchen gestellt wurde, war erstmalig. Aber erstmalig, sagte sich der Dekan, war bei diesem eigenartigen Studenten ja noch vieles andere.

Zum Beispiel jene von ihm selbst angeregte Reise in den letzten Ferien und die daraus hervorgegangene Serie glänzender Essays über die kirchlichen Auffassungen in England; dann die ungewöhnlich gute Master of Arts-Arbeit, die er schrieb und mit der er dieses Frühjahr promovieren würde. Die erste, im Hörsaal gehaltene Predigt, die allgemeines Aufsehen erregt hatte, und verschiedene andere von bemerkenswerter Sachkenntnis. Seine Durchschlagskraft beim Debattieren, die schon über den Bereich der Universität hinausgedrungen war und ihm zur Teilnahme an einer internationalen Diskussionstagung in den USA verholfen hatte. Seine Interesselosigkeit für die praktische Gemeindearbeit auf dem Lande in den Ferien; seine höfliche Ablehnung einer Hilfspfarrerstelle in der Stadt mit der Begründung, diese Tätigkeit biete ihm zu wenig Möglichkeiten, da er sich in erster Linie für das Predigen interessiere. Anscheinend hatte Connington die Absicht, seine Laufbahn nicht am Anfang, sondern am Ende zu beginnen. Zunächst schien dieser Plan absurd, aber Conningtons Persönlichkeit wirkte so überzeugend, daß der Dekan diesen Gedanken sofort wieder fallen ließ. Zudem kannte er die besonderen Verhältnisse der Shorncliffekirche und wußte, daß sie eine außerordentliche Persönlichkeit erforderten. Er mochte Connington gut leiden, allerdings ohne daß sich diese Sympathie mit herzlichen Gefühlen verband. Und er mußte zugeben, daß Connington dem College Ehre machte. Er versprach daher, die Angelegenheit zu prüfen und beendigte die Unterredung.

Einige Minuten später, im Lesesaal, als Andrew gerade ein Buch zurückgegeben hatte und sich umwandte, sah er den jungen Wright vor sich stehen.

»Dich habe ich gesucht«, begann Wright und senkte seine Stimme, als der Aufsichtsbeamte ihn mit grämlichem Blick zur Stille mahnte. »Ein paar von uns kommen heute abend zusammen, in meinem Zimmer, um über einiges zu sprechen. Wir hätten gern, daß du dabei wärest.«

»Und worum geht es?«

»Ach – ich weiß nicht«, sagte Wright unbestimmt. »Ordination und solche Dinge. Wir hatten uns gedacht, wir wollten uns mal etwas unterhalten.«

Mit vagen Vorstellungen trat Andrew am Abend in Wrights Zimmer und fand den größten Teil der anderen Prüfungskandidaten schon versammelt. Das Gespräch war bereits im Gang, und Wright übernahm es, das schon Besprochene für Andrew kurz zusammenzufassen.

»Es ist so, Connington«, begann er, und seine Miene war noch besorgter als gewöhnlich. »Ich bin mir gar nicht klar, ob ich die Ordination überhaupt mitmachen kann mit gutem Gewissen. Bei der Einstellung, die ich habe, kann ich mir nicht denken, daß ich als Prediger zu gebrauchen bin. In der Wirtschaft geht es jetzt bergauf. Ich könnte anständig verdienen. Warum soll ich meine Tage als Prediger verbringen, wenn ich das Gefühl habe, daß ich nichts Richtiges zu predigen weiß? Wie ich jetzt die Dinge sehe, ist das Christentum sehr schön, aber nicht notwendig. Man sagt uns, die Heiden hätten das gleiche Recht auf ihre Religion wie wir, und außerdem paßte ihr Glaube viel besser zu ihrem Wesen. Und wenn das für die Heiden gilt, warum nicht für die Menschen hier bei uns? Wer heutzutage noch den alten, strengen Glauben zu verteidigen versucht, der wird als völlig rückständig angesehen. Und ich kann auch nicht hingehen und den Leuten sagen, ich hätte die Wahrheit gefunden, wenn wir doch alle nur herumtasten und erst suchen.«

Andrew wand sich, als er die Redensart von dem Tasten nach der Wahrheit hörte, denn sie war für ihn zu einem Schreckgespenst geworden. Kürzlich, bei einem Gruppenabend der Christlichen Studentenbewegung, hatte sie ihn so sehr irritiert, daß er sich zu der Bemerkung hatte hinreißen lassen: »Ich bezweifle sehr, daß einer von euch angeblichen Wahrheitssuchern die Wahrheit erkennen würde, wenn er sie entdeckte — und wenn ja, würdet ihr den Mund halten, aus Angst, man könnte euch dogmatisch finden.« Aber Wright tat ihm leid, denn man sah, daß er unsicher und bedrückt war. Andrew hatte in der letzten Zeit zu viel mit seiner eigenen Arbeit zu tun gehabt, um auf die seelische Verfassung dieses Jungen acht zu geben.

»Ich glaube, das gleiche Gefühl haben auch einige von uns anderen. Ich jedenfalls, ja«, sagte Dick Wilson. »Und es ist sinnlos, daß man weitermacht, wenn man nicht die Absicht hat, dabeizubleiben. Zum Beispiel Lunt voriges Jahr. Er hat sein Amt schon niedergelegt. Ich wußte schon, als er ordiniert wurde, daß er nicht die Hälfte von dem glaubte, was er glauben sollte.«

»Und Cochrane?« fragte Andrew. »Habt ihr etwa auch bei ihm die Angst, er würde auf der Strecke bleiben?«

»Du liebe Güte, nein! Der hält durch; aber Cochrane ist ja ein Heiliger. Und bei ihm handelt es sich weniger um Überzeugung als um Glauben. Er nimmt die Dinge einfach hin. Bei mir dagegen ist es so, daß ich Beweise haben muß. Mein Verstand verlangt das. Ich kann nicht etwas akzeptieren, bloß weil ein anderer sagt, es wäre so.«

Andrew unterdrückte ein Lächeln. Wilsons Gedanken entsprachen eher einem aufgeweckten Zwölfjährigen. Bei einer philosophischen Diskussion hatte er sich einmal arg in die Nesseln gesetzt, weil er — völlig unbewußt — am Schluß genau das Gegenteil von dem behauptete, womit er angefangen hatte.

»Ich selbst schlucke auch nicht gerne Tatsachen, ohne etwas darüber nachzudenken«, sagte Andrew trocken, »aber trotzdem habe ich einiges zum Predigen.«

»Was?« Die Frage kam von mehreren zugleich.

»Nun, es gibt zunächst einmal die Bibel.«

»Ja, aber wieviel davon? Das möchte ich gerade wissen«, fragte Wright. »Sie haben sie uns so zerhackt und schlechtgemacht und soviel weggestrichen, daß ich gar nicht weiß, was ich noch als Bibel ansehen kann. Das Markusevangelium eventuell — mit Vorbehalt — und kleine Stücke aus den Briefen — auch dabei soll ich mir immerzu vor Augen halten, daß man sich auf Paulus nicht verlassen könne, weil sein theologisches Denken verfälscht sei durch griechische Philosophie.«

»Aber hör mal, Wright! Meine ganzen Bemühungen, dir die Schwächen solcher Angriffe auf die Schrift zu zeigen, sind doch sicherlich nicht ganz umsonst gewesen!«

»Wir wissen, Connington, dir macht es Spaß, Lingham und die anderen Professoren reinzulegen. Aber der Hauptreiz besteht für dich darin, im Wortkampf zu siegen. Was du wirklich denkst, darüber bin ich mir nie klar. Sag mir offen: glaubst du an die ganze Bibel?«

Andrew hatte ein Notizbuch aus der Tasche gezogen und suchte, wie es schien, eine Stelle. Die anderen schwiegen und warteten auf seine Antwort. Er blickte auf.

»Verzeihung, Wright. Würdest du die Frage nochmal wiederholen?«

Das Glück war ihm hold; mit seiner Beobachtung hatte er sich nicht getäuscht — daß die meisten Leute, wenn sie eine Frage wiederholen sollen, sie anders formulieren oder eine neue Frage stellen.

»Ich meine, haben alle diese Vorlesungen, diese Bücher, dieser Kritizismus, ganz zu schweigen von dem allgemeinen Zustand der Welt und der Kirche und der öffentlichen Meinung —« Wright schien aufs Ganze zu gehen —, »hat das alles nicht deinen Glauben an die Dinge erschüttert, zu deren Glauben du erzogen worden bist?«

Andrews Erleichterung spiegelte sich in einem geradezu sonnigen Lächeln.

»Nein, das kann ich ehrlich sagen, ich habe in den drei vergangenen Jahren nichts gesehen oder gelernt, was meinen Glauben an irgend etwas erschüttert hätte, das zu glauben ich erzogen worden bin. In keinem einzigen Fall«, setzte er bestimmt hinzu.

»Na ja«, sagte Wright melancholisch, »du kannst also predigen. Ich würde nie viel wert sein, auch wenn ich meine alten Überzeugungen noch hätte. *Ohne* sie kann ich überhaupt nichts.«

Andrew sah im Kreise herum.

»Eine heitere Gesellschaft«, meinte er. »Bin ich denn der einzige hier, der weitermachen will?«

»Nein, ich auch«, erklärte John Lester. Er sprach zum erstenmal an diesem Abend. Im College hatte Andrew ihn nicht oft gesehen. Es hieß, er müsse alle möglichen Arbeiten übernehmen, um seine Finanzen aufzubessern. »Ich kann nicht sagen, daß dieser ganze Kritizismus nicht schädigend auf mich eingewirkt hätte, wie du das von dir sagen kannst, Connington.« Andrew kam sich plötzlich wie ein Heuchler vor. »Zeitweilig bin ich ziemlich deprimiert gewesen, aber nicht durchweg. Es handelt sich auch weniger um den Verstand, Wilson. Es ist nur so – ich weiß, daß es jemand gibt, der über unseren Begriff hinausgeht, ich weiß, wie wichtig mir das ist – und ich könnte überhaupt nicht leben ohne Ihn.«

Er brach hastig und verlegen ab. Andrew betrachtete ihn nachdenklich; er konnte sich erinnern, daß Lesters Probepredigt ungewöhnlich kraftvoll und markant gewesen war. Verschiedene andere erklärten – die meisten ziemlich matt –, daß sie ebenfalls entschlossen seien, »durchzuhalten«.

»Bei dir mag das gehen«, sagte Wilson ein wenig herablassend. »Wenn du die Entdeckungen der Wissenschaft und der Psychologie einfach ignorieren kannst, dann tu es. Ich kann das nicht. Ich kann nicht einen Beruf ergreifen, bei dem ich geistig hinter meiner Zeit zurückbleiben würde.«

Andrew sträubte sich dagegen, in diese Kategorie mit eingereiht zu werden.

»Bei dir, Wilson – und auch bei den meisten anderen von euch – ist der Haken der, daß ihr euch während der drei Jahre ungeheuer habt beeindrucken lassen von allem Modernen, ohne zu bedenken, daß vieles davon in fünfundzwanzig Jahren überholt sein wird und durch anderes verdrängt. Nehmt als Beispiel die Entwicklungslehre. Wenn ich Darwin erwähne, werdet ihr wahrscheinlich alle sagen, daß die Wissenschaftler viele seiner Theorien aufgegeben haben. Aber hättet ihr damals gelebt, als sie populär wurden, dann hättet ihr auf alle diese Theorien geschworen, bloß weil sie neu waren. Wer garantiert euch, daß die heutigen Theorien über die Entwicklung in zehn Jahren nicht genauso antiquiert sind? Wenn man sieht, wie sehr die Meinungen der jetzigen Gelehrten auseinandergehen, muß man es für sehr wahrscheinlich halten. Und dann – bei allen Problemen lest ihr immer nur die Schriften der einen Partei, und zwar merkwürdigerweise die der Gegenpartei, der Gegner dessen, was ihr eigentlich — ja, ich will nicht sagen verteidigt, weil ich finde, daß wir in der Offensive sein sollten. Ich wette, kein einziger von euch hat zum Beispiel die *Argumente gegen die Entwicklungstheorie* von O'Toole gelesen. Er liest sich allerdings auch ziemlich schwer, das gebe ich zu. Viel müheloser ist es selbstverständlich, man übernimmt das Urteil anderer. Oder man sagt — obwohl man sonst so tolerant ist — O'Toole sei voreingenommen, weil er Katholik ist. Ihr verbohrt euch in einen christlichen Kritizismus, aber dabei zieht ihr das, was die andere Partei zu sagen hat, überhaupt nicht in Betracht — und dann behauptet ihr, ihr wäret objektiv und unparteiisch. Und noch eins«, fuhr er fort, überrascht über seine eigene Wärme, »ihr alle lest haufenweise Sachen über die Bibel, aber von der Bibel selbst kennt ihr nicht die Hälfte — ich schließe mich nicht aus — ja, die meisten von euch können nicht mal merken, wenn Bibelzitate entstellt sind oder eine falsche Stelle angegeben wird. Und die Schriften von Leuten, die ständig solche Fehler machen, betrachtet ihr als höchstes Evangelium. Ihr redet immer, man könne nicht Dinge akzeptieren auf die bloße Behauptung anderer Leute hin, aber gerade das tut ihr ja die ganze Zeit. Es ist eine Art von falscher Bescheidenheit. Ich selbst versuche immer, mir eine eigene Meinung zu bilden. Denn mein eigener Verstand ist ja nicht weniger zuverlässig als der der anderen, und mir stehen die gleichen Informationsquellen zur Verfügung wie ihnen. Und wenn ich auf die Quellen zurückgehe, kann ich meine Schlüsse selber ziehen.«

»Sag uns ein paar Beispiele«, drängte Lester, als Andrew schwieg und seine Erklärungen als abgeschlossen anzusehen schien.

»Du meinst Beispiele für die Oberflächlichkeit der Wissenschaftler?« Er überlegte einen Augenblick, dann fiel ihm ein Wortgefecht ein, das er vor kurzem mit seinem Onkel gehabt hatte, und er gab in großen Zügen wieder, was er ihm geantwortet hatte. »Wir brauchen gar nicht weit zu suchen. Ich habe mir hier einiges notiert. Wir werden einen Fall nehmen, der besonders gern als Beispiel für Unstimmigkeiten der biblischen Erzählung angeführt wird: die angeblich sich widersprechenden

Berichte von der Bekehrung des Paulus. Die Kritiker weisen immer triumphierend darauf hin, daß die eine Version uns erzähle, die Begleiter des Paulus hätten die Stimme aus der Höhe ebenfalls gehört, während Paulus' eigener Bericht das Gegenteil behaupte. In der gleichen Richtung könnten die Kritiker dann noch weiter gehen und darauf hinweisen, daß Paulus an der einen Stelle angibt, er sei zu Boden gefallen, und an der anderen Stelle, sie seien alle niedergefallen, während es bei der ersten Wiedergabe heiße, sie hätten sprachlos dagestanden.

»Ja, und?« fragte Wilson. »Daß hier ein Widerspruch besteht, ist doch nicht zu leugnen.«

»Ich weiß nicht. Ist es nicht ganz natürlich für jemand, der die nackten Tatsachen schildert, zu sagen, die Gefährten des Paulus hätten einen Laut gehört — das griechische ›phone‹ kann sowohl Laut als Stimme bedeuten — aber keinen Menschen gesehen? Es wird nicht gesagt, sie hätten überhaupt nichts gesehen. In seinem späteren Bericht sagt Paulus, sie seien wegen des Lichtes zu Boden gefallen. Dies widerspricht nun dem ersten Bericht, nach welchem die Begleiter erstarrt dastanden, aber doch nur scheinbar; denn Paulus, der ja sogar erblindete, erholte sich anscheinend langsamer und lag wohl noch am Boden, als die anderen sich schon wieder aufgerichtet hatten. Die eigentliche Vision erging an Paulus allein, und er betont, daß die Worte, ›die Stimme des, der mit ihm redete‹, von den anderen nicht verstanden wurden. Überhaupt ist es interessant, daß das Griechische dort eine andere grammatische Form anwendet, vielleicht um den Unterschied auszudrücken zwischen Hören im Sinne von Worte verstehen und Hören als bloßer Lautwahrnehmung. Übrigens findet sich ein ähnliches Beispiel bei Johannes — ich muß leider darauf bestehen, den Verfasser des vierten Evangeliums mit diesem Namen zu bezeichnen, Verzeihung! — nämlich wo er berichtet, wie Gott zu Christus sprach; die einen sagten, es habe gedonnert, die anderen, ein Engel habe geredet. Sie hörten also einen Laut, den sie nicht zu deuten vermochten. Offengestanden, Wilson, kann ich nicht finden, daß die Erklärung der Paulusgeschichte eine allzu große Zumutung für den Verstand ist. Sie ist ja nicht neu, und schon Matthew Arnold meinte höhnisch: ›Müssen wir noch sagen, daß hier zwei entgegengesetzte

Darstellungen ‚überbrückt' worden sind?‹, und anschließend spricht er dann verächtlich von Manipulationen, durch die man ›einem Gegenstand jeden beliebigen Sinn unterschieben‹ könne. Ich muß gestehen, trotz Arnolds Hohn scheint mir die angeführte Erklärung logischer als die andere, die zweite Möglichkeit.«

»Und die ist?« fragte Wright.

»Zu glauben, daß Lukas, der seine Position als Verfasser der Apostelgeschichte bisher ja noch hat halten können – wie es scheint ein Mann von unangreifbarer Bildung, als Geschichtsschreiber auf derselben Stufe stehend wie Thukydides –, daß also Lukas innerhalb von dreizehn Kapiteln einander widersprechende Berichte gebe, und zwar von einem Vorfall, den er für so wichtig hält, daß er ihn im Verlauf des Buches nicht weniger als dreimal wiedergibt! Widersprächen sich die drei Berichte tatsächlich, dann hätte Lukas die Glaubwürdigkeit seines geliebten Paulus damit ernsthaft untergraben. Daß man so etwas glauben soll, ist nun doch zuviel verlangt, finde ich. Es paßte eventuell zu einem unserer heutigen Kritiker, aber nicht zu Lukas.«

»Daß du Griechisch kannst, ist natürlich eine große Hilfe«, sagte Wright versonnen.

»Aber es gibt ja eine ganze Menge genauer Übersetzungen und auch Kommentare, die die Herkunft der einzelnen Ausdrücke erklären. Das Entscheidende ist folgendes: Gehen wir an die Bibel unparteiisch heran oder mit der vorgefaßten Überzeugung, daß die Verfasser Narren waren? Übrigens, da wir gerade von Narren sprechen, habt ihr in der Zeitung neulich das Gespräch gelesen mit dem Gelehrten, der endlich die Wahrheit über Nazareth ›enthüllt‹ hatte?«

»Ja, ich habe es gelesen«, erwiderte Wilson vorsichtig. Seine Meinung auszusprechen, schien ihm verfrüht. Er wartete ab.

»Erzähl doch den anderen davon, Wilson. Ich traute meinen eigenen Augen kaum, und auch jetzt noch habe ich das Gefühl, daß ich den guten Mann vielleicht falsch beurteilt habe. Worum ging es?«

»Also, soviel ich mich erinnere«, sagte Wilson bedachtsam, »erklärte er in dem Gespräch, man versuche seit Jahren, den Geburtsort Jesu zu entdecken, da Bethlehem schon seit langem ausgeschaltet sei.«

»Das war es!« sagte Andrew erfreut. »Ich hatte erst gedacht, es wäre zu schön, um wahr zu sein: ›als mögliche Geburtsstätte des Sohnes Josephs und Marias seit langem von den Wissenschaftlern ausgeschaltet‹.«

»Ich glaube ja. Mein Gott, du hast ein haarscharfes Gedächtnis, Connington.«

»Das brauche ich auch. Also, Bethlehem ist aus dem Spiel. Die Gelehrten haben es ausgeschieden. Gründe schlauerweise nicht genannt. Fahr fort.«

»Dann sagte er, auch Nazareth sei wahrscheinlich nicht die Geburtsstätte, denn der Ort, den wir heute als Nazareth kennten, habe diesen Namen erst im elften Jahrhundert nach Christus bekommen. Was sagst du nun, Connington?«

»Erzähl erst weiter, ja? Bis jetzt war alles richtig, was du gesagt hast.«

»Er legte dar, der biblische Bericht von Nazareth sei falsch, da im heutigen Nazareth nirgendwo ein steiler Abhang sei, wie der in den Evangelien erwähnte, wo sie Jesus hinunterstürzen wollten. Der ganze Irrtum komme von einem Mißverständnis des Satzes ›man wird ihn Nazarener nennen‹; man habe damals gedacht, dies bedeute ›Einwohner von Nazareth‹, und daher behauptet, Jesus sei dort aufgewachsen. Aber in Wirklichkeit sei mit dem Satz ein Nasiräer gemeint, also ein Mann wie Samson, der sich die Haare nicht schneiden ließ und nicht trank und so weiter.«

»Es klingt einigermaßen wirr«, fügte Andrew hinzu, »aber so wahr ich hier sitze, es war genauso, wie Wilson es wiedergegeben hat – und dabei ist der Reporter ein Sonderkorrespondent der Zeitung, ein Mann mit einem akademischen Titel. Ja, was haltet ihr nun davon?«

»Ich stehe wie der Ochs vorm Berg«, gestand Wright.

»Und du, Lester?«

»Ich müßte erst darüber nachdenken«, erwiderte Lester mit einem Lächeln. »Es hört sich zunächst ganz imponierend an, aber irgend etwas muß falsch sein. Wahrscheinlich die Behauptung, es gebe ein Nazareth erst seit dem elften Jahrhundert nach Christus.«

»Sehr richtig«, sagte Andrew anerkennend. »Die ganze Geschichte basiert auf der Annahme, die Jünger und alle, die die

Evangelien lasen, seien Idioten gewesen. Warum, zum Donnerwetter, hätten Männer, die doch für Landeskundige schrieben, immer wieder einen Ort erwähnen sollen, der überhaupt nicht existierte und von dem sie selber wußten, daß es ihn nicht gab; warum hätten sie beschreiben sollen, daß Jesus ihn besuchte; ihn von Nathanael erwähnen lassen? Die Idee ist absolut lachhaft. Und genauso das übrige. Wenn man von irgend jemand auf der Welt annehmen kann, daß er weiß, was ein Nasiräer ist, dann doch in erster Linie von den Jüngern. Mein Gott, für sie war das doch ein ganz vertrauter Ausdruck. Und ausgerechnet die Jünger sollen ein derartiges Märchen von einer nicht vorhandenen Stadt erfinden, um ein so gängiges Wort zu erklären! Und um auf die gröbste von all diesen Schlampereien zu kommen – war dieser ›Wissenschaftler‹ überhaupt jemals in Palästina? Ich bin der Sache nachgegangen, erstens in geographischen Büchern und außerdem durch Gespräche mit drei verschiedenen Bekannten von mir, die das Heilige Land besucht haben – sie haben mir einstimmig versichert, daß Nazareth nicht nur an einem Berghang liegt, sondern selber voll steiler Abhänge ist. Da habt ihr es. Aber das ist typisch. Und die Geschichte wird jetzt überall die Runde machen und sich verbreiten wie die Wellen eines Teiches, und Gott allein weiß, wie viele Christen sich in ihrem Glauben durch sie erschüttern lassen, weil sie nicht die Energie und nicht das nötige Interesse haben, um die Tatsachen selber nachzuprüfen.«

Es entstand eine Pause.

»Nun ja«, sagte Wright bekümmert, »so, wie du es darstellst, klingt es recht überzeugend. Ich wünschte, ich hätte deinen Glauben.«

»Zum Teufel, mit Glauben hat das doch überhaupt nichts zu tun, finde ich«, erwiderte Andrew wahrheitsgetreu und ein wenig verlegen, sowohl wegen des Lobes als auch wegen der kindlichen Auffassung. »Es handelt sich hier lediglich um logisches und akkurates Denken. Mich empört vor allem, daß viele in ihrem Denken so ungerecht und so unsauber sind. Und zwar bezieht sich das nicht nur auf das Herumkritteln an der Bibel. Neulich zum Beispiel habe ich zwei Pfarrer gehört – vielmehr den einen habe ich sprechen hören und von dem anderen einen Artikel gelesen. Sie wollten die bedauerliche Tatsache anprangern, daß das Leben und die Praktiken mancher Christen in krassem Gegensatz zu den Lehren Jesu stehen, und um das zu demonstrieren, verunglimpften sie einen armen Menschen, der sich leider nicht mehr wehren kann.«

»Und wer war das?« erkundigte sich Lester.

»John Newton.«

»Der Sklavenhändler«, korrigierte Wilson.

»Na bitte, da habt ihr es«, sagte Andrew triumphierend und zugleich verzweifelt, »auch er hat es gehört. Der eine der beiden geriet geradezu in zitternde Erregung, als er seinen Hörern ausmalte, Newton habe womöglich in seiner Kabine auf dem Sklavenschiff sein Lied gedichtet ›Wie lieblich klingt der Name Jesu‹, und unter ihm in der Finsternis des stinkenden Laderaums hätten Hunderte von Negern sich in Erstickungsqual gewunden.«

»Aber du kannst doch nicht leugnen«, meinte Wright, erfreut, etwas beisteuern zu können, »daß sich darin unser erwachtes soziales Gewissen zeigt.«

»Ich hoffe, daß wir das inzwischen haben. Aber darum geht es hier nicht. Wenn diese Leute die Unchristlichkeit der Christen zeigen wollen, dann haben sie genügend andere Beispiele zur Auswahl und brauchen nicht einen Toten anzuschwärzen und dadurch dessen Lieder allen denen verderben, die solche Unterstellungen glauben — auch die Vertrauenswürdigkeit der anderen Liederdichter rücken sie damit in ein zweifelhaftes Licht.«

»Aber Newton *war* doch Sklavenhändler«, wandte Wilson ein.

»Ja«, gab Andrew finster zu, »und Saulus verfolgte die Gemeinden der Frühzeit, aber darum bringen wir das doch nicht als Beweis gegen seine spätere Gesinnung als Christ vor. Wenn du darauf bestehst, daß ich zum Biographen werde, dann laß dir folgendes erzählen — ich habe es übrigens genau nachgeprüft. Newton wurde mit elf Jahren Seemann, desertierte, noch bevor er zwanzig war, wurde geschnappt und zum gewöhnlichen Matrosen degradiert. Durch Trunksucht und Ausschweifungen kam er so sehr herunter, daß er schließlich Eigentum eines Sklavenhändlers auf einer der Plantaine-Inseln war; wurde durch einen Kapitän, Freund seines Vaters, befreit und erlebte auf der Heimfahrt seine Bekehrung. Begreiflicherweise — es war das einzige Handwerk, das er gelernt hatte — blieb er bei der Seefahrt und fuhr weitere sechs Jahre als Obermaat und Kapitän auf Sklavenschiffen, bemühte sich aber, die Verhältnisse auf seinem Schiff zu verbessern. Mit neunundzwanzig gab er den Seemannsberuf auf, und im Jahr danach begegnete er Whitefield und später John Wesley. Sein eigentliches religiöses Leben beginnt nun in dieser Zeit, und während der restlichen neunundvierzig Jahre war er dann anglikanischer Geistlicher mit ausgesprochen evangelischer Einstellung. Und in seinem späteren Leben unterstützte er Wilberforce in seinem Kampf gegen den Sklavenhandel. Warum, frage ich nun, greift man gerade ihn als scheußliches Beispiel heraus, wenn wir keinerlei Belege haben, daß irgendeines seiner Lieder aus seiner Seemannszeit stammt, auf der anderen Seite aber wissen, daß er in seiner wirklich religiösen Lebensphase den Sklavenhandel ablehnte und bekämpfte? Hier haben wir also wieder mal ein krasses Beispiel dafür, wie ungenau manche Wissenschaftler arbeiten. Dies gilt im übrigen nicht nur für die Religion, sondern auch für eine Menge anderer Gebiete: selbst in der Altphilologie baut man großartige Beweise auf, ohne die zugrundeliegenden Fakten richtig zu prüfen. Nur, daß es einem dort egal sein kann, während diese andern Dinge viele von uns sehr berühren – wie wir dies ja heute abend selbst beweisen.« Mit seinem seltenen, entwaffnenden Lächeln erhob er sich von seinem Stuhl. »Der von sich selber ernannte Redner des Abends dankt für die freundliche Aufmerksamkeit.«

Er hatte die Diskussion von ihrem eigentlichen Thema abgelenkt, und nun entschuldigte er sich. Nachdem er ausgesprochen hatte, was er vor sich selber halb spöttisch als Pflicht gegen die schwächeren Brüder bezeichnete, sagte er sich, daß seine Anwesenheit, wenn er weiter bliebe, einen hemmenden Einfluß auf die anderen haben würde. Auch Lester brach auf, aber Andrew war froh, als sie sich an der Ecke voneinander verabschiedeten. Daß Lester seine Logik bewunderte und sich von seinem scheinbar festen Glauben inspirieren ließ, bereitete ihm mehr Unbehagen als alles sonstige bisher; amüsiert, aber auch beunruhigt durch Lesters irrtümliche Meinung, sie seien beide von den gleichen Impulsen angetrieben, wollte Connington auf jeden Fall vermeiden, den anderen zu enttäuschen.

Erst Anfang Juni erhielt Andrew die Aufforderung, in der Shorncliffekirche eine Probepredigt zu halten. Die Mitglieder des Gemeindevorstands, unter ihnen auch Easton, hatten die Empfehlung der Fakultät berücksichtigt und zogen Andrew als Kandidaten in Erwägung; daß er den Termin der Probepredigt gern hinausgeschoben haben wollte bis nach dem Universitätsexamen, paßte vorzüglich zu ihren Dispositionen. Nachdem sie dreißig Jahre lang ein und denselben Pfarrer gehört hatten, fast ohne Unterbrechung, hatten sie mit der Auswahl des neuen keine große Eile. Um ja keinen Fehlgriff zu tun, durchstöberten sie sämtliche Städte von Montreal bis Winnipeg und kosteten dabei den ausschweifenden Genuß aus, jeden Sonntag einen anderen Prediger zu hören. Uralte, im Ruhestand lebende Pastoren aus anderen Gemeinden von Toronto füllten gelegentlich die Lücken und gaben den Kritikern Gelegenheit, sich von der ungewohnten Arbeit auszuruhen. Einer der Kritiker, der bescheiden in den letzten Reihen saß und nur mit Mühe dem Verlangen widerstand, sich Notizen zu machen, war Andrew. Nach reiflicher Überlegung hatte er sich gesagt, daß es zweckdienlich sei, sich die Rivalen – falls man sich diesen Ausdruck hier erlauben durfte – anzuhören; das Verfahren war nicht sehr geschmackvoll, fand er, aber nützlich.

Eines Morgens, Anfang der letzten Woche vor der Probepredigt, setzte er sich an den Arbeitstisch, um mit dem Schreiben zu beginnen, umgeben von Texten, Nachschlagewerken und sämtlichen Hilfsmitteln. Drei Stunden später saß er noch immer da, mit angespanntem Geist und verstört durch das Gefühl einer völligen inneren Leere; vor ihm lagen als einziges Ergebnis seiner angestrengten Konzentration ein paar hingekritzelte Notizen. Der Nachmittag verlief genauso fruchtlos. Als Andrew mit brummendem Kopf zum Abendessen hinunterging, hing der Schatten einer bisher noch nie gekannten Angst über ihm.

»Was macht das Meisterstück?« erkundigte sich sein Onkel prompt, während er genießerisch die knusprig braun gebratene Keule eines jungen Lammes zerlegte. »Schon fix und fertig, nehme ich an.«

»Nein«, antwortete Andrew kurz und ziemlich kleinlaut. Dann riß er sich zusammen. »Meine Muse hat noch nicht reagiert. Sie wird aber bald erwachen.«

»Hoffentlich bringst du sie soweit, daß sie wenigstens noch vor nächsten Sonntag reagiert«, fuhr Mansell fort und genoß seine eigene Taktlosigkeit. »Bei Easton habe ich getan, was ich konnte, aber ich kann nicht auch die Predigt für dich halten. Und von ihr hängt alles ab, weißt du.«

»Andrew«, fiel seine Tante ein, als sie merkte, daß die heimlichen Zeichen, die sie ihrem Gatten machte, absichtlich übersehen wurden, »ich habe einen gräßlich öden Tag hinter mir, und George geht heute abend kegeln. Willst du ein pflichtgetreuer Neffe sein und mit mir in irgendeinen aufregenden Film gehen?«

Andrew atmete erleichtert auf. Alles war besser, als zu seinem Arbeitstisch und zu der beängstigenden Leere seines Hirns zurückzukehren.

»Dein Täuschungsversuch ist zwar nicht übermäßig raffiniert, aber trotzdem finde ich ihn sehr nett, Tante Alex«, sagte Andrew mit einer ungewohnten Bekundung von liebevoller Zuneigung. »Such dir einen Film aus und sieh zu, daß es auch wirklich ein aufregender ist. Heute bin ich in der richtigen Stimmung.«

Alexandra mochte tatsächlich weder raffiniert sein noch sehr logisch im Denken, aber jedenfalls besaß sie Taktgefühl. Sie forschte nicht nach dem Grund seiner Mutlosigkeit, gab keine nutzlosen Ratschläge und plauderte nicht allzu munter, sondern sprach mit ihm von Leuten und Vorkommnissen, die für ihn von Interesse waren. Sie wählte ein Kino, das nicht weit entfernt lag, und bestand darauf, daß sie durch das sanfte Abendsonnenlicht zu Fuß gingen. Der Weg führte durch stille, baumbepflanzte Straßen, in den Gärten rechts und links ließen Sprengapparate ihren Regen auf die kurzgeschorenen Rasenflächen sprühen. Alexandra ging nicht gern zu Fuß, aber sie hatte öfters beobachtet, daß das Gehen Andrew beruhigte. Bei der Auswahl des Films hatten sich ihr allerlei Befürchtungen aufgedrängt, denn Filme waren immer Glückssache, und sie wußte nie, was für eine Aufnahme ihre Lieblingsfilme bei ihren männlichen Begleitern finden würden. Aber diesmal hatte sie Glück; der Film war so hypersentimental, daß er ihnen beiden Spaß machte, wenn auch aus gänzlich anderen als den von den Produzenten vorgesehenen Gründen, und hinzu kam als weitere Attraktion eine unheimliche Kriminalaffäre, die sie äußerst unterhaltend fanden. Da das Kino ziemlich früh zu Ende war und Andrew noch Zeit gehabt hätte, sich wieder an die Arbeit zu begeben, wenn sie sofort nach Hause gingen, und weil Alexandra außerdem bemerkt hatte, daß sein Appetit beim Abendessen sehr gering gewesen war, sagte sie, sie habe Hunger, und schlug vor, noch ins Café zu gehen und ein Eis zu essen. Als sie dann nach Hause kamen, taten ihre Füße unerträglich weh, aber sie ging mit einem tapferen Lächeln darüber hinweg.

»Und nun leg dich gleich zu Bett, Andrew.« Normalerweise wäre sie nie auf den Gedanken gekommen, so zu ihm zu sprechen. »Wenn du morgen aufwachst, wirst du dich viel besser fühlen. Ich komme in zehn Minuten nochmal zu dir und sage dir Gute Nacht.«

Andrew gehorchte ihr mit Freuden und lag schon im Bett, als sie in sein Zimmer trat. Mit dem Gefühl, ihr Dasein an diesem Abend gerechtfertigt zu haben, zog sie die Vorhänge zurecht, strich Andrew übers Haar und gab ihm einen ungewohnten Kuß.

Der nächste Mogen fand ihn wiederum an seinem Schreibtisch sitzend, mit neuen Kräften zwar, doch genauso einfallslos wie am Tag vorher. Wo war die Fülle von Ideen, die ihm früher durch den Kopf geschwirrt war, sooft er an den großen Tag gedacht hatte, der jetzt so bedrohlich naherückte? Wie hatte er es fertiggebracht, Predigten zu schreiben – Predigten, die sowohl seinem eigenen Urteil als auch der weniger scharfen Kritik seiner Hörer durchaus hatten standhalten können? Es gab die Möglichkeit, eine dieser Predigten am nächsten Sonntag wieder zu verwenden, aber diesen Gedanken ließ Andrew gar nicht erst hochkommen. Er suchte die Predigten aber doch hervor und las sie trübsinnig durch. Daraufhin, noch immer auf das plötzliche Aufblitzen wartend, das sein Gehirn wieder in Bewegung setzen würde, noch immer in der Angst vor einem neuen Versagen seiner Konzentrationsfähigkeit, wobei ihm abgerissene Sätze und Liedfetzen durch den Kopf jagten, holte er aus seinem Schubfach ein halbes Dutzend unfertiger Manuskripte; der Text war durchsetzt von leeren Zwischenräumen, Anmerkungen, Notizen.

Diese roh entworfenen Predigten, niedergeschrieben in Augenblicken lebhafter Geistesproduktivität im Laufe des vergangenen Jahres, waren die Frucht seiner Bekanntschaft mit einem resoluten Pfarrer der Vereinigten Kirche in einem kleinen Dorf nicht weit von Mansells Sommerhaus. Der Pfarrer stammte aus England; sein starker Cockneyakzent und die Unsicherheit in bezug auf die feineren Regeln der Grammatik verschlossen ihm für immer Stellungen von größerer Bedeutung, obwohl er sonst die besten Fähigkeiten dafür hatte. Andrew hatte es trotz seiner wählerischen Belesenheit und trotz seines hyperkritischen Notizbuches — das er damals aus Achtung vor der inneren Kraft und Gradheit dieses Predigers ausnahmsweise aus der Hand legte — Andrew hatte es bedauert, daß überall so falsche Maßstäbe herrschten, daß man beim Bewerten von Predigerfähigkeiten äußerliche Bildung immer höher schätzte als Frömmigkeit und religiöse Leidenschaft. Er hatte ihm gefallen, dieser Mann, der nicht verheimlichte, aber auch nicht damit protzte, daß er mit zwölf Jahren als Fabrikarbeiter angefangen hatte. Verschiedentlich hatten sie sich unterhalten. Vor allem hatte ihn erstaunt, daß der ältere den Eindruck machte, als wenn die Quelle seiner Einfälle unerschöpflich sei, während er bei vielen anderen Predigern das Gefühl hatte, daß sie die Gedanken mühsam aus sich herauspressen mußten.

»Eines Tages keinen Stoff mehr finden?« hatte Pfarrer Stiles wiederholt, »der Gedanke würde mir als letzter kommen. Unter uns gesagt, in meiner Wohnung habe ich eine ganze Kiste mit Predigten, die ich nie gehalten habe.«

»Sie schienen Ihnen unzulänglich?«

»Nein, aber ich bin nie dazu gekommen, sie zu halten; eines Tages werde ich sie doch halten, so Gott will. Wenn mir eine Idee für eine Predigt kommt, setze ich mich sofort hin und arbeite die Predigt schriftlich aus, solange der Gedanke noch frisch ist. Zuweilen habe ich es auf vier oder fünf in der Woche gebracht. Dann lege ich sie fort, bis ich sie brauche. Die Methode ist nicht schlecht. Ich rate Ihnen, versuchen Sie es auch.«

Andrew hatte es versucht, und nun überflog er die Ergebnisse. Aber keiner der flüchtigen Entwürfe und keiner der zugrunde gelegten Bibeltexte schienen ihm für diese besondere Gelegenheit geeignet. Es mußte etwas sein, was neu in ihm aufstieg, was auf seine Hörer wirklich überzeugend wirkte. Er kannte die Empfindung gut — daß ihm plötzlich aus dem leeren Raum ein erleichternder Gedanke zufloß, der ihn trug und weiterführte, so daß das Ausarbeiten eine mühelose Sache wurde. Wie oft hatte er dies selbst erlebt, schon bei seinen Aufsätzen in den oberen Gymnasialklassen und wann immer es beim Schreiben auf schöpferische Arbeit ankam. Und nun, da er es am meisten brauchte, tauchte keine einzige Idee auf. Was sollte er machen, fragte er verzweifelt, wenn ihm bis zum Sonntag nichts einfiel? Die spöttelnden Worte seines Onkels klangen ihm noch im Ohr. Wahrscheinlich hatte Onkel George nicht gewußt, wie sehr er die Stellung an der Shorncliffekirche begehrte. Natürlich hing nicht alles von der einen Predigt ab, aber einen wichtigen Einfluß würde sie schon haben. Er nahm die Stirn zwischen seine muskulösen Hände und zwang sich, sachlich und folgerichtig nachzudenken.

Wann hatte er einen solchen Zustand schon erlebt? Bis zu einem gewissen Grade vor seiner ersten Predigt, auch damals hatte ihn eine ähnlich beängstigende Leere bedrückt. Dennoch hatte er schließlich eine Predigt geschrieben — keine schlechte. Wie war das damals zugegangen?

Erleichternd aufseufzend, als ihm die Erinnerung wiederkam, und mit einer halb beschämten Geste griff er nach der nächsten Bibel. Nachdem er sie aufs Geratewohl aufgeschlagen, las er eine Weile konzentriert, wobei sich seine krause Stirn langsam glättete. Dann brach er plötzlich ab, hob die Augen von dem Buch, schaute nochmals auf den Vers, der ihm aufgefallen war, und las von dort aus weiter bis zum Ende des Kapitels. Mehrere Minuten starrte er daraufhin mit ausdruckslosen Zügen und gedankenverschleierten Augen ins Leere. Schließlich ergriff er mit entschlossener Bewegung ein neues Blatt Papier und schrieb in seiner kleinen, ausgeprägten Schrift die Worte seines Textes hin: »Fast überredetest du mich, Christ zu werden.«

Zu den Sonntagsgottesdiensten kamen während dieser Interregnumszeit mehr Menschen in die Shorncliffekirche als seit Jahren; zwar bei weitem nicht so viele, daß die Kirche voll gewesen wäre, aber doch genug, um eine anreizende und ermutigende Hörerschaft für die Prediger zu bilden, die von anderen Orten herkamen und wieder heimfuhren, um das Ergebnis abzuwarten. Der heutige strahlend schöne Junimorgen hatte eine noch größere Schar versammelt; die Universität hatte in dieser Woche ihre Jahresfeier, und viele zu diesen Festlichkeiten in die Stadt gekommene Studenten saßen nun in der Kirche, um der Feuerprobe ihres Kommilitonen beizuwohnen. Vielen von ihnen, wie auch dem Gemeindevorstand, war Connington bekannt; für die meisten der Anwesenden war er nur ein weiterer Probeprediger — vor kurzem ordiniert, sagte jemand — und sie sahen der Predigt mit ruhiger und sachlicher Aufnahmebereitschaft entgegen, unvoreingenommen wie eine leere Grammophonplatte, bevor sie bespielt wird.

Nachdem der vorsitzende Pfarrer die Einführungsworte gesprochen hatte, stieg Andrew auf die Kanzel. Die Gemeinde erblickte einen etwa dreißigjährigen Menschen, dessen gutproportionierter Körper einen kräftigen und disziplinierten Eindruck machte. Augen, unter einer breiten Stirn in weiten Höhlen liegend, und daher ziemlich groß erscheinend, umfaßten prüfend die Gemeinde; das entschiedene, leicht vorspringende Kinn verriet keine Nervosität, auch für die Frau nicht, die, zum erstenmal seit Jahren mit Bewußtsein betend, ganz hinten unter der Empore saß — George hatte sich geweigert, weiter vorzugehen —, noch für den Mann mit dem resignierten Ausdruck neben ihr. Mansell fühlte sich hin und her gerissen zwischen leidenschaftlichem Familienstolz, der den Neffen, selbst bei einem so geschmacklosen Unterfangen, triumphieren sehen wollte, und dem kindischen Gelüst, seinen Blick aufzufangen und ihn aus dem Konzept zu bringen; er wünschte, die ganze Angelegenheit wäre schon vorüber.

Ohne Einleitung begann Andrew zu sprechen. Der Bibelvers, sagte er, offenbare die tiefsten Gründe für das Scheitern und Versagen von Menschen aller Zeiten. Er streifte die textlichen Schwierigkeiten, die möglichen Übersetzungen und was sie bedeuteten. In jenen Worten eines Königs, eines zwar tributpflichtigen, aber materiell gesicherten Monarchen, ob sie nun gesprochen seien in einer plötzlichen Regung des Gewissens oder um den Ernst des Paulus zu verspotten, drücke sich der Zustand von Millionen von Menschen aus, ihr Hin- und Herschwanken nicht nur zwischen Hölle und Himmel, zwischen Verdammnis und Errettung, sondern zwischen Versagen und Erfolg, Inkonsequenz und Kraft, zwischen einem verfehlten, sich drückenden Dasein und einem von unaussprechlicher Freude und Herrlichkeit erfüllten Leben. Diese Ausdrücke klängen vielleicht schwärmerisch und überspannt, jedoch in Wirklichkeit, versicherte er seinen Hörern, seien sie noch viel zu schwach. Der Beweis hierfür liege in den Worten, die Paulus selbst dem König zur Antwort gegeben habe, und in dem Widerhall seiner Antwort durch die Jahrhunderte bei allen Menschen, wenn sie in solchen Situationen von dem gleichen Glauben getragen worden seien.

Mit der mühelosen Gewandtheit dessen, der mit seinem Gegenstand vertraut ist, schilderte Andrew den Hintergrund der dramatischen Szene: die Weltläufigkeit, den Zynismus und den raffinierten Luxus der Reichen innerhalb der griechisch-römischen Zivilisation, die Kleinasien durchdrang; Agrippas unbestrittene Bedeutung in dieser Gesellschaft, seine wichtige Stellung, die sogar einem römischen Statthalter Achtung und Rücksichtnahme abnötigte; die äußere Lebensfülle, deren sich ein solcher Mann erfreute, die unbeschränkte Möglichkeit zum völligen Sich-Ausleben, die die modernen Psychologen auch für den heutigen Menschen forderten. Und auf der anderen Seite Paulus, gebildet zwar, aber von Beruf nur Handwerker, Genosse niederer Stände, die in den Augen seiner Richter keine Rolle spielten, nur als Lieferanten ihres Luxus — die ruhige und nüchterne Sprache dieses Paulus hatte dem Vasallen eines Claudius, eines Nero jene nachdenklich zögernden Worte entlockt. Und dieser gleiche Paulus, geschwächt durch zweijährige Gefangenschaft, von seinem eigenen Volk verleugnet, mit Narben von Geißelhieben und dem mysteriösen »Pfahl im Fleisch«, konnte dennoch mitleidig auf den verbindlichen römischen Beamten und den glanzvollen Monarchen blicken und sich unendlich glücklicher schätzen als sie. Äußerlich gesehen sei Festus' spöttelnde Bemerkung, daß Paulus wohl von Sinnen sei, gar nicht unbegründet.

Schon mit seinen ersten aggressiven Worten hatte Andrew die Gemeinde erobert. Seine merkwürdig fesselnde Stimme, ruhig, aber wegen ihrer angeborenen sicheren Geschmeidigkeit niemals monoton, schlug seine Hörer wie immer in Bann. Seine englische Herkunft verriet sich durch keinerlei fremdländischen Akzent, sondern nur durch die bei kanadischen Studenten seltene Klarheit der Sprechweise. Das Konzept lag vor ihm auf dem Kanzelpult, doch obwohl er genau wußte, an welcher Stelle der sauber beschriebenen Blätter jeder seiner Sätze sich befand, warf er nur ganz selten einen Blick darauf.

Diejenigen, die im Grunde ihres Herzens der gleichen Meinung seien wie Festus – Andrews Blicke wanderten in die Richtung von Mansell – könnten, wenn ihr Interesse so weit reiche, in der Profanliteratur jener Zeiten selber nachforschen, was für eine Art von Freude bei der Lebensgier und dem schrankenlosen Wohlleben der Agrippas und Festusse herausgesprungen sei, und auch bei dem Streben solcher, deren Lebensführung durch geistige Interessen und moralische Prinzipien gemäßigt worden sei. Ein ungeheurer Überdruß durchdringe diese Schriften, eine offen ausgesprochene Verzweiflung, das melancholische Bewußtsein, daß man in einer verdämmernden Welt lebe. Selbst die angeblich so lebensfrohen Griechen – nicht nur in jener Zeit, sondern auch in früheren, gesünderen Epochen – seien deprimiert gewesen beim Gedanken an Alter und Gebrechlichkeit, an Verarmung, an die Unentrinnbarkeit des Todes. Und vor diesem düsteren Hintergrund erklang nun der Ausspruch Agrippas: Fast hättest du mich überredet! »Soviel wir wissen, ist er dem Impuls nicht gefolgt. Aber die Worte des Paulus waren keine leere Prahlerei. In jeder erdenklichen Weise auf die Probe gestellt, erwiesen sie sich immer als echt. In vielen Schiffbrüchen auf dem Meer, in Gefängnissen, in Hunger und Blöße; unter hundertfünfundneunzig jüdischen Geißelhieben; dreimal von den Römern gestäupt; beim Kampf mit wilden Tieren in der Arena in Ephesus; in Lystra gesteinigt und als Toter liegen geblieben; allein und verlassen vor dem römischen Kaiser – und doch bekannte Paulus immer wieder und mit einer Gewißheit, die nur in der Wahrheit ihren Grund haben konnte, daß ihm alles gegeben werde, dessen er bedürfe, daß er zufrieden und froh sei im Mangel wie im Überfluß, daß er in einem wunderbaren Licht wandle, eingehüllt in unbegreiflichen Frieden und erfüllt von unsagbarer Liebe.«

Und die Erklärung dafür lag in einem Wort, das so gewöhnlich und so abgenutzt war, mit dem man so gedankenlos herumwarf und das selbst von denen, die es auf sich selbst bezogen, so entwertet wurde, daß es dem Schlüssel eines Schatzhauses glich, der in die Hände von Wilden geraten ist — in dem Wort Christ. Was bedeutete es für die hier Versammelten? Welchen Klang besaß es in der heutigen Welt? Für seine Bedeutung in früheren Zeiten gab es Beweise in Fülle; es gab ungezählte Beispiele aus allen Jahrhunderten, allen Völkern und Situationen, wo Männer und Frauen sich auf die Seite des Paulus gestellt hatten und ihren hemmungslosen Gegnern entgegengetreten waren. Heute aber war es möglich, in einem christlichen Lande, daß ein Fabrikant, der Millionen besaß, sich das Leben nahm, weil er nichts hatte, »wofür er leben konnte«.

Als Andrew seinen Text auf die Verhältnisse der Gegenwart bezog, herrschte in der von Sonnenlicht durchstrahlten Kirche atemloses Schweigen. Seine kühle Logik, seine offensichtliche Vertrautheit mit allen Phasen menschlicher Erfahrung verlieh seinen Worten Kraft und Dynamik, und als er begann, die Grundgedanken seiner Predigt zum Abschluß noch einmal zusammenzufassen, kam es keinem zum Bewußtsein, daß er fünfunddreißig Minuten gesprochen hatte.

»Persönliche Erzählungen sind im allgemeinen zu vermeiden«, sagte er mit einem flüchtigen Lächeln, »besonderes da der Eindruck, den ein Erlebnis bei dem einen Menschen hervorruft, übertrieben werden muß, wenn es auf andere die gleiche Wirkung haben soll. Aber die meisten von Ihnen haben sicherlich schon ähnliche, ganz einfache Erlebnisse gehabt wie dieses, das ich jetzt erzählen will, auch auf die Gefahr hin, daß ich naiv und sentimental wirke: Eines Tages im Oktober vorigen Jahres, als ich mit Freunden ein Wochenende an einem der Seen im Norden verbrachte, hatte es vom frühen Morgen an geregnet und gestürmt. Nachdem wir beim Herumstreifen draußen mehrmals durchnäßt worden waren, saßen wir den ganzen Abend vor dem kräftig flammenden Kaminfeuer. Als es Bettzeit war, befanden wir uns alle in einem wohligen Zustand sybaritischer Schläfrigkeit, dessen Behagen durch gelegentliche Windstöße nur gesteigert wurde. Vom Fenster aus bemerkte ich, daß der Regen aufgehört hatte, auch der Wind war abgeflaut. Sonst konnte man nichts sehen draußen, denn ringsum standen Fichten; aber mein Verstand sagte mir, daß man von der Felskuppe, die etwa dreißig

Meter ab lag, jetzt eine wunderbare Aussicht haben würde. Zu meiner Schande muß ich gestehen, daß ich zögerte. Schließlich schlug ich den Kragen hoch, öffnete die Tür – womit ich bei den anderen empörte Proteste hervorrief – und drang beim Licht meiner Taschenlampe auf dem schmalen, von nassen Zweigen überhangenen Pfad bis zur Felskante vor. Daß ich überreich belohnt wurde, brauche ich denen nicht zu sagen, die schon einmal auf einer einsamen Höhe über einem waldumgebenen See gestanden haben, wenn die letzten Wolkenfetzen abziehen und den ganzen reinen Sternenschimmer freigeben und die Luft so klar und heiter ist, daß man wie die Griechen von ›göttlicher Luft‹ sprechen muß, um sie zu beschreiben. Aber inmitten dieser berauschenden Frische mußte ich daran denken, daß ich das Erlebnis beinahe versäumt hatte. Ein Spötter kann natürlich leicht darauf erwidern mit dem alten Spruch: ›Was ich nicht weiß, macht mich nicht heiß‹. Aber gerade das ist das tief Erschütternde, daß so viele Menschen gar nicht wissen, was für Dinge sie verpassen, was ihnen wegen ihrer Feigheit oder Lethargie entgeht. Für den, der es aber weiß, der das Herzbefreiende eines solchen Erlebnisses selbst erfahren hat, für den verliert der Satz, von dem wir sprachen, jegliche Bedeutung. Und wenn dies bei Erfahrungen der Sinne gilt, in wieviel höherem Maße gilt es dann vom Geistesleben! Es tut uns not zu erkennen, was dieses ›Fast‹ in unserem Leben anrichtet, dieses ›Fast‹ des Agrippa, auf welches Paulus erwiderte: ›Ich wünschte vor Gott, daß nicht allein du, sondern alle, die mich heute hören, solche würden, wie ich bin, ausgenommen diese Fesseln!‹«

»Tja, Andrew, fast überredetest du mich«, sagte George phlegmatisch und ohne den Kopf zu wenden.

Es war seine erste Bemerkung, seit sie die Kirche verlassen hatten und der Wagen sanft dahinglitt. Auch Andrew hatte sich in Schweigen gehüllt, und Alexandras munter sprudelnder Bericht von den aufgeschnappten Beifallsäußerungen war von niemand unterbrochen worden.

»Christ zu werden?« Andrew lachte gezwungen. Er sah ziemlich blaß aus nach der überstandenen Anstrengung durch die Predigt und die halbe Stunde nach dem Gottesdienst, als er mit allen denen hatte reden müssen, die zum Gratulieren kamen.

»O Gott, nein! Wenn du so naive Hoffnungen in deinem Busen nährst, dann gib sie lieber gleich auf. Nein, mein Junge, aber fast hättest du mich überzeugt, daß du selber einer wärest. Das ist das größte Kompliment, das ich dir für deine schauspielerischen Fähigkeiten machen kann. Wenn du *mich* schon täuschen kannst, und sei es nur für zwei Minuten, dann dürfte es dir keine Schwierigkeiten machen, den Pöbel zu betören.«

»Das beruhigt mich ungemein«, sagte Andrew trocken. »Hast du eine Ahnung, wann man damit rechnen kann, daß der Gemeindevorstand seinen Beschluß bekanntgibt?«

8

Der Vorstand der Shorncliffegemeinde arbeitete mit der bei Vorständen üblichen Bedächtigkeit. Andrew wußte, daß die Mitglieder sich an den folgenden Sonntagen noch verschiedene andere Kandidaten anhören wollten; und selbst wenn er sie durch seine Predigt ganz für sich gewonnen hatte, würden sie sich dennoch nicht so rasch entschließen. Als Tag um Tag verging und das Telefon nur private Glückwünsche und Anfragen wegen der Jahresfeier brachte, zügelte er seine kindische Ungeduld und machte heroische Anstrengungen, nicht an die Angelegenheit zu denken.

Am Promotionstag war der Himmel klar und wolkenlos, zur großen Erleichterung aller derer, die die Prozession vom College zum Festsaal und das Gartenfest auf dem Universitätsgelände als Ereignisse von einmaliger Bedeutung ansahen. Andrew empfing sein Master of Arts-Diplom mit einer kleinen Gruppe älterer Studenten, die gleich ihm am Anfang der endlosen Liste standen. Während des weiteren Verlaufs der Zeremonie staunte er über die Begeisterung der Promovierenden, die kräftig applaudierten, manchmal in Beifallsrufe ausbrachen und sich zuweilen laut und ungeniert über die einzelnen Kandidaten unterhielten, die in ununterbrochener Reihenfolge die flachen Stufen hinaufstiegen, den roten Teppich überquerten und vor dem weißbärtigen und weißbehandschuhten Dekan niederknieten, um sich von ihm auf Lateinisch bestätigen zu lassen, daß sie in die Gemeinschaft der Erwählten aufgenommen seien.

Die hellen Kleider der Mädchen mit ihren prächtigen Blumen, die überall aus Gruppen bewundernder Verwandten herausleuchteten, ergaben ein fröhliches Bild auf der grünen Rasenfläche, als Andrew von seinem zweiten Vorstoß in das Erfrischungszelt, wo sich eine anscheinend ausgehungerte Menschenmenge zusammendrängte, leicht ramponiert, aber triumphierend zurückkehrte. Er hatte seine Tante und ihre Freundin mit Tee und belegten Broten versorgt, aber das Eis hatte er vergessen und sich daher trotz ihrer matten Proteste noch einmal ins Gewühl gestürzt.

»Hallo – Andrew Connington! Da sieht man es! Sie werden mir doch nicht sagen, daß Sie vier Portionen Fruchteis ganz allein essen wollen?«

Als er sich umwandte, sah er Doris Keith vor sich stehen.

»Ich könnte es ohne weiteres. Nein, zwei sind vergeben. Auf eine hatte ich mich selbst gespitzt. Und die vierte habe ich mir für den Fall geschnappt, daß ich einen verschmachtenden Freund treffe. Hier, sie gehört Ihnen.«

»Gut, ich komme mit, wenn Sie die anderen jetzt hinbringen.«

»Also, dann hierher. Ich hatte gar nicht erwartet, Sie heute nachmittag hier zu sehen. Wie sind Sie denn losgekommen – Sie sind jetzt an der Universität Hamilton, nicht wahr?«

»Ach, bei uns sind jetzt Prüfungen. Das eigentliche Semester ist zu Ende. Als Leichtathletiktrainerin brauchte ich keine Aufsicht zu führen, deshalb habe ich gedacht, ich komme her und sehe zu, wie meine Freunde ihr Diplom bekommen und so weiter. Herzliche Glückwünsche, Andrew.«

»Vielen Dank. So, hier ist dein Eis, Tante Alex. Doris Keith kennst du ja?«

Alexandra hatte Doris durch deren Eltern flüchtig kennengelernt, lange bevor Andrew ihre Bekanntschaft gemacht hatte. Im geheimen fürchtete sie sich davor, ihren Neffen zu verlieren, genauso wie sich jede Mutter davor fürchtet, ihren Sohn zu verlieren. Aber da ihr Sonja – als die andere Möglichkeit – bedeutend schlimmer schien, hatte sie des öfteren darauf angespielt, daß Doris sich ganz gut zur Pfarrersfrau eignen würde. Doris' Eltern und Bekannte schienen dieser Ansicht durchaus zuzustimmen. Schon vor einem Jahr hatte Andrew zu seinem Schrecken gemerkt, daß er, ohne es gewollt und ohne ihr den Hof gemacht zu haben, vor der Wahl stand, Doris entweder kühl zurückzuweisen oder sie zu heiraten. Daß er zwischen diesen beiden Möglichkeiten wählen mußte, tat ihm leid, denn er mochte Doris gern. Er hätte viele gute Eigenschaften bei ihr aufzählen können, aber trotzdem konnte er sie ohne Bedauern an irgendeinen anderen anständigen Mann abtreten.

Für Geselligkeiten und alle Gelegenheiten, die das Dabeisein eines jungen Mädchens erforderten, war sie immer eine angenehme Kameradin gewesen; warum aber, fragte er sich leicht beunruhigt, wählten alle Mädchen — Doris eingeschlossen — gerade ihn? Wo er doch als Partner für Verabredungen keineswegs der einzige annehmbare Mann war? So mancher junge Mann hatte sich unter dem Druck von Konvention und äußerem Zusammenpassen nach einiger Zeit ergeben. Nicht so Andrew. Ob er das, was er sich wünschte, was er bei einer Frau erwartete, je finden würde, wußte er durchaus nicht. Inzwischen, fand er, war es besser, unbeweibt zu bleiben, als ein Mädchen zu heiraten, dessen Schönheit und angenehmes Wesen ihn kalt ließen. Vielleicht, gab er zu, war sie der Typ der »idealen Frau und Mutter« — was auch immer dieser Ausdruck bedeuten mochte. War es unvernünftig, fragte er sich manchmal, wenn er sich eine Frau erträumte, deren Gespräche ihn interessieren würden, deren Wesen und Charaktereigenschaften sich nicht ohne weiteres in alltägliche Rubriken einordnen ließen?

Unglücklicherweise wußte niemand von diesen seinen Wünschen, nur er selbst. Doris selber hatte eines Abends die Krise herbeigeführt. Nachdem man ihr wahrscheinlich gesagt hatte, daß zurückhaltende Männer Ermutigung brauchten, hatte sie durch Bemerkungen und Verhalten zu verstehen gegeben, daß sie bereit sei, ihre Freundschaft auf eine intimere Basis zu stellen. Noch jetzt dachte Andrew mit Schrecken an die Situation zurück. Die Art, wie er sie abgebogen hatte, kam ihm gräßlich ungeschickt und plump vor; immerhin war er Doris dankbar, daß sie ihren Fehlgriff sofort eingesehen und sich ohne Preisgabe ihrer Würde bemüht hatte, das Verhältnis auf die unverbindliche Ebene zurückzuführen. Aber auf alle Fälle hatte er es für ratsam gehalten, sich aus dem Bereich ihrer weiblichen Verwandtschaft zurückzuziehen, und seitdem hatten sie sich selten gesehen. Jetzt war er froh, daß sie auf so natürliche Weise ins Gespräch kamen.

»Übrigens, bei Glückwünschen fällt mir ein«, fuhr Doris fort, »es stehen Ihnen noch weitere bevor. Papa schrieb, er habe Ihre Predigt in der Shorncliffekirche gehört und es sei ein Riesenerfolg gewesen. Jedenfalls habe ich das aus seinem Brief entnommen. War es tatsächlich ein überwältigender Erfolg?«

»Die Bescheidenheit...« Andrew brach ab, da plötzlich zwei Männer auf sie zukamen.

»Guten Tag, Mr. Easton«, sagte er. »Sie können sich trotz Ihrer vielen Arbeit für solche Festlichkeiten freimachen?«

»Nun, das hier ist ja ein besonderes Ereignis. Meine Tochter Mary promovierte heute. Mr. Connington, ich möchte Sie Mr. Garfield vorstellen, er gehört zu unserem Finanzausschuß.«

»Ich hatte noch keine Gelegenheit, Ihnen zu der fabelhaften Rede vom letzten Sonntag zu gratulieren«, sagte Garfield, ein dicker, untersetzter Mann mit grauem Haar und rötlichem Gesicht. »Sie waren so umlagert, und ich selbst mußte zum Mittagessen in den Golfklub. Aber die Predigt war fabelhaft—kolossal eindrucksvoll. Meine Frau spricht noch heute davon. Ich kann Ihnen sagen, Sie haben einen unerhörten Eindruck auf sie gemacht.«

»Vielen Dank.« Mehr als diese einsilbige Antwort brachte Andrew nicht zustande. Seine Zurückhaltung wurde als Bescheidenheit aufgefaßt.

»Kein Grund zur Schüchternheit, Mr. Connington. Ich kann es Ihnen ja erzählen, Easton und ich setzen uns sehr für Sie ein, nicht wahr, Easton? Aber es gibt natürlich eine Menge zu bedenken. Und einige von diesen alten Stümpern in der Kirche lassen sich nicht drängen – sie haben immer Angst, etwas zu riskieren, wissen Sie. Wären sie Makler wie ich, dann wüßten sie, daß man die größten Gewinne bei gewagten Transaktionen macht. Stimmt's, Easton?«

Der Anwalt lächelte, ein wenig verlegen wegen der Unvorsichtigkeit und Geschwätzigkeit seines Kollegen.

»Mr. Connington versteht natürlich, Garfield, daß alles, was wir hier sagen, nur private Ansichten sind. Eigentlich sollten wir ja überhaupt nichts sagen. Aber es besteht kein Zweifel, daß die Ansprache vorigen Sonntag auf die Gemeinde im allgemeinen einen sehr günstigen Eindruck gemacht hat.«

»Mein Vater sagt, alle, mit denen er gesprochen habe, seien ganz begeistert«, fügte Doris unterstützend ein; sie war von Mrs. Mansells Stuhl herübergekommen und hatte Eastons letzten Satz gehört.

»Sie selber gehen nicht in unsere Kirche, Miß Keith?«

»Nein, wir gehen gewöhnlich in die Thornkirche. Aber Vater ist mehrmals hingegangen, weil er einige Ihrer Pfarrerkandidaten hören wollte.«

»Für mich ist es ganz überraschend«, fügte Andrew sanft hinzu, »wieviele Unerwartete doch anscheinend da waren. Gerade heute früh bekam ich beispielsweise einen Brief aus Windsor, der sich auch auf diesen Gottesdienst bezog.«

»Von jemand, den Sie dort kennen und der davon gehört hatte?« fragte Garfield.

»Nein«, erwiderte Andrew leicht zögernd. »Eigentlich hätte ich es gar nicht erwähnen sollen, es fiel mir nur gerade ein als Beispiel. Der Pastor einer Kirche in Windsor hat vor kurzem einen Nervenzusammenbruch gehabt. Am vorigen Wochenende war einer der Presbyter geschäftlich in Toronto, er hörte von der Situation Ihrer Gemeinde und kam in den Gottesdienst.«

Andrew machte eine vielsagende Pause.

»Und er wollte Ihnen mitteilen, daß die Predigt ihm gefallen habe?«

»Nicht direkt. Der Brief war vom Gemeindevorstand. Auf Empfehlung dieses Mannes hin bat man um meine Stellungnahme zu einer eventuellen Berufung. Der Presbyter hatte vor seiner Rückfahrt anscheinend Erkundigungen über mich eingezogen.«

Easton und Garfield tauschten einen raschen Blick. Offensichtlich wollten sie gern noch weiter sondieren, wußten aber nicht, wie sie die Frage formulieren sollten.

»Jerome! Du bist mir also doch zuvorgekommen!« Die Stimme unmittelbar neben ihm ließ Andrew zusammenfahren. Sie gehörte einer Dame von untadeliger und kostspieliger Aufmachung, angefangen von dem großen Hut und den sorgsam ondulierten rötlichbraunen Haaren bis zu den weißen Pumps mit hohen Absätzen; sie übernahm sofort die Führung.

»Nein Jerome, du brauchst mich nicht vorzustellen. Ich bin Mrs. Garfield, Mr. Connington. Und wir haben alle das Gefühl, daß wir Sie seit letzten Sonntag kennen. Es ist kein Geheimnis — die Frauen, besonders wir Mütter, sind alle für Sie, Mr. Connington. Und am Ende, sage ich immer, siegen doch die Frauen. Wir arbeiten still und unauffällig, aber wir setzen uns durch, Mr. Connington. Und wir möchten Sie an unsere Kirche haben, wir sind fest entschlossen.«

»Sehr freundlich von Ihnen, Mrs. Garfield, ich weiß aber gar nicht, womit ich das verdient habe.«

»Oh, Sie sind zu bescheiden. Sie wissen nicht, was für eine Wirkung Sie auf die Jugend gehabt haben. Deshalb wollen wir Mütter Sie und keinen anderen. Wenn eine Kirche, sage ich immer, ihre jungen Leute verliert, dann dient sie nicht mehr richtig der Gemeinschaft. Und das war in der Shorncliffegemeinde der Fall. Und im Grunde können Sie der Jugend keinen Vorwurf machen, Mr. Connington. Es war nichts mehr da, was sie ansprach ...«

»Hör mal, Bernice«, unterbrach ihr Mann. »Man spricht nicht schlecht von Toten.«

»Ich spreche nicht schlecht, Jerome, ich sage nur die Wahrheit — die reine, unverfälschte Wahrheit. Dr. Thring war in mancher Art ein wundervoller Mensch, aber an die jungen Leute kam er nicht heran. Meine beiden konnte ich nicht zu ihm hinkriegen. Dabei habe ich immer wieder auf sie eingeredet. Zu Jerry habe ich gesagt, daß Dr. Thring ihn doch getauft habe. Und wissen Sie, was er mir zur Antwort gab, Mr. Connington?«

»Etwas nicht sehr Schmeichelhaftes?

»Er sagte: ›Na ja, damals war ich eben klein und unvernünftig, ich konnte mich ja noch nicht wehren.‹ Er meinte es nicht böse, Mr. Connington, das ist nur seine Art, sich auszudrücken. Überhaupt, die heutige Jugend ist nicht böswillig. Wie ich immer wieder sage, in ihrem Herzen ist sie ganz in Ordnung. Man muß sie aber richtig ansprechen. Zwingen lassen sie sich nicht. Sie sind so herrlich offen, so natürlich. Konvention und Steifheit können sie nicht leiden. Und hier ist der Zusammenhang mit *Ihnen,* Mr. Connington.«

»Ja?«

Sie hatte Andrew völlig in Besitz genommen und die beiden anderen ausgeschlossen. Ihr Ton war vertraulich, das Gesicht mit den hübschen Zügen und dem künstlichen, aber mustergültig aufgelegten Teint wurde immer animierter.

»Sie sind genau der Typ, den unsere Kinder mögen. Das hat mir Mary Jane gesagt. Ich wollte es Ihnen immer schon erzählen. Eigentlich wollte sie es Ihnen sogar selber sagen, aber wir haben sie dann fortgezerrt, weil wir zum Essen in den Golfklub fuhren. Sie wissen ja, wie diese jungen Mädchen heute sind. Ich früher, ich wäre in ihrem Alter viel zu scheu gewesen, mich einem Geistlichen zu nähern. Aber Mary Jane kennt keine falsche Reserviertheit, keine Angst. Es war so reizend, was sie sagte. Um sie in die Kirche zu kriegen, hatte ich ihr erzählt, daß Sie jung sind. Darauf meinte sie, Sie seien sicher trotzdem langweilig, aber sie ging mit. Und als Sie predigten, sagte sie: ›Mutter, er sieht kein bißchen aus wie ein Pastor, er spricht auch gar nicht so, ich finde, er ist fabelhaft. Bring ihn her, und ich gehe jeden Sonntag zweimal in die Kirche!‹«

Andrew versuchte, ein Gesicht zu machen, als wenn seine Zukunft durch Mary Janes Verheißung in hellstem Licht erstrahlte. Mrs. Garfield fuhr fort:

»Sie dürfen mir nicht übelnehmen, daß ich Ihnen alles so erzähle. Sie ist gerade achtzehn, wissen Sie, und so köstlich offenherzig. Wenn sie hört, daß ich Sie getroffen habe, wird sie furchtbar eifersüchtig sein. Selbst Jerry war beeindruckt. Er ist zwanzig und gar nicht leicht beeindruckbar. Sie kennen ja das Alter, Mr. Connington. Auch bei Ihnen liegt es ja noch nicht sehr weit zurück, nicht wahr? Deshalb können Sie sich in die jungen Leute einfühlen. Wie Jerry es gefunden hat, weiß ich nicht, ich habe ihn noch nicht gefragt, denn meistens macht er über Predigten die unmöglichsten Bemerkungen, wenn er ausnahmsweise mitgeht – und ich möchte immer, daß die Kinder sonntags einmal mitgehen. Ich arbeite in dieser Gemeinde schon seit meiner Heirat – im Kuratorium, in den Ausschüssen und so weiter, und ich sehe es sehr ungern, wenn sich die Kinder ausschließen. Sicher, es gibt natürlich auch den Fall der religiösen Überfütterung, finde ich. Aber davon sind wir losgekommen, und das ist meiner Ansicht nach sehr gut. Finden Sie nicht auch?«

»Nun ...«

»Aber ich habe Ihnen immer noch nicht erzählt, was Jerry mir gesagt hat. So geht es bei mir immer – die Gedanken springen hin und her. Er meinte, Sie sähen aus, als wenn Sie wüßten, worum es bei der ganzen Sache gehe, und Sie könnten einem etwas sagen, was man auch verstände.«

»Das ist sehr ermutigend.«

»Verzeihung, wenn ich unterbreche«, sagte Easton, »aber meine Frau wird sich wundern, wo ich bleibe. Also dann auf Wiedersehen, Mr. Connington. Und – als rein privater Hinweis –

geben Sie auf dieses Angebot aus Windsor keine feste Antwort, ja? Jedenfalls nicht vor Ablauf einer Woche oder so.«

Eines Abends, etwa zehn Tage später, nach geziemender Ankündigung, erschien im Hause Mansell eine Abordnung gewichtiger Männer, um Andrew ihre Aufwartung zu machen und ihm feierlich das Pastorat der Shorncliffekirche anzubieten.

»Ich darf noch darauf hinweisen«, fuhr der ältliche Wortführer, Dr. Murray, fort, als das Angebot genauso förmlich angenommen war, »daß ich nicht durch die gleichen Dinge an Ihnen beeindruckt bin wie manche anderen Leute.«

Sein Ton ließ keinen Zweifel, daß einige von denen, die er meinte, sich unter den Versammelten befanden. »Begeisterung in einer Gemeinde ist eine unsichere Sache, Mr. Connington. Genauso leicht, wie sie erwacht, kann sie auch verfliegen. Ebensowenig ist die Tatsache, daß Sie eine Zeitlang für den gottlosen Völkerbund gearbeitet haben, für mich ein Grund, Sie für fähig oder geeignet zu halten, das Werk des Herrn zu tun. Aber allen Erkundigungen nach – und ich habe viele eingezogen – scheinen Sie ein ernster junger Mann mit großer Achtung vor der Heiligen Schrift zu sein. Es hat mich sehr ermutigt, daß ich sie bei Ihrer Ansprache so oft in Ihrem Munde hörte. Wie ich erfahre, haben Sie sich mehr oder weniger zu ihrem Hauptverteidiger gemacht unter den sogenannten Modernisten unserer Universität. Und aus diesem Grunde habe ich dem Beschluß des Vorstandes zugestimmt, obwohl mir der Gedanke, einen Unerprobten zu berufen, anfangs äußerst unsympathisch war.«

Andrew hörte mit respektvoller Aufmerksamkeit zu. Es kam ihm nicht in den Sinn, eine schmeichelnde Erwiderung zu machen.

»Bei aller Achtung vor Dr. Murray kann ich ihm hier nicht ganz zustimmen«, schaltete sich Easton ein; er fürchtete, Andrew werde sie alle für engstirnig und altmodisch halten. »Ich habe von Anfang an den Eindruck gehabt, daß die Neuerung, einen unerfahrenen Pfarrer zu berufen – das heißt, unerfahren nur im Pfarreramt, dafür mit weitreichenden Erfahrungen mit Menschen und Geschäften – zusammen mit der Energie und Frische, die Sie sicherlich in Ihre Arbeit bringen werden, Mr. Connington, dem Unternehmen eine äußerst attraktive Note gibt.«

»Attraktiv! Neuerung! Alles Unsinn!« brauste Dr. Murray auf. »Gebraucht man solche Worte, wenn man jemanden zum Werk des Herrn beruft? Geht es hier um eine Kirche oder um ein Schauspielhaus?«

»Sie wissen genausogut wie wir, Dr. Murray, daß wir sehr erfreut sein werden, wenn Mr. Connington unsere Kirche so voll macht wie ein Schauspielhaus. Es ist furchtbar einfach, die Nase zu rümpfen, wenn es um Attraktion und Neuerungen geht – aber gerade diese Dinge will die Jugend haben. Und wenn wir sie ihr bieten können in der Kirche, warum nicht? Bitte, warum nicht? – das möchte ich wirklich wissen.«

Dr. Murray hatte seine Erwiderung schon auf der Zunge, Easton, der Anwalt, wollte gerade als Schiedsrichter auftreten, und die anderen sahen aus, als wollten sie alle auf einmal reden, da ertönte plötzlich Andrews ruhige Stimme.

»Es gibt einige Einzelheiten, über die ich noch im unklaren bin«, begann er mit betonter Höflichkeit. »Zum Beispiel den Zeitpunkt meiner Einführung.«

»In dem Punkt sind wir uns, glaube ich, einig, Mr. Connington, sie soll am 1. September sein. Für die Sommermonate können wir uns leicht andere Prediger besorgen. Hierfür haben wir bereits vor einiger Zeit Vereinbarungen getroffen, als wir einige unserer anderen Kandidaten in Erwägung zogen, die nicht sofort von ihren jetzigen Pfarrstellen hätten freikommen können.« Easton blickte die anderen an, daß sie seine Aussage bestätigten. Er vermied es, Dr. Murrays Zorn von neuem aufzurühren, und erinnerte ihn nicht daran, wodurch ihre Einigung in erster Linie zustande gekommen war: weil man sich gesagt hatte, daß es taktisch besser sei, einen neuen Prediger im Herbst einzuführen und nicht in den Sommerferien, wo die Kirchen immer schwach besucht waren. »Sie werden sicher froh sein über diese Ruhepause, in der Sie sich für Ihre neuen Pflichten vorbereiten können.«

Andrew war tatsächlich froh.

»Das Pfarrhaus«, sagte Dr. Murray, »wird wie üblich ohne Miete zur Verfügung gestellt, als Ergänzung Ihrer Besoldung. Angesichts der Umstände haben wir es jedoch für angezeigt gehalten, der Witwe Dr. Thrings zu gestatten, fürs erste dort zu bleiben, bis sie sich über ihre Pläne klar geworden ist.«

»Die Regelung paßt mir ausgezeichnet«, unterbrach Andrew. »Bisher habe ich noch keine Zeit gehabt, darüber nachzudenken, ob ich das Pfarrhaus überhaupt benötige.«

Seine Worte lenkten das Gespräch unmittelbar auf die Gehaltsfrage. Im Hinblick auf Andrews jugendliches Alter und auf die heikle Finanzlage hatte man das Gehalt herabgesetzt, aber im Vergleich zu dem, was kleinere Gemeinden zahlten, war es hoch. Andrew machte keine Einwände. Geldliche Erwägungen hatten ihn bei der Berufswahl nicht beeinflußt, sonst hätte er sich für eine andere Tätigkeit entschieden in dieser Zeit, wo in weltlichen Berufen die Gehälter ständig stiegen. Die Freude über das erreichte Ziel hätte auch eine noch geringere Bezahlung aufgewogen und machte ihn auch zugänglich für die Vorschläge hinsichtlich sonstiger Gemeindearbeit. Als die Abordnung sich schließlich empfahl, war sowohl Dr. Murrays als auch Eastons Partei sehr befriedigt und aufs günstigste beeindruckt.

Bei dem Propagandafeldzug, den Easton im August vom Stapel ließ, bestand eine seiner wichtigsten Maßnahmen darin, in der Presse Kommentare über den bevorstehenden Amtsantritt des neuen Pfarrers zu veranlassen. Als Höchstleistung auf diesem Gebiet verschaffte er Andrew ein Interview mit einem bekannten Reporter, dessen mit Namen gezeichnete Artikel eine der wesentlichen Attraktionen einer großen Tageszeitung waren. Andrew, der sich diesen Plänen für sein Wohl gehorsam unterwarf, war daher auf das journalistische Bravourstück in der nächsten Nummer einigermaßen vorbereitet. Mansell dagegen, als er das Foto seines Neffen sah und darunter eine lange Textspalte, überflog die Zeilen und brach in lästerliche Reden aus. Nachdem er seinen Gefühlen Luft gemacht hatte, erklärte er sich auf Andrews lächelndes Ersuchen bereit, den Bericht vorzulesen.

»›Und wo haben Sie Ihren Gang durch dieses Tränental begonnen, Mr. Connington?‹ erkundigte ich mich mit bereiter Feder, nachdem mir der ernste und doch so liebenswürdige Gottesmann einen prachtvollen Ledersessel in seinem Arbeitszimmer angeboten hatte, wo die langen Reihen dicker Bibeln und Nachschlagewerke meine instinktive Überzeugung, daß mein junger Gastgeber sehr belesen sei, vollauf bestätigten‹.« Mansell blickte auf. »Großer Gott, Andrew, redete er wirklich so?«

»Lies weiter«, befahl Andrew. »Deine kritischen Bemerkungen zerreißen den Zusammenhang.«

Mansell fuhr resigniert mit dem Lesen fort, wobei sein Ton immer salbungsvoller wurde. »›In Südafrika‹. ›Und wie lange weilten Sie im Lande der Veldts und Trecks?‹ ›Drei Jahre.‹ ›In so zartem Alter schon dem mütterlichen Boden entrissen!‹ sagte ich. ›Und in welchen Landstrich wurden Sie verpflanzt?‹ ›England – hauptsächlich London und Surrey‹; die Antwort erklärte den nur zu ahnenden fremdländischen Akzent, der den Charme und die verhaltene Kraft im Stimmorgan dieses jugendlichen Predigers noch steigert.‹«

»Nur weiter«, sagte Andrew voller Freude, als Mansell den Kopf in die Hände nahm und sich stumm hin und her wiegte.

»›Veranlaßt wurde dieser Szenenwechsel‹, deutete ich an, ›wohl zweifellos durch Ihre Eltern?‹ ›Ja, durch ihren Tod im Burenkrieg.‹ – Dies mit großer Zurückhaltung, die mich aber plötzlich den Grund für den ausgewogenen Ernst dieses jungen Apostels ahnen ließ, eines Menschen, der seit langer Zeit daran gewöhnt ist, auf eigenen Füßen zu stehen und seine Gefühle zu verbergen.‹«

Mansell machte eine Pause, brummte etwas vor sich hin und fuhr dann wieder fort:

»›Ihre Schulbildung erhielten Sie dann wohl in England?‹ fragte ich auf gut Glück. ›Nur bis zu meinem zehnten Lebensjahr; dann kam ich nach Toronto, absolvierte das Gymnasium, hörte zwei Jahre klassische Philologie an der hiesigen Universität, kam als Soldat ins Feld, beendete das Studium in Oxford‹ – alles kurz und bündig und mit einer Abneigung gegen Erörterung der eigenen Person, wodurch mein Eindruck sich verstärkte, daß in diesem jungen Menschen eine stolze, auf ein hohes Ziel gewandte Seele wohnt.‹«

»An dieser Stelle habe ich versucht, die Führung selber in die Hand zu nehmen«, sagte Andrew leise. »Lies vor, wie er darauf reagierte, Onkel George.«

»›Eine interessante, wenn auch sehr gedrängte Übersicht‹ sagte ich. ›Danach, wenn ich mich nicht irre, wurde Ihre Lebenserfahrung weiterhin bereichert durch eine Tätigkeit in Verbindung mit dem Völkerbund.‹ Ein schweigendes Kopfnicken bestätigte mir, daß ich richtig informiert war.‹«

»Sag mal«, unterbrach Mansell die Lektüre, »wer hat denn nun das Interview gegeben? Du oder er? Es gibt zwar ein Bild von dir, aber ein verkehrtes. Hast du nichts von dir aus vorgebracht?«

»Doch, des öfteren«, sagte Andrew fröhlich, »aber diese Dinge fand er offenbar nicht wirkungsvoll genug. Er fragte mich zum Beispiel, ob ich rauche, vielmehr ob ich zu den Verehrern des Tabaks gehöre, und ich sagte nein. Darauf meinte er, meine Abneigung gegen Tabak käme wohl von meiner methodistischen Herkunft, worauf ich ihm erwiderte, daß dies nicht der Fall sei. Ich rauche deshalb nicht, fügte ich hinzu, weil ich es für eine nutzlose und schlechte Angewohnheit halte und kein Sklave davon werden wolle. Aber das verschweigt er, wie du siehst — wahrscheinlich, weil er weiß, was die Leute lesen wollen und was nicht. Laß hören, was er über meine religiösen Ansichten sagt. Das Thema brachte nämlich einen kleinen Wortstreit.«

»›Sie werden nichts dagegen haben, Mr. Connington, wenn ich mir eine sehr persönliche Frage gestatte. Warum wählten Sie, wo Ihnen doch so viele abwechslungsreiche Karrieren offenstanden, die so viel weniger farbenreiche Laufbahn eines Geistlichen?‹ ›Weil es die einzige war, die mir zusagte‹, lautete die schlichte, offenherzige Antwort. ›Großartig!‹ lobte ich diese herzerfreuende Versicherung. ›Sie waren, bevor unsere Kirchen sich zusammenschlossen, Methodist. Würden Sie sagen, daß Sie sich zum Pfarrdienst — um einen altehrwürdigen Methodistenausdruck zu gebrauchen — daß Sie sich dazu gerufen fühlten?‹ ›Ich weiß nur, daß ich einen sonderbaren, alles überwältigenden Antrieb fühlte.› ‹Ausgezeichnet! Diese Antwort dürfte auch den großen Wesley selbst befriedigen.‹ ›Da Sie Wesley erwähnen‹, erwiderte der aufgehende Stern am Torontoer Kirchenhimmel (ich mache diese Prophezeiung ohne jegliches Bedenken), ›wissen Sie, daß mein Ur-Ur-Urgroßvater im Jahre 1770 oder daherum von ihm bekehrt wurde?‹ ›Nein!‹ rief ich aus. ›Dann sind Sie ja ein reinrassiger Vollblutwesleyaner! Damit erklärt sich dann vielleicht auch das Gerücht, das mir zu Ohren kam — daß Sie theologisch mehr zum Fundamentalismus neigen als zum Modernismus.‹ Es erfolgte keine Antwort. Habe ich bereits erwähnt, wie verschwiegen dieser junge Prediger ist? ›Ist es wahr?‹

beharrte ich, ›oder war Frau Fama hier im Irrtum?‹ ›Was mir zweifelhaft erscheint, ist Ihre Formulierung‹, lautete die interessante Antwort. ›Ich möchte eher sagen, daß meine Ansichten zu modern sind für den Modernismus; und daß die Fundamentalisten den sogenannten Modernismus bald verdrängen werden, der im übrigen ja auf die ersten drei Jahrhunderte des Christentums zurückgeht und den Namen Modernismus daher eigentlich zu Unrecht trägt.‹ ›Eine sehr gewagte Ansicht‹, kritisierte ich; ›und ich bin gespannt, wie Sie sie in Ihren Predigten erläutern und belegen werden. Nun sagen Sie mir bitte noch, bevor ich mich hier losreiße – haben Sie irgendeine Botschaft für die Jugend?‹ ›In fertigen Botschaften bin ich nicht sehr gut‹, sagte er mit einer beinah jungenhaften Offenheit. ›Dann sage ich ihr vielleicht am besten, daß sie kommen soll und Ihre Predigten sich selber anhört?‹ tastete ich weiter. ›Ach ja, Sie können das viel besser‹, meinte er, ›und ich werde mich bemühen, daß meine Predigten des Hörens wert sind.‹ ›Ich habe keine Zweifel, daß es Ihnen glücken wird‹, sagte ich zum Abschluß, als ich mich nach einer höchst belebenden Stunde von dieser merkwürdig erlauchten Persönlichkeit verabschiedete, nun erst recht entschlossen, am kommenden Sabbat die große Menschenschar, die seiner ersten Predigt als Seelenhirte unserer Shorncliffekirche lauschen wird, durch meine eigene Gegenwart noch zu vermehren.‹«

»Na ja!« Der Ton von Mansells Stimme, als er das Blatt beiseite schob und sich in seinen Sessel lehnte, sagte alles. »Wirst du deinen Kopf auf das hin wieder in die Höhe heben können?«

Andrew nahm die Zeitung und sah mit einem breiten Lächeln auf das Interview.

»Die Haltung meines Kopfes hat sich nicht verändert«, meinte er. »In seiner Art ist der Mann ein richtiges Genie, daß er aus den paar dürftigen, höchst uninteressanten Sätzen, die ich ihm gesagt habe, ein solches Kunstgebilde macht. Hätte ich noch etwas mehr gesagt, dann hätte er ein Buch geschrieben. Und auf jeden Fall hat er eine viel einnehmendere Persönlichkeit aus mir gemacht, als ich wirklich bin. Trotz der Magenkrämpfe, die mir sein Stil verursacht, muß ich sagen, daß er ausgezeichnete Reklame macht.«

»Ob die Leute sich durch dieses ganze Zeug hindurcharbeiten werden?«

»Hindurcharbeiten? Sie werden es verschlingen. Der Mann hat begeisterte Leser. Und am zufriedensten wird Easton sein.«

Sicher trug das Interview dazu bei, die Shorncliffekirche an dem Sonntag darauf bis zum letzten Platz zu füllen, aber daß der starke Zulauf anhielt, konnte man ihm schwerlich zuschreiben. Ende Oktober stand Andrews Erfolg als allgemeine Attraktion völlig fest. Der Gemeindevorstand, der zuerst gefürchtet hatte, das Interesse werde nachlassen, wenn die Neugier der unbeständigen Masse erst befriedigt sei, atmete erleichtert auf und gratulierte sich zu seiner klugen Wahl.

Der neue Pfarrer schien besonders geeignet, zwar vielleicht nicht jeden zu befriedigen, aber doch die verschiedenartigsten Menschentypen so zu interessieren, daß sie immer wieder kamen. Für die Frauen, ob jung, ob alt, war die Persönlichkeit des gut aussehenden Junggesellen ein zusätzlicher Anreiz zum Gottesdienstbesuch. Die Männer sahen in seinem männlich sicheren Wesen eine Bestätigung ihrer eigenen Neigungen in religiösen Dingen. Eine große Schar sonst unbeständiger Studenten machte ihn zu ihrem Stammprediger, hoch erfreut über seine Bildung, seine Ironie, seinen raschen Geist, sein Verständnis. Und die Ernsteren – auch aus anderen Gemeinden – hörten voller Beifall zu, wenn er materialistische Argumente der Gegner mit logischer Schärfe widerlegte und sich zum aufrechten Streiter für die Gültigkeit der Bibel machte.

Der Nachdruck, mit dem er sich diesem Teil seiner Predigerarbeit hingab, überraschte Andrew selbst. Schon von Anfang an hatte ihn die unerhörte Lebenskraft der Schrift und der von ihr hervorgerufenen Zeugnisse aufs stärkste beeindruckt. Nachdem er mit der Hypothese begonnen hatte, eine derart einzigartige Schriftensammlung, trotz aller Unterschiede ein einheitliches Ganzes bildend, müsse einen tieferen Urgrund haben, hatte er gestaunt, wie leicht es ihm gefallen war, diese Hypothese aufrechtzuerhalten. In der zersetzenden Kritik der Gegner Fehler aufzudecken und an den komplizierteren Problemen herumzurätseln, wurde jetzt bei ihm zu einem geistigen Hobby, das ihn immer stärker fesselte. Aber damit war die Sache nicht erschöpft. Er hatte festgestellt, daß er, um Inspirationen und Stoff für seine Predigten zu finden, gänzlich auf die Bibel angewiesen war. Er redete sich nicht ein, daß er diese Situation erklären könne; er konnte sie nur hinnehmen. Infolgedessen begann er die Vorbereitung jeder Predigt damit, daß er aufs Geratewohl ein oder mehrere Kapitel aus der Bibel vornahm und sie solange durchlas, bis aus den gedruckten Zeilen der erhoffte Funke sprang und in seinem Innern eine Kette von Gedanken aufleuchten ließ. Und bei aller Bescheidenheit mußte er zugeben, daß bisher die Resultate allgemein befriedigt hatten. Die Nörgelei, der Widerspruch, denen jeder Mensch im Leben ausgesetzt ist, der Geistliche besonders, waren — wenigstens fürs erste — von einer Woge schmeichelhaften Beifalls überspült.

Als Andrew die Frage aufgeworfen hatte, ob er aus dem Hause seines Onkels ausziehen solle, hatten sowohl George als Alexandra heftig gegen diesen Vorschlag opponiert, der erstere, wie es schien, lediglich aus Gründen praktischer Natur.

»Daß du ausziehst, ist ganz unnötig«, hatte er gemeint. »Das Haus hier ist selbst für uns drei zu groß — es sei denn, du ziehst es vor, zu gehen, dann natürlich.«

»Bleib doch bei uns, Andrew«, sagte Alexandra wehmütig. »Es sind mindestens drei Zimmer da, die du allein für dich benützen kannst, und wir können leicht ein Privattelefon für dich bekommen. Aber wenn du lieber fortgehst ...«

»Lieber würde ich natürlich bleiben«, erwiderte ihr Neffe. »Ich habe es sehr bequem hier. Aber es ist unrecht euch gegenüber. Bedenkt bloß, wie viele Leute anrufen und vielleicht zu allen möglichen Tageszeiten hierherkommen werden.«

»Nach dem, was ich in den vergangenen drei Jahren erlebt habe, könnte ich mich daran wohl gewöhnen«, unterbrach sein Onkel. »Schließlich habe ich die ganzen Proben mitgemacht, und jetzt will ich auch die Aufführung sehen. Und bedenke außerdem, was es für einen guten Einfluß auf mich haben wird, wenn ich auf geweihtem Boden lebe, wenn du dieses Wort gestattest.«

»Ach, dabei fällt mir etwas ein«, sagte Andrew. »Die Familie eines Pfarrers muß seine Predigerarbeit unterstützen. Ich bleibe nur unter der Bedingung, daß ihr jeden Sonntag zweimal in die Kirche kommt und euch dabei offen in die erste Bank setzt.«

Als auf der nächsten Vorstandssitzung die Pfarrhausfrage angeschnitten wurde, konnte Andrew somit seine Pläne unterbreiten. Das Haus seines Onkels liege zwar nicht im Gemeindebezirk, aber doch nicht allzuweit entfernt; und er beabsichtige, an allen Wochentagen einen Teil seiner Zeit im Gemeindehaus zu verbringen, so daß man ihn an beiden Orten immer leicht erreichen könne.

»Meine Zeit«, sagte er, »wird von vielen Seiten in Anspruch genommen werden. Ich bin schon gebeten worden, bei vier verschiedenen Festessen und zwei Lunchs zu sprechen, ganz abgesehen von der Gemeindearbeit – zu ihr gehört die Leitung eines Jugendkreises für Tagesfragen, die Gründung eines Federballklubs, die zeitweilige Betreuung des Bibelkreises für die jungen Männer und so weiter. Wünschen Sie, daß ich die von anderen kommenden Aufforderungen zum Sprechen annehme? Vorläufig habe ich noch keine endgültige Antwort gegeben, denn die Entscheidung liegt bei Ihnen.«

»Ich glaube, wir alle halten das für gut, Mr. Connington«, sagte Garfield. »Ich jedenfalls bin der Ansicht, je mehr Sie an die Öffentlichkeit treten, desto besser ist es für unsere Gemeinde.«

Die anderen erklärten sich einverstanden, und Andrew fuhr fort:

»In Anbetracht dieser Beanspruchungen wäre ich froh, wenn die Hausbesuche, wenigstens fürs erste, von jemand anderem übernommen würden. Es gibt in Toronto viele pensionierte Pfarrer, denen eine solche Arbeit und ein kleines Gehalt als Zuschuß zu ihrer Pension sehr gelegen käme. Ich schlage vor, Sie bieten einem von ihnen entweder die Benutzung des Pfarrhauses an oder, wenn der Betreffende es vorzieht, dessen Mietertrag. Bei dem hohen Stand der heutigen Mieten entspräche das dem Durchschnittsgehalt, das in einem solchen Fall gezahlt wird.«

»Ihr Vorschlag ist sehr großzügig, Mr. Connington«, sagte Easton schließlich.

»Gar nicht. Für mich wird das eine große Hilfe sein«, erklärte Andrew ehrlich. »Auf diese Weise, scheint mir, hätte man die Sicherheit, daß die Seelsorge nicht vernachlässigt wird. Ich selber werde trotzdem immer zur Verfügung stehen, wenn mein persönlicher Besuch vonnöten ist oder ausdrücklich erbeten wird. Sind Sie mit dieser Regelung einverstanden?«

Einmütig wurde zugestimmt, und die Besprechung ging zu anderen Gegenständen über – zur Frage der Bekanntmachungen, Umfang und Stil der Anzeigen der Sonntagsgottesdienste, Zahl und Art der Anschläge an der Kirche.

»In diesem Zusammenhang« – Andrew sprach, als sei ihm der Gedanke eben erst gekommen – »möchte ich noch festlegen, daß mein Name künftig ohne Zusatz erscheinen soll.«

Die Gemeindeältesten sahen ihn mit verständnislosen Blicken an.

»Wenn er gedruckt werden muß, dann nur als Andrew Connington«, erläuterte er ruhig, »unter Weglassung des ›Ehrwürden‹.«

»Für eine solche Regelung gibt es aber meines Wissens nirgends einen Präzedenzfall, Mr. Connington«, wandte Dr. Murray ein.

»Das glaube ich«, sagte Andrew. »Das wäre aber auch kein Gegengrund. Verzeihen Sie, wenn ich mich um eine solche Kleinigkeit bekümmere, ich habe aber einen eingefleischten Widerwillen gegen diesen Titel, und ich sehe keine biblische Berechtigung, ihn zu führen oder irgendeinem Menschen zuzulegen. Ich habe nichts Ehrwürdiges an mir. Heilig und ehrwürdig ist Sein Name – Seiner, nicht unserer.«

Wieder die Bibel! Hiergegen konnte Dr. Murray nichts erwidern, und auch die anderen enthielten sich der Gegenrede.

»Aber Ihre akademischen Titel, Mr. Connington«, wagte Easton vorzubringen. »Sie haben doch wohl nichts dagegen, wenn wir die hinzusetzen?«

»Wie Sie wollen. Wenn ich nicht zum mindesten den theologischen ›Bakkalaureus‹ hätte, dann würde ich diese Stelle gar nicht innehaben. Und der ›Master of Arts‹ kann mein Ansehen, meine ich, nicht beeinflussen.«

»Sie müssen aber an die Leute denken«, erklärte Garfield geduldig. »Ein paar Buchstaben hinter einem Namen machen auf die Leute immer Eindruck. Sie achten Sie dann mehr, sie sind mehr bereit, auf das zu hören, was Sie ihnen sagen.«

»In dem Fall setzen Sie den M. A. unbedingt hinzu«, meinte Andrew ernst.

Von den Ehefrauen weitergetragen, gingen die Berichte solcher Diskussionen bald in der Gemeinde um und steigerten gewaltig Andrews Ansehen. Auch seine Ablehnung, geistliche Kleidung zu tragen, wurde viel besprochen. Glücklicherweise ging er nicht so weit, auch den Talar bei den Sonntagsgottesdiensten abzulehnen; aber auf der Straße sah man ihn im gewöhnlichen Anzug. Er begründete es damit, daß er sich in einer Sondertracht nicht wohl fühlen würde, und soviel er sehe, habe er keine biblische Berechtigung, durch seine Kleidung anzudeuten, daß er anders sei als andere.

So mußten sie beständig feststellen, daß er immer höflich war und in allen Nebensächlichkeiten zugänglich, dagegen konsequent und unerbittlich dort, wo es um Prinzipielles ging. In der Gemeinde kursierte die Geschichte – obwohl gewisse Älteste den Vorfall aus ihren Berichten über diese zweite Abendsitzung sorgsam ausschlossen –, daß der neue Pfarrer seinen Vorstand in durchaus nicht unbestimmtem Ton gerügt habe. Bei der Beratung über eine geplante Reihe geselliger Gemeindeabende steigerte sich eine Meinungsverschiedenheit unversehens zu einem heftigen Streit. Die Stimmen schwollen an, die Sprache wurde hitzig, Anzüglichkeiten flogen hin und her.

»Die Eastbournekirche hat sie auch engagiert, und ihr Gesellschaftsabend war ein rauschender Erfolg«, rief Lloyd, einer von der Gruppe Easton-Garfield. »Ich sehe gar nicht ein, warum wir das nicht auch können – trotz der Vorurteile einiger Herren hier.«

»Haben wir irgendeinen Anlaß, die Eastbournekirche sklavisch nachzuahmen?« fragte Dr. Murray nüchtern.

»Wir haben aber allen Anlaß, in den Abend etwas Schwung hineinzubringen – und in diese Kirche überhaupt«, explodierte Garfield. »Es hängt mir schon zum Hals heraus, diese ewige Knauserei – daß man sich gegen jeden Pfennig stemmt, der ausgegeben werden soll; und daß gewisse Leute gegen alles opponieren, was wir anderen wollen. Es handelt sich um eine Unterhaltungstruppe bester Klasse, und zudem ...«

»Ist es ein Gemeindeabend, der hier zur Debatte steht, oder eines der bei Mr. Garfield so beliebten Varietés?« erkundigte sich Wallace, Dr. Murrays zuverlässiger Gefolgsmann.

Andrews Fuß stampfte plötzlich auf den Boden, so scharf und vehement, daß alle in die Höhe fuhren.

»Meine Herren, meine Herren! ›Seht, wie diese Christen einander so lieb haben.‹ Selbst wenn sich die Diskussion um eine Grundsatzfrage drehte, wäre das kein Grund für eine solche schauderhafte Zänkerei. ›Ein Knecht des Herrn soll nicht zänkisch sein, sondern freundlich gegen jedermann ... mit Sanftmut weise er die Widerspenstigen zurecht.‹ Wir wollen nicht den Namen Christi schänden, indem wir uns bei Seinem Dienst entzweien.«

Die Autorität seines Tones und die unwiderleglichen Worte hatten eine große Wirkung. Die anderen Männer, alle älter als ihr Pfarrer, saßen da und schwiegen, beschämt und verlegen. Dr. Murray kam als erster wieder zu sich.

»Ich bitte um Verzeihung, Mr. Connington«, begann er ernst, »daß ich mich so sehr vergessen habe.«

Die anderen murmelten befangen. Unter der taktvollen Leitung ihres Pfarrers wurde die Besprechung wieder aufgenommen, mit solcher Sanftheit und mit so beflissener Höflichkeit, daß Andrew, als er nachher in seinem neuerworbenen Wagen heimfuhr, bei der Erinnerung daran den Kopf zurückwarf und aus vollem Herzen lachen mußte.

Auch die Pfarrhausfrage war nun glücklich ausgegangen, was ihm einen Stein vom Herzen nahm. Der Gedanke an die Hausbesuche hatte ihn beängstigt, denn die Aufnahme persönlicher Kontakte in seiner Eigenschaft als Pfarrer fand er außerordentlich schwierig. Auch das öffentliche Beten – im Allein-Beten besaß er keinerlei Erfahrung – gehörte zu den Schwierigkeiten des Dienstes und brauchte bei der Vorbereitung viel mehr Zeit und Nervenkraft als seine Predigten. Nachdem er sich drei Jahre lang damit beschäftigt hatte, die Gebete anderer Pfarrer kritisch zu beurteilen, wußte er zwar gut, was er zu vermeiden, aber nicht so ganz, was er zu vollbringen wünschte; und dies tatsächlich zu erreichen, war wieder etwas anderes. Spontaneität und Aufrichtigkeit, diese beiden Elemente schienen ihm die wichtigsten und wünschenswertesten, und daher lehnte er es ab, Gebete abzulesen, obwohl das Beten aus dem Stegreif ihm unmöglich war. Den einzigen anderen Weg – die Gebete vorher zu entwerfen und dem Gedächtnis einzuprägen – verfolgte er mit mühevoller Gründlichkeit;

aber er atmete immer auf, wenn sie vorüber waren. Eigentlich, hielt er sich des öfteren vor, hätte er imstande sein müssen, eine Anrufung aus dem Augenblick heraus zu konzipieren und sie flüssig vorzubringen, so wie auch der Schauspieler seine Worte überzeugend vorbringt; doch er hatte jedesmal ein unbehagliches Gefühl, wenn er ein Wesen anrief, das für ihn nicht existent war. Nur mit großer Anstrengung brachte er es fertig, eine Anzahl Bitten vorzutragen, die die Frommen befriedigten und die Gleichgültigen durch Erhabenheit des Inhalts und durch Schönheit der Sprache beeindruckten, obwohl ihm selber seine Worte hohl und leer klangen.

Bereitete ihm das mehr Formale des Gottesdienstes einige Schwierigkeit, so erfüllten ihn die kleinen Gebetsversammlungen geradezu mit Grauen. Solange wie möglich hatte er die Wiederaufnahme dieser Abende, die in den Sommerferien ausgefallen waren, auf den Herbst hinausgeschoben. Erst als er in diskreter Weise unter Druck gesetzt wurde – nicht nur von den wenigen Getreuen, sondern auch von manchen anderen, die die Abhaltung eines Wochengottesdienstes forderten, obwohl sie selber niemals hinkamen – raffte er sich auf, bewaffnet mit der ersten Nummer einer eingehenden Untersuchung über Hiob, wobei er an das frühere Gespräch über die kleineren Propheten denken mußte, das ihn damals so peinlich berührt hatte. Elf Frauen und vier Männer (dreißig Älteste hatte die Gemeinde) trafen sich mit ihm in dem großen Bibelstundenraum. Zum Füllen der Zeit hatte er eine lange Bibelstelle und vier Lieder ausgewählt, aber der Gesang der schwunglosen Gruppe klang so trüb und trostlos, daß er das letzte Lied dann wegließ. Sein Versuch, die Last auf andere abzuwälzen, scheiterte, denn nach einer langen Stille entschlossen sich nur zwei zum Beten; und ein einziger beteiligte sich zögernd an der »Diskussion«.

Manch gewissenhafter Pfarrer hat sich jahrelang mit solchen deprimierenden Zusammenkünften abgequält. Drei Wochen hatte Andrew durchgehalten; jetzt fand er, daß er keine einzige mehr ertragen könne. Auf seiner Stirne standen krause Falten, als er zurückgelehnt am Steuer saß und seinen Wagen lässig und geschickt durch den dichten Theaterschlußverkehr lenkte. Zu töricht, daß er sich so ins Bockshorn jagen ließ. Es mußte doch wohl irgendeinen Weg geben, die Schwierigkeit zu überwinden. Aus Abhandlungen und eigener Anschauung kannte er die ganzen neueren Methoden, in Gebetsversammlungen »Leben zu bringen«: dadurch, daß man ihnen andere Namen gab; sie von einem Abend auf den anderen verlegte; eine »Serie von Studien« zur Diskussion stellte, wie er selbst es tat; sogar Jugenddebatten über moralische Themen veranstaltete. Er wußte aber auch, daß diese Mittel jämmerliche Notbehelfe und meistens ohne Wirkung waren, und er wollte keines davon anwenden. Was aber dann? Nichts fiel ihm ein, und mit zornigen Augen preßte er die Hände um das Steuerrad.

Wenige in der Gemeinde vergaßen je die kurze Zeitspanne nach der Predigt am folgenden Sonntag. Anstatt das Schlußlied anzusagen, schlug ihr Pfarrer eine Stelle in der Bibel auf und las mit deutlicher, gefühlsfreier, aber dennoch unweigerlich zu Herzen gehender Stimme – von der so manches junge Mädchen gesagt hatte, es könne ihr endlos lange zuhören – vier Verse aus dem sechzehnten Kapitel der Apostelgeschichte.

»›Und da sie sie wohl gestäupt hatten, warfen sie sie ins Gefängnis und geboten dem Kerkermeister, daß er sie wohl verwahrte. Der, da er solches Gebot empfangen hatte, warf sie in das innerste Gefängnis und legte ihre Füße in den Stock. Um die Mitternacht aber beteten Paulus und Silas und lobten Gott. Und es hörten sie die Gefangenen. Schnell aber ward ein großes Erdbeben, also daß sich bewegten die Grundfesten des Gefängnisses. Und von Stund an wurden alle Türen aufgetan und alle Bande los‹.«

Andrew schloß das Buch und trat an die Vorderseite der Kanzel. In gespannter Erwartung blickte die Gemeinde zu ihm hoch.

»Glaubt ihr das?« fragte er in ruhigem Ton. »Oder findet ihr, daß es Unsinn ist? Sie beteten und die Erde bewegte sich. Ob ihr es zugebt oder nicht, achtundneunzig Prozent von euch zeigen durch ihr Benehmen, daß sie es für Unsinn halten – oder wenigstens, daß ihr es für völlig ausgeschlossen haltet, daß so etwas auch jetzt geschehen könnte.«

Er schwieg. Die Leute, aufgerüttelt, aber noch ohne Verständnis, warteten.

»Dies sollte lediglich ein Prolog zu der Ankündigung sein«, fuhr Andrew fort, »daß ich unsere Gebetsversammlungen nicht fortzusetzen gedenke. In Gebetsversammlungen, die nichts erreichen und die nur von denen besucht werden, die sie am wenigsten benötigen, sehe ich keinen Sinn. Über die wenigen zuverlässigen Anhänger brauche ich keine Worte zu verlieren, nur zum Lob ihrer Treue. Aber sie haben meine Lenkung nicht nötig; sie sind viel erfahrener im Beten als ich. Ich lehne es unter diesen Umständen ab, mit den Gebetsversammlungen fortzufahren; nicht die älteren Glieder der Gemeinde sollten hinkommen; nein, die Jugend – ihr, deren Zukunft noch geformt werden muß, deren Ziele vielleicht durchkreuzt werden, deren Leben durch Tiefen und Höhen gehen wird, ihr, für die alles davon abhängt, ob ihr die Ausgeglichenheit, die inneren Güter bekommt, die ihr durch Beten erlangen könnt. Wenn ihr Christen seid, wenn euer Glaube an die Bibel nicht nur äußerer Schein ist, dann geht nach Hause und lest die Verheißungen, die Stellen, die vom Beten handeln im Neuen Testament, und überzeugt euch, wie tiefgehend euer ganzes Leben, auch das Leben eurer Angehörigen, sich durch euer Beten wandeln kann – besonders auch im Hinblick auf die grausigen Tragödien, die unserer armen Zivilisation vielleicht bevorstehen. Dann, wenn der oder jener von euch zu dem Glauben gekommen ist, daß das Gebet einen praktischen Wert hat, oder wenn ihr zum mindesten zu dieser Erkenntnis bereit seid, dann kommt am Mittwochabend in die Versammlung und betet mit einem festen Ziel, betet mit der Erwartung tatsächlicher Wirkungen.« Er ging zum Pult zurück. »Wenn ihr dieser Aufforderung nicht nachkommt, könnt ihr nichts dagegen einwenden, wenn ich diese Versammlungen künftig von unserem Kirchenplan streiche.«

Mit feinem Gefühl für dramatische Effekte ließ er das Schlußlied ausfallen. Eine rasche Geste ließ die verdutzte Gemeinde aufstehen, und mit ernster, leicht betrübter Stimme gab er ihr den Segen. Am Abend wiederholte er in hinreichender Abwandlung die gleichen Sätze. Dank seinem sicheren Spürsinn für die Empfindungen derer, die seinen Aufruf schon morgens gehört hatten, machte er nicht den taktischen Fehler, das Lied auch diesmal wieder wegzulassen.

Am Mittwochabend, als er aus seinem Wagen in die frische, vom Rauchgeruch der Laubfeuer geschwängerte Novemberluft hinaustrat, durchzuckte ihn die Freude dessen, der auf die richtige Karte gesetzt hat. Vor der Kirche parkte eine lange Wagenreihe. Beim Betreten des Versammlungsraumes sah er, wie die jungen Leute weitere Stühle und Bibeln hereintrugen.Als seine Uhr und das Verebben des Zustroms ihm zeigten, daß es Zeit zum Beginnen sei, saßen vor ihm über hundert Menschen jeden Alters.

Nichts, als er aufstand und das Wort ergriff, ließ darauf schließen, daß er ihr Hiersein als ein ungewöhnliches Ereignis ansah. Sein sachliches Benehmen wirkte außerordentlich beruhigend, besonders auf die Jüngeren, die wegen ihrer eigenen Beteiligung an einem solchen Unternehmen recht befangen waren.

»Ich nehme an, daß manche unter euch noch nicht an einer Gebetsversammlung teilgenommen haben«, begann er zwanglos. »Ihr werdet fragen, um was es hier denn geht. Wollen wir versuchen, es herauszufinden?«

Auf die ausgeteilten Bibeln weisend forderte er sie auf, eine Reihe kurzer Stellen aufzuschlagen. Er hatte einige der wichtigsten Verse über das Gebet gewählt: Christi Verheißungen an seine Jünger; Zusagen und Ermahnungen bei Paulus, Petrus und Jakobus; und aus der Apostelgeschichte mehrere Berichte über mächtige, durch Gebet bewirkte Taten. Als die Teilnehmer, jedesmal ein anderer, die Stellen vorgelesen hatten, sprach Andrew wieder mit der größten Ruhe weiter.

»Ihr habt gehört, was für erstaunliche Zusagen hier gegeben werden. Ganz oder teilweise glaubt ihr auch, daß sie für die Christen, für deren Zeiten sie geschrieben wurden, gültig waren; desgleichen auch für viele Tausende seitdem. Durch euer Hiersein tut ihr kund, daß ihr erfahren möchtet — zum mindesten bereit seid, euch davon überzeugen zu lassen — daß sie auch für euch gelten, hier und jetzt. Wir sollen danken, sagt die Schrift uns. Wollen wir zu diesem Zweck ein Lied singen?«

»Lobe den Herren, den mächtigen König«, im Ton wie in der Melodie gleich lebendig, wurde mit kräftiger Stimme gesungen. Bei den Jüngeren, die sich erst gefragt hatten »Warum sind wir bloß gekommen?« schwand das unbehagliche Gefühl, sie kamen langsam zu der sicheren Überzeugung, daß jemand, der so sachlich und vernünftig war, von ihnen nicht verlangen werde, etwas Peinliches zu tun.

»Und nun« — die Hände lose auf dem Rücken, blickte er sie wieder an — »verlange ich wohl etwas Unberechtigtes, wenn ich jetzt von euch erwarte, daß ihr betet, ihr alle, die ihr diesem Buch hier glaubt« — mit sensiblen und vertrauten Fingern blätterte er in der Bibel —, »die ihr dieses Lied gesungen habt, ihr, für die die Religion nicht nur ein leerer Name ist, für die dies Tun genauso wirklich ist — oder sein sollte — wie jedes weltliche Beginnen? Ich wende mich an keinen einzelnen. Es ist euer Recht, es ist eure Verantwortung. Wenn man an die Worte Christi glaubt: ›Wo zwei oder drei versammelt sind in meinem Namen, da bin ich mitten unter ihnen‹, dann wäre es ja kindisch, wenn man sagte, man könne aus Verlegenheit nicht zu ihm reden. Wollen wir nun beten?«

Er setzte sich. Alle neigten ihre Köpfe. Stille breitete sich aus, eine fürchterliche Stille. Andrew saß mit trockener Kehle und gespannten Muskeln da und wartete, nach außen ruhig, im Innern bedrückt, doch fest entschlossen. Das Warten war entsetzlich. Später würde ihn die Ironie der Situation vielleicht belustigen — aber nicht so sehr, nein, keinesfalls so sehr, daß diese Leere, diese Bangnis ausgeglichen würde. Unglaubhaft schon, daß er hier saß, er, Andrew Connington, in der Gebetsversammlung, und andere Menschen drängte, daß sie beten sollten. Sollte er den Anfang machen, um sie zu ermutigen? Sollte er einen von den achtzehn Ältesten bitten, die das Gewissen hergetrieben hatte? Nein, noch nicht. Er durfte jetzt nicht nachgeben. Ah — Gott sei Dank!

Die Worte blitzten unwillkürlich in ihm auf, trotz der Erleichterung vermerkte er, wie schlecht sie zu ihm paßten. Einer hatte angefangen zu beten, und glücklicherweise — im Hinblick auf die psychologische Wirkung — nicht einer von den Ältesten, sondern ein junger Mann. Andrew erkannte ihn jetzt wieder, es war ein Theologiestudent, mit dem er an der Universität in flüchtigen Kontakt gekommen war und der seit Anfang des Semesters regelmäßig in die Kirche kam. Er sprach mit Inbrunst, seine offene Art und die Konkretheit seiner Bitten berührte einen sehr sympathisch. Als er geendet hatte, stand nach einer kurzen Pause Dr. Murray auf und sprach ein inniges Gebet, in dem er neben anderen Segnungen dem Herrn auch für den neuen Pfarrer dankte. Ihm folgte in gemessenem Abstand der Leiter des Jungmännerbibelkreises, so nervös, doch so entschlossen, seine Pflicht zu tun, daß er Andrew trotz seiner vielen Anrufe und Wiederholungen, trotz des verzwickten Satzbaus, ausgesprochen wohlgefiel. Die frühere Leiterin der Frauengruppe brach das Eis bei den Angehörigen des weiblichen Geschlechts, und eine achtzehnjährige Jugendgruppenführerin sprach ein kurzes Bittgebet. Verschiedene andere schlossen sich in ziemlich rascher Folge an. Die angespannte Stimmung hatte sich verflüchtigt, es herrschte eine friedliche, gelöste Atmosphäre. Noch andere standen auf, sie beteten um Gottes Segen für Kirche und Gemeinde, um weitere Kraft und Vollmacht für den neuen Pfarrer, um ihr inneres Wachstum unter seiner Leitung, für die von Not und Aufruhr heimgesuchten Länder, um Beistand in privaten Nöten und Bedrängnissen. Andrew merkte, wie sein Herz seltsam angerührt war. Manchen fiel es gar nicht leicht, die Schüchternheit, das Ungewohnte und die Angst, sich lächerlich zu machen, hier zu überwinden. Nachdem der neunte gesprochen hatte, dauerte die Pause länger. Bevor das Schweigen ungemütlich werden konnte, unterbrach es Andrew, er stand jedoch nicht auf und hielt auch weiterhin den Kopf auf seine Hand gestützt, wie seit Dr. Murrays Fürbitte.

»Laßt uns einige Augenblicke still sein.«

Er merkte, als er sich erhob, daß die flüssigen Worte, die er sich für den Abschluß zurechtgelegt hatte, ihm entfallen waren. Statt dessen sagte er jetzt schlicht: »Auch ihr habt sicher das Gefühl, daß es für uns gut ist, wenn wir hier zusammen sind. Wollen wir das Lied singen – ich weiß die Nummer nicht, aber ihr werdet es leicht finden – ›Gesegnet sei das Band, das uns im Herrn vereint‹?«

Er wußte selbst nicht, warum gerade dieses Lied ihm plötzlich einfiel, warum er es jetzt wählte. Es hatte ihn nie angesprochen, nie irgendeine Saite in seinem Innern in Schwingungen versetzt. Wenn Mansell es hören könnte, würde er sich sehr mokieren und ihn einen rührseligen Esel nennen.

»Wir tragen jede Last
Mit Schwergeprüften gern,
Des Mitleids Tränen fließen oft
Vereint vor unsern Herrn.«

Mansell – ach was! Das Lied paßte ausgezeichnet, und es war ein guter Griff von ihm, es an dieser Stelle eingefügt zu haben. Er konnte spüren, wie sehr sich alle freuten.

Dennoch war er nicht gefaßt auf die Flut von Dank und Anerkennung, die sich über ihn ergoß, als die Leute nach dem Segen, der auf seine Bitte von einem älteren Geistlichen gesprochen worden war, keine Neigung zeigten, fortzugehen, sondern sich zu kleineren, heiteren Knäueln sammelten, die sich lockerten und ihn in sich hineinzuziehen suchten, sooft er sich dem Ausgang nähern wollte.

»Ich möchte Ihnen nur aus tiefstem Herzen danken, Mr. Connington«, sagte eine kleine, resolute Frau mit grauen Haaren, die sich in Gemeindekreisen und im Antialkoholikerverband aktiv betätigte. »Sie werden nie ermessen können, wie wohl es mir getan hat.«

»Ich selbst habe aber nichts getan, für das man sich bei mir bedanken mußte, scheint mir«, wandte Andrew ein, doch sie fuhr mit warmem Herzen fort.

»Sie haben uns die Augen aufgetan. Ja, wirklich. Da habe ich mich die ganzen Jahre für ein aktives Kirchenglied gehalten – und in der Gebetsversammlung war ich nicht ein einziges Mal! Letzten Sonntag habe ich mich so geschämt – als ich heimkam, habe ich zu meinem Mann gesagt: ›Von jetzt an kommt bei mir das Wichtigste an die erste Stelle. Ich werde Mr. Connington ja nie mehr in die Augen sehen können, wenn ich ihn nach diesem wundervollen Aufruf jetzt nicht unterstütze.‹ Und darauf sagte er: ›Na ja, wenn du meinst, wird es mir nicht schaden, wenn ich mit dir gehe.‹ Und hier ist er nun.« Ihr Ehemann, groß und lustigen Gemütes, gab Andrew einen kräftigen Händedruck.

»Sie sind ein wahres Wunder, Mr. Connington. Wenn einer mir gesagt hätte, ich würde zur Gebetsversammlung gehen und es gefiele mir sogar, dann hätte ich ihm gesagt – na ja, das will ich lieber nicht erzählen, was ich ihm da gesagt hätte. Und jetzt bin ich also hier, und wiederkommen will ich auch.«

»Ich weiß genau, was Mr. Knowles da meint«, unterbrach ein hübsches sechzehnjähriges Mädchen, dessen Augen während der Versammlung immerzu an Conningtons Gesicht gehangen hatten. »Ich hätte nie gedacht, daß Gebetsversammlungen so nett sein könnten – nein, nicht nett, das meine ich natürlich nicht, aber so ein schönes, freundliches Gefühl, als wenn wir uns auf einmal besser kennen würden, so wie es in der Kirche eigentlich auch sein sollte, Sie wissen wohl schon, was ich meine.«

»Guten Abend, Mr. Connington«, Dr. Murray machte keine lobende Bemerkungen, jedoch sein Ton war ungewöhnlich herzlich.

»Jetzt sehe ich das Gebet ganz neu«, sagte Walton, der junge Bibelgruppenleiter, indem er Andrew einen Augenblick beiseite zog. »Ich dachte immer, Beten wäre sozusagen eine Pflicht, und es könnte einen aufrichten, wenn man mal am Boden liegt, aber daß es auch Ereignisse bewirken kann und Dinge ändern, das hatte ich mir eigentlich nie vorgestellt, erst als Sie uns die Stellen haben lesen lassen. Bisher, wissen Sie, habe ich noch nie im Leben öffentlich gebetet – nur einmal, als ich bei einem Gottesdienst für junge Männer mitzuwirken hatte, da hatte ich ein Gebet auswendig gelernt und kam mir furchtbar minderwertig vor –, aber was Sie uns da heute abend sagten, daß Er wirklich da ist und warum wir uns denn minderwertig fühlen sollten, wenn wir mit Ihm sprechen, das hat mich wirklich angepackt. Und darauf habe ich mich dann entschlossen.«

Andrew fühlte sich unsagbar erleichtert, als er schließlich draußen war und durch die wohltuend schweigsame, von wenigen Lichtern erhellte Dunkelheit der Straßen heimwärts fuhr. Wie scheinheilig war er sich bei diesen Lobesworten vorgekommen! Wann würde er es endlich lernen, auf solche unvorhergesehenen Bemerkungen, die ihn beinahe überrumpelt hätten, eine höfliche, doppeldeutige Antwort zu geben?

Durch Verstandesüberlegungen gelang es ihm allmählich, sich vor sich selbst zu rehabilitieren. Die Heuchler waren eigentlich die anderen, nicht er; sie gaben sich seit Jahren als Gläubige, aber trotzdem hatten sie die schlichten Lehren und Gebote, auf die er selber sie erst hatte stoßen müssen, nicht befolgt. Seltsam, daß gerade er, der »Fremdling ohne Bürgschaft in Israel«, den anderen die Augen öffnen mußte für die grundlegenden Erfordernisse ihres Glaubens. Kam es daher, daß sie die Bibel, die für ihn so überraschend und so neu war, seit Jahren einfach hingenommen hatten, ohne weiter nachzudenken? Jedenfalls sah er keinen

Grund, sich etwas vorzuwerfen. Ob er gleich ihnen gläubig war oder nicht, er hatte sie viel glücklicher gemacht als vorher. Was sie nicht wußten, konnte ihnen auch nicht schaden – im Gegenteil, es förderte sie sogar, wenn man ihren schmeichelhaften Äußerungen glauben durfte und wenn die guten Vorsätze sich hielten, auch nachdem der Reiz der Neuheit sich verflüchtigt hatte. Unterdessen – er beugte sich hinüber und schloß das Fenster auf der anderen Seite, denn er hatte beide aufgemacht, damit der Luftzug seine Stirne kühlte – mußte er darauf achten, daß er nicht wieder in einen Zustand der Gefühlserregung kam. Es war ja wohl ein klarer Fall von Massensuggestion gewesen, nahm er an, die überladenen Gefühle der anderen hatten auf die seinen eingewirkt. Man denke nur – er sang »Gesegnet sei das Band« und hatte auch tatsächlich das Gefühl gehabt, daß ihn ein Band mit diesen Leuten da vereinte! Und dabei kannte er die einzelnen fast gar nicht; ihre Neigungen und Interessen waren gänzlich anders als die seinen. Wie er reagiert hatte, war in höchstem Maße sentimental gewesen.

Um der Scham, die ihn bei der Rückerinnerung quälte, zu entgehen, verweilte er bei den verschiedenartigen Gebeten, die gesprochen worden waren, und zerpflückte sie: die von der tätigen Christin mit dünner Stimme vorgebrachte, detaillierte Serie von Bitten und leisen Mahnungen an Gott, Waltons demütiges und gehemmtes Flehen, bei dem er jedesmal, wenn ihm der Atem ausging oder die Ideen, »O Vater« eingeschoben hatte; dann das Mädchen aus dem »Christlichen Pfadfinderinnenbund« mit dem stilgetreuen Dankgebet »für die Schönheit der Natur«, »für die Stunden der Gemeinschaft am Lagerfeuer«, »für die Verbundenheit durch hohe Ideale«. Aber daß er so Kritik übte, war im Grunde ekelhaft von ihm; sie alle hatten es ja ernst gemeint, und ihm hatten sie aus der Verlegenheit geholfen. Na ja, das Problem war jedenfalls gelöst, wenigstens fürs erste; er würde in die Abende genügend Abwechslung hineinbringen, jede Woche etwas anderes und Unerwartetes, so daß das Ganze nicht verflachte oder monoton wurde. Die Verantwortung würde er auch künftig abwälzen. Dafür dankten sie ihm ja sogar! Und schließlich hatte er ja auch sein Motto, dem er folgen mußte: »Ich darf das Walten Gottes wohl bezeugen, verteidigen Seine Wege vor den Menschen.« Die Wege Gottes – des Gottes, den er selbst nicht kannte.

9

Die Garfields gehörten nicht zu denen, die von den neugestalteten Gebetsversammlungen angezogen wurden. Daß sie ihnen fernblieben, kam jedoch nicht daher, daß es ihnen an Begeisterung für den neuen Pfarrer fehlte, und einige Zeit darauf, bei einem geselligen Gemeindeabend, tauchte Mrs. Garfield plötzlich auf, um ihn in diesem Punkte zu beruhigen.

»Ich höre, Sie haben ja den Wochengottesdienst geradezu verjüngt, Sie Wundertäter«, begrüßte sie ihn herzlich. Dabei flog ihr Blick, der immer viele Dinge gleichzeitig erfaßte, an Connington vorbei und flatterte von einem zum anderen. Schweigend wartete er ab, bis ihr Blick zurückkam.

»Nur auf Gerüchte sollte man sich nie verlassen, Mrs. Garfield.«

»Ah, ich sollte selber kommen, meinen Sie. Aber wissen Sie, die wenigsten ahnen, wieviel ich zu tun habe! Pro Tag nur vierundzwanzig Stunden, das ist einfach zu wenig. Oft muß ich zwei bis drei Verpflichtungen an einem einzigen Abend unterbringen. Viele mögen mittwoch abends frei sein, bei mir dagegen scheint das unerreichbar. Und außerdem, nach diesen Dingen habe ich auch kein Bedürfnis. Ich bin nun einmal kein Gefühlsmensch, was das Religiöse angeht. Nicht, daß ich es verdamme, wissen Sie – für viele ist es eine Art des seelischen Sichauslebens, und es entspricht daher auch einem wirklichen Bedürfnis. Nein, ich nehme sogar großen Anteil an der Sache und freue mich richtig über Ihren Erfolg. Aber ich habe es ja gewußt, daß Sie Erfolg haben würden! Und wie knapp meine Zeit auch sein mag, am Sonntag sehe ich immer zu, daß ich wenigstens in *einen* von den Gottesdiensten komme«, sagte sie zum Schluß mit königlicher Großmut.

Andrew beherrschte sich.

»Das ist sehr freundlich von Ihnen.«

»Gar nicht. Was denken Sie, für mich ist es ein Genuß. Sie sind ein wahrer Inspirationsquell. Jedesmal nehme ich von Ihnen mindestens *einen* Gedanken mit, den ich dann die ganze Woche bei mir trage. Ich rechne schon darauf. Ach ja, dabei fällt mir etwas ein – Mary Jane hatte heute abend leider keine Zeit. Wissen Sie, sie geht in diesem Winter doch zum erstenmal auf Bälle, und deshalb hat sie furchtbar viel zu tun. Und dann, für Mädchen ihres Alters sind Gemeindeabende ja ziemlich langweilig. Sie hat mir aber etwas für Sie aufgetragen. Die Karte wegen ihres ersten Balles haben Sie inzwischen wohl bekommen. Nun hat sie mich gebeten, die Einladung noch einmal persönlich auszusprechen. ›Sag ihm, ich rechnete bestimmt damit, daß er käme‹, sagte sie, und ich habe ihr versprochen, es Ihnen auszurichten. Sie kommen doch bestimmt?«

»Das kann ich im Moment nicht sagen, wirklich nicht. So ganz unbeschäftigt bin ich ja nun auch nicht. An welchem Abend ist es denn?«

»Am neunundzwanzigsten. Ja, ich weiß, daß Sie viel zu tun haben. Aber die Sache kommt ja doch erst recht in Schwung, wenn Sie Ihre anderen Verpflichtungen schon hinter sich haben. Bis drei Uhr morgens können Sie jederzeit erscheinen, und Sie werden sich auch dann noch amüsieren. Es wird ein wunderbares Fest werden — Jerome ist ja so vernarrt in das Kind, er hat sich in den Kopf gesetzt, daß Mary Jane den schönsten Erstlingsball von ganz Toronto haben soll. Er war schon immer so zu ihr — mit Jerry, seinem Sohn, ist er manchmal etwas streng, aber Mary Jane kriegte immer alles, was sie sich nur wünschen konnte. Dann sage ich ihr also, daß Sie kommen werden?«

»Zusagen kann ich erst, wenn ich sicher bin, daß ich es auch einrichten kann, Mrs. Garfield.«

»Sagen Sie doch jetzt schon ja, dann weiß ich, daß wir auf Sie rechnen können. Sie dürfen Mary Jane nicht enttäuschen, Mr. Connington. In die Gesellschaft eingeführt wird man als Mädchen ja nur einmal, und ein solcher Abend sollte nicht getrübt sein von Enttäuschungen. Und sie möchte Sie so gern dabei haben. Das Kind verehrt Sie geradezu, es geht bei ihr viel tiefer als eine bloße Schwärmerei. Also sagen Sie doch zu, daß Sie kommen werden, wenigstens für kurze Zeit.«

»Gut, ich verspreche es. Vielen Dank, Mrs. Garfield. Guten Abend.«

Er wandte sich zu einer von den Frauen, die geduldig warteten, daß sie ihn sprechen könnten, und Mrs. Garfield, die Vielbeschäftigte, zog weiter.

Sein präzises Gedächtnis mahnte ihn an sein Versprechen, doch er hatte keine Lust, auf Mary Janes Altar den ganzen Abend zu opfern. Eine Theaterverabredung gab passenderweise einen weiteren Grund, sich in den Frack zu werfen, und als er um halb zwölf die Halle des Hotels betrat, hatte er lediglich das zweifelhafte Vergnügen eines offiziellen Empfangs versäumt.

Die aufreizenden Klänge von »Baby Face« wiesen ihm den Weg zur Tür des berühmten Tanzsaales, wo die buntbewegte Masse vieler Tänzerpaare unter magischer Beleuchtung seinen Blick gefangennahm. Als sich das Gewoge bei den letzten langgezogenen Tönen dann entwirrte und in Einzelpaare auseinanderfloß, die den Sitzecken und den anstoßenden Gesellschaftsräumen zustrebten, konnte Andrew sich der Betrachtung des Schauplatzes zuwenden. Der Saal war mit viel Geschick in ein Tiroler Dorf en miniature verwandelt worden. Statt der Wände blickte man auf hohe Gipfel und gewellte Felsenhänge. Torontos beste Tanzkapelle, angetan mit prächtiger Tiroler Tracht und den bestellten Frohsinn liefernd, saß auf dem Balkon eines malerischen Bauernhauses. Nur die ungezählten Blumensträuße, Geschenke für die Debütantin und auf einer langen Tafel auf dem Podium aufgebaut, brachten eine falsche Note in das Bild, sie paßten zu den eleganten Abendkleidern, aber weniger zu der konstruierten Traulichkeit des ländlichen Idylls.

Unter den Gästen erkannte Andrew einige der wohlhabenderen Glieder der Gemeinde. Noch häufiger erkannten andere ihn selbst, wenn sie vorübergingen und ihn mit einem Kopfnicken, einer Verbeugung oder einer kurzen Bemerkung begrüßten. Schließlich entdeckte er auch Mary Jane, umschwärmt von einer Gruppe aufgedrehter junger Leute. Fast im gleichen Augenblick sah sie ihn ebenfalls, mit einem übertriebenen Freudenschrei ließ sie ihr Gefolge stehen und eilte auf ihn zu. Sie wirkte wie ein Riesenbaby — in einem himmelblauen Taftkleid, kniefrei, die Taille an den Hüften, und blauseidenen, mit Rosetten dekorierten Tanzschuhen. An ihrer rechten Schulter saß ein blauer Orchideenstrauß, den Hals umschloß, in der Farbe dazu passend, eine enge Kette aus Saphiren, gleich unterhalb der Spitzen ihrer kurzgeschnittenen rötlich-braunen Haare; und das kindliche Gesicht — die Korrektionsspange für die etwas vorgeschobenen Zähne war vorübergehend abgelegt – war so lebhaft und hübsch, wie es dank der überschminkten Sommersprossen und der hitzigen Erregung eben sein konnte.

»Ah, Mr. Connington! Sie sind gerade erst gekommen?« Mit neuerworbener Weltgewandtheit suchte sie die unbeholfene Verlegenheit, die seine Gegenwart bei ihr hervorrief, zu verdecken. »Ich hoffe, meine Party langweilt Sie nicht allzusehr.«

»Dazu war noch keine Möglichkeit, ich bin ja eben erst gekommen«, sagte er. »Aber warum meinen Sie, ich würde mich hier langweilen?«

»Oh, ich weiß nicht. Ich dachte nur, Sie würden sich bei so was leichter langweilen als die anderen Leute hier. Sie tanzen doch nachher mit mir, nicht wahr?«

Andrew war im ersten Augenblick verblüfft.

»Ich kann mir gar nicht vorstellen, daß Sie noch einen Ihrer Tänze frei haben.«

»Du lieber Himmel, nein! Ich kann aber leicht einen auslassen. Wie wäre es mit diesem nächsten?«

»Tut mir leid, Mary Jane, ich kann ja nicht einfach jemand anderen verdrängen.«

»Doch, natürlich. Der nächste Partner wäre George, aber der ist jetzt schon so in Fahrt, daß alle Mädchen für ihn gleich sind.«

»Dann hat er meine Anteilnahme ja nicht nötig. Aber tanzen werde ich auch so nicht.«

Mary Jane sah ihn ungläubig an.

»Aber Sie können mich doch nicht so im Stich lassen heute abend. Nachdem ich mich so sehr darauf gefreut habe. Warum wollen Sie denn nicht tanzen?«

»Sie können die Erklärung nach Belieben wählen«, sagte Andrew. »Zum Beispiel, daß ich ein miserabler Tänzer bin, daß ich ungern tanze, daß es sich mit der Würde meiner Stellung nicht verträgt – was Sie wollen.«

»Ach, Ihre Stellung. Die alten Banausen aus dem Kirchenvorstand sind ja gar nicht hier. Wollen Sie wirklich nicht?«

»Machen Sie es mir doch nicht so schwer.« Sein bedauerndes Lächeln versöhnte sie. »Ich denke dabei auch an Sie. Die Hauptperson des Abends sollte einen guten Partner haben. Ich habe schon seit Jahren nicht getanzt, ich würde Ihnen Schande machen.«

»Das kann ich mir nicht denken. Aber kommen Sie, lassen Sie sich wenigstens der Clique vorstellen. Ich möchte sehen, was sie für Gesichter machen, wenn ich ihnen sage, daß Sie Pfarrer sind.«

Um ihr die Erfüllung dieses zweifelhaften Wunsches zu gewähren, folgte Andrew ihr. Die Nennung seines Berufes hatte den gewünschten Effekt; sie löste erst verblüfftes Staunen aus, darauf folgte teils verlegenes Schweigen, teils ungeschickte Jovialität.

»Ich habe neulich Ihre Predigt gehört, Mr. Connington, vor einer Woche oder so«, sagte einer der jungen Männer. »Eine großartige Predigt!«

»Vielen Dank«. Andrew konnte sich eines Lächelns über diesen heldenhaften Anlauf nicht erwehren. »Aber Sie brauchen sich jetzt nicht auch noch auf den Text zu besinnen. Ich kann auch über andere Dinge reden.«

Sein Humor, obwohl nicht übertrieben geistreich, brach das Eis. Andrew fand das anerkennende Gelächter fast peinlich. Glücklicherweise besann sich die Kapelle jetzt auf ihre Pflichten, und die einsetzende Musik löste die Befangenheit. Mary Jane wandte sich mit einem resignierten Schulterzucken an Andrew.

»Also, wenn Sie mir tatsächlich einen Korb geben – Mutter möchte jedenfalls, daß Sie mit uns essen. Bis später.«

Im gleichen Augenblick kam George und machte seine Ansprüche geltend. Andrew begab sich aus dem gefährlichen Bereich der Tanzenden und sah sich um nach Mrs. Garfield, um sie zu begrüßen. Er hatte vorgehabt, unmittelbar danach zu gehen, aber seine Gastgeberin wollte nichts von Aufbruch hören.

»Darauf laß ich mich gar nicht ein«, beharrte sie gebieterisch. »Sie arbeiten viel zuviel, Mr. Connington, und Sie brauchen ab und zu etwas Entspannung, so wie hier. Sie werden ja sonst vorzeitig alt! Ich habe schon alles arrangiert, daß Sie mit uns essen.«

Andrew konnte ihr nicht sagen, daß er sich bessere Methoden denken könne, wenn er sich entspannen oder jung bleiben wolle, als gerade anderen beim Tanzen zuzusehen. So gab er ihrem Drängen nach und geleitete sie kurz darauf in das Speisezimmer. Auch die Kellnerinnen trugen prachtvolle Tiroler Kostüme, und auf der Ehrentafel prangte ein komplettes kleines Alpendorf. Von hier aus konnte man sämtliche anderen Tische überblicken.

»Müssen wir nicht stolz sein auf unsere jungen Leute, Mr. Connington?« plapperte Mrs. Garfield weiter. Mit wachsamem Mutterauge beobachtete sie Mary Jane, die plötzlich auf die Idee verfallen war, den Nachbartisch mit den Rosen zu beschießen, die als Girlande ihren Platz schmückten. »Ich sehe so gern zu, wenn sie sich amüsieren. Haben Sie je etwas Süßeres gesehen als diese jungen Mädchen?«

Süß war wohl kaum die richtige Bezeichnung, dachte Andrew, als er die Gesellschaft betrachtete. Er fand sie eher mondän, lebenshungrig, selbstsicher. Ihre vielen Tanzereien, diese Kette hektischer Vergnügungen, die man Season nannte, nahm er ihnen nicht übel, dafür fand er sie zu unwichtig; aber sein Gefühl für soziale Gerechtigkeit, das sich durch sein ständiges Bibelstudium immer mehr verstärkte, empörte sich, wenn er sah, wie die Kellnerinnen mit müden und ausdruckslosen Gesichtern die Teller hinaustrugen, auf denen die Speisen manchmal kaum berührt und selten mehr als halb verzehrt waren. Am Nachbartisch saß eine schlanke junge Dame in einem üppigen Paillettenkleid, dessen Last die dünnen Träger kaum zu tragen vermochten; Andrew sah, wie sie gelangweilt in ihrem Geflügelgelee herumstocherte, ein kleines Ananassoufflé zerbröselte, dann ihren Teller von sich schob und wieder eine Zigarette nahm.

»Das Essen ist phantastisch«, bemerkte sie zu ihrem Tischherrn, »aber ich bringe keinen Brocken mehr hinunter. Wir waren nämlich vorher schon bei Mrs. Rowan zum Dinner, unsere Clique. Aber etwas Alkohol könnte ich vertragen, wenn ich bis zum Morgengrauen durchhalten soll. Was hast du denn zu bieten, Bill?«

»Hier steht zum Beispiel Obstpunsch«, sagte Bill, der dem Pennäleralter kaum entwachsen schien; »vielleicht, daß er dich mit einem Schuß von dem hier wieder hochbringt — das heißt, wenn du es vertragen kannst.«

Die ganze Sippe musterte gespannt die kleine Silberflasche, die er aus der Tasche zog.

»Und was ist es diesmal? Wieder ein Produkt von deinem alten, widerlichen Schmuggler, so wie neulich?« erkundigte sich der Junge, der ihm gegenübersaß. »Seht euch vor, ihr Mädchen. Er läßt sich jeden Fusel andrehen.«

»Meinst du? Hier, dann riech mal«, forderte Bill ihn auf. »Echter Jamaika-Rum – prima Ware – ein Freund von mir, der im vorigen Monat dort war, hat ihn durch den Zoll geschmuggelt. Aber trinkt das Zeug nicht unverdünnt, ihr Mädchen. Ich möchte nicht, daß ich euch am Schluß hinaustragen muß. Vielleicht kommt aber wenigstens ein bißchen Schwung in eure Tanzerei.«

Andrew wandte sich gelangweilt ab und beobachtete wieder die Gesellschaft im ganzen. Die Männer waren ein merkwürdig zusammengewürfelter Haufen, die meisten viel unansehnlicher und einfacher als die Frauen, trotz Gesellschaftsanzug, sorgfältiger Frisur und Knopflochblume. Andrew wußte, was für Ängste und Sorgen die gesellschaftlich prominenten oder ehrgeizigen Mütter hatten, wenn es darum ging, für die Tanzereien ihrer Töchter die erforderliche Anzahl angemessener Kavaliere aufzutreiben; da griff man sogar auf Adressenverzeichnisse der Universität zurück und auf Listen von Männern, deren Schwestern man nie im Leben eingeladen hätte. Er wußte auch, warum sie zu diesen Notlösungen gezwungen waren: weil die strebsameren der jungen Männer sich völlig außerstande sahen, den Anforderungen des Berufes oder Studiums gerecht zu werden und gleichzeitig den gesellschaftlichen Trubel mitzumachen; und außerdem, weil allgemein die Meinung herrschte, jede ordentliche Tanzgesellschaft brauche einen Überschuß an Herren.

Am Nachbartisch tat der Jamaika-Rum schon seine Wirkung. Mit großem Hallo wurde das Dessert begrüßt; die junge Dame im Paillettenkleid sezierte es auf ihrem Teller mit fachmännischer Versiertheit.

»Etwas Neues! Auf Mary Jane kann man sich verlassen! Mary Jane«, rief sie durch den Stimmenlärm. »Deine Party ist ganz einzig. Soll ich raten, was es ist, bevor ich es probiert habe? Pistazieneis – innen Aprikosen – mit Nußkrem glaciert – Schokoladensauce. Stimmt's?«

Als Andrew sich um zwei Uhr verabschiedete, lief die Party noch auf vollen Touren – es waren sogar verschiedene Grüppchen, von einer anderen Gesellschaft kommend, erst gerade eingetroffen. Als er die Garderobe verließ, traf er auf den jungen Jerry, der abseits des Ballsaals einen exaltierten Steptanz aufführte. Als er seinen Pfarrer sah, fuhr er zusammen, winkte dann galant und machte weiter. Aber kurz darauf hörte Connington, wie er sagte: »Laß mich einen Augenblick allein, Marnie, ja? Ich bin in zwei Sekunden wieder da.« Dann stand er plötzlich neben ihm.

»Sie gehen schon nach Hause, Mr. Connington? Sie finden diese Party sicher schrecklich fade.«

»O nein, im Gegenteil, möcht' ich behaupten. Ich habe aber heute vormittag zu arbeiten.«

»Ach Unsinn! Ich ja auch. Zum Schlafengehen ist es noch zu früh. Hören Sie...«, er zögerte zuerst, jedoch der konsumierte Alkohol gab ihm wieder Mut, »wie wäre es, wollen Sie nicht rüberkommen und etwas mit uns trinken?«

»Wo?«

Jerry wies mit einer Kopfbewegung auf das andere Flurende.

»Ein paar von uns haben dort ein Zimmer. Der rechte Ort, um sich etwas auszuruhen. Man kann da ganz gemütlich trinken. Die anderen würden sich sehr freuen – vor allem die Mädchen! Kommen Sie ein bißchen mit?«

»Was denken Sie sich denn?«

»Ach so, Ihr Beruf. Bei irgendeinem anderen Padre wäre es mir gar nicht aufgefallen, ihn zu so was aufzufordern, aber einen anderen würde ich auch gar nicht ansprechen. Aber Sie, Sie sehen mir so aus, als wenn Sie sich zuweilen auch ein Glas genehmigt hätten, seinerzeit. Haben Sie das nicht?«

»Doch, seinerzeit habe ich das getan.«

»Also gut, dann los.«

»Aber das war früher, als ich das Alter der Vernunft noch nicht erreicht hatte, als ich noch nicht merkte, was ich für ein Narr war.« Sein breites Lächeln nahm den Worten ihre Schärfe. »Hoffentlich kommen Sie auch bald so weit.«

»Schade. Jetzt wollen Sie mir auch noch eine Predigt halten.«

»Ich? Aber keine Spur, ich habe heute meinen freien Abend. Nein, nüchterne Vernunft nenne ich das. Sie haben schon genug, und wenn Sie jetzt noch weitertrinken, haben Sie morgen Schädelbrummen.«

»Und ob! Aber irgend etwas braucht man doch, zum Teufel auch, wenn man auf den Beinen bleiben soll bei diesem Karussellbetrieb. Nacht für Nacht – auch Ihnen hinge das zum Hals heraus.«

»Was hat es denn für einen Sinn ...«, setzte Andrew an, aber dann fiel ihm ein, daß er wieder für einen Moralprediger gehalten werden könnte und daß Jerry nicht mehr in der Lage war, ein vernünftiges Gespräch zu führen. »O. K., Jerry. Danke für die Einladung. Auf ein andermal – und fahren Sie nicht selbst nach Hause!«

Er atmete erleichtert auf, als er endlich draußen war. Soweit hatte er sich als unbeteiligter Beobachter ganz gut amüsiert. Aber diese letzte Unterredung gab dem Ganzen einen üblen Nachgeschmack. Nicht Jerrys Missetaten quälten ihn; wohl aber, daß er selber nicht imstande gewesen war noch willens, die Situation zu meistern. Die ziemlich derbe Ausgelassenheit, die Verschwendung, der angeberische Prunk, das heimliche und doch so offenbare Trinken und die Wirkung alles dessen auf junge Menschen wie Mary Jane und Jerry – er wußte, dieses alles hätte ihn mit Mitleid und dem heißen Wunsch erfüllen müssen, sie zu retten; statt dessen hatte es nur Widerwillen und Verärgerung bei ihm hervorgerufen. Er war sich auch bewußt, daß ihn die ganze Zeit das egoistische Verlangen beherrscht hatte, sich dem albernen Gerede dieser Leute zu entziehen und außerdem – wie er mit einem bitteren Lächeln feststellte – das pharisäische Gefühl der Dankbarkeit, daß er nicht so war wie diese anderen.

Er machte seinem Herzen Luft und schrieb eine Predigt mit dem aggressiven Text: »Das ist die fröhliche Stadt, die so sicher thronte, die in ihrem Herzen sprach: Ich bin's und keine ist wie ich.« Damit die Anspielung aber nicht zu prononciert wirkte, hielt er sie erst nach Weihnachten. Jedoch, er hätte keine Angst zu haben brauchen. Vielleicht zwar hätten einige in der Gemeinde sich verletzt gefühlt, aber Mrs. Garfield ganz und gar nicht. Seine »größte und begeistertste Anhängerin« kam nach dem Gottesdienst, wie immer eilig, auf zwei Worte zu ihm, und zum erstenmal erfuhr er, daß es Leute gibt, die Gefallen daran haben, herausgefordert und gerügt zu werden – solange man nicht ihre Eitelkeit verletzt.

»Wissen Sie, ein paarmal kam es mir so vor, als hätten Sie mit Ihren Hieben uns gemeint, Sie verwegener Mensch«, sagte sie. »Aber, mein Gott, dafür ist ein Pfarrer schließlich da! Mir gefällt es, wie Sie reden — so frei von der Leber weg! Auf Wiedersehen! — Sie wissen ja, wir rechnen fest auf Sie bei unserem Bazar, vergessen Sie ihn nicht.«

Andrew, der bei der Erinnerung an das Gespräch die Brauen in komischer Verzweiflung hochzog, fand, daß seine allgemeine Beliebtheit etwas Unheimliches habe. Sollte es endlos so weitergehen mit den bewundernden Worten, der schmeichelhaften Aufmerksamkeit, den dringenden Einladungen zu privaten oder öffentlichen Anlässen aller Art? Seine Predigten, auch die, von denen er wußte, daß sie unter seinem sonstigen Niveau lagen, erweckten ekstatischen Widerhall. War es ihm unmöglich, auch einmal zum Ärgernis zu werden? Konnte Predigen, das so vorbehaltlos angenommen wurde, irgend etwas Gutes wirken?

Im Gegensatz zu dieser äußeren Hofierung brannte um so schmerzlicher von Zeit zu Zeit die innere Überzeugung, daß er in vielem versage. Keine Komplimente, weder die von Mrs. Garfield noch von anderen, ehrlicheren Frauen, konnten die Selbstverachtung mildern, die ihn beherrschte nach Jerrys Besuch. Zu persönlichen Gesprächen hatte Andrew nie aufgefordert, und abgesehen von einigen geringfügigen Fällen, wo er ernsthafte Ratschläge erteilt und sich selbst dabei belächelt hatte, war es ihm auch stets gelungen, derartige Gespräche zu vermeiden. So war er völlig überrascht, als er eines Tages Jerry in sein Amtszimmer treten sah, weniger jungenhaft und unreif als sonst, das Gesicht kampfbereit und abweisend, mit einer kurzen Tabakspfeife, die nicht brannte und die zwischen den nervösen Händen und den ebenso nervösen Lippen immer hin und her wanderte, abwechselnd als Waffe und Beruhigungsmittel dienend.

»Hallo«, sagte Andrew auf Jerrys unsichere Begrüßung. »Wie kommt es, daß ich Sie während der Bürozeit hier bei mir sehe? Oder kommen Sie in einer besonderen Angelegenheit?«

»Ach, nicht direkt. Im Büro ist nicht viel los, ich habe zu Papa gesagt, ich könnte noch ein bißchen Schlaf gebrauchen, da hat er mir für heute morgen freigegeben.«

»Aber schlafen gegangen sind Sie dann doch nicht, wie es scheint.« Andrew hoffte, das Gespräch werde weiterhin auf dieser Ebene bleiben.

»Nein. Das heißt, eine Stunde oder so habe ich mich hingelegt. Acht Tage könnte ich schlafen nach dieser gottverdammten Tretmühle jeden Abend.« Er schob die Pfeife wieder in den Mund, nahm seinen braunen Filzhut von dem Stuhl, auf den er ihn geworfen hatte, drehte ihn nervös in der Hand, schmiß ihn auf den Schreibtisch und trottete verstimmt zum Fenster. »Hübsche Aussicht haben Sie hier.«

»Ja.« In der Hoffnung, es werde irgend etwas dazwischenkommen, wenn er das drohende Geständnis nur lange genug hinauszögere, fing Andrew eine belanglose Konversation an. »Mit dem Baum dort macht sie sich bei jedem Wetter sehr gut. Ich selber fotografiere zwar nicht, aber ich vermute, man könnte ausgezeichnete Aufnahmen machen – mit dem Mauerwerk und dem Himmel als Hintergrund.«

»Aha. Ja, wahrscheinlich.« Jerry ließ sich nicht ablenken. Er ging zu dem Stuhl zurück, stützte sich mit dem Ellenbogen auf die Rückenlehne und steckte die Pfeife wieder in den Mund. Dann packte er sich gleichsam selbst am Kragen und warf sich auf den Zweck seines Besuches. »Also, ich habe selber keine Ahnung, warum ich hierher komme, aber ich bin mit meinem eigenen Latein am Ende, und da habe ich mir gesagt, die Religion, verdammt nochmal, soll einem doch angeblich helfen, und Sie, Sie kennen sich doch anscheinend damit aus, deshalb dachte ich, vielleicht sollte ich den Kram bei Ihnen abladen, und es könnte nichts schaden, vielleicht sogar nützen.« Außer Atem und verlegen hielt er inne.

»Dann schießen Sie los«, erwiderte Andrew in beiläufigem Ton. Was konnte er auch anderes sagen? Vielleicht war der Junge bloß unbefriedigt wegen seiner Arbeit im Büro, oder er hatte sich mit Mary Jane gezankt oder einen Krach mit seinem Alten Herrn gehabt.

»Ich weiß nicht, wie ich die verdammte Sache ausdrücken soll. In so was bin ich hoffnungslos idiotisch. Auch auf der Schule habe ich nie einen anständigen Aufsatz schreiben können. Gott, bin ich froh, daß Mutter mich nicht überredet hat, auf die Universität zu gehen. Bei mir allerdings kam das sowieso nicht in Frage. Auf drei verschiedene Schulen hat mich mein Vater geschickt, bevor sie mich durchs Abitur gebracht haben.« Erfreut über die gelungene

Abschweifung ließ er sich auf den Stuhl fallen, der ihm bis jetzt als Stütze gedient hatte. Dann schlug er die Beine übereinander, klopfte mit bewußter Bosheit seine Pfeife am Absatz aus, zog einen Tabaksbeutel hervor und machte sich daran, die Pfeife langwierig und sorgfältig zu stopfen, wobei er den Faden seines eigentlichen Themas wieder aufnahm. »Tja, wozu um den heißen Brei noch herumgehen? Es klingt wahrscheinlich ziemlich unfein für Sie, aber was mich umwirft, das sind die Frauen – die Sexualität.«

»Ja – und weiter?« sagte Andrew abwartend.

»Na ja, ich meine, was soll das Ganze eigentlich? Wozu sind wir so geschaffen worden? Wir sind doch nur menschlich, nicht wahr? Jeder tut es, und tut man selbst es nicht, dann sagen einem alle, man wäre ein Waschlappen – man würde Komplexe bekommen oder so was. Und die Mädchen machen es uns in keiner Weise leichter, auch die netten nicht. Es gibt natürlich auch die unnahbaren, aber das sind ja sowieso keine richtigen Menschen. Was soll das Ganze also?«

»Ist das eine Frage oder eine Feststellung?« erkundigte sich Andrew; er füllte mechanisch die entstandene Pause aus, um den unausweichlichen Augenblick, wo er selbst die Führung übernehmen mußte, noch etwas hinauszuschieben.

»Darum geht es ja gerade. So klar und einfach ist die Sache nicht. Ich habe über die Stränge geschlagen, ein- oder zweimal – nein, eigentlich nur einmal. Ich hatte ziemlich einen sitzen damals, und am nächsten Tag war mir hundeelend. Und einiges, was Sie in Ihrer Predigt sagten, hat mich ziemlich getroffen. Darauf habe ich versucht, mich zurückzuhalten – und bin von den anderen durch den Kakao gezogen worden. Es ist schon schwer genug auf diesen Parties, wenn man nüchtern ist, aber wenn man erst mal einige Gläser Alkohol getrunken hat, dann ist einem alles völlig egal.«

Hier war nun der gegebene Punkt zum Einhaken.

»Warum trinken Sie sie dann?«

»Oh – warum tut man überhaupt etwas? Man kann sich ja nicht einfach über die Leute hinwegsetzen. Und außerdem, es gibt sowieso schon so verdammt wenig Befriedigendes im Leben – warum soll man das, was sich bietet, nicht mitnehmen? Das möchte ich ja von Ihnen gerne wissen.« Er nahm die Pfeife in den Mund, lehnte sich zurück und fixierte Andrew mit halb ärgerlichen, halb hoffenden Augen.

Es war sinnlos, noch auf der Stelle zu treten. Hastig überdachte Connington die Gründe für Keuschheit und suchte die realsten heraus.

»Da ist zunächst die Frage der Gesundheit, der körperlichen – die Ansteckungsgefahr.«

»Nun, die meisten kommen ganz gut durch, wie man sieht. Krankheit und was sonst noch alles, es ist ja nicht mehr so wie früher. Ich meine, heute können wir ...« Er stockte.

»Sie meinen, heute brauchen Sie nicht mehr aus Ihrer eigenen Gesellschaftsschicht hinauszugehen?«

»Ja, so ungefähr.«

»Und wenn es schiefgeht, was dann? Die Gefahr für diese Mädchen, mit denen Sie doch angeblich befreundet sind – kümmert Sie das überhaupt nicht?«

»Doch, selbstverständlich. Aber daran denkt man in dem Augenblick nicht.«

»Und zweitens geht es um die Liebe – jetzt ganz nüchtern gesehen –: die monogame Art der Liebe, die idealistische, die auch unsere eigene Kultur als die beste anerkannt hat. Ihr gegenwärtiges Treiben kann in dieser Hinsicht fürchterliche Folgen für Sie haben – so, daß Sie eines Tages zu dieser Liebe gar nicht mehr fähig sind oder jedenfalls nicht mehr würdig.«

»Ja, ich weiß. Aber mit Liebe hat es eigentlich nicht viel zu tun – falls es sie überhaupt gibt, diese Art, von der die Leute immer so viel phantasieren ...«

»Aber wohl hat es mit der Liebe zu tun«, unterbrach ihn Andrew. »Sie können geschlechtlichen Verkehr haben ohne Liebe – stimmt! Sie können aber nicht die Liebe in ihrer vollen Ganzheit haben ohne die Geschlechtlichkeit. Wenn sich die Erfahrung des Geschlechtlichen bei Ihnen nur auf gleichgültige und niedrige Erlebnisse gründet, dann können Sie in einen Zustand kommen, wo Sie nicht mehr liebesfähig sind. Die Frau wird für Sie nur mehr eine Sache bedeuten, und über Liebe werden Sie nur spotten, nicht weil es sie nicht gibt, sondern weil Sie sich den Sinn dafür verdorben haben. Die jungen Mädchen werden keinen Reiz mehr für

Sie haben — und Sie nicht für die Mädchen — für die, die mehr zu geben haben als nur das eine.«

»Wissen Sie, im Grunde brauchen Sie mir gar nicht sehr zuzureden. Wahrscheinlich bin ich ein Schwächling oder infantil oder irgend was, aber ich selber bin gar nicht scharf darauf, in den klaren Momenten. Aber was soll ich machen? Man will es nicht tun — aber ob man es dann auch sein läßt, das steht auf einem anderen Blatt.«

Vidio meliora proboque; deteriora sequor. Die Worte lagen Andrew auf der Zunge, aber er verschluckte sie. Höchst verderblich, wenn man in einem solchen Falle den Schulmeister spielte! Aber was, zum Teufel, sollte er sagen? Er konnte dem Jungen ja nicht erzählen, wie auch er schwach gewesen war; bei dem Gedanken sträubte sich sein ganzes Inneres. Und damit hätte er auch nichts erreicht. Womit aber dann? Er wußte keinen Ausweg. Sein eigenes Sublimieren, das ihn dennoch unbefriedigt ließ, seine geistigen Ablenkungsmanöver, seine intellektuellen Bemühungen, seine restlose Uninteressiertheit für die Art von Mädchen, die für Jerry eine heftige Versuchung bildeten, seine hochmütige Entschlossenheit, den Körper in den letzten Hintergrund zu drängen — was hatte das alles zu tun mit einem durchschnittlichen, undisziplinierten, illusionslosen Jungen wie diesem? Dessen ganz normaler Sinnenhunger aufgestachelt wurde durch die leichten Möglichkeiten, den Luxus und die mondäne Abgebrühtheit seiner Umwelt? Während seine ebenso normale Selbstbeherrschung untergraben wurde? Gewiß, Jerry brauchte eine starke innere Überzeugung. Aber woher sollte er die Kraft nehmen, ihr Folge zu leisten bei so viel Versuchung? Es gab doch Momente, wo alle großen Worte vor der brutalen Macht der körperlichen Triebe zu etwas Unwirklichem wurden.

Er wagte den Jungen nicht anzusehen, der durch Anzünden seiner Pfeife eine sehr willkommene, aber kurze Pause geschaffen hatte und nun heftig vor sich hinpaffte. Warum, zum Teufel, wurde dieses tödliche Gespräch nicht von irgend jemand unterbrochen? Das Telefon war noch nie so lange still gewesen. Andrew nahm die auf dem Tisch verstreuten Bogen mit dem Text seiner nächsten Predigt und räumte sie zusammen, und dabei deckte er eine aufgeschlagene Bibel auf. Beschämt, aber gierig griff er nach dem Rettungsring.

»Wissen Sie«, sagte er mit einem breiten Lächeln, mit dem er Jerry zu entwaffnen hoffte, »daß ich oft hierin, wenn ich vollkommen festgefahren bin, auf genau die richtige Antwort stoße? Sehen wir nach, ob wir auch diesmal etwas finden.«

Mit einem Brummen, das nicht allzu optimistisch klang, gab Jerry seine Zustimmung. Andrew blätterte eine Weile hin und her, dann schlug er das Buch an einer beliebigen Stelle wieder auf. »Also, hier hätten wir die Antwort des Paulus: ›Denn der Tod ist der Sünde Sold.‹ Und hier eine andere: ›Denn unsere Trübsal, die zeitlich und leicht ist, schafft eine ewige und über alle Maßen wichtige Herrlichkeit‹.« Er brach ab und blätterte etwas weiter vorne. »Und hier fragt er: ›Wisset ihr nicht, daß euer Leib ein Tempel des heiligen Geistes ist, der in euch wohnt, welchen ihr habt von Gott, und seid nicht euer selbst?‹ Und wie steht es hiermit, Jerry? ›So jemand Gottes Tempel schändet, den wird Gott vernichten‹.«

Jerry rückte unruhig hin und her. »O ja, ich weiß, in der Bibel hört es sich ganz furchtbar an. Ich wünschte, es täte das auch heute noch; aber schließlich haben die Zeiten sich ja geändert.«

»Nicht so sehr. Auch die menschliche Natur nicht. Eines steht jedenfalls fest, die gesamte Erfahrung der Menschheit erweist diese Aussagen als richtig. Sie wissen selber, wie man sich fühlt danach. Dagegen, wenn man widersteht, entdeckt man, wie wahr jener Satz ist, der von der leichten Trübsal spricht. Es geht darum, daß wir uns eine Freude in der Gegenwart versagen, um später eine größere zu ernten, genau wie der Sportsmann trainiert und diät lebt um der Freude des Sieges willen.«

Es war alles richtig, doch es war nicht das, was Jerry brauchte.

»Ja, dann vielen Dank, Mr. Connington. Hoffentlich finden Sie es nicht zu lächerlich, daß ich mit der ganzen Sache so herausgeplatzt bin. Wahrscheinlich habe ich aus einer Mücke einen Elefanten gemacht. Ich werde schon zurechtkommen.«

»Gut. Und machen Sie sich nichts daraus, wenn die anderen sich mal mokieren. Mein Gott, Mann, damit werden Sie doch spielend fertig.« Er schwieg, dann fügte er hinzu: »Ich habe selbst einiges mitgemacht in der Beziehung.«

»Ach, ja?« Jerrys Ton klang skeptisch. »Sie sind aber sicher nicht mit einer Clique wie unsere gegangen.«

Aus Andrew brach plötzlich die Ungeduld. »Was für eine alberne Entschuldigung!« sagte er mit anschwellender Stimme. »Zum Donnerwetter, was ist denn mit euch los, Jerry! Diese heutige Jugend, die angeblich so unabhängig und so gradlinig ist! Ihr trampelt auf der Konvention herum – auch auf der Moral – aber nur, wenn ihr in der großen Herde seid wie Schafe. Hat denn keiner von euch soviel Mumm, daß er sich auf seine eigenen Hinterbeine stellt, als Individuum, und die ganze übrige Gesellschaft sich zum Teufel scheren läßt?«

Abrupt wandte er sich ab. Er schämte sich über seinen Ausbruch, nicht weil er ihn unbegründet fand, sondern weil er wußte, daß er aus seiner eigenen Erbitterung kam. Als er sich wieder umdrehte, sah er überrascht, wie Jerry ihm mit freundlichem Grinsen, wenn auch verlegen, die Hand bot. Andrew nahm sie, sagte ihm auf Wiedersehen und beobachtete vom Fenster aus, wie der Junge schlaff zu seinem offenen Packard ging und in wildem Tempo losfuhr; der Rand des braunen Hutes berührte fast die Nase.

Andrews Verwirrung dauerte nicht lange, und er nahm sich nicht die Mühe zu ergründen, ob seine unzufriedene Stimmung nun von Jerrys Kümmernissen kam oder von dem Bewußtsein seiner eigenen Unzulänglichkeit. Immerhin war die Unbefriedigung intensiv genug, ihn aus dem Haus zu treiben. Am Stadtrand lief er durch die dick verschneiten Straßen, bis die beruhigende, aber triste Eintönigkeit des grauen Himmels ihn nach Hause gehen ließ, wo er die verwirrten Fäden seiner angefangenen Predigt wieder aufnahm.

10

Als es an die Tür seines Amtszimmers klopfte und Andrew nun schon zum sechstenmal gestört wurde, blickte er verärgert auf. Vor ihm lag ein neu herausgekommener Band mit Predigten von einem amerikanischen Theologen; darin hatte eine ziemlich schwache Abhandlung, die die Auferstehung als ein rein geistliches Phänomen deutete und ihre Wahrscheinlichkeit als physikalisches Ereignis fast verächtlich überging, Andrew dazu aufgestachelt, eine Predigt in jener kraftvoll logischen und streitbaren Art zu schreiben, in der er sich am meisten zu Hause fühlte. Genauso wie die mittelmäßige Darstellung einer Rolle durch einen Schauspieler einem anderen Schauspieler deren Möglichkeiten offenbart, so entflammten unzulängliche Predigten über fruchtbare Themen immer Andrews Genius. Sein Unwille über die Störung war jedoch rasch überwunden, als er seinen Hilfspfarrer eintreten sah, und er erhob sich und begrüßte ihn mit der steten, ungezwungenen Höflichkeit, die für Dr. Gamble die Zusammenarbeit mit ihm zu einer Freude machte.

»Ich weiß, daß ich Sie bei der Arbeit unterbreche, deshalb will ich Sie nicht lange aufhalten«, begann der Ältere entschuldigend. Er war sanft und lauter; als Prediger unbegabt, jedoch ein einfühlsamer Seelsorger. »Die Sache ist nicht unwichtig, sonst wäre ich nicht gekommen. Mrs. Harold möchte, daß Sie sie besuchen.«

»Mrs. Harold?«

»Ja. Es ist sehr traurig. Mrs. Harold gehört seit vielen Jahren zur Gemeinde – eine Frau im besten Alter, von jugendlichem Aussehen und bis vor kurzem offensichtlich kerngesund. Dann ließ sie sich wegen irgendeiner Störung operieren, und man entdeckte, daß sie Krebs hatte – hoffnungsloser Fall. Solange es ging, hielt sie sich auf den Beinen, aber jetzt ist es nur noch eine Frage der Zeit.«

»Hat sie Schmerzen?«

»Ja, ständig. Sie geben ihr seit Wochen Spritzen, anscheinend hat das Morphium aber kaum mehr eine Wirkung.«

Andrew schrak zurück.

»Und sie möchte mit mir sprechen, sagen Sie?«

»Ja, sie hofft sehr darauf. Ich bin jede Woche mehrmals hingegangen, und sie erwähnte Ihren Namen, aber gestern äußerte sie nachdrücklich den Wunsch, daß Sie sie besuchen möchten. Offenbar hat sie Sie predigen hören vorigen Herbst, bevor sie die Kirchenbesuche aufgeben mußte, und war sehr beeindruckt. Ich sagte ihr, ich nähme an, Sie würden gerne kommen.«

Von gerne konnte bei Connington in diesem Falle kaum die Rede sein.

»Ich werde selbstverständlich hingehen.«

»Und könnten Sie es bald tun, Mr. Connington?« beharrte Dr. Gamble. »Man weiß nicht, wie lange sie noch da ist – oder weiß, was vorgeht.«

Bisher war Andrew nur selten an ein Krankenbett gerufen worden – teils, weil Dr. Gamble diesen Dienst so gut versehen hatte, teils, weil die Gemeinde in Andrew einen hochintelligenten jungen Mann sah, der in Zeiten der Gesundheit äußerst anregend, bei körperlicher Schwäche aber etwas überfordernd sei. Infolgedessen war er auch auf das, was ihm jetzt entgegentrat, nicht vorbereitet: die triste, geräuschlose Krankenhausatmosphäre dieses luxuriösen Schlafzimmers und das vor der Zeit gealterte Gesicht der Frau in ihrem schönen, breiten Messingbett. Tote und Sterbende – und unter viel dramatischeren Umständen – hatte er in Frankreich an der Front gesehen; jedoch die Zeit hatte die Erinnerung mit einem mildernden Schleier überzogen, und Andrew konnte sich nicht entsinnen, daß die oft gespenstischen und grauenhaften Bilder ihn derart deprimiert hätten wie dieser unter Schmerzen zerfallende Körper, desssen hoffnungslose Qual sich sichtbar spiegelte in einem einstmals hübschen, dann dicken, jetzt hageren Gesicht, wo das welke Fleisch an Kinn und Hals in schlaffen Falten hing. Die halb erloschenen Augen leuchteten schwach auf, als die Kranke ihn erblickte. Auf ihre Bitte setzte er sich an das Bett, auf einen zierlichen Boudoirstuhl, und kam sich widerlich robust vor und im Angesicht des Todes unverschämt lebendig.

»Sehr liebenswürdig, daß Sie kommen, Mr. Connington.« Sie konnte nur mehr flüstern. »Ich weiß, Sie haben viel zu tun.«

»Ich habe keine Arbeit, die so wichtig wäre, daß Sie mich nicht schon früher von ihr hätten fortrufen können, wenn ich nur gewußt hätte, daß Sie mich gerne sprechen wollten.«

»Es macht nichts. Ich habe es selber nicht gewußt, ich weiß es auch jetzt kaum.« Ihre Worte schleppten sich dahin und versickerten in einer langen Stille, während ihre hohlen Augen lustlos durch das Fenster blickten, vorüber an den silbernen Brokatvorhängen zu den hohen, weißen Wolken, die wie umgekippte Kähne vor dem Winde trieben. Andrew wartete hilflos, denn er brachte es nicht über sich, die Pause durch banale Worte auszufüllen, auch schreckte er davor zurück, der kranken Frau die Gründe zu entlocken, warum sie ihn gerufen hatte.

Endlich wandte sie den Blick zu ihm zurück. »Sie wissen, daß ich sterbe?«

Er erschrak bei der Bestimmtheit und der nackten Kürze ihrer Worte.

»Ja, ich weiß es.«

Auch sie hatte es genau gewußt, aber bei der ruhigen Bestätigung ging ein Zucken über ihr Gesicht.

»Ich will aber nicht sterben.« Durch den Nachdruck, mit dem sie dies sagte, wurde ihre Stimme plötzlich krächzend, doch dann erstarb sie wieder zum erschöpften Flüstern. »Man sollte denken, ich wollte es, wie ich hier so liege, nicht wahr? Ich will es aber nicht. Ich bin erst sechsundvierzig, Mr. Connington. Deshalb habe ich Sie rufen lassen. Weil ich darüber reden möchte.« Ihr Gesicht zog sich kläglich zusammen, sie lag wieder stumm auf ihrem Kissen und blinzelte mit schwachen Lidern, um die Tränen zu vertreiben, die aus ihren Augen quollen.

Eine Welle kalten Grauens ging lähmend über Andrews Herz. Er mußte Zeit gewinnen.

»Dr. Gamble«, begann er mit verkrampfter Ruhe, »haben Sie mit ihm davon gesprochen?«

Der Kopf rollte matt hin und her und verneinte.

»Er sprach natürlich von Erlösung von den Schmerzen und von der Ewigkeit. Er ist ein guter Mensch, ich weiß, er glaubt es alles. Aber er ist alt, und es kam mir vor, als wenn er diese Dinge deshalb glaubte, weil er sie immer schon geglaubt hat. Ich kann es nicht erklären«, sagte sie mit müder und verdrossener Stimme, »ich wollte aber hören, was Sie darüber sagen.«

»Wieso gerade ich?« Ekelhaft, daß er einer Sterbenden so auswich; er mußte aber irgendeinen Einblick haben, einen Anhaltspunkt, wenn er in die Labyrinthe dieser Seele vorstieß.

»Weil Sie so modern sind in Ihren Ansichten wahrscheinlich. Und trotzdem glauben Sie so fest. Ich habe Sie gehört, wie Sie über Dinge in der Bibel predigten; bis dahin hatte ich gedacht, sie wären — ja, sie wären bloß erfunden. Und Sie sprachen so bestimmt. Sehen Sie, Mr. Connington« — schrecklich, wie sie sich abquälte, um vernehmbar zu sprechen — »und deshalb will ich noch nicht sterben. Nicht weil mir soviel daran liegt, zu leben. Aber ich weiß nicht, was dann kommt. Und ich muß es herausfinden — rasch. Mit meinem Mann zu reden, ist nutzlos. Er weiß genauso wenig, er sagt, ich solle mich nicht abmühen. Es ginge mir bald besser, sagt er. Es wird aber nicht mehr besser, und das weiß er. Ich habe immer gelacht über Leute, die Angst vor der Hölle hatten. An eine Hölle glaube ich nicht, so richtig nicht — ich weiß nur, irgend etwas gibt es. Gott gibt es. Und nach ihm habe ich nicht viel gefragt, nie. Etwas furchtbar Unrechtes habe ich nicht getan; aber oft habe ich auch das Rechte nicht getan, wo ich es gekonnt hätte. Und jetzt habe ich nichts, woran ich mich noch halten könnte, nichts, worauf ich mein Vertrauen setzen kann.«

Sie hatte noch mehr auf dem Herzen, doch sie lag erschöpft, und ihre Augen flehten Andrew an, das Seine zu tun. Es waren nicht die selbstgefälligen, leicht zu beschwichtigenden Augen der Gesunden, sondern die unentrinnbaren, suchenden Augen derer, die den Tod gespürt haben. Wenn sie sie nur einen Augenblick lang von ihm fortnähme, damit er die Gedanken sammeln könnte! Nutzlos jetzt die Redegabe, das Talent zu logischen Beweisen. Glaube war hier nötig, Überzeugung, eine innere Flamme, die ihre ausgekühlte Seele wärmen würde. Wie konnte er ihr geben, was er selber nicht besaß? Seine Testfrage fiel ihm ein: was täte jetzt ein Gläubiger? Ihr von seinem eigenen Glauben sprechen? Seiner eigenen Hoffnung, seinem eigenen Sieg? Ausgeschlossen, dieses Vorbild nachzuahmen! Ja, was dann? Er klammerte sich an sein altes Rettungsmittel und begann, aus der Bibel zu zitieren, in der stillen Hoffnung, seine Stimme werde jetzt den gleichen suggestiven Zauber ausüben, den gleichen überzeugten Eindruck machen, wie sie es in weniger ernsten Lagen stets getan hatte:

»›Derselbe Geist gibt Zeugnis unserem Geist, daß wir Gottes Kinder sind; und wenn Kinder, dann auch Erben . . .‹«

»Er tut es aber nicht – *meinem* Geist bezeugt er nichts.« Wie schrecklich wurden solche Worte durch das matte Flüstern! »Sagen Sie mir doch, was kann ich tun, daß ich so empfinde?«

Fast mechanisch versuchte Andrew es von neuem, dankbar, daß ihn sein Gedächtnis mit passenden Versen versah.

»›So wir aber unsere Sünden bekennen, so ist Er treu und gerecht, daß Er uns die Sünden vergibt und reinigt uns von aller Untugend.‹ Sie dürfen nicht meinen, daß es um etwas geht, was Sie selber tun können, Mrs. Harold. ›Da wir noch Sünder waren, ist Christus für uns gestorben.‹ ›Und derselbe ist die Versöhnung für unsere Sünden.‹«

»Ja, ich weiß. Das ist gut und schön, wenn man daran glauben kann. Mr. Connington, sagen Sie mir doch – wo Sie die Gegenargumente kennen, bitte, sagen Sie mir doch: Glauben Sie das alles?«

Sie war gekommen, die unvermeidliche Frage; und diesmal gab es kein Entrinnen. Er mochte sich in Wortverdrehungen, in Spiegelfechtereien flüchten – täuschen konnte er sie nicht. Die Wahrheit – die kalte und vernichtende Wahrheit – wie brutal würde sie das schwache Hoffnungsflämmchen zum Erlöschen bringen! Aber lügen – es war sein Stolz, daß er die Lüge immer noch umgangen hatte, wenn auch oftmals nur durch Ausflüchte und Umschreibungen – wie konnte er die Demütigung ertragen, bewußt die Unwahrheit zu sagen?

Ihre wartenden, gequälten Augen hingen immer noch an ihm. Wie lange war es her, daß ihre Frage ihm den Mund verschlossen hatte? Noch nicht so lange, wie es schien, sonst hätte sie die Frage sicher wiederholt. Oder schwelte in den starren Augen schon der Zweifel – sank die Hoffnung schon zusammen? Wie verächtlich, daß er sich so sträubte gegen den Verlust der eingebildeten, in Wahrheit längst verlorenen Lauterkeit! Und dennoch war das Sprechen unbeschreiblich schwer.

»Ich glaube fest an alle diese Dinge, Mrs. Harold«, sagte er und merkte doch sofort, wie nutzlos seine Lüge war, denn die angestrengten Augen schlossen sich enttäuscht, und Mrs. Harold flüsterte:

»Dann ist es also möglich. Ich fühle es aber nicht. Und ich bin zu schwach, es ernsthaft zu versuchen. Sie sind stark, Mr. Connington. Ihr Glaube ist so stark. Bitte, machen Sie doch, daß ich glaube!«

Die hintergründige Ironie der Situation entging Andrew nicht. Aber für Humor war hier kein Platz; dieser jammervolle Hilferuf und seine eigene Ohnmacht waren alles andere als komisch. Was täte John Wesley? »Das Größte ist immer: Gott ist bei uns.« Andrew hätte alles hingegeben für die sieghafte Gewißheit dieser Worte. Nur aus solcher Gewißheit konnte jemand wirklich überzeugend reden, nicht aber, wenn der Geist erstarrt und taub war wie bei ihm.

Beten sollte er. Das war der einzig richtige Weg, die einzig angemessene Antwort auf einen solchen Anruf. Jedoch, er konnte nicht. Die Worte wollten sich nicht einstellen. Barmherziger Himmel, was war los? Warum sah sie ihn so an? Hatte sein Gesicht ihn so verraten, kam es daher, daß sich dem ihren dieser schmerzverzerrte Ausdruck eingrub? Oder –

Dann merkte er mit einemmal, was vorging. Nicht seelische, sondern körperliche Qualen wühlten jetzt in ihr, bohrende Schmerzen, so daß sie nicht mehr wußte, daß er da war, sie konnte nur noch stöhnen, und die Hände mit den dicken Adern zerrten krampfhaft an den Laken. Eine Pflegerin trat eilig ein, und Andrew hielt den sich krümmenden Körper, während sie die Spritze machte. Die Pflegerin blickte auf, als sie fertig war, und beantwortete die stumme Frage:

»Ja, sie bekommt sie laufend. Sie wird jetzt eine Weile ruhig sein; eine Zeitlang kann sie jetzt nicht sprechen.«

»Kann ich nicht irgendwie behilflich sein?«

»Nein, vielen Dank. Sie wird die nächste Zeit bewußtlos sein.«

»Glauben Sie, daß es von der Anstrengung des Sprechens kam?«

»Es kommt immer, ob sie Besuch hat oder nicht. Machen Sie sich keinen Vorwurf, Mr. Connington. Mrs. Harold war bestimmt sehr dankbar, daß Sie kamen.«

»Dazu hatte sie auch sehr viel Grund«, überlegte Andrew bitter, als er aus dem Hause ging; ihm war, als schliche er sich fort, vor allem wenn er daran dachte, daß er bei ihrem Anfall als erstes Erleichterung empfunden hatte.

Diesmal wandte er sich nicht stadtauswärts; er hatte kein Verlangen nach Alleinsein. Statt dessen fuhr er durch die Yonge Street, froh, daß die Probleme hier so vordergründig waren — planmäßig haltende Straßenbahnen, kopflose Fußgänger, falsch geparkte Autos auf der Fahrbahn. Es war kein Trost für seine aufgerührte Seele, daß die Bitte, die die kranke Frau am Schluß geäußert hatte, unvernünftig war; es half ihm nicht, wenn er sich sagte, daß sie die geistlichen Güter, nach denen sie in ihrer Todesangst jetzt suchte, in ihrem ganzen Leben ignoriert hatte, und nach einem diesseitig gelebten Leben müsse sie sich logischerweise auch mit einem diesseitigen Tode begnügen. Sein Schuldgefühl saß viel zu tief, um sich so beschwichtigen zu lassen. Er hatte öffentlich, in seinen Predigten, Bekenntnisse gemacht, die Mrs. Harold berechtigten, von ihm Hilfe zu erwarten, und dann war er außerstande gewesen, ihr Verlangen zu erfüllen. In ihrer Verzweiflung hatte sie ihn an ihr Krankenbett gerufen, und er hatte sie im Stich gelassen. Mit Entsetzen merkte er, daß er betete — während er die Gänge schaltete, beim Überholen vollgepfropfter Straßenbahnen Gas gab, auf die Bremse trat, wenn etwas ihm den Weg versperrte — daß er immer wieder betete in hysterischem Sichgehenlassen, ganz im Gegensatz zu seiner sonstigen Überlegenheit: »O Gott, wenn du tatsächlich bist, laß diese Frau nicht leiden wegen meiner Schuld.«

Als er an einer Kreuzung wartete und zusah, wie die Nachmittagsspaziergänger den Fahrdamm vor ihm überquerten, fiel ihm ein junger Mann auf, der allein am Rand des Bürgersteiges stand; als der Mann nach rechts und links blickte, als sei er sich nicht schlüssig, welchen Weg er nehmen solle, kam er Andrew irgendwie bekannt vor, weshalb er ihn genauer ansah, und dann gab er ein kräftiges Hupsignal und stieß die Wagentüre auf. Zwei Sekunden später saß John Lester neben ihm, und Andrew löste sich aus dem Verkehr und fuhr in eine Seitenstraße.

»Lester, willkommen! Wie schön, daß ich gerade dich jetzt treffe. Seit wann bist du wieder in Toronto? Ich dachte schon, du hättest der Zivilisation für immer den Rücken gekehrt.«

Lester hatte eine einjährige Hilfspfarrerstelle an der Thorngemeinde ausgeschlagen und statt dessen eine Stelle in einer Bergwerksstadt im Norden von Ontario angenommen. Mit Freude, wenn auch etwas überrascht, bemerkte er die Herzlichkeit von Conningtons Begrüßung.

»Ich bin zum erstenmal für ein paar Tage wieder hier. In der Großstadt komme ich mir ganz verloren vor. Es ist gut, dich wieder mal zu sehen, Connington. Ich höre, du hast riesigen Erfolg.«

Es war eine unglückliche Anspielung. Andrew hielt den Wagen plötzlich an und drehte sich zu Lester.

»Bist du irgendwie beschäftigt im Moment?«

»Frei wie der Fisch im Wasser. Hast du nicht gesehen, wie ich mich gefreut habe, als ich dich erkannte?«

»Willst du etwas für mich tun?«

»Alles, was in meinen Kräften steht.«

Andrew zögerte, dann stürzte er sich in das Wagnis.

»Hör zu, Lester. Es klingt etwas komisch, aber ich kann es dir jetzt nicht erklären. Du glaubst an Gott, an Christus, an Unsterblichkeit?«

Lesters völlige Überraschtheit spiegelte sich wohl in seinen Zügen, aber nicht in seiner Stimme.

»Ja.«

»Für dich ist es Wirklichkeit – Teil deiner eigenen Erfahrung – nicht ein bloßes Zugeständnis des Verstandes?«

»Ich bin nicht sehr geschickt, Dinge zu erklären, ich weiß aber, daß es wahr ist, so gewiß wie du hier an meiner Seite sitzt.«

»Hast du je mit einem Sterbenden gesprochen?«

»Einer unserer Bergleute wurde letzte Woche bei einem Einsturz schwer verletzt. Ich fand ihn noch lebend, aber eine Stunde später starb er.«

»Alsdann.« Andrew ließ den Motor an und wendete. »Willst du mitkommen und mit einer Frau hier sprechen? Sag ihr, ich hätte dich geschickt. Möglicherweise kann sie dich nicht sofort empfangen, dann warte solange. Ich muß in kurzer Zeit auf einer Pfarrversammlung sein. Wo wohnst du hier?«

»Im Y. M. C. A.«

»Ich hole dich dort ab, halb sieben, und wir gehen zusammen essen, wenn du willst.«

»Fein. Aber diese andere ...«

»Ich kann dir nicht mehr sagen, nur daß sie Krebs hat und im Sterben liegt. Sprich ebenso zu ihr, wie du zu einem deiner eigenen Gemeindeglieder sprächest. Ich weiß natürlich, daß ich damit viel von dir verlange.«

»Was ich tun kann, tue ich mit Freuden, Connington. Bis jetzt habe ich noch nichts getan, um dir zu danken für die große Hilfe, die du mir geleistet hast in den drei vergangenen Jahren. Denn meinen eigenen Glauben – oder wenigstens die feste Basis meines Glaubens – verdanke ich zum großen Teil ja dir.«

Andrews Kinn bekam einen starren Zug. Er fuhr zu Mrs. Harolds Haus, wartete, bis Lester eingelassen wurde, fuhr dann weiter zur Metropolitankirche, wo eine Fastenandacht für Pfarrer stattfand, die er schweigend und mit angespanntem Körper anhörte.

Als er zum Y. M. C. A. kam, war Lester schon fertig. Andrew schlug vor, daß Sie zum Essen ins Hotel Prinz Georg führen, denn er wußte, daß Lester für teure Restaurants nichts übrig hatte. Beide saßen schweigend da, als der Wagen sich in den Verkehrsstrom mischte, und Andrew wartete vergeblich auf ein Wort über das, woran er ständig denken mußte.

»Hast du mit Mrs. Harold sprechen können?« fragte er schließlich mit beherrschter Stimme.

Lester antwortete kurz, aber sehr sanft; er spürte instinktiv, daß seine Worte auf eine wunde Stelle treffen würden.

»Sie lag in einem Dämmerzustand, als ich kam, und kurz darauf ist sie gestorben.« Er sah seinen Freund nicht an, er konnte aber spüren, wie die lange Gestalt neben ihm erstarrte. Inmitten des Gewühls und Lärms der Straße breitete sich im Innern des Wagens ein gespanntes Schweigen aus, das von keinem unterbrochen wurde, erst als sie an die King Street kamen. Während sie nach Westen bogen, nahm Andrew seine Rede wieder auf:

»Dann hat sie das Bewußtsein überhaupt nicht mehr wiederbekommen?«

»Ich weiß es nicht genau. Man bat mich herauf und auch ihr Mann wurde gerufen, er traf aber erst ein, als alles schon vorüber war. Er schien sehr gebrochen, der Arme.«

Andrew schob den Kummer des Gatten beiseite. »Du sagst, du weißt nicht, ob sie wieder zu sich kam?«

»Nein. Sie atmete sehr schwer, als ich hinkam – sie keuchte. Die Augen waren offen, aber ohne Ausdruck. Außer mir war noch ein etwa vierzehnjähriges Mädchen da, das weinte, und die Krankenpflegerin. Das Kind bat mich, ich solle beten, und wir beteten gemeinsam. Ich hatte das Gefühl, daß Mrs. Harold noch merkte, was um sie her geschah, und auch meine Worte hörte, nur war sie schon zu weit hinüber, um Zeichen zu machen – aber wie gesagt, ich kann es nicht mit Sicherheit behaupten. Etwa fünf Minuten später starb sie.«

Dann waren also ihre letzten Worte die gewesen, dachte Andrew, mit denen sie ihn aufgerufen hatte, ihr zum Glauben zu verhelfen, und vielleicht der letzte Eindruck ihres Lebens war sein langes, stumpfes Schweigen.

Er parkte den Wagen und sie gingen zum Hotel. In Lesters begreifliche Verwunderung mischte sich keine indiskrete Neugier. Er empfand den Kummer seines Freundes mit und sah in seinem großen Schmerz ein neues Zeichen für die religiöse Tiefe seiner Seele. War es eine enge persönliche Freundschaft gewesen, fragte er sich zweifelnd, oder hatte Andrew vergeblich darum gerungen, die Sterbende zur Erkenntnis ihres Zustandes zu bringen? Das letztere war wahrscheinlicher. In der Hotelhalle blieb er stehen.

»Hör mal, Connington«, begann er ernst, und es kam ihm ungewohnt und kühn vor, daß er seinem Vorbild einen Ratschlag gab, »ich weiß natürlich nicht, um was es geht, aber du mußt es dir nicht so zu Herzen nehmen. Man kann oft gar nicht sagen, welche Wirkung unsere Worte haben bei Menschen, die in diesem Zustand sind. Sie denken sehr viel mehr, als sie ausdrücken können. Bestimmt ist bei Sterbenden der Geist viel wacher als die Seele und der Leib. Deshalb mach dir keine Sorgen, wenn sie nicht so reagiert hat, wie du es gehofft hattest. Du kannst das Gott überlassen, wenn du alles getan hast, was du bei ehrlichem Bemühen vermochtest.«

Was ich bei unehrlichem Bemühen vermochte, wollte Andrew erwidern. Ihn überkam ein nie gekanntes, wahnsinniges Verlangen, sich Lester anzuvertrauen, und voller Abscheu kämpfte er dagegen an. Daß ihm der Gedanke kam, sein Herz durch Beichten zu erleichtern, empfand er als Schwäche, denn Beichten betrachtete er als eine Krücke für Schwache. Er riß sich so entschieden zusammen, daß man seinem raschen Lächeln das Erzwungene kaum anmerkte und lotste Lester in den Speisesaal.

»Ich danke dir vielmals für das, was du getan hast. Natürlich hatte ich nicht geahnt, daß es so ausgehen würde, wie es jetzt gekommen ist, sonst hätte ich dich nicht darum gebeten. Aber jetzt wollen wir nicht mehr daran denken. Heute abend ist ein gutes Gastspiel im Royal, ich habe Karten. Wäre dir das recht?«

Während der Jahre ihrer flüchtigen Bekanntschaft hatte Lester nie erlebt, daß Andrew so gesprächig und so liebenswürdig sein konnte. Zwar ließ er sich durch seine Heiterkeit nicht täuschen, auch entging ihm nicht der grimme Ausdruck, der sich im Dunkel des Theaters auf Conningtons Gesicht legte, aber jedenfalls bewunderte er rückhaltlos und ehrlich die Selbstbeherrschung seines klugen Freundes. Bezeichnenderweise bemerkte er gar nicht, daß Andrew einen großen Respekt vor ihm hatte. Das einzige Hindernis für eine völlig befriedigende und ersprießliche Freundschaft bestand in jener Schranke, die der eine genau kannte, während der andere nichts ahnte.

Die Bitte der Familie Harold, Andrew solle die Beisetzung leiten, wurde Andrew am folgenden Morgen von seinem Hilfspfarrer überbracht. Er hatte gewußt, daß Dr. Gamble am vorhergehenden Abend mit der Familie zusammen gewesen war, und angenommen, er werde auch die Beerdigung übernehmen. Die unverhoffte Wendung erfüllte Andrew mit Bestürzung.

»Der gegebene Mann für diesen Dienst sind Sie«, protestierte er mit weniger Takt als sonst. »Ich habe die Verstorbene nur ein einziges Mal gesehen. Warum fordert man gerade mich auf?«

Dr. Gamble lächelte nachsichtig.

»Sie vergessen, daß Sie der große, helle Stern sind – einer der prominentesten Pfarrer von Toronto. Und Sie wissen ja, manche Leute müssen immer das Beste haben, auch bei Beerdigungen. Das erhöht das Prestige.«

»Gerade dann müßte ihre Wahl auf Sie fallen«, erwiderte Andrew. Er sagte es aus Überzeugung, nicht aus Freundlichkeit. »Ich weiß, daß es kein Vergnügen für Sie ist, Dr. Gamble, aber Sie tun mir einen großen Gefallen, wenn Sie diesen Dienst übernehmen.«

Der Hilfspfarrer schüttelte den Kopf.

»So wie die Dinge liegen, könnte ich es wirklich nicht. Die Familie war in ihren Wünschen recht bestimmt.«

»Das ist gar kein Grund, daß wir uns von ihnen zwingen lassen«, sagte Andrew herrisch. »Daß sie berechtigt wären, uns Befehle zu erteilen, ist außerordentlich fraglich angesichts der Tatsache, daß Mr. Harold nie den Gottesdienst besucht und die einzige Verbindung in dem Kind besteht, das in die Sonntagsschule kommt.«

»Ich weiß. Aber nur sehr wenige sind in solchen Dingen konsequent«, meinte Dr. Gamble duldsam. »Ich habe das Gefühl, es wäre äußerst unklug, wenn Sie ihre Bitte ablehnten.«

Da er auf seiner Meinung beharrte, gab Andrew widerstrebend nach. Als er Dr. Gamble mitteilte, daß er aber nur das normale Totenamt lesen werde, wurde er zum zweitenmal überredet, seine Absicht zu ändern. Die Familie wolle eine Predigt — oder wenigstens ein paar Worte über Mrs. Harolds Leben. Er werde ja schon wissen, was er sagen könne.

Andrew begann, sich wütend zu ärgern. Daß man von Institutionen und Mächten, die man früher mit der Herablassung eines großen Herrn behandelt hatte, nach dem Tode Trost oder sogar Lob verlangte, schien ihm eine unerhörte Frechheit; und einen Augenblick lang überlegte er, ob er die Gelegenheit nicht ausnützen und diese seine Meinung rücksichtslos zum Ausdruck bringen solle. Jedoch sein eigenes belastetes Gewissen und die Erinnerung an die gequälten Augen der Verstorbenen hielten ihn von diesem Unternehmen ab. Statt dessen las er in vorbildlicher Weise die von der Kirche sorgsam ausgewählte Trostbotschaft aus der Heiligen Schrift, hörte Mrs. Harolds Lieblingslied an und begann seine Ansprache mit einem kurzen Resümee ihres Lebens, ihres Trachtens, ihrer sanften philanthropischen Interessen. Dann ging er mit Geschick dazu über, aus seinem einzigen tragisch ausgegangenen Gespräch eine kräftige Lektion zu machen.

Es sei eine allgemeine menschliche Tendenz, sagte er, die Toten zu rühmen. Ungewollt verdunkle man aber meistens die Erinnerung an ihre wirklichen Tugenden, indem man sie in salbungsvollen Reden maßlos übersteigere. Aus seiner kurzen Bekanntschaft mit Mrs. Harold habe er den Eindruck gewonnen, daß sie an einer solchen Übertreibung keinen Gefallen finden würde. Diejenigen seiner Hörer, die die Verstorbene besser gekannt hätten, auch ihr Leben, ihre Wesensart, könnten bei dem flüchtigen Bild, das er entwerfe, den eigentlichen Hintergrund aus ihrer eigenen Erinnerung hinzufügen. Er selber werde nur den Vordergrund behandeln, den zuletzt von so harten und grausamen Farben beherrschten Vordergrund, ausgefüllt von Schmerz und Kampf, die als Abschluß so wenig zu ihrem ruhigen Leben zu passen schienen.

Zwei Tugenden vor allem habe die Verstorbene gezeigt, die des Nacheiferns wert seien. Die eine lasse sich nur negativ ausdrükken, jedoch in ihrer Kraft und ihrem Wesen sei etwas herrlich Positives: das Freisein von Verbitterung. Dieses Fehlen bitterer Gefühle bei der Verstorbenen während ihrer langen, scheinbar sinnlosen Marter stehe in bestürzendem Kontrast zu der Eile, mit der die meisten Menschen Klage gegen Gott erhöben als den Urheber des Leides, während sie vergäßen, ihm zu danken als dem Quell der Freude. Und die zweite Eigenschaft, die er nie vergessen werde – er hielt einen Augenblick inne, als sein Blick auf das starre, unverbindliche Gesicht fiel, das bekränzt von weißen Rosen auf dem Seidenkissen ruhte, und das echt Erschütternde, das hinter seinen so geschickt gesetzten Worten stand, kam ihm plötzlich zum Bewußtsein – sei ihre geistliche Demut gewesen. Selbstmitleid habe ihr genauso fern gelegen wie der Dünkel eines körperlichen Leidens, das sich einbilde, durch die eigenen Schmerzen sei die Unwürdigkeit schon automatisch abgesühnt und der Buße sei man überhoben. Statt dessen habe die Verstorbene ihrem langen Ringen mit der Krankheit kein Verdienst zugemessen, ihre eigenen Tugenden für nichts erachtet, mit demütigem Herzen andere höher eingeschätzt als sich, immer im Bewußtsein ihrer menschlichen Bedürftigkeit, des ausschließlichen Angewiesenseins auf Ihn, der allein ihr Frieden geben konnte.

So! dachte Andrew, als er geendet hatte und der Bestatter seine Truppe in Bewegung setzte und an ihre Plätze dirigierte mit der unaufdringlichen und trotzdem penetranten Tüchtigkeit, die sein einziger Beitrag zur modernen Welt ist. Jetzt hatten sie, was sie gewollt hatten! Und jedes Wort war wahr gewesen. Trotz aller Kürze hatte er eine bessere Predigt aus Mrs. Harolds Tod gemacht als diese selbst aus ihrem ganzen Leben.

Seine Meinung wurde von den Trauergästen voll bestätigt, wenigstens was die Vortrefflichkeit der Predigt anging. Selbst der feierliche Ernst der Abschlußfeier auf dem Friedhof hinderte sie nicht, ihm in vorschriftsmäßigem Flüsterton lobende Bemerkungen zu machen, als sie ihm der Reihe nach die Hand drückten, ehe sie das offene Grab, das kalte Mahnmal der Vergänglichkeit, verließen und sich erneut dem Genuß des Lebens zuwandten. So schlicht, sagten sie; so eindrucksvoll; immer so viel Kraft und Tiefe der Gedanken; Mrs. Harold wäre sicher stolz gewesen, hätte sie es hören können; und vielleicht habe sie es ja gehört. – Ein schrecklicher Gedanke, dieser letzte, dachte Andrew.

Merkwürdigerweise kamen ihm diese Bemerkungen wieder in den Sinn, als er am Ostersonntagmorgen vor der Predigt auf der Kanzel saß. An den hohen Festen kamen viele Leute, die sich sonst nie blicken ließen, und die Kirche war so voll, daß die Stühle nicht reichten und ein großer Teil der Menschen stehen mußte; manche waren sogar umgekehrt, um sich in andere Kirchen zu begeben, die nicht so überlaufen waren. Ostern war überall zu spüren, in der sonnenhellen Luft, auf den erwartungsvollen Gesichtern, in den neuen Kleidern, in der aufdringlichen Reinheit ungezählter wächserner Lilien, die um den Altar standen. Im Moment war die Osterstimmung auch zu hören – von hinten ertönte jetzt das Lied »Öffnet die Tore des Tempels«, das die Sopranistin mit unverhaltener Verzückung aus ihrer Kehle strömen ließ. Sie sang wirklich auffallend gut, überlegte Andrew; er wunderte sich immer wieder, daß aus diesem sanften Kuhgesicht eine derart reine, strahlend helle Stimme kam. Überhaupt war der Gottesdienst bis jetzt sehr glatt verlaufen, Chor und Gemeinde hatten fröhlich und mit Inbrunst gesungen. Seit einigen Monaten hatte Andrew darauf bestanden, daß Dr. Gamble bei den Gottesdiensten mitwirkte, und fast immer hatte er ihm die Ehre überlassen, das Hauptgebet zu sprechen – eine wohlüberlegte kleine Selbstlosigkeit, die den Ruf seines großmütigen Charakters noch verstärkte und ihn gleichzeitig von seiner schwersten Last befreite. Er hatte das vierundzwanzigste Kapitel des Lukasevangeliums vorgelesen und war bereit zur Predigt. »Ich weiß, daß mein Erlöser lebt«: die lieblich klare Melodie schwang sich durch die frohe Stille. Wußte sie es wirklich, diese Sängerin, überlegte Andrew träge, oder bluffte sie genau wie er? Und leistete trotzdem gute Arbeit, so wie auch er es jetzt tun würde? Er wartete, bis der letzte Widerhall der Töne verklungen war und in lautlose, empfangsbereite Stille überging, dann erst hob er seinen Kopf, stand langsam auf und trat ans Kanzelpult. Seine große, lässige Gestalt beherrschte die Gemeinde.

Die Predigt war nicht etwa eine ausgesprochene Enttäuschung; dafür hatte Andrew alles zu genau vorausgeplant. Das Material war ausgezeichnet, die Behandlung durchaus originell, Stil und Aufbau ohne Fehl und Tadel. Er hatte sich vorgenommen, die Argumente für die Tatsächlichkeit der körperlichen Auferstehung Jesu darzubieten, und er bot sie dar in logisch aufgebauter, erschöpfender, gedrängter Rede, die er dadurch noch belebte, daß er die Gegner der Verachtung preisgab und die zentrale Wichtigkeit des Themas immer wieder unterstrich. Seine Ansprache festigte die Schwankenden, entzückte die Streitlustigen, empörte die Zweifelnden — und machte ihn selber, noch bevor er bis zur Hälfte fertig war, mutlos, deprimiert und unzufrieden. Noch nie war es ihm passiert, daß ihm mitten in der Predigt der Mut sank, und er kämpfte mit aller Kraft dagegen an wie gegen eine körperliche Krankheit. Der Kampf strengte ihn unglaublich an. Bei dem abschließenden Bibelvers, dem Christuswort an Thomas: »Dieweil du mich gesehen hast, so glaubest du; selig sind, die nicht sehen und doch glauben«, war seine Stimme kaum mehr als ein Flüstern — wirkungsvoll, doch keineswegs beabsichtigt.

Als er in den sicheren Hafen seines Kanzelstuhls zurückgekehrt war, dachte er darüber nach, woher sein plötzliches Versagen wohl gekommen sei. Seine Predigt hatte nicht überzeugt, und keine Schmeichelrede der Bewunderer würde ihn darüber hinwegtäuschen. Aber woran hatte es gefehlt? Seine Absicht war ehrlich und aufrichtig gewesen, und er hatte sich genügend vorbereitet. Freilich, an die Voraussetzung, auf die er seine Predigt aufgebaut hatte, glaubte er natürlich nicht, doch auf dieser Basis hatte er ja immer schon gepredigt. Die beunruhigende Frage beschäftigte ihn noch, als die Gemeinde sich zum Schlußlied erhob und auch ihn von seinem Sitz emporriß. Gut, daß er gerade dieses Lied gewählt und darauf bestanden hatte, daß es in der einzig richtigen Tonart, der »Lyra Davidica«, gesungen wurde, deren strahlender Triumph nun durch den ganzen Raum schwang. »Christus, unser Herr, ist heute auferstanden.« Auf Wesleys Lieder war Verlaß! Und hier fand sich auch das Element, das ihm selbst gefehlt hatte – Freude. Ihm hatte sie gefehlt und seiner Predigt auch, diese Freude, die in der Melodie des Liedes klang und auf vielen der Gesichter leuchtete, als die wunderbaren Worte jetzt den Singenden den wahren Sinn ihres Glaubens zeigten, manchen vielleicht zum erstenmal in diesen Monaten:

»Auf denn, wer an Christus glaubt,
Folget dem erhöhten Haupt!
Auferstehend und Ihm gleich
Erben wir nach Kreuz und Grab das Reich.«

Immer mächtiger stieg das Siegeslied empor, auf den Flügeln der sehnsuchtsvollen Melodie erhoben sich die jubelnden Worte über alle Grenzen menschlicher Gebundenheit, über allen Zweifel. Andrew, der abgespannt und friedlos dasaß, kam es vor, als schwirre rings um ihn die ganze Menschheit aufwärts, und er als einziger bleibe auf der kranken, stumpfen Erde hier zurück. Er war froh, daß er den Segensspruch Dr. Gamble übertragen hatte.

11

Als Rektor und Senat des Victoria College Andrew um das Vergnügen baten, ihn bei dem Festball, den sie nach dem Abschluß der Prüfungen für die Promovierten gaben, unter ihren Gästen zu sehen, beschloß er, ihnen dieses Vergnügen zu gewähren. Im Jahr vorher, fiel ihm ein, war er so sehr beschäftigt gewesen mit den Bemühungen um seine jetzige Stellung, daß er sich um das Fest nicht gekümmert hatte. Er stellte fest, daß er immer stärker dazu neigte, das Zusammensein mit Menschen dem Alleinsein vorzuziehen, und in seinem Innern war er leicht beunruhigt durch die Tatsache, daß er der Schmeichelei, die man ihm entgegenbrachte, nicht mehr aus dem Wege ging, sondern sie jetzt eher suchte.

In der Annesley Hall herrschte ein buntes Gewimmel von Studenten und ihren Freunden und Verwandten. Andrew wurde von dem schon leicht erschöpften Festkomitee willkommen geheißen, herzlicher, als man erwartet hätte, und überall begrüßten ihn Bekannte; beides nährte und befriedigte sein neues Verlangen. Er ging von einer Gruppe zur anderen und stellte mit Vergnügen fest, daß es ihm keine Mühe mehr bereitete, kurze und nichtssagende Unterhaltungen zu führen. Manche waren so banal, daß ihm plötzlich Sonja einfiel. Ob sie noch immer so angestrengt nach dem Herz aller Dinge suchte auf geschwätzigen Parties? Und inwieweit, überlegte er, mochte es ihr wohl gelingen, ihr jetziges Psychologiestudium in Wien unter einen Hut zu bringen mit ihren Pflichten als Berichterstatterin bei einer Zeitung? Aber jedesmal, wenn er an Sonja dachte, kam ihm ein unbestimmtes Gefühl des Versagthabens, und am Schluß war er meistens verärgert.

Die Menge strömte jetzt zum Speiseraum, aber Andrew fand, daß es ihn weniger nach Essen als nach frischer Luft verlangte, und kurz entschlossen drehte er sich um. Mit der lässigen Zielstrebigkeit, die bei ihm das erfolgreiche Ersatzmittel für Hast war, bahnte er sich seinen Weg zur nächsten Tür. Die Abendluft war warm, aber nach der Stickigkeit und Fülle drinnen doch erfrischend. Ohne festes Ziel schlenderte er über eine Rasenfläche, sprang über einen niederen Zaun und gelangte in die Nähe des halbdunklen Seitenausgangs, als zwei Gestalten aus der Tür traten, ein Mann mit einem Mädchen, die offensichtlich auch nach Kühle suchten.

Sie schienen über irgend etwas eine Diskussion zu haben. Als Andrew gerade im Begriff war, in den Lichtkreis zu treten, hörte er, wie sein Name genannt wurde. Mehr aus Neugier als aus Überraschung blieb er stehen.

»Also, Cecily, ich kann dich wirklich nicht verstehen.« Die Männerstimme hatte einen fast gekränkten Ton. »Ich hatte mir gedacht, zu dir mit deinen altmodischen Ideen müßte er doch sehr gut passen. Was hast du denn nun an ihm auszusetzen?«

»Ich weiß es nicht genau.« Die Stimme des Mädchens kam Andrew bekannt vor. »Wir wollen nicht mehr davon reden, Jim. Es kommt ja nichts dabei heraus, und ich finde es zu heiß zum Streiten – selbst über meine Altmodischkeit.«

»Wir wollen auch nicht streiten. Mit dir zu streiten war ja immer schon vergeblich. Aber ich finde, der Mann ist geradezu ein Wunder, und ich begreife ganz und gar nicht, warum du ihn so ablehnst. Was mißfällt dir denn an ihm?«

»Ach, ich weiß nicht. Ich habe dir doch schon gesagt, irgend etwas an ihm hat mich irritiert.«

»Hast du ihn am vorigen Sonntag gehört? Oder bist du früher einmal hingegangen? Nach einer einzigen Predigt kann man einen Menschen nicht beurteilen. Vielleicht hat er gerade einen schlechten Tag gehabt, als du ihn gehört hast – im übrigen, bei ihm sind mir die schlechten Tage immer noch bedeutend lieber als bei anderen die guten.«

»Beurteilt habe ich ihn gar nicht. Was ich sagte, ist ein rein persönliches Gefühl. Ich weiß nicht, wie oft ich ihn gehört habe. Im ganzen zehn-, zwölfmal vielleicht.«

»Auch seine Predigt letzten Sonntag über Hiob?«

»Ja.«

»Und auch die hat dir nicht gepaßt?«

Der neckende Unterton in seiner Stimme verfehlte seine Wirkung nicht.

»Also gut, dann werde ich versuchen, es dir zu erklären.« Sie schwieg einen Augenblick, offenbar um nachzudenken. »Ich stimme mit allem, was er sagt, überein, das solltest du ja wissen. Und ihn, konstatiere ich, findest du *nicht* altmodisch! Es gefällt mir, wie er die Dinge sagt. Ich finde schon, er ist ein großartiger Prediger. Aber — daß er es auch wirklich meint oder selber so empfindet, das kann ich ihm nicht richtig glauben. Und deshalb habe ich andere gehört, die nicht halb so glänzend predigen konnten, die ich aber trotzdem sehr viel lieber mochte. So, bist du nun endgültig davon überzeugt, daß ich verrückt bin?«

»Überzeugt bin ich mehr denn je, daß du schwerer zu befriedigen bist als alle anderen Mädchen, die ich kenne.«

Sie lachte, und das Lachen ließ Andrew fragend aufhorchen.

»Das wenigstens ist ein klares Kompliment. Komm, wir gehen wieder rein, ja? Ich habe eine dunkle Ahnung, daß ich helfen sollte. Unser Jahrgang macht ja diesmal die Bedienung, weißt du.«

Andrew trat aus dem Dunkel hervor, um noch etwas von ihr zu sehen. Einige Sekunden später ging er durch dieselbe Tür hinein und sah, wie die beiden sich zum Eßraum schlängelten. Er hatte also recht gehabt, als er vorhin gemeint hatte, die Stimme früher schon gehört zu haben.

Seine Gefühle, als er unauffällig hinter ihnen herging, dabei zuweilen stehen bleibend und Begrüßungen erwidernd, waren nicht leicht zu analysieren. Es war so lange her, daß er abfällige Kritiken über sich gehört hatte, daß ihm diese fast absurd schien. Er merkte, daß er mit ehrlicher Empörung und Abwehr reagierte. Die Schlußfolgerungen, zu denen das Mädchen gekommen war, stimmten zwar durchaus; aber weder in seinem Verhalten noch in seinen Predigten hatte er sich jemals eine Blöße gegeben. Auf was also hatte sie ihre Anschuldigungen gegründet? Und wer war sie überhaupt?

Mit einem schlauen Aufblitzen seiner Augen und seinem liebenswürdigsten Lächeln trat er zu der Familie Spence, Mitgliedern seiner Gemeinde, deren Tochter Margaret auch zu den Promovierenden gehörte.

»Die Mädchen, die heute servieren, waren sicher vor Ihrer Zeit auf dem College«, sagte er versuchsweise, als Margaret und ihm Kaffee serviert wurde.

»Nicht alle. Die meisten promovierten in meinem ersten Jahr.« Sie lehnte den angebotenen Zucker mit einer Handbewegung ab und wandte sich wieder zu Andrew, fröhlich lächelnd und sichtlich erfreut über seine Gegenwart, aber ohne ihm weitergeholfen zu haben.

Andrew versuchte es von neuem.

»Ich gestehe es ungern«, lächelte er offen, »aber ich bin sehr unbegabt im Behalten von Namen. Und in Situationen wie hier komme ich oft in richtige Verlegenheit, wenn ich die Gesichter anderer Menschen kenne, aber für die Welt nicht weiß, wo ich sie unterbringen soll.«

»Nicht wahr, das ist immer schrecklich. Aber eigentlich kann ich mir gar nicht denken, daß etwas Sie verlegen machen könnte. Ich meine, Sie wirken immer so sicher.«

»Sie kennen mich nicht«, sagte Andrew wahrheitsgetreu. »Nehmen Sie den Fall an, ein Mädchen begrüßt mich mit meinem Namen und unterhält sich mit mir. Sie wären erstaunt, wie schwierig es ist, eine Unterhaltung zu führen, ohne zu verraten, daß ich keine blasse Ahnung habe, wer das Mädchen ist. Und dann stellt sich heraus, daß ich sie mal irgendwann bei einem Tee getroffen habe oder auf der Eisbahn und gar nicht erfahren habe, wer sie war. Aber von ihr kann man nicht erwarten, daß sie sich dann geschmeichelt fühlt.«

»Allerdings, ich selber wäre recht gekränkt.«

»Zum Beispiel, diese beiden Mädchen an dem Tisch da«, sagte Andrew und lenkte die Aktion in die gewünschte Richtung, »bekannte Gesichter — wahrscheinlich waren sie zur gleichen Zeit im Seminar wie ich. Aber meinen Sie, ich hätte einen Schimmer, wie sie heißen?«

Margaret folgte seinem Blick.

»Die sich jetzt mit Professor James unterhalten? Die dunkle ist Anne dingsda — Heathcote, glaube ich. Und die andere müßten Sie doch kennen.«

»Ja? Wer ist sie?« Jetzt hatte er sein Ziel erreicht, falls er sich nicht ablenken ließ.

»Oh, Cecily war doch eine von den Prominenten ihres Jahrgangs. Theaterwissenschaft, und recht gescheit.«

»Cecily?«

»Ja, Cecily Ridout. Sie war furchtbar nett zu mir, als ich neu hierher kam. Sie nahm mich oft zum Essen mit, wenn ich allein war, und bei meinem ersten Collegeball hat sie mich mit anderen bekannt gemacht, ich war damals sehr nervös. Es ist komisch, wenn man so zurückdenkt.«

»Und was tut sie jetzt?«

»Sie unterrichtet in der Stadt hier. Übrigens, ich sah sie auch des öfteren in der Shorncliffekirche.«

»Ach?«

»Darin war sie sonderbar, ich meine, in religiösen Dingen. Das heißt...« Sie blieb plötzlich stecken, als sie merkte, daß sie Andrew eigentlich in die gleiche Kategorie rechnen mußte. »Ich meine, sie ist nicht der Typ, von dem man glauben würde, daß er religiös wäre. Sie wissen ja, was für eine Art von Mädchen Sie sich vorstellen bei dieser Bezeichnung.«

Andrew mußte über ihre Verwirrung lächeln.

»Ich sollte es wahrscheinlich nicht, aber ich tue es.«

»Na ja«, erwiderte Margaret erleichtert, »also so ist sie nicht, aber ich habe einen richtigen Schock bekommen, als ich dahinterkam, daß sie trotzdem diese Dinge ernst nahm und sich so streng an ihre Grundsätze hielt. Geradezu ereifern konnte sie sich oft, wenn mal irgend etwas angegriffen wurde, woran sie selber glaubte. Die Blumen hier sind übrigens von ihr, als Glückwunsch zu meiner Promotion.«

Andrew verbrachte die nächste Zeit in halb grimmiger, halb freudiger Erwartung; er beendete das Abendessen mit der Familie Spence, begleitete sie zur Tür, unterhielt sich mit diesen und jenen. Schließlich, als der Saal sich schon geleert hatte und er sein Opfer an der langen Tafel mit den kalten Platten stehen sah, zum erstenmal allein, ging er zu ihr hin.

»Miß Ridout?«

Mit einem Ruck fuhr sie herum. Ob ihr Schreck von seinem Anblick kam oder von dem angebissenen Butterbrot in ihrer Hand, das war ihm nicht ganz klar. Sie kam rasch wieder zu sich.

»Mein schlechtes Gewissen«, erklärte sie und fuhr mit dem Sandwich hin und her. »Es geht mir immer so. Jeden Abend kriege ich Lust auf so was, ich versuche, sie zu unterdrücken, werde schwach, schleiche in die Speisekammer – und schon werde ich ertappt!« Sie steckte den letzten Bissen in den Mund und zog mit einemmal verwirrt die Augenbrauen hoch. »Woher wissen Sie denn meinen Namen? Wir kennen uns doch gar nicht, oder doch?«

»Offiziell nicht«, antwortete er den Augenbrauen, die wie Schwalbenflügel auf der hohen, reinen Stirn schwebten. »Es besteht wohl keine Chance, daß Sie für diesen Tanz noch nicht vergeben sind?« Er hatte die Worte nicht beabsichtigt; vor drei Jahren, bei ihrer flüchtigen Begegnung, hatte er sie zum erstenmal gesagt, und ohne daß er je an sie gedacht hatte, waren sie jetzt plötzlich wieder in ihm aufgeblitzt.

Sie lächelte bei der Erinnerung.

»O ja, ich weiß. Der Collegeball, als Sie Ihre Partnerin nicht finden konnten.«

»Damals gab es keine Chance, wie Sie sich vielleicht erinnern. Und wie ist es diesmal?«

»Nun...« sie blickte umher. »Sie wollten damals mit mir tanzen, aber heute wird ja nicht getanzt. Was könnte ich Ihnen also geben als Entsprechung?«

»Daß Sie sich von mir nach Hause fahren lassen«, erwiderte er prompt. »Der beste Ersatz, der mir im Augenblick einfällt.«

Verdutzt blickte sie ihn an.

»Herzlichen Dank, aber ich...«

»Haben Sie einen bestimmten Grund dafür, daß Sie es ablehnen müßten?« fragte Andrew sachlich. »Was haben Sie für den Nachhauseweg verabredet?«

»Wir sind hergekommen zu viert, wir sollten servieren. Hilda Caven hat uns in ihrem Wagen mitgenommen – können Sie sich an sie erinnern? Das große Mädchen in dem grünen Kleid, da drüben.«

»Ja, ich erinnere mich, daß ich sie gesehen habe. Es wird ihr nichts ausmachen, wenn Sie ihr sagen, daß Sie etwas anderes vorhaben.«

»Ich glaube aber wirklich, ich sollte mit den Mädchen gehen.« Die Augenbrauen hatten sich zusammengezogen. Er fragte sich, ob ihr Zögern aus persönlicher Abneigung komme. Auf jeden Fall würde er sich von ihr nicht unterkriegen lassen. Er spielte seinen Trumpf aus.

»Ich finde, Sie sollten mit mir gehen. Sie sind es mir im Grunde sogar schuldig, wissen Sie – damit Sie mir erklären können, warum Sie mich für unaufrichtig halten.«

Diesmal war es klar, warum sie erschrak – oder zum mindesten errötete.

»Vielleicht müßte ich mich entschuldigen, daß ich den Spruch vom Lauscher an der Wand auf die Probe gestellt habe, aber eigentlich bin ich unschuldig. Sehen Sie, ich hörte meinen Namen, noch bevor ich mich bemerkbar machen konnte. Und auf das hin konnte ich mich natürlich nicht mehr losreißen. Und schließlich, wenn irgend jemand ein Recht hatte, diese Unterhaltung anzuhören, dann doch ich?«

Sie sah ganz geknickt aus.

»Verzeihen Sie, ich hatte nicht das Recht, so etwas zu sagen.«

»Dann kommen Sie also mit?« Er nützte seinen Vorteil unbarmherzig aus.

»Nun – wenn Sie darauf bestehen, ja. Aber ich bin ja noch einiges hier. Sehen Sie, es kommen noch immer neue Leute.«

»Ich warte, bis Sie fertig sind. Vielleicht in einer halben Stunde?«

»Gut. Am vorderen Eingang.« Im nächsten Augenblick war sie schon damit beschäftigt, mit scheinbar ungebrochenem Eifer einer neugekommenen Gruppe belegte Brote anzubieten.

Andrew stand schon wartend an der Treppe, als Cecily, den rosa Abendmantel auf dem Arm, aus der Garderobe kam. Anscheinend hatte sie ihr Gleichgewicht wiedergefunden und begrüßte ihn mit leicht herausfordernder Unbekümmertheit. Als sie neben ihm im Wagen saß, fuhr er in südlicher Richtung durch den Queen's Park, am Hart House vorbei und um die Anlagen an der Universität. Schließlich unterbrach er das beiderseitige Schweigen und fragte: »Übrigens, wo wohnen Sie?«

»Ich überlegte schon, ob es Sie wohl interessierte. Im Norden – ziemlich weit nach Norden.«

Er wendete wortlos, fuhr zur Avenue Road und schloß den Kreis, den sie gemacht hatten. Beide starrten vor sich hin, Cecily saß aufrecht da, die Hände locker auf dem Abendtäschchen, das auf ihrem Schoß lag. Ihr unregelmäßiges Profil mit der überraschend kraftvollen Rundung des leicht gefurchten Kinns wirkte durchaus gelassen. Als sie die St. Clair-Avenue erreichten, kam

Andrew zu dem Schluß, daß es offensichtlich seine Sache sei, das Thema anzuschneiden.

»Sie finden also, daß ich unaufrichtig bin?«

»Habe ich das gesagt?«

»Ich hatte nicht die Möglichkeit, Sie zu bitten, Ihre Behauptung zu wiederholen. Aber das war ohne Zweifel Ihrer Rede kurzer Sinn.«

Er wartete, doch es kam keine Antwort.

»Gewiß«, fuhr er mit herausfordernder Ruhe fort, »wir sind in einem freien Land, und Sie schulden niemand Rechenschaft für Ihre Meinung oder deren Äußerung. Es gibt allerdings so einen Grundsatz — in der Verfassung, nein? —, daß man einen Menschen die Beschuldigungen, die man gegen ihn erhebt, auch wissen lassen soll. Aber das wollen wir beiseite lassen. Es ist wirklich furchtbar nett von Ihnen, Miß Ridout, daß Sie so auf meine Wünsche eingehen und mir erlauben, Sie heimzufahren. Ich habe nicht das Recht, von Ihnen zu erwarten ...«

»Ach, seien Sie doch nicht albern!« Sie wandte ihm verärgert das Gesicht zu. »Sie wollen mich aufstacheln durch Sarkasmus, aber das ist gar nicht nötig. Sehen Sie nicht, daß mir selber daran liegt, die Sache zu erklären? Die Situation ist keineswegs sehr angenehm für mich. Warum mußten Sie auch ausgerechnet in diesem Augenblick daherkommen? Fünf Minuten vorher hatte ich Sie noch im Saal gesehen.«

»Es tut mir leid, daß ich Sie in Verlegenheit gebracht habe. Ich würde auch nicht so bohren, wenn die Sache mir nicht wichtig wäre.«

»Dann will ich es versuchen. Über meine Familiengeschichte brauche ich mich ja nicht ausführlich zu verbreiten. Wir hatten immer eine Neigung zur Theologie — methodistische Tradition; dabei haben wir aber immer unseren Stolz darein gesetzt, auf die Argumente der Gegenseite einzugehen und auch ihre Literatur zu lesen. Sie wissen ja wahrscheinlich selber, wie einsam man in einem solchen Fall an einem College heute dasteht — in religiöser Hinsicht, meine ich.«

»Das weiß ich.«

»Dann begannen Sie zu predigen. Gehört hatte ich von Ihnen natürlich schon vorher. Während meines letzten Studienjahres waren Sie am College, und schon damals verbreiteten sich vielerlei Geschichten über Ihre Kühnheit. Ich war sehr entzückt darüber. Und ich ging in Ihre Predigten mit der Erwartung, daß Sie mir gefallen würden, ich war ganz darauf eingestellt, Sie zu mögen ...« sie stockte, jedoch nur für einen kurzen Augenblick, »denn Sie schienen mir so sehr der Typ zu sein, den wir als Pfarrer heute brauchen.«

»Sie mochten mich dann aber doch nicht?«

»Das wäre übertrieben. Ich war aber irgendwie enttäuscht. Warum, konnte ich nicht sagen. Es war eine großartige Predigt, und ich konnte alles unterschreiben. Vater und Mutter waren begeistert, ebenfalls mein Bruder. Aber sie klang mir nicht echt. Es kam mir vor, als wenn ...«

»Als wenn?«

»Ich weiß, es hört sich ziemlich töricht an, aber Sie wollen es ja hören. Als wenn der eine Teil von Ihnen abseits stünde und dem anderen Teil, der predigte, zuhörte; als wenn Sie die Dinge, die Sie sagten, akzeptierten, aber sie im Grunde doch nicht richtig ernst nähmen — wie wenn ein guter Schauspieler eine Rolle spielt, die er nicht empfindet.«

»Ich verstehe.«

»Ich weiß nicht, ob Sie es verstehen.« Sie war sichtlich bedrückt. »Das klingt, als hätte es sich um eine offenbare Unaufrichtigkeit gehandelt, aber das war nicht der Fall. Die anderen sind gar nicht auf den Gedanken gekommen. Sie haben ja gehört, was Jim Lennox heute abend sagte. Und mein Vater ist viel empfindlicher als Jim. Wahrscheinlich täusche ich mich also. Und in dem Fall bitte ich ehrlich und bescheiden um Entschuldigung.«

Sie schwieg. Auch Andrew sagte nichts.

»Nur werde ich das Gefühl nicht los, daß ich mich doch nicht täusche. Sagen Sie es doch. Habe ich mich getäuscht?«

»Nein.«

»Ach, das freut mich!«

Der Seufzer der Erleichterung, der diese Aussage begleitete, ließ ihn überrascht den Kopf wenden.

»Das freut Sie? Wieso in aller Welt ...« Er war von der Yonge Street nach Westen gefahren in ein Gelände, von dem die Stadt noch nicht Besitz ergriffen hatte, und hielt jetzt am Rande einer weiten, offenen Ackerfläche, die still im Mondlicht ruhte. »Wieso kann das Sie freuen?«

Ihre dunkelblauen Augen blickten äußerst ernst.

»Nicht, weil ich recht gehabt habe — wirklich nicht. Wahrscheinlich wäre es mir ein schrecklicher Gedanke, daß Sie alles, was Sie zu glauben schienen, auch tatsächlich glaubten und dennoch so wenig Befriedigung davon hatten — so wenig innere Freude.«

»Es gibt sehr viele Christen, deren Glaube ihnen wenig innere Befriedigung und Freude bringt, soviel ich sehe.«

»Ich weiß, aber bei Ihnen ist es anders. Ich meine«, fuhr sie hastig fort, »diese anderen denken ihre religiösen Überzeugungen nicht bis zu Ende durch, Sie dagegen sind viel intelligenter.«

»Ich verstehe. Vielen Dank«, erwiderte er trocken.

Eine ganze Weile herrschte Schweigen. Die Erörterung war offenbar zu Ende, aber Andrew machte keine Anstalten, den Wagen wieder in Bewegung zu setzen. Rings umfing sie der Friede des Mondlichts und das leise Zirpen ungezählter Grillen; nur zuweilen wurde die Stille unterbrochen durch ein vorbeisausendes Auto oder durch das ferne Rattern einer Straßenbahn.

»Auch jetzt — verstehe ich es noch nicht.«

In Andrew stritten widersprechende Impulse, der Stolz auf seine Zurückhaltung kämpfte mit dem immer stärkeren Trieb, die innere Last offen hinzulegen. Die undurchdringliche Reserve war für ihn zu einem Fetisch geworden, zu einem letzten Festungsbunker, nachdem die äußeren Verteidigungswerke durch seine Lüge gegenüber Mrs. Harold zertrümmert worden waren. Bisher hatte der Stolz die Oberhand behalten, jetzt drängte die Vernunft sich vor und Kampfesmüdigkeit und das menschliche Verlangen nach Verstandenwerden. Was hatte es für einen Sinn, sich jetzt noch zu verstellen? Vor diesem Mädchen, das sein Geheimnis ja bereits erraten hatte?

Und so begann er, ihr sehr lakonisch und ganz undramatisch die wesentlichen Fakten seiner Kindheit zu erzählen, die Art seiner Erziehung, das europäische Zwischenspiel, die sozusagen zufällige Berufswahl. Dann schilderte er ihr — ohne Vorbedacht und ohne andere Ermunterung als ihr hörbereites Schweigen — die Erlebnisse, bei denen sein Versagen ihm bewußt geworden war:

die Unterredung mit dem jungen Garfield, die Szene an Mrs. Harolds Sterbebett, die Leerheit seiner Osterpredigten.

Schließlich schwieg er still, beschämt über soviel Ausplaudern, aber sonderbar ermuntert, nachdem er nun zum erstenmal sein Herz vor einem anderen entlastet hatte. Nicht, daß er alles rückhaltlos gestanden hätte; aber doch war der Kontrast zu seiner sonstigen Verschlossenheit so stark, daß er zwar innerlich errötete, sich aber unerhofft erleichtert fühlte.

»Sie sehen also, daß Sie völlig recht hatten«, sagte er zum Abschluß. »Nicht in bezug auf meine Ehrlichkeit, aber in bezug auf meinen Glauben. Ich habe eben keinen. Eigentlich sehr sonderbar, nicht wahr, daß ich anderen predige und dabei selber ein Verworfener bin? Verzeihen Sie, aber die Gewohnheit, Worte aus der Bibel zu verwenden, hat sich bei mir eingefressen.«

Noch immer redete sie nicht. Während er berichtet hatte, war ihr Gesicht ihm meistens zugekehrt gewesen. Jetzt sah er es im Profil; der sonst so wechselvolle Ausdruck war erstarrt in intensivem Nachdenken und wirkte beinahe kindlich.

»Ich warte auf Ihr Urteil«, sagte er.

Sie blickte ihn rasch an.

»Mein Urteil ist nicht wichtig. Zum Urteilen habe ich kein Recht. Es ist nur so – Sie sagen, Sie hätten keinen Glauben, aber Sie haben noch nicht ganz erklärt, warum.«

»Habe ich das nicht getan?«

»Nein, ich finde nicht. Durch Jahre haben Sie sich damit beschäftigt, die Grundlagen des Christentums zu erforschen; seit einem Jahr verkündigen Sie von der Kanzel, daß sie glaubhaft und wahrscheinlich sind. Ich habe selbst gehört, wie Sie die überwältigenden Beweise darlegten – zum Beispiel für die Auferstehung, für die Gottheit Christi, für die Zuverlässigkeit der biblischen Berichte. Und dann kommen Sie und sagen, Sie selber glauben diese Dinge nicht. Wieso?«

»Meine liebe Miß Ridout, man kann den Glauben nicht herbeizwingen.«

»Möchten Sie denn glauben? Ich habe Sie darüber sprechen hören, wie töricht alle Menschen seien, die nicht glauben. Aber möchten Sie es selber?«

»Ja, natürlich möchte ich. In manchen Augenblicken hätte ich alles hingegeben, um den Glauben zu bekommen — nur, daß mein Alles als Entgelt sehr kümmerlich gewesen wäre.«

»Haben Sie darum gebeten?«

Er starrte sie fast argwöhnisch an und schwieg.

»Gott gebeten, meine ich. Das wäre doch nur angemessen und vernünftig.«

»Gott darum bitten, meinen Sie. Ich sagte Ihnen doch, daß ich an Gott nicht glaube — das heißt, ich weiß nicht, was ich glaube.«

»Nun, das ist bestimmt nicht Seine Schuld!« erwiderte sie ziemlich atemlos. »Er, scheint mir, hat alles getan, was nur irgend möglich war — fast wie bei Saul, als Er ihn zu Boden warf. Denken Sie doch nur zurück«, fuhr sie etwas ruhiger fort, »Ihr erster Kirchgang damals — die Worte, die Sie so mächtig anpackten — das Gefühl, das Sie wieder hintrieb — Ihr Entschluß — Ihr Erfolg — die Tatsache, daß Er Sie nicht in Ihrem Ruhm sich sonnen ließ, sondern Sie immer wieder darauf stieß, daß Sie ohne Seinen Beistand hilflos waren. Was könnte Er noch mehr tun? Und bei allen diesen Vorgängen ist es Ihnen niemals in den Sinn gekommen, Ihn um das zu bitten, was Sie brauchen.« Sie hielt mit einemmal den Atem an. »Du liebe Zeit, ich rede wie ein Schulmeister. Bitte, fahren Sie mich jetzt nach Hause, Mr. Connington, falls Sie mich nicht lieber gleich hinausschmeißen!«

Andrew drückte mechanisch auf den Starterknopf und fuhr in die angegebene Richtung. Nur wenige belanglose Bemerkungen gingen zwischen ihnen hin und her. Als sie vor dem Hause anlangten, half er ihr aus dem Wagen — sie bewegte sich so rasch, daß sie der Hilfe kaum bedurfte — und brachte sie zur Tür. Beide vermieden es, als sie sich beim anderen bedankten, auf ihr Gespräch zurückzukommen, und sofort danach brach Andrew auf.

Als er ein Stück gefahren war, überkam ihn das Verlangen nach Bewegung, doch das Wandern in dem unwirklichen Mondlicht verstärkte seine Ruhelosigkeit noch mehr. Er gab es auf, fuhr heim und ging zu Bett.

12

Das Telefon am Bett, dachte Andrew schläfrig, indem er sich herumdrehte und nach dem Hörer langte, ist ein Symbol für unsere heutige Dekadenz. Sein halbwacher Geist hing sich an den Gedanken und arbeitete ihn, durch die Macht der Gewohnheit getrieben, weiter aus. Durch die Jahrhunderte hindurch hat die Aufgabe, Verbindungen herzustellen, die Kraft, den Mut und die Erfindungsgabe des Menschen in Anspruch genommen. »Weder Schnee noch Regen noch Hitze hindern den einzelnen, die ihm zugewiesene Aufgabe zu erfüllen.« So Herodot in seinem Bericht über das Postsystem des Perserkönigs! Pferde sind galoppiert, Boten haben gegen die Elemente angekämpft, Schiffe den Stürmen des Meeres getrotzt, Briefträger Meilen und Meilen zurückgelegt auf den öden Straßen der Städte und auf gefährlichen Wegen in einsamen Gegenden. Und dann über Nacht geschah das Wunder, und menschliche Stimmen antworteten einander über einen ganzen Kontinent hinweg. Aber bis vor kurzem erforderte auch diese Verbindung noch einige körperliche Anstrengung. Vor einem Menschenalter mußte man zum Beispiel, wenn ein Anruf kam, von seinem Lager springen und nach unten eilen. Jetzt dagegen wird einem die Nachricht unmittelbar ans Bett geliefert, in das erwachte Ohr gegossen. Dem Menschen aber kommt das Wunder nicht mehr zum Bewußtsein, er hat für Wunder keinerlei Empfindung mehr.

Als Andrews allmähliches Wachwerden in die nächste Phase trat, merkte er, daß er den Hörer noch immer untätig in der Hand hielt. »Hier Connington«, sagte er.

»Ja, hoffentlich habe ich Sie nicht aufgestört durch meinen frühen Anruf, Mr. Connington. Hier ist Mrs. Gamble. Leider kann mein Mann nicht selbst mit Ihnen sprechen. Er ist gänzlich lahmgelegt.«

Andrew richtete sich auf.

»Aber gestern habe ich doch noch mit ihm gesprochen. Doch kein Unfall hoffentlich?«

»Am Freitag wohl. Nein, kein Unfall. Gott sei Dank. Und bis gestern abend war er auch nicht richtig krank. Wir hatten gehofft, es würde ihm bis heute morgen wieder besser gehen, sonst hätte ich schon gestern angerufen. Aber es ist nichts zu machen. Er hat eine fürchterliche Halsentzündung.«

Ach, eine Halsentzündung. Andrew ließ sich in die Kissen zurücksinken und sah auf seine Uhr.

»Das tut mir wirklich leid.«

»Auch ihm tut es leid, daß Sie jetzt allein sein werden. Natürlich werden Sie auch ohne ihn zurechtkommen. Daran haben wir keinen Zweifel.«

»Ich werde ihn sicherlich vermissen.« Wozu nur soviel Aufhebens, dachte Andrew lässig. Er hatte doch schon öfters Gottesdienste abgehalten ohne Dr. Gamble.

»Er sagt, andererseits sei er wieder froh darüber. Sie werden nun im Gottesdienst den Platz einnehmen, der Ihnen zukommt. Wir beide wissen es zu schätzen, daß Sie bisher die Leitung immer ihm übertragen haben. Das wollte ich Ihnen schon immer einmal sagen, Mr. Connington. Aber mein Mann meint, Sie seien in solchen Dingen zu zurückhaltend. Sie seien der Gemeindepfarrer, und Ihres Amtes sei es, den Abendmahlsgottesdienst zu halten. Und deshalb ist wohl alles nur zum besten. Wir werden in Gedanken bei Ihnen sein. Aber jetzt darf ich Sie nicht länger aufhalten. Guten Morgen.«

Andrew lag da, die Hand noch auf dem wiederaufgelegten Hörer, endlich völlig wach. Natürlich, heute war ja Abendmahl! Und jetzt konnte er sich dem Amt nicht mehr entziehen. Bisher hatte es Dr. Gamble trotz leiser Proteste nie abgelehnt, das Brot und den Wein darzureichen. Zu dumm! Konnte es etwas anderes als pure Querköpfigkeit sein, wenn ein Mann, der sich während eines langen, kalten Winters seine Bullenstimme unversehrt erhalten hatte, sich nun von einer Halsentzündung unterkriegen ließ, ausgerechnet jetzt, an einem warmen Junimorgen? Andrew selbst konnte den Gottesdienst nicht abhalten, er hatte es noch nie getan. Man mußte irgendeinen Ausweg finden.

Lächerlich! Er mußte sich zusammenreißen. Er hatte immer schon gewußt, daß er die Pflicht eines Tages auf sich nehmen mußte, und er würde sie jetzt durchführen, wie er es bei anderen Dingen auch getan hatte. Seine ganze Haltung zu dieser Angelegenheit war töricht und vernunftlos gewesen. Sie roch nach

Aberglauben. Schon der Titel seiner Predigt müßte ihn vor Scham erröten lassen, überlegte er, als er nach den engbeschriebenen Bogen auf dem Nachttisch griff und die sichere Überschrift las: »Die Transsubstantiation in protestantischer Sicht.«

Die Abfassung der Predigt hatte ihm große Befriedigung bereitet. Er hatte es vermieden, den Sakramentsritus vom Gefühl her anzugehen, und sich auf das Tatsächliche beschränkt – auf die geschichtliche Entwicklung, auf die auseinandergehenden, sich erbittert bekämpfenden Erklärungen, auf die Gründe, warum die Lehre von der Transsubstantiation soviel Anziehung besaß, und auf den Nachweis, daß sie in der Bibel keinerlei Fundierung hatte. Es war ein wissenschaftliches Thema, das er überzeugend vortragen konnte; und der Rest des Gottesdienstes, hatte er gehofft, würde dann in Dr. Gambles altbewährten Händen liegen. Jetzt jedoch ... Entschlossen wandte er sich wieder zu dem Apparat.

»Mrs. Gamble? Hier ist nochmal Connington. Ich habe den vorgedruckten Text für den Gottesdienst hier liegen, aber er enthält verschiedene Fassungen zur Auswahl. Mir war immer die am liebsten, die Ihr Mann gewählt hat. Ist es Ihnen recht, wenn ich nachher vorbeikomme und mir seinen Text hole ... An sich würde ich ihn durchsehen und die Auswahl selber treffen, aber ich habe der Familie Moore versprochen, vor der Kirche hinzukommen und ihr Kind zu taufen ... Ja, es ist etwas sonderbar. Das Kind ist nicht ganz wohl, und der Familie scheint sehr viel daran zu liegen, daß es jetzt getauft wird. Ich habe ihnen schon gesagt, daß die Zeremonie nicht nötig ist, aber sie wollen es trotzdem ... Vielen Dank. Ich bin in einer halben Stunde da.«

»›Ihr, die ihr eure Sünden wahrhaft und ernstlich bereut, in Liebe mit euren Nächsten lebt und den Vorsatz habt, Gottes Geboten zu folgen und künftig auf Seinen heiligen Wegen zu wandeln: Tretet herzu im Glauben und empfangt dieses heilige Sakrament zu eurer Stärkung; und beichtet in Demut vor Gott dem Allmächtigen.‹«

Die Mahnung floß Andrew glatt von den Lippen, und in der kurzen Pause, die folgte, atmete er freier. Als die Gemeinde sich dann neigte, stützte seine starke Stimme sie beim Sprechen der gemeinsamen Beichte.

»›Allmächtiger Gott, Vater Jesu Christi, unseres Herrn, Richter aller Menschen, wir gestehen und bekennen unsere mannigfachen Sünden . . .‹«

Sein Geist löste sich unbehindert von den Worten. Alles war in bester Ordnung. Er hätte der Abhaltung des Abendmahlsgottesdienstes nicht so lange aus dem Weg zu gehen brauchen. Die Predigt hatte eine gute Wirkung gehabt, das wußte er, denn für die Stimmung seiner Hörer besaß er ein untrügliches Gefühl. Es erstaunte ihn auch nicht, denn es war eine gute Predigt gewesen über einen Punkt der Lehre, den die meisten protestantischen Pfarrer ganz vernachlässigten, weil sie Angst hatten vor dem Stigma der Intoleranz. Seine Predigt hatte keine toten oder seichten Stellen gehabt. Wenn er sie mit Predigten verglich, die er von anderen gehört hatte, mußte er sagen, daß die Gemeinde sich beglückwünschen konnte. Auch war die Kirche heute gut besucht – mehr als sonst, denn dieses war der letzte Abendmahlsgottesdienst vor den Ferien.

Als die große Gemeinde sich aus der Gebetshaltung wieder aufrichtete, riß das Geräusch Andrew aus seinen Gedanken. Plötzlich kam ihm zum Bewußtsein, daß er das Gebet, das auf die Beichte folgte, gelesen hatte, ohne es zu merken, und er erschrak zutiefst. Immer, vom ersten Tage seines Amtes an, hatte ein Hauptmerkmal seiner Technik darin bestanden, jedes Wort mit vollem Bewußtsein zu sprechen, so daß auch die ganz bekannten oder abgedroschenen Formeln Spannung und Gewicht bekamen. Ein böses Zeichen, daß ihm die Bewußtheit nun abhanden kam, daß er ganze Sätze bloß mechanisch und gedankenlos gesprochen hatte!

Mit erneuter Wachsamkeit folgte er den Wegweisern Dr. Gambles zu dem nächsten Punkt des Textes. Hier hatte sein Hilfspfarrer anscheinend Verbesserungen vorgenommen; einleitende Worte und verschiedene Bibelverse, in sauberer Maschinenschrift geschrieben, waren hier an die gedruckte Seite angeheftet. Mit präziser Betonung las Andrew nun weiter und formte jeden Satz mit vollendeter Kunst, ehe er seine Augen zum nächsten wandern ließ.

»›Ich habe es von dem Herrn empfangen, das ich euch gegeben habe. Denn der Herr Jesus in der Nacht, da er verraten ward, nahm das Brot, dankte und brach's und sprach: Nehmet, esset, das ist mein Leib, der für euch gebrochen wird; solches tut zu meinem Gedächtnis. Desselbigengleichen nahm er auch den Kelch nach dem Abendmahl und sprach: Dieser Kelch ist das Neue Testament in meinem Blut; solches tut, sooft ihr's trinket, zu meinem Gedächtnis.‹«

Die unwiderstehliche Schönheit der Worte, durch Andrews glasklare Aussprache beflügelt, fuhr durch die Stille des Raumes, durchbrach die konventionelle, bloß äußerliche Ehrfurcht und drang jedem einzelnen tief ins Bewußtsein.

»›Denn sooft ihr von diesem Brot esset und von diesem Kelch trinket, sollt ihr des Herrn Tod verkündigen, bis daß er kommt. Welcher nun unwürdig von diesem Brot isset oder von dem Kelch des Herrn trinket, der ist schuldig an dem Leib und Blut des Herrn.‹«

Die Worte trafen ihn wie ein Bumerang. Ein eisiger Schauder lief durch seinen Körper. In der widerhallenden Stille überflogen seine Augen noch einmal die anklägerischen Zeilen und forschten, ob sich das grausame Echo bestätige. Aber es folgte noch mehr, und er zwang sich, mit sicherer Stimme weiterzulesen:

»›Der Mensch prüfe aber sich selbst, und also esse er von diesem Brot und trinke von diesem Kelch. Denn welcher unwürdig isset und trinket, der isset und trinket sich selber zum Gericht, dadurch, daß er nicht unterscheidet den Leib des Herrn.‹«

Wie durch einen Nebel sah er den mit roter Tinte eingetragenen Hinweis Dr. Gambles, der ihn auf eine Seite weiter vorn verwies. Mechanisch folgte er dem Hinweis, stieß auf die vertrauten Worte des Vaterunsers und sprach, begleitet von dem dumpfen Unisono der Gemeinde, das Gebet des Herrn, ohne Rücksicht auf die Liturgie, getrieben nur von dem Verlangen nach einem kurzen Aufschub, um gegen dieses sonderbare Angstgefühl zu kämpfen, das ihn lähmend überfallen hatte.

Das Gebet kam zum Ende. Doch die Lähmung blieb. In Dr. Gambles Buch, das für die anderen durch die Gefäße auf dem Abendmahlstisch verdeckt wurde, suchte er nach weiterer Führung – und gewahrte mit Entsetzen, daß der lange hinausgeschobene Augenblick gekommen war. Jetzt gab es keine Zuflucht mehr.

Er wollte es nicht tun. Er konnte nicht. Alles, was er bisher an liturgischen Feiern und Formen vollzogen hatte, schien ihm wie ein Nichts im Vergleich zu dieser höchsten Blasphemie. Seine nüchterne Vernunft hatte ihn verlassen, nur der eine Gedanke beherrschte ihn, wie er dem weiteren entrinnen könne, bevor er sich mit einer Schuld belud, die nicht wieder gutzumachen war. Er konnte ohnmächtig werden oder eine Ohnmacht vortäuschen! Nahe daran war er ohnehin, mit seinen kalten, starren Muskeln, der würgenden Trockenheit in seiner Kehle und der unerträglichen Schwere, die sich vom Kopf aus langsam auf die Glieder übertrug. Er versuchte, den Atem anzuhalten, hin und her zu schwanken, sich dem Schwindel auszuliefern, der ihn in erlösendes Vergessen sinken ließe. Vergeblich! Die Ehrlichkeit des Körpers weigerte sich standhaft, auf den Betrug der Seele einzugehen.

Wie aus weiter Ferne kommend, drängten sich die äußeren Dinge Andrew ins Bewußtsein — die Anwesenheit der Gemeinde, ihr Erstaunen, ihr angestautes Warten. Die Augen, die vielen Augen, die an seinem Munde hingen, zwangen ihn zum Handeln. Vage Gedanken an Geständnis, an wortlosen Rückzug, an vorgetäuschtes Unwohlsein gingen Andrew durch den Kopf, doch sie wurden überwältigt durch den Trieb des wohlerzogenen Menschen, sich vorschriftsmäßig zu benehmen, durch die Weigerung der männlichen Natur, sich ohne Kampf geschlagen zu erklären. Er raffte seine ganze Kraft zusammen. Seine eigene Stimme klang ihm fremd und unbekannt; mit steifen Lippen formte er die Worte:

»›. . . . da er verraten ward, nahm er das Brot, dankte, brach's . . .‹«

Das symbolische Brot brach in seinen eiskalten Händen. Die tonlose Stimme fuhr fort:

»›. . . und sprach: Nehmet, esset, das ist mein Leib, der für euch gebrochen wird; solches tut zu meinem Gedächtnis.‹«

Er legte das gebrochene Brot wieder auf den Silberteller, und die Gemeindeältesten traten rasch herzu, nahmen von Dr. Murray und Easton, die neben ihm standen, die anderen Teller in Empfang und gingen still zurück, um sie den Menschen hinzureichen. Sanfte Orgeltöne schwebten durch die Kirche.

Andrew stand erstarrt hinter dem Abendmahlstisch und bemerkte nicht die Männer neben ihm. Auch von der Gemeinde sah er nichts, aber die Gemeinde blickte mit gespanntem Sinn auf ihn. Der ganze Gottesdienst hatte etwas ungewohnt Erregendes. Andrews seltsam ernster Ton beim Lesen hatte in den Menschen ein neues Bewußtsein von der Bedeutung ihres Sakramentes erweckt. Der Schock, der ihn gelähmt hatte, hatte sich den Leuten mitgeteilt und ihre Sinne wach gemacht; und die ausgedehnten Zwischenpausen, seine trancehaften Bewegungen, der Ausdruck des Gesichts, der sowohl auf innere Qual als auf Verzückung deuten konnte, erweckte in den ahnungslosen Herzen ein Gefühl von scheuer Ehrfurcht.

Mary Jane ergriff in einer plötzlichen Gemütsbewegung, die ihr selber unklar war, den Arm der Mutter.

»Sieht er nicht wunderbar aus heute? Ich möchte wissen, worüber er wohl nachdenkt. Warum mußte er bloß Pfarrer werden!«

Es war ein Mensch, der freiwillig am Kreuz starb – ein grauenhafter Tod, dachte Andrew, wenn man die dumpfen, hammerartigen Schläge, die auf sein Hirn herniedergingen, Denken nennen konnte – und ich, ich stehe hier vor tausend Leuten, die doch an ihn glauben, und äffe seine Worte nach, seine feierlichsten Handlungen. Es ist gespensterhaft. Daß es so entsetzlich wäre, habe ich nicht geahnt.

Unten im Kirchenschiff fühlte Mrs. Knowlas, wie ihr langsam Tränen über beide Wangen rollten. Das weiße Gesicht und zwei blicklose, unnatürlich große Augen brannten sich in ihre Seele. »Und sie sahen auf ihn alle, die im Rat saßen, und sahen sein Angesicht wie eines Engels Angesicht«, sagte sie im stillen und nahm mit hocherhobener Seele und bescheidener Dankbarkeit das kleine Stückchen von dem Brot.

Ich weiß, es ist nur Brot und Wein – nicht mal Wein, nur Traubensaft, hämmerte es in Andrews Kopf. Die beiden Dinge stellen aber Leib und Blut des besten Menschen dar, der je gelebt hat. Den Tod eines Verbrechers würde ich nie verhöhnen wollen – wieviel weniger Seinen Tod; ich bin nicht würdig, Ihm den Schuh zu lösen, selbst wenn Er nur ein Mensch gewesen ist.

Oben auf der Galerie saß ein junger Mann, in dessen Hirn die Worte »Welcher unwürdig isset oder trinket« unaufhörlich weiterklangen. Er streckte seine Hand aus, als der Teller mit dem Brot kam, sah hinab in Andrews bleiches und zerquältes Antlitz, schauderte und zog sie leer zurück.

Doch Er sagte, Er sei Gottes Sohn. Und wenn Er es nun war – wenn Er es *ist* . . .

Die Ältesten waren zurückgekehrt und warteten in einer Reihe. Andrew sprach tonlos, hohl und ohne in das Buch zu sehen. Sein Gedächtnis gab die Worte wieder wie ein Lichtbild.

»›Desselbigengleichen nahm er auch den Kelch nach dem Abendmahl und sprach: Dieser Kelch ist das Neue Testament in meinem Blute; solches tut, sooft ihr's trinket, zu meinem Gedächtnis.‹«

Die Männer waren wieder fortgegangen und trugen vorsichtig die schweren Silberteller mit den Gläsern. Wenn es doch vorüber wäre! Wenn er sich bewegen, irgend etwas tun könnte, um diese lähmende Gewißheit fortzuschaffen – die Gewißheit einer »Gegenwart«, einer Wirklichkeit, wo er bisher ein Vakuum angenommen hatte. Er versuchte, über sich zu lachen, doch das Lachen konnte jene lastende Gewißheit nicht zerstreuen. Er verglich seine Panik mit der Angst der alten Griechen, für die die Worte Träger von geheimen Kräften waren. Er selbst ließ sich einschüchtern durch Worte, die er gar nicht glaubte. Durch Worte. Oder durch »das Wort«? »Denn das Wort Gottes ist lebendig und kräftig und schärfer denn kein zweischneidig Schwert und dringt durch, bis daß es scheidet Seele und Geist, auch Mark und Bein.« Sein verdammtes Gedächtnis. Warum legte es ihm ständig solche Dinge vor? Und das Wort »verdammt«. Verdammnis. Gericht, weiter bedeutet es nichts. Er fürchtete sich nicht vor Verdammnis oder Hölle – was immer diese Worte auch bedeuten mochten. Sie war tiefer und erschreckender, diese Angst, die ihn beherrschte, sie war nicht Angst vor etwas, sondern vor einem »Jemand«. Er spürte, daß es Tiefen gab, die er nicht ergründen, Höhen, die er nicht erreichen konnte; Schönheit, Hoheit, Größe, vor denen er sich danach sehnte, seine nackte Häßlichkeit und Nichtigkeit von sich zu tun – und es nicht vermochte. Ein blendend helles Licht schien auf ihn einzudringen. Er hatte das verschrobene, aber sichere Gefühl, daß es von einer gekreuzigten Gestalt kam – von jenem »Mann«, dessen Platz er einnahm, dessen Worte er hier nachsprach.

Wie einer, der geschlafen hat und sich dann mühsam wachrüttelt, gewahrte er, daß die Ältesten zurückkamen und die geleerten Teller wieder auf den Tisch stellten. Dann begaben sie sich schweigend zu der ersten Bank und saßen nun in offensichtlicher Erwartung da. Was wollten sie? War es nicht vorüber? Mit verständnislosen Augen blickte er sie an, suchte nach Erleuchtung in dem aufgeschlagenen Buch, fand sie weder hier noch dort. Dann dämmerte ihm das Gedächtnis langsam auf. Sie warteten darauf, daß er sie speiste! Auch Dr. Murray und Easton hatten ihre Plätze verlassen und sich rechts und links von seinem großen Stuhl gesetzt. Sein Körper reagierte automatisch und führte ihn, das Brot und den Kelch in der Hand, die niedrigen Stufen hinunter.

Dr. Murray, der das graue und verzerrte Antlitz schon seit längerem beobachtete, fühlte seine Sorge stärker werden als die Rücksicht auf die feierliche Handlung. Er wartete, bis Andrew wiederkam und ihm die Speise reichte, dann beugte er sich vor, als wenn er mit ihm sprechen wolle; aber Andrew sah es nicht, wandte sich und ging auf seinen Platz zurück.

Sie warteten, sie warteten – der Vorstand, der Chor auf der Empore, die Hunderte von Menschen in der Kirche. Und Andrew wußte auch, warum. Seine starren Augen, geradeaus gerichtet, sahen ein verschwommenes Gewirr von menschlichen Gesichtern und von bunten Kleidern, dazwischen aber sahen sie sehr deutlich, anklägerisch und deutlich, jedes Stückchen Brot und jeden Kelch und wie alles auf sein Zeichen wartete.

Er nahm den winzigen Brocken Brot, atmete noch einmal tief und sprach:

»›Der Leib Jesu Christi, unseres Herrn, der für euch gegeben ward, bewahre euch zum ewigen Leben. Nehmt dies hin und esset und gedenket, daß Christus für euch gestorben ist; stärkt euer Herz im Glauben und sagt Dank.‹«

Das Stückchen Brot saß dick in seiner trockenen Kehle. Er wollte es hinunterschlucken, es gelang nicht, er versuchte es von neuem, fast erstickend.

Mr. Harris, der das Abendmahl bis heute immer unbeschwerten Sinnes angenommen hatte, seit über fünfundvierzig Jahren, spürte diesmal eine sonderbare Unruhe. Ein Entschluß war durchgebrochen; er würde Harrison Gehör geben. Der Mann hatte eine

Familie zu ernähren, und der Firma hatte er seit vielen Jahren treu gedient. Plötzlich merkte er, daß er das Brot noch ungegessen auf der Zunge hatte und daß seine Frau ihn fragend ansah. Beinahe schuldbewußt ließ er es hinuntergleiten, zum erstenmal seit Jahren dabei betend.

»›Das Blut Jesu Christi, unseres Herrn, das für euch vergossen ward, bewahre euch zum ewigen Leben. Trinkt dies im Gedenken, daß sein Blut für euch dahingegeben wurde und seid dankbar.‹«

Der dünne, süße Saft der Trauben netzte Andrews Kehle. – Am Leib und Blut des Herrn schuldig. Ja, es ist geschehen. Warum gehen sie nicht fort? Was wollen sie denn noch? Mußte noch ein Lied gesungen werden? Nein, sie warten auf den Segensspruch. Auf die Abschiedsformel. »Beim Weggehen haltet nicht auf euren Rang, geht all' zugleich.« Lady Macbeth; ein wunderbarer Segen! »Aber warum konnt ich nicht ein Amen sprechen –?« Himmel, reiß dich doch zusammen, Mann!

Mit letzter Kraft warf er den Kopf zurück. Seine Stimme tönte matt und heiser:

»Der Gott aber des Friedens, der von den Toten ausgeführt hat den großen Hirten der Schafe durch das Blut des ewigen Testaments, unseren Herrn Jesus, der mache euch fertig zu allem guten Werk, zu tun Seinen Willen, und schaffe in euch, was ihm gefällig ist, durch Jesum Christum; welchem sei Ehre von Ewigkeit zu Ewigkeit! Amen‹«

Man hörte das Schlurren vieler Füße und das Knarren von Bänken; von der Orgelempore ertönten, erst leise, dann immer stärker anschwellend, die ersehnten Schlußakkorde, und die Menschen strömten durch das Mittelschiff zum Ausgang. Hinter dem Abendmahlstisch sank Andrew auf die Knie, den Kopf auf die verschränkten Arme legend.

13

Rückblickend versuchte Andrew das ganze Erlebnis so zu betrachten, wie man den düsteren Traum einer Nacht im ermutigenden Licht des folgenden Morgens betrachtet. Er war zu erschöpft gewesen, um Scham zu empfinden beim Anblick von Dr. Murray und Easton, die in ihrer Besorgtheit bescheiden am Abendmahlstisch gewartet hatten, bis er schließlich den Kopf gehoben und sich auf seine Füße gestellt hatte. Ihren fürsorglichen Vorschlag, daß beim Abendgottesdienst seine Predigt durch musikalische Darbietungen ersetzt würde, hatte er dankbar angenommen. Diese Erleichterung war ihm willkommen, aber der Rest des Tages kam ihm öde und lang vor, und er wartete sehnsüchtig auf den Abend, daß der Schlaf ihm Vergessen brächte. Da weder seine Tante noch sein Onkel dem Abendmahlsgottesdienst beigewohnt hatten, konnte er seine Unpäßlichkeit, der Wahrheit entsprechend, mit heftigem Kopfweh entschuldigen.

Am nächsten Morgen kam er zu dem Schluß, daß Überanstrengung im Verein mit einem tiefsitzenden Angstkomplex seine sonderbare, aber nicht unnatürliche Reaktion hervorgerufen habe; und diese Ausdrücke erinnerten so sehr an seinen Onkel, daß er es mit beschämtem Lächeln konstatierte. Mit leisem Unbehagen überlegte er, was Cecily Ridout von ihnen halten würde und von dem Vorfall selbst. Gestern abend hatte er sogar daran gedacht, sie anzurufen; jetzt war er froh, daß er eine solche Selbstdemütigung vermieden hatte.

Er beschloß, den Tag auf dem Golfplatz zu verbringen — zum erstenmal einen ganzen Tag, seit Garfield ihn dazu überredet hatte, in seinen exklusiven Klub einzutreten. Der Golfsport hätte keinen geduldigeren und glühenderen Anhänger haben können, als es Andrew Connington an diesem schönen Junitage war; er übte stundenlang, korrigierte seine Haltung, wägte sorgsam die Schläge ab und verwandte soviel Zeit und Energie auf seine Technik, wie er sie in anderen Situationen nie an eine solche Tätigkeit verschwendet hätte. Nach dem Mittagessen schloß er sich, befriedigt über seine guten Fortschritte, einer kleinen Gruppe von Bekannten an. Als er gerade seinen Ball zum Startschuß hinlegte, bemerkte er, wie ein Mann, der ihm bekannt schien, vom Klubhaus auf ihn zukam. Andrew holte vorschriftsmäßig aus, sandte den Ball mit einem sauberen Schlag die kurzgeschnittene Rasenbahn entlang und wandte sich, um den Ankömmling zu begrüßen.

»Guten Tag, Mr. Easton. Ich hoffe, Sie haben meinen fabelhaften Schlag gesehen. Ich bin bereit, als nächstes gegen Sie und Garfield anzutreten, ohne jedes Wimperzucken.«

»Gut. Das ist schön, Mr. Connington. Aber leider spiele ich heute nicht. Ich habe erst versucht, Sie in der Wohnung zu erreichen, man sagte mir, Sie seien hier; so bin ich also hergekommen. Es ist nur eine Kleinigkeit, ich wollte Sie aber doch davon in Kenntnis setzen. Mr. Clive, ich glaube, Sie kennen Mr. Connington noch nicht?«

»Ich hatte noch nicht das ...«

»... Vergnügen, Sie kennenzulernen, aber ich habe oft Ihre Predigten gehört und sie sehr genossen.« Andrew hatte in Gedanken die bekannte Formel automatisch ergänzt, so daß er gar nicht wußte, ob Mr. Clive die Worte wirklich ausgesprochen hatte. Woher kam es, überlegte er, daß alle Hörer seine Predigten »genossen«? Es gab doch sicherlich auch solche, die sich ärgerten, sich amüsierten, die sich angespornt, ergriffen, zum Widerspruch herausgefordert fühlten. Vielleicht begegnete er diesen Leuten nicht; oder waren alle diese Sprüche bloße Konvention? Vielleicht war es auch so, daß die meisten gar nicht hörten, was er sagte, sondern bloß den Schall der Worte über ihre selbstzufriedenen Gemüter rauschen ließen.

»Ich hoffe, es wird Sie interessieren, was Mr. Clive hier Ihnen sagen will«, erklärte Easton freundlich. »Ich hätte noch erwähnen sollen, daß er ein prominenter Mitarbeiter ist – in einem Sonderausschuß der Torontoer Kirchenkonferenz.«

»Der Umstand hat nämlich einigen Zusammenhang mit unserer Frage, Mr. Connington. Es ist nicht bloße Propaganda«, sagte Clive entschuldigend. »Aber um zur Sache zu kommen. Sie wissen von der Konferenz der protestantischen Kirchen von Amerika, die am Mittwoch in Boston beginnt?«

»Ich las in Kirchenzeitungen davon.«

»Und wahrscheinlich wissen Sie, daß wir ursprünglich Pfarrer J. McTaggert als unseren Delegierten schicken wollten.«

»Ursprünglich?«

»Seine Frau hatte heute morgen einen Schlaganfall. Die Ärzte können noch nicht sagen, ob es sehr bedenklich ist, aber es ist ausgeschlossen, daß er seine Frau allein läßt. Nun, Mr. Connington, Sie wissen vielleicht nicht, daß wir Sie als zweiten in die engere Wahl gezogen hatten. Einige von uns wollten Sie an die erste Stelle setzen, aber Sie sind neu im Amt, und wir hatten das Gefühl, daß Sie viel am Halse haben.«

»Selbstverständlich.«

»Jetzt aber wären wir sehr froh, wenn Sie es möglich machen könnten, als unser Delegierter zu fungieren. Die Tagung dürfte interessant werden.«

»Ich glaube, die Abwechslung würde Ihnen gut tun.« Ohne Zweifel dachte Easton an sein sonderbares gestriges Benehmen, und Andrew spürte, wie das Blut ihm ins Gesicht schoß. Daß er sich so rasch entschloß, kam von seiner plötzlichen Verlegenheit.

»Das ist sehr freundlich, Mr. Clive. Daß Mr. Easton mich so rücksichtsvoll behandelt, ist mir jetzt schon etwas ganz Gewohntes. Wenn er meint, ich könnte in der kurzen Zeit einen passenden Vertreter für die Predigt nächsten Sonntag finden, würde ich gerne hinfahren.«

»Wir werden Sie nur unter der Bedingung fahren lassen, daß Sie die Bemühungen wegen nächsten Sonntag alle uns überlassen«, unterbrach Easton herzlich. »Sie haben sich ohnehin schon um zuviel Kleinigkeiten kümmern müssen neben Ihren Pfarrerpflichten, und einige von uns im Vorstand machen sich schon Vorwürfe, daß wir zugelassen haben, daß Sie sich so abrackern. Erwartet haben wir von Ihnen die Sensibilität eines Rennpferdes, sagte Dr. Murray neulich, und abgetrieben haben wir Sie wie einen Karrengaul. Nein, was die Gottesdienste nächsten Sonntag angeht, überlassen Sie das völlig uns, und Sie selber fahren los und erholen sich.«

Andrew kroch beschämt in sich zusammen.

Von dem Gefühl der Unwürdigkeit und Heuchelei erholte er sich erst, als er am nächsten Tag im Zug saß. Nun, da er wußte, daß er für kurze Zeit ein freier Mensch war, daß zehn ganze Tage lang keine Rede, keine Predigt, kein seelsorgerlicher Rat von ihm verlangt wurde, fühlte er sich von einer ungeheuren Last befreit. Fünf Tage würde er nur zuhören, sich belehren lassen, zu Füßen anderer Männer sitzen. In dem Gefühl der eigenen Unzulänglichkeit war er nie so demütig, so aufnahmebereit gewesen wie gerade jetzt. Bei ihm konnte die Konferenz der protestantischen Kirchen auf fruchtbares Land säen.

Aber die Konferenz interessierte sich offenbar weniger für das Säen von Saaten als für das Vergleichen von Ernten und für die Mittel, mit denen sie gesteigert werden konnten. Die Erörterung dieser Mittel nahm einen großen Teil der Zeit in Anspruch, Qualität und Typ des Saatguts blieben unbeachtet. Am Samstag hatte Andrews innere Verfassung sich zurückverwandelt in den ungeduldigen Hochmut seiner früheren Zeiten, jetzt vermischt mit persönlichem Kummer. Gehört hatte er viele begeisterte Reden, reich an Worten und an weltlichen Bezügen, arm an wirklichen Ideen und Überzeugungen; und offene Diskussionen über die verschiedensten Methoden, wie man die große Masse in die Kirche locken, den Sonntagabendgottesdienst beleben, die Kirche popularisieren könne. Man schilderte Versuche mannigfachster Art: Filme als Ersatz der Predigt, Schönheitstänze am Altargitter; durchmodernisierte Kirchen»betriebe«; Umgestaltung unkirchlicher Architektonik und Einführung eines neuen Rituals, um die Andacht zu erhöhen; Gemeindeabend mit Bridge und anderen Kartenspielen, Verlosungen, Basare; gutbezahlte Streichquartette als Ersatz für willige, aber schwache Chöre. Andrew war entsetzt, wie unverblümt man diese Dinge debattierte, wie nüchtern man berechnete; das eigentlich Entscheidende trat gar nicht in Betracht. Das Wort Theologie stand hier in schlechtem Ruf; wenn es hoch kam, sprach man von »altmodischen theologischen Argumenten« oder von »Fragen, die nur die theologischen Experten interessieren«, und dabei lächelte man dann sanft und überlegen. Die allgemeine Losung, welche immer Anklang fand, hieß Toleranz – eine Toleranz, die offensichtlich weniger aus einem echten Geist der Liebe kam als vielmehr aus der absoluten Gleichgültigkeit für jede Art von eigentlichem Glaubensleben.

Andrew saß an einem langen Tisch im großen Speisesaal, innerlich höchst distanziert und kritisch. Die Unterhaltung sprang von einem zum anderen, und Andrews Augen folgten ihrem Zickzacklauf und hefteten sich auf den jeweiligen Sprecher – so durchdringend, daß er leicht aus dem Konzept geraten wäre, wenn man es bemerkt hätte. Obwohl man Andrew einen herzlichen Willkomm bereitet hatte und er überall, wo er sich einer Gruppe zugesellte, freundlich begrüßt wurde als einer von den Nachbarn aus Kanada, war er den meisten wegen seiner Wortkargheit und seiner Nichtbeteiligung an den Diskussionen unbekannt geblieben.

»Die hundertjährige – weit über hundertjährige Freundschaft zwischen uns und Kanada«, sagte der ältere Herr, der Andrew gegenüber saß, und dabei begegnete er seinem Blick und schaute auf das Namensschild an seinem Rockaufschlag, »– Sie kommen ja aus Kanada, Mr. – Conboy ist Ihr Name, ja? Ich sehe es nicht so genau.«

»Connington. Ja, ich bin aus Kanada.«

»Nun, ich hätte gedacht, aus England«, schaltete sich der Mann zu seiner Rechten ein. »Und aus welchem Teil von Kanada, Mr. Connington?«

»Aus Toronto.« Andrew wies auf seinen Namenszettel und gab keine weitere Erklärung über seine Herkunft.

»Oh, Toronto kenne ich«, bemerkte ein Jüngerer auf der anderen Tischseite. »Das ist doch die Stadt mit der totalen Sonntagsruhe – der Schrecken aller Handlungsreisenden?«

»Dabei fällt mir ein New Yorker Freund ein, er erzählte mir vor einiger Zeit, ein Drugstore in Toronto habe sich geweigert, ihm am Sonntag Zigaretten zu verkaufen. Mein Freund dachte erst, der Mann habe Spaß gemacht, aber der behauptete, wenn die Polizei es merke, werde er bestraft.« Andrews rechter Nachbar lachte herzhaft über seine eigene Anekdote.

»Der Mann in diesem Drugstore war wohl gewissenhafter als die meisten anderen«, sagte Andrew kühl, da irgendeine Antwort offenbar von ihm erwartet wurde. »Auch abgesehen von meinem Beruf, mag ich den Sonntag in Toronto gern. Für Passanten mag er etwas öde sein, das gebe ich zu, jedoch zum mindesten verweist er sie auf ihre eigene Phantasie, wenn sie sich amüsieren wollen. Und da die meisten Menschen heutzutage das am allermeisten fürchten, ist es wohl ganz gut, wenn sie gelegentlich mal so etwas erleben. Und sozial gesehen sichert es unseren Arbeitern und Angestellten eine Ruhezeit, wie sie die meisten anderen Systeme nicht gewähren. Überhaupt ist psychologisch die relative Stille in der Stadt für alle eine große Wohltat in der heutigen Zeit mit ihrer Hast und Nervenüberspannung.«

Es war die längste Rede, zu der er sich in dieser ganzen Woche aufgeschwungen hatte, und er mußte lächeln, daß sie zur Verteidigung des vielbeschrienen Sonntags in Toronto diente. Der Mann zu seiner Rechten war sehr ernst geworden.

»Ja, natürlich, natürlich. Auch beruflich muß es eine große Hilfe sein. Man hat es leichter, seine Gemeinde zusammenzuhalten – wenn man nicht mit anderen Attraktionen konkurrieren muß. Besonders Sonntag abends. Ja, wirklich, Ihre Pfarrer sind in einer glücklichen Lage.«

Im Begriff, etwas zu erwidern, bemerkte Andrew, wie sein ältliches Gegenüber zwar würdevoll, aber doch mit der gekränkten Miene des Zukurzgekommenen darauf wartete, seine unterbrochene Rede fortzusetzen.

»Verzeihen Sie«, Andrew lächelte so reumütig, daß niemand hätte widerstehen können. »Eine gänzlich überflüssige Abschweifung. Sie wollten gerade sagen, daß die USA und Kanada ...«

»Die hundertjährige Freundschaft zwischen USA und Kanada«, fuhr der andere besänftigt fort, »ist ein besonderes Zeichen unserer Führerschaft auf dem Gebiet der Völkerverständigung. Wir haben, möchte ich sagen, einen Maßstab aufgestellt, der einst ein Gegenstand des Neides war und jetzt ein Vorbild für die ganze Welt ist. Wir haben allen anderen gezeigt, daß zwei Nationen freundschaftlich auf beiden Seiten einer Grenze ohne jegliche Befestigungen leben können, und diese Offenbarung führte zu dem heutigen Zustand von Vertrauen und Zusammenarbeit, der den Krieg geächtet hat.«

»Sehr richtig«, pflichtete der Mann zur Rechten strahlend bei. »Darauf kann jeder Amerikaner stolz sein – und die Kanadier natürlich auch«, fügte er mit einer höflichen Wendung zu Andrew hinzu.

»Ich glaube, daß ich diese Ehre kaum verdiene«, sagte Andrew, »weil ich nämlich keineswegs gewiß bin, daß der Krieg geächtet ist.«

»Aber hören Sie! Sie glauben doch wohl nicht im Ernst, zivilisierte Nationen würden sich noch einmal in das Chaos eines Massenmordes stürzen lassen?«

»Ein absurder Gedanke – bei aller Achtung für unseren Freund hier«, erklärte der andere, für dessen Sanftmut eine solche Ketzerei nun doch zuviel war. »Ich bitte Sie, selbst wenn ein Volk so irre wäre, eine Aggression zu unternehmen, es wäre machtlos, weil es moralisch von der ganzen Welt verurteilt würde.«

»Aber wenn das Volk nun doch so irre ist und angreift, würde die moralische Verurteilung irgendeine Wirkung haben?« fragte Andrew.

»Dann eben wirtschaftliche Zwangsmaßnahmen«, erwiderte sein Nachbar. »Der Fall, von dem wir sprechen, ist natürlich eine reine Hypothese. Ich lehne es entschieden ab, an einen solchen Rückfall in die Barbarei zu glauben. Sollte aber dennoch so etwas passieren, dann würde man den Friedensbrecher durch prompte ökonomische Sanktionen lähmen – sie würden ihn im Handumdrehen hilflos machen.«

»Und wer führte die Sanktionen durch?«

»Wozu ist denn Ihr Völkerbund da?«

»Das dachte ich mir. Unser Völkerbund. Würden die Vereinigten Staaten sich verpflichtet fühlen, sich hinter uns zu stellen bei Beschlüssen unsererseits, die ihre Wirkungen auf einen Handel von Millionen Dollar hätten?«

»Ich glaube, wir regen uns unnötig auf. Der strittige Punkt liegt ja nicht in der Frage, was man gegen ein solches Volk unternehmen würde, sondern in der Unwahrscheinlichkeit – in Rücksicht auf unseren Freund schwäche ich meine Ausdrücke ab – in der Unwahrscheinlichkeit, daß eine solche Lage überhaupt entsteht. Man denke doch nur an das herzliche und freundliche Verhältnis unter den Nationen heute; an die gegenseitigen Freundschaftsbesuche zwischen uns und denen, die im letzten Krieg unsere Feinde waren, an die Begeisterung, mit der sie hier empfangen werden, an den größeren Horizont, den freieren Blick der neuen Zeit ...«

»Konnte man an alle diese Dinge nicht auch *vor* dem Jahre neunzehnhundertvierzehn denken?«

»Oh, seit damals ist die Welt viel kleiner geworden – fast wie eine einzige riesige Familie. Bedenken Sie, welchen Einfluß heute überall das Radio hat. Daß ein Volk ein anderes bekriegt, dessen Rundfunksendungen es hören kann, ist doch undenkbar.«

»Und außerdem«, meldete sich Andrews linker Nachbar, der nun lang genug geschwiegen hatte, »der Weltkrieg war das letzte krampfhafte Sichaufbäumen der Gewaltära, ihre letzte Todeszuckung. Die Menschheit ist seitdem auf einer neuen Stufe der Entwicklung angekommen.«

»Was sich worin zeigt?«

»Die Zeichen sind doch offensichtlich.« Offensichtlich war vor allem, daß die Gruppe Andrew für hoffnungslos bigott oder aber für borniert hielt. »Die heute weitverbreitete Ablehnung des Krieges ist nur *einer* von den Fällen, wo sich eine neue Objektivität zeigt, die Bereitschaft, seine eigenen Fehler zuzugeben! Der Krieg ist mit dem Fortschritt unvereinbar. Die Wissenschaft spricht eine internationale Sprache, und ihre Wohltaten kommen nicht einer einzelnen Nation zugute, sondern allen.«

»Zum Beispiel Bomben und Giftgas?«

»Oh, diese Dinge dürfen Sie nicht allzu tragisch nehmen, Mr. Connington«, meinte Andrews Gegenüber wohlwollend. »Der kleine Junge, der mit seinem chemischen Versuchskasten spielt, der sich freut, wenn er allerhand Gestank zustande bringt! Und selbst wenn jemand so verdorben wäre und derartige Erfindungen verkaufte – das erwachte Gewissen der Massen würde niemals zulassen, daß sie gegen Menschen wieder eingesetzt würden. Im Grunde stimmen Sie uns sicher bei. Bei Ihnen ist es nur die Freude am Wortstreit.«

»Im Gegenteil. Ich würde Ihnen gerne beistimmen. Mir scheint jedoch, Sie übersehen den unveränderlichen Faktor.«

»Und das ist?«

»Die Natur des Menschen.«

»Aber das ist Häresie, Mr. Connington. Die menschliche Natur befindet sich in ständigem Aufstieg. Ihren Aufstieg leugnen – das hieße ja, die Entwicklung selber leugnen!«

»Und wenn ich sie tatsächlich leugne? Oder wenigstens bezweifle – als Wirklichkeit, als Tatsache? Wobei ich gerne zugebe, daß es eine interessante Theorie ist.«

Eine so absurde Zumutung bestärkte die anderen lediglich in ihrer Überzeugung, daß er es nicht ernst meine, und der alte Herr auf der anderen Seite wechselte betont das Thema. Für den Rest des Abends hüllte Andrew sich in Schweigen.

Am Sonntagabend trafen sich die Delegierten in der größten Kirche Bostons. Viele hatten vormittags in Boston und in Nachbarstädten Predigten gehalten, und nun versammelten sich alle, um die Abschlußrede und den Schlußbericht der Tagung anzuhören.

»Du Herr der Schöpfung, dir sei Dank,
daß deine Welt nicht fertig ward;
Daß noch uns ruft des Schlachtrufs Klang,
Daß Arbeit unsrer Hände harrt;
Daß nicht vollendet ist der Mensch,
Daß wir ja noch im Werden sind,
Als Freunde wirken an des Schöpfers Plan,
Als Söhne kennen seinen Willen.«

Andrew starrte auf den Text des Liedes, das er in seiner eigenen Kirche nie erlaubte; ein Mischmasch, dachte er, aus Theorie und Wunschtraum, unverständlich, ohne biblische Fundierung.

»Und ob dein Reich auch lang verzieht,
Von Feinden viel bekämpft, was tut's?
Das gibt uns Anlaß zum Gebet,
Ein Ziel für unser Mühen und Streben.«

Die Sünde dieser Welt war also eigentlich ein Grund zur Freude; und wenn die Sünde fortgenommen würde, bliebe nichts, um das man beten könnte? Der vierstimmige Männerchor ging zur letzten Strophe über, dem Gipfelpunkt der Rätselhaftigkeit.

»Das, was wir lieben, werden wir,
Ob noch so fern das Ziel auch sei:
Wer's fest erwählt, der hat's schon hier;
Der Siegeswille macht uns frei.«

Frei wovon und frei wofür? fragte Andrew, dem die verschwommene Ausdrucksweise wie gewöhnlich auf die Nerven ging. Dann, während er sich setzte und auf seiner Bank zurücklehnte, bemühte er sich ernsthaft, den Ärger und die vielerlei Enttäuschungen der abgelaufenen Woche von sich abzuschütteln und bereit zu sein zum Hören.

Für die Schlußansprache hatte man Dr. Hugh R. Smithson aus Pasadena, Kalifornien, gewählt. Ein gut aussehender älterer Herr, Ende der Fünfzig, kultiviert und klug, schien er für die Abschiedsworte sehr geeignet. Pfarrstellen an einer Reihe großer und wohlhabender Gemeinden, teils im Westen, teils im Osten, manchmal in Verbindung mit einer Lehrtätigkeit an einer Universität, waren die Stationen seiner ungewöhnlich glänzenden Karriere gewesen. Die Stimme, das aufgeschlossene Gesicht, die ganze äußere Erscheinung, die frei von jenem salbungsvollen Wesen war, das sich mit der Redegabe allzuoft verbindet, wirkten sehr sympathisch. Trotz des Eingangsliedes fühlte Andrew neue Hoffnung in sich aufsteigen.

Eine zwanglose Anekdote leitete zum Text: »Selig ist das Volk, dessen Gott der Herr ist«; und worauf er angewendet werden sollte, wurde klar, als man den Predigttitel hörte, der mit unauffälligem Nachdruck wiederholt wurde: »Was macht Amerika groß?«

Die rhetorische Frage sollte eine vierfache Antwort bekommen. Der erste Punkt, unvermeidlich, betraf die materielle Größe der Vereinigten Staaten (für die meisten Hörer gleichbedeutend mit Amerika), und Dr. Smithson entwickelte ihn an Hand der langen Reise, die ihn von der Westküste hergeführt hatte. Er schwelgte in Zahlen, in Metaphern, in Kontrasten. Die Orangenhaine Kaliforniens, die schneebekrönten Berge an der Küste, die imposanten Farben des Grand Cañon, die fruchtbaren Prärien des Mittelwestens, die Baumwollfelder im sonnigen Süden (es war eine Reise mit Umwegen gewesen), die riesenhaften Binnenseen an der nördlichen Grenze, die friedlichen Siedlungen im felsumschlungenen Neu-England, aus dem er selber stammte; die reiche Vielfalt der natürlichen Hilfsquellen, die rastlose Produktivität in Stadt und Land: so abgenützt der ganze Stoff der Rede war, er wurde aus der Sphäre des Banalen herausgehoben durch die gewandten Formulierungen des Sprechers, durch seine geistige Beweglichkeit und seine aus dem Herzen kommende Begeisterung für den Gegenstand. Andrew, der den offenen und freimütigen Patriotismus der Amerikaner zum erstenmal erlebte, fühlte eine Welle mitfühlenden Verständnisses in sich aufsteigen, als er sah, wie die Glut des Redners sich auf den Gesichtern seiner Hörer widerspiegelte.

Der Übergang zum nächsten Punkt war leicht. Durch geschickt gewählte kleine Vorfälle während seiner langen Reise illustrierte Dr. Smithson den zweiten Grund für seines Vaterlandes Größe: dessen Glaube an die Gleichheit und Würde des Menschen. Automechaniker und Professoren, Zeitungsjungen und Finanzmänner, Hausfrauen und Verkäuferinnen zogen in einem glanzvollen Festzug über die Bühne, alle frei, gütig, hilfsbereit und unabhängig, mit Lincolns Gettysburger Rede auf den Lippen und im Herzen. Ein paar leicht geringschätzige Bemerkungen über die Klassenunterschiede und die Arbeitsverhältnisse bei anderen, nicht so gesegneten Nationen erläuterten den Sachverhalt und stärkten die Beweiskraft.

Seinen dritten Punkt hatte der Prediger auf historische Fakten gegründet. Amerika sei groß, weil das Volk an Gottes Führung geglaubt habe, sie anerkenne und sich danach richte. Die Pilgerväter seien um der kirchlichen Freiheit willen in die Neue Welt geflohen, und das Feuer auf dem Plymouth Rock sei ein Leitstern durch die Jahrhunderte gewesen. Zitate aus Reden und Briefen amerikanischer Heroen legten reiches Zeugnis davon ab, daß der Wille Gottes in der amerikanischen Geschichte stets am Werk gewesen sei. Es folgte eine kurze statistische Hymne auf die Zahl und die Vielfalt der kirchlichen Bauten — in den Städten mächtige Kathedralen, denen in Europa ebenbürtig; traute alte spanische Missionskirchen, strenge, schlichte Bethäuser aus weißgestrichenem Holz in den Dörfern von Neu-England.

Als vierter und letzter Punkt kam eine recht verwegene Behauptung. Amerika sei groß, erklärte Dr. Smithson, weil der Amerikaner wisse, daß in ihm Christus wohne. Andrew, den eine so gewagte Aussage erschrocken aufhorchen ließ, stellte fest, daß auch diesmal wieder die Akten der Toten durchgekämmt worden waren — nicht vergeblich. Eine ungeheuer große Zahl von führenden Amerikanern hatte Zeugnisse ihres persönlichen Glaubens abgelegt; und für einen Seelsorger war es keine Schwierigkeit gewesen, aus seiner eigenen mannigfaltigen Erfahrung Parallelen aus der heutigen Zeit hinzuzufügen. Andrew bewunderte das Geschick, mit dem Dr. Smithson die Beispiele ausgewählt hatte — obwohl sie kein Beweis für seine These waren, denn ähnliche Beispiele hätte man in reicher Fülle auch bei vielen anderen Völkern finden können. Er spürte eine immer größere Unruhe und sah auf seine Uhr. Über zwanzig Minuten hatte Dr. Smithson schon gesprochen! Als versierter Redner mußte er doch wissen, daß man sich nicht zwanzig Minuten lang bei der Einleitung aufhalten konnte, wenn der wesentliche Teil noch ausstand.

Noch während der Redner seinen vierten Punkt entwickelte, überlegte Andrew sich im voraus die sich aus jedem der vier Abschnitte ergebenden eindringlichen Lehren; er mußte zugeben, daß das Thema gut gewählt war. Um dem selbstgefälligen Stolz zu begegnen, der sich mit dem Umfang und Reichtum des Landes brüstete, würde Dr. Smithson ohne Zweifel darlegen, wie das amerikanische Volk die ihm anvertrauten Schätze rücksichtslos vergeudete: wie die Wälder ausgebeutet, dann vernachlässigt und durch Brände Jahr für Jahr verwüstet worden waren, als sei der Vorrat unerschöpflich; wie man Raubbau mit dem Ackerland getrieben hatte, bis der Boden völlig ausgesaugt war; wie Lebensmittel sowohl von der öffentlichen wie privaten Hand in einer Art verschwendet wurden, die Gottes Zorn heraufbeschwören mußte (ob allerdings der Gott eines derart nachsichtsvollen Redners sich überhaupt erzürnen würde, schien sehr fraglich). Dann, um Punkt zwei zu widerlegen, würde er natürlich zeigen, wie der Staat, gegründet auf die Lehre von bestimmten unveräußerlichen Rechten — Leben, Freiheit, Glücksstreben — diese Rechte einer anderen, unterdrückten Rasse vorenthalten hatte, dadurch fast zerbrochen wäre und in manchen Gegenden selbst jetzt noch weit davon entfernt war, den Angehörigen jener Rasse Gleichberechtigung zu gewähren; wie das Zusammenraffen riesiger Vermögen und die Bewertung äußeren Erfolges dem Prinzip der Gleichheit kraß zuwiderlief; wie die Klassenunterschiede, nicht nur auf Grund des Reichtums, sondern auch der Herkunft, ein gesellschaftliches Cliquenwesen schufen, das in einem so jungen Volk unentschuldbar war. O ja, hierzu gab es sicher Material in Fülle! Und die Unterordnung unter Gottes Führung — nun, man konnte auf verschiedene Weise zeigen, wie sehr Amerika sich von diesem einstigen Ideal entfernt hatte — vielleicht am wirkungsvollsten dadurch, daß man fragte, ob Gott wohl sehr erfreut darüber wäre, als Führer des heutigen Amerika zu gelten, dieser unbarmherzigen Gläubigernation, die sich von den anderen Völkern isolierte; des Heimatlandes von Erpressern, Schmugglern, Spielern, Gangstern, schauderhaften Filmen, Ehescheidungen und kommerzialisierter Sexualität. Und was das Wissen des Durchschnittsamerikaners um die »Einwohnung« Christi betraf, so würde Dr. Smithson sicher sehr viel weniger Mühe haben, das Gebäude dieser These abzureißen, als es aufzubauen. Trotz der Verachtung für Europa hatte Amerika keine eigenen theologischen Ideen produziert, sondern kritiklos und sklavisch den deutschen Rationalismus übernommen — wenigstens die sogenannte Intelligenzschicht. Und Jesus, den »historischen Jesus«, nannte man nur deshalb Christus, weil man diesen Namen als einen Höflichkeitstitel betrachtete. Wirklich, Material genug — wenn Smithson nur beginnen würde! Ah, jetzt kamen Verse:

»America, America!
God shed His grace on thee
And crown thy good with brotherhood.«

Andrew fuhr auf, als habe er einen elektrischen Schlag bekommen. Rings um ihn waren alle Köpfe geneigt, er allein starrte ungläubig geradeaus: Dr. Smithson betete — ein wunderschön formuliertes, aufrichtig dankbares und unverkennbar abschließendes Gebet. Die Fünfundzwanzig-Minuten-Predigt war zu Ende, zu Ende mit dem, was Andrew für die Einleitung gehalten hatte. Kein Wort der Ermahnung, keine Spur jener praktischen Anwendung, die sich so selbstverständlich aufdrängte. Amerika war groß unter allen vier Aspekten, und zur Besorgnis für die Zukunft gab es keinen Anlaß.

Die noch folgenden Vorgänge ließ Andrew starr und unbeweglich über sich ergehen. Kurze Berichte wurden verlesen, verschiedene Beschlüsse gefaßt, dann kam das demokratische Finale — es gab jedem die Gelegenheit zu spontanen Äußerungen. Mehrere Männer dankten Dr. Smithson für seine geisterfüllten Ausführungen, mit denen er den Hörern die Größe ihres Erbes wieder in Erinnerung gerufen habe. Eine Theologin mit Doktortitel sprach mit Stolz von der freiheitlichen Stellung der Frauen, durch die Amerika ein Vorbild aufgerichtet habe, auf theologischem wie auch auf vielen anderen Gebieten. Abgeordnete aus Seattle und New Orleans betonten, die Tagung habe ihnen eine neue Sicht und zukunftweisende Ideen gebracht. Gäste aus Bermuda, Kanada, Britannien äußerten sich anerkennend über die genossene Gastfreundschaft. Kein abweichender Ton war in dem allgemeinen Lobeschor zu hören.

Andrew merkte plötzlich, daß er stand. Er hatte keine Ahnung, was er sagen würde, aber in ihm kochte es. Nachdem er seinen Namen angegeben und das Wort erhalten hatte, wartete er einen Augenblick, bis sein Hirn sich klärte. Dann durchstach seine Stimme, infolge unterdrückter Wut leiser als gewöhnlich, die von Leutseligkeit erfüllte Stille.

»Mitverkündiger des Evangeliums: dem Lobgesang, der diese Tagung abschließt, weitere Strophen anzufügen, wäre offensichtlich unnötig. Die von den anderen Gästen ausgesprochenen Dankesworte einzuschränken, wäre ungezogen. Was also habe ich zu sagen? Nichts, fürchte ich, was Ihnen Freude macht. Was mich zum Sprechen treibt, ist die Offenheit, die für diese Tagung proklamiert wurde, und außerdem die Hoffnung oder Angst, daß sich in dieser ehrwürdigen Versammlung manche anderen befinden, deren Meinungen ich Ausdruck gebe.

Aus Gründen, deren Nennung ich mir sparen will, kam ich auf diese Konferenz in einer ungewöhnlich demütigen und hörbereiten Stimmung. Die Welt, in der ich lebe, ist wahnsinnig und wird immer wahnsinniger. Ihre Kinder wachsen auf ohne Ideale, ohne feste Maßstäbe, ohne Glauben. Dem Griff der organisierten Religion hat die Jugend sich entzogen. Ich hatte gehofft, ich würde hier Erkenntnis dieser Dinge vorfinden, auch Erkenntnis unserer eigenen Schuld vor Gott wegen unserer Kompromisse, unserer Lauheit, unserer Gleichgültigkeit. Was ich fand, war Angst, aber Angst vor dem Verlust von Mitgliedern, nicht vor dem Verlorengehen von Seelen. Ich fand Pläne, das Christentum ins Volk, nicht das Volk zum Christentum zu bringen. Und ich fand als Schlimmstes eine offenbar unbeschränkte Gleichgültigkeit gegen jene kardinalen Punkte unseres Glaubens, die allein uns die Berechtigung geben, als Autorität zu sprechen. Ich darf jedoch sagen, daß zum Schluß ein wenig Licht in meine Finsternis gekommen ist. Gewisse Punkte liegen zwar noch immer in stygischem Dunkel, jedoch das Rätsel Ihres schrankenlosen Optimismus, Ihrer Vogelstraußhaltung in bezug auf nicht zu übersehende Zustände hat sich schließlich aufgeklärt. Die makellose Rede, mit der uns Dr. Smithson hier beglückt hat — Predigt kann ich sie nicht nennen, da dieser Ausdruck Eigenschaften einschließt, welche fehlten — gab mir zu erkennen, daß es für Bürger eines so gesegneten Gemeinwesens gar nichts anderes geben kann als Optimismus und überschwengliche Freude. Da ich selbst jedoch dem auserwählten Volk nicht angehöre, müssen Sie verzeihen, wenn ich mich außerstande sehe, in Ihren Jubel einzustimmen.«

So plötzlich, wie er aufgestanden war, setzte er sich wieder hin. Er hatte nicht die Hälfte von dem gesagt, was ihm durch den Kopf ging, auch wußte er, daß er nicht gut gesprochen hatte. Ihn überkam ein lähmendes Gefühl der Leere, der Vergeblichkeit.

Aber er hatte seine Hörer an einer empfindlichen Stelle getroffen. Während der folgenden Viertelstunde tobte über seinem ungebeugten Haupt ein heftiger Proteststurm. Einer der Pfarrer verurteilte mit empörten Worten den unchristlichen Geist solch zersetzender Kritik; ein anderer fragte, wieso ein Teilnehmer, der so wenig hergebracht habe, erwarten könne, etwas mitzunehmen. Andrews Nachbar zur Linken, mit dem er am Vortag diskutiert hatte, sagte, der Herr aus Toronto glaube an die Möglichkeit eines neuen Krieges, und dies sei angesichts solcher lieblosen Gefühle kein Wunder; ein Kanadier aus Winnipeg entschuldigte sich im Namen seiner Landsleute für eine derart undankbare Antwort auf die wundervolle Aufnahme, die ihnen hier zuteil geworden sei; verurteilen müsse er vor allem den billigen Sarkasmus von Mr. Conningtons Schmähworten. So gründlich war die ruhige und wohlwollende Oberfläche aufgewühlt, daß der Vorsitzende, nachdem er sich vergeblich bemüht hatte, auf die Wogen etwas Öl zu gießen, die Tagung für beendet erklärte und das Schlußlied angab.

Mit »Gesegnet sei das Band« erteilte die Versammlung Andrew eine offene Rüge; er ließ sie schweigend über sich ergehen und wußte, daß man das ironische Zucken seiner Mundwinkel für Prahlerei halten würde. Nach dem Segen schlängelte er sich ohne Hast zum Ausgang, wobei ihn niemand unterbrach; nur sein Vis-à-vis vom Abend vorher kam, um ihm die Hand zu schütteln, und sagte ihm mit echt besorgter Miene, er müsse unbedingt versuchen, die Dinge in einem besseren Licht zu sehen.

Mit einem dankbaren Aufatmen trat Andrew auf die Straße, aber er hatte noch keine zehn Schritte gemacht, als er jemand seinen Namen rufen hörte. Ein älterer Herr kam auf ihn zu, ihm unbekannt, etwa Ende fünfzig. In dem schon dämmerigen Licht sah Andrew einen feinen Kopf und ein nachdenkliches, etwas trauriges Gesicht.

»Sie haben mich gerufen?« fragte er, als der andere ihn einholte und mitging.

»Ja, Mr. Connington. Ich bin Ihnen gegenüber im Vorteil, weil Sie Ihre Meinung ausgesprochen haben, ich aber nicht. Mein Name ist McLeod.«

»Sie waren klüger als ich, Mr. McLeod.«

»Klüger nicht — müder. Bitte glauben Sie mir, es war keine Feigheit. Mehrmals habe ich versucht, mir Gehör zu verschaffen, doch die Konkurrenz war zu stark. Aber jedenfalls wollte ich Sie gerne wissen lassen, daß ich Ihre Worte durchaus richtig fand. Nicht ausreichend, auch nicht ausgesprochen hilfreich, aber richtig und furchtlos.«

Andrew schwieg. Mut hatte er bei seinem Vorstoß nicht aufbringen müssen, und das Lob verdroß ihn.

»Wir bewegen uns auf einen Abgrund zu in unserer selbstgefälligen Blindheit — eigentlich wollte ich sagen in unserer toleranten oder gutmütigen Blindheit, aber wie es mit der Toleranz und Gutmütigkeit bestellt ist, wenn man die nackte Wahrheit ausspricht, hat man ja gesehen.«

Andrews Höflichkeit zwang ihn zu einer Antwort.

»Aber es erscheint unglaubhaft, daß Sie und ich die einzigen wären, die den Mangel empfinden.«

Der Ältere zuckte mit den Schultern. »Wir sind nicht die einzigen. Es war noch eine ganze Menge anderer da, die sich über die sozialen Mißstände und die Schlappheit unserer Kirchen durchaus klar sind.«

»Aber warum haben sie dann ...«

»Durch Ihre Worte haben Sie eine wunde Stelle angerührt, nämlich ihren Patriotismus. Und außerdem vertragen diese Leute keinen Sarkasmus. Smithson hatte ihre Selbstachtung gerade auf das angenehmste aufgeblasen, und dann stachen Sie in diesen hübschen Luftballon und ließen ihn zerplatzen.«

»Smithson — ein Mann mit solchen Gaben«, schnaubte Andrew, »und dann einen derartigen Bockmist zu verzapfen!«

»Dabei ist er ein anständiger Kerl, tatsächlich. Ich war mit ihm am selben College. Zu viele angenehme Stellungen, zuviel Hofierung und Verhätschelung, damit hat man ihn kaputt gemacht — ursprünglich wollte er als Missionar nach Tibet gehen, weil das Leben hier bei uns keine richtigen Gefahren mehr habe!«

»Und warum hat er es dann nicht getan?«

»Man bot ihm in der Nähe eine Stellung an, die sehr verlockend war. Und denken Sie an das, was Sie selber sagten — daß man für die Kardinalfragen des Christentums heute kein Gefühl mehr hat. Der Drang zum Missionarischen stirbt rasch dahin, wenn man der Ansicht ist, daß *alle* die Wahrheit in sich haben — Buddha, Jesus, Mohammed, Konfuzius —, daß der Westen viel vom Osten lernen könne, daß wir unsere Lehre nicht den anderen aufdrängen dürften und so weiter. Diese Einstellung ist Ihnen sicher nicht entgangen.«

»Nein, natürlich nicht — aber sie verträgt sich nicht mit ›Was macht Amerika groß?‹«

»Haben Sie je erlebt, daß Verstandeschristen konsequent sind? Nun — ich muß jetzt links gehen. Freut mich, Sie kennengelernt zu haben. Sie müssen nicht verzweifeln. Das Pendel wird auch wieder nach der anderen Seite schwingen, vielleicht erleben wir es beide noch. Bleiben Sie dabei, das Falsche zu hassen und es immer zu entlarven, dann wird Sie Gott vor dem Schicksal unseres armen Smithson bewahren.«

Das Entschwinden des anderen war für Andrew so erleichternd wie das Ausschalten eines Lichts, wenn man müde Augen hat.

Seine natürliche Dankbarkeit für den freundlichen Zuspruch wurde überspült von einer Woge bitteren Abscheus – vor sich selbst und allen anderen. Er erreichte ohne weitere Zwischenfälle sein Quartier, ging hinauf und erstarrte vor Verbitterung, als er auf dem Flur vor seinem Zimmer einen blonden jungen Riesen sah, der nachlässig am Fenster lehnte, sich aufrichtete und auf ihn zugesegelt kam.

»*Hello,* Connington. Ich habe einen Langstreckenlauf gemacht, um als erster hier zu sein. Freut mich, Sie kennenzulernen.«

Andrews Haltung erstarrte noch mehr. Nach leutseligem Geplauder mit schlaksigen Jünglingen war ihm nicht zumute, auch ärgerte ihn das »Connington« von seiten eines Fremden; aber er hatte den jungen Mann auf der Konferenz gesehen und konnte ihn nicht ohne weiteres abweisen.

»Kommen Sie herein«, sagte er kurz angebunden und öffnete die Tür seines Zimmers.

»Daß Sie nicht vor Freude überschäumen, verstehe ich. Smithson ist mein Name. Hugh R. Smithson junior, oder Smithson der Dritte. Zu Ihrer Verfügung.«

»Dr. Smithson ist Ihr ...«

»Papa. Deshalb bin ich hergekommen. Ich hatte das Gefühl, ich müßte mich entschuldigen – oder mich bedanken. Genau besehen möchte ich vielleicht nur Mitleid. Sie haben ihn nur *einmal* anhören müssen.«

Andrew blieb steif. Unloyales Benehmen verabscheute er genauso sehr wie Heuchelei. Der junge Mann spürte seine Ablehnung.

»Oh, ich weiß, was Sie jetzt denken. Er ist mein Vater. Gewiß; und ich mag ihn gern, besonders wenn ich sehe, was für Väter manche andere haben. Aber versetzen Sie sich in meine Lage. Auch Sie wären nicht entzückt, wenn Sie immer wieder diese Tour hören müßten. Was macht Amerika groß, wie? Und dabei habe ich ihm klipp und klar erzählt, was sich an den Colleges heutzutage abspielt.«

»Sie studieren?«

»Ja. Theologie, im zweiten Jahr. Deshalb war ich ja auf dieser aufgeblasenen Konferenz. Konferenz! Warum hat man uns nicht gleich gesagt, daß es eine Karnevalssitzung würde? Dann hätten wir Papiermützen tragen können und Radauinstrumente schwingen.«

Andrew mußte unwillkürlich lächeln.

»Darf ich fragen, warum Sie Theologie studieren?«

»Das weiß ich selber nicht. Aber jetzt habe ich es einmal angefangen, und nun mache ich auch weiter, wenigstens bis zum Examen. Ob ich ganz dabeibleibe, weiß ich nicht.«

»Aber was hat Sie damals zu dem Entschluß gebracht?«

Hughs Äußerungen wurden vage.

»Ach, Familientradition und so. Sehen Sie, als Pfarrer werde ich die dritte Generation sein. Mein Großvater war methodistischer Missionsprediger, und was war er für ein Kerl! Auf dieser Konferenz hätte er wie Dynamit gewirkt. Wenn er betete, dann spürte man, daß der Allmächtige direkt dabei war. Er mußte dabei sein, der alte Mann war so sicher. Als er starb, war ich noch ein kleines Kind, aber das Gefühl habe ich nie vergessen.«

»Und das ist wohl der Grund, daß Sie bei der Stange bleiben wollen.«

»Wahrscheinlich. Bestimmt nicht wegen dem, was man auf dem College mitbekommt – oder gar auf Konferenzen! Auch wenn mein Großvater nicht halb so viel gewußt hat wie diese superklugen Burschen – ich habe so das heimliche Gefühl, er hat das Richtige getan, und diese Leute tun das Falsche. Außerdem ...«

»Außerdem?«

»Ich weiß selber nicht, warum ich hier so auspacke. Aber am liebsten hätte ich laut geklatscht, als Sie heute abend aufstanden und die anderen durch den Kakao zogen. Natürlich mußte ich mich zurückhalten. Familiäre Rücksicht, wissen Sie! Aber daß mein Großvater auf mich eingewirkt hat, damit haben Sie recht. Sehen Sie, ich kann es nicht vergessen, daß er mich gesegnet hat.«

»Sie meinen ...?« drängte Andrew.

»Ja, so, wie sie es früher in der Bibel taten. Es war kurz, bevor er starb. Krank oder schwach war er nicht, aber ich glaube, er hatte einen Ruf gespürt. Er legte mir die Hände auf den Kopf und betete. Und das kann ich Ihnen sagen, wenn ich diese ganze Sache weitermache, dann halte ich mich an seine, nicht an Vaters Art. Das Telefon – ich gehe ran.«

Aus der Telefonzelle, die sich auf dem Flur befand, hörte Andrew seine Antwort.

»Ja, ja. Er ist hier. Für Sie, Connington.«

Andrew nahm den Hörer.

»Ist dort Mr. Connington? Mr. Andrew Connington aus Toronto? Gut. Ich spreche für den *Graphic,* Mr. Connington. Ich hätte gern einen Bericht über Ihre Rede auf der Konferenz heute.«

»Tut mir leid, Berichte gebe ich nicht.«

»Aber wenn ich gleich vorbeikomme? Wir hätten gerne auch ein Bild. Wir werden Sie nicht lange aufhalten.«

»Es ist ganz unmöglich«, entgegnete Andrew heftig und legte den Hörer mit unnötiger Vehemenz auf die Gabel.

Hugh III. lag quer auf dem Bett und amüsierte sich königlich.

»Würde es nicht eine erstklassige Schlagzeile abgeben? ›Auslandsgast schändet hundertjähriges Einvernehmen.‹ Bereiten Sie sich schon vor auf die richtige Positur.«

»Nein. Ich habe abgelehnt, und dabei bleibt es.«

»Sie kennen unsere unerschrockene Presse nicht. Unsere Presse ist das, was Amerika groß macht. Je mehr Sie sie abwehren, desto riesiger wird die Geschichte anwachsen. ›Barscher Kanadier wirft Pressefotograf die Treppe hinunter.‹ Extrablatt!«

»Sie meinen, er würde hierher kommen?«

»Aber sicher. Jeden Augenblick.«

»Dann nichts wie fort. Geht heute abend noch ein Zug nach New York?«

»Sie werden ihn noch gerade kriegen, wenn Sie sich beeilen. Sie wollen also ausreißen, wie? ›Feigling flüchtet vor . . .‹«

»Lassen Sie den Unsinn und rufen Sie ein Taxi, ja? Zum Glück habe ich meine Sachen schon zum größten Teil gepackt.«

»O.K. Hören Sie, hier ist meine Karte. Nach den Vorfällen von heute abend wird jetzt wohl Kanada *Sie* durch den Kakao ziehen, Connington. Ich würde ja gern für Sie einspringen bei dem Interview, aber wenn man mich hier fände, dürfte das wohl einen schlechten Eindruck machen. ›Sohn verrät Vater, unterstützt Feind.‹ Also, Connington, bis dahin. Und viel Glück.«

14

Neben dem Verlangen, möglichst schnell von Boston fortzukommen, hatte Andrew das unbestimmte Gefühl gehabt, ein paar Tage in New York könnten ganz unterhaltsam und ablenkend sein, jedoch nach einer ziemlich ruhelosen Nachtfahrt kam er zu dem Schluß, daß sein gegenwärtiger Gemütszustand ihn untauglich mache sowohl für das Besichtigen normaler Sehenswürdigkeiten als auch für die kulturellen Attraktionen, die New York zu bieten hat. Manche Männer, das wußte er, vermochten auch in einem solchen Zustand ihre Ehrbarkeit einfach abzustreifen in Exzessen dieser oder jener Art; aber so bequeme Tröstungen waren ihm verschlossen. Von einem grenzenlosen Überdruß erfüllt, stieg er in den Zug nach Kanada.

Glücklicherweise verbrachte er den größten Teil der langen Tagesreise schlafend, denn die Gedanken, die ihn in den Momenten seines Wachseins beschäftigten, waren beunruhigend. Er versuchte, sich einige Befriedigung zu verschaffen, indem er sich die Richtigkeit seiner kritischen Bemerkungen auf der Konferenz vor Augen hielt und daß der junge Smithson und McLeod ihm zugestimmt hatten. Die Welt brauchte die Kirche dringender denn je, und die innere Kraft der Kirche war beklagenswert gering; jedoch, es war ein schwacher Trost, daß er zwar mit seinem Tadel recht gehabt hatte, aber gar nichts Konstruktives dafür hatte bieten können. Nein, das war wohl auch nicht ganz gerecht sich selber gegenüber. Zumindest hatte er sich aufgelehnt gegen Seichtheit, gegen satte Selbstgefälligkeit, gegen hohlen Schwindel. Schwindel! Das Wort wirkte lähmend, und er machte keine weiteren Versuche, sich vor sich selbst zu rechtfertigen.

Ungeduldig erwartete er das Ende seiner Reise, um die endlosen Ketten deprimierender Gedanken endlich loszuwerden, und es überkam ihn eine große, fast kindliche Enttäuschung, als er dann das Haus verlassen fand. Er sagte sich, daß Mansells keinen Grund hatten, ihn schon an diesem Abend zu erwarten, dennoch fühlte er sich um seine Heimkunft betrogen und vermißte jemanden, mit dem er reden konnte. In einem plötzlichen Impuls ging er zum Telefon und rief Cecily Ridout an.

»O ja, Mr. Connington?« Ihr Ton war freundlich, aber sachlich.

»Ich fürchte, ich habe Sie neulich sehr gelangweilt. Und ich dachte, ich könnte es vielleicht wieder gutmachen, indem ich Ihnen vorschlage, daß wir etwas Amüsanteres tun.«

»Eine Wiedergutmachung ist nicht nötig, wirklich nicht, wenn Sie es bloß um meinetwillen vorschlagen.«

Verflixt, dachte er, warum war sie einem immer überlegen? Dann mußte er auf einmal lachen.

»Wahrscheinlich habe ich genau das Falsche gesagt?«

»Ja, so ziemlich. Aber immerhin, es geschieht mir eigentlich ganz recht nach unserem vorigen Zusammensein.«

»Dann können wir es also beide als vergessen ansehen. Ich wollte Ihnen nur versichern, daß Sie eine Wiederholung nicht zu fürchten brauchen. Nun zum Thema. Lassen Sie sich manchmal zu leichtfertigen Dingen herbei – ins Kino gehen oder paddeln?«

»Ich lasse mich sowohl zum einen wie zum anderen herbei, wenn sich Gelegenheit ergibt.«

»Dann möchte ich eines davon vorschlagen. Oder beides. Wie wäre es mit morgen abend?«

»Ja, gerne. Und zwar würde ich zu dieser Jahreszeit das Paddeln vorziehen, Sie nicht auch?«

Er hörte den Schlüssel seines Onkels im Türschloß.

»Paddeln ist das richtige. Bis morgen. Und vielen Dank. Auf Wiedersehen.«

Als er auflegte, trat Onkel George ins Zimmer und lachte, als er ihn erblickte.

»Unser Diplomat, willkommen!« Er strahlte von oben bis unten. »Alexandra, unser Gesandter ist zurückgekehrt und hat sich die Sporen in der Völkerverständigung verdient. Bist du bei dem blutigen Rencontre unversehrt davongekommen? Ich gratuliere dir, mein Junge.«

»Was ist der Grund für dieses Durcheinander von Metaphern?« wehrte Andrew ab. »Wo ist dein Mann gewesen, Tante Alex? Oder will er seine Rührung verbergen, daß ich wieder da bin?«

»Ja, weißt du, mein Lieber...« begann seine Tante, aber George schob die Erklärung beiseite.

»Hinweg mit dieser unangemessenen Bescheidenheit! Was hat sich abgespielt, heraus damit! Hast du der Konferenz die Meinung gesagt oder nicht? Hast du Höflichkeit und Vorsicht fahren lassen und sie alle blutlose Streber genannt, ja oder nein? Hast du...?«

»Und ihr? Wie habt ihr das erfahren?«

»Das wundert dich? Die Mittagsblätter waren voll davon. Ausführliche Berichte mit Bild. Und mit Telefonanrufen bin ich überschüttet worden – von Reportern und Gemeindeangehörigen und Presbytern – schließlich sind wir aus dem Haus geflohen, um etwas Ruhe zu genießen.«

»Ihr habt ihnen doch nichts erzählt?« wandte Andrew sich an seine Tante, aber deren Antwort wurde wieder abgeschnitten.

»Konnten wir gar nicht. Alle anderen wußten mehr als wir. Aber mein Onkelherz schwillt mir vor Stolz. Komm in meine Arme, glorreicher Knabe!«

»Das Telefon hat geläutet – ich flehe dich an, dämpfe dein Frohlocken wenigstens, solange ich am Apparat bin. Kann ich unbesorgt sein?«

Er konnte, wie sich zeigte, unbesorgt sein, obwohl er den größten Teil des nächsten Tages in Atem gehalten wurde, weil besorgte oder enthusiastische Bekannte Erklärungen verlangten. Infolge der Übertreibungen seines Onkels hatte er bedeutend mehr Kritik erwartet, als er dann tatsächlich über sich ergehen lassen mußte. Die Presse hatte seine Glossen über die Amerikaner als erwähltes Volk ungebührlich in den Vordergrund gerückt und den wesentlichen Inhalt seiner Rede so entstellt. Dessen ungeachtet lehnte er es ab, daß man ihn in weitere öffentliche Kontroversen zog, wobei er den Reportern versicherte, daß jeglicher Verdacht, er hege feindliche Gefühle gegen die Vereinigten Staaten, völlig aus der Luft gegriffen sei. Der Kirchenzeitung versprach er einen schriftlichen Bericht in absehbarer Zeit, und damit mußten sie zufrieden sein.

Den ganzen Tag über hatte ihm die Verabredung für den Abend heimlich zugewinkt, und als dann auf der Fahrt zu Cecily ein dichter Regen einsetzte, der die Windschutzscheibe beinah undurchsichtbar machte und zu einer Änderung der Pläne zwang, war seine erste Reaktion Enttäuschung. Dann aber fühlte er sich erleichtert. Paddeln gab Gelegenheit zu dauerndem Gespräch, und geredet hatte er genug.

Als er an Cecilys Elternhaus ankam, hatte der Regen etwas nachgelassen, doch auch jetzt noch rieselte ein Tropfenschauer von den Blättern einer Eiche auf ihn nieder, als er über den Rasen zur Veranda rannte und die Zweige streifte. Er läutete, klappte seinen Mantelkragen nieder und stand wartend da. Eine Zeitlang blieb alles still, dann hörte er Füße die Treppe hinuntereilen, und Cecily öffnete ihm selber die Tür, kleiner, als er sie in der Erinnerung hatte, und betörend hübsch in irgend etwas Duftigem, Rosenfarbenem. Als sie so dastand, hinter ihr die halbdunkle Wohndiele, wie er neben dem Kamin den Schimmer hoher blauer Rittersporne sah, verspürte er mit einemmal ein lebhaftes Gefühl des Wohlbehagens. Einen Augenblick sah Cecily ihn fragend an, dann lächelte sie einen unverhaltenen Willkommensgruß und streckte ihm die Hand hin.

»Die Familie ist ausgegangen, und ich war nicht fertig«, erklärte sie, als er ihr in die Diele folgte. »Ist dies das Beste an Wetter, was Sie zum Paddeln aufgetrieben haben?«

»Sind Sie sehr betrübt?«

»Nicht untröstlich.«

»Im ›Tivoli‹ soll ein fabelhafter Film sein. Sollen wir es riskieren?«

»O ja. Den wollte ich schon neulich sehen.«

Er half ihr in den leichten Flanellmantel, schützte ihr dunkelblondes Haupt mit einem Regenschirm, als sie aus dem Hause traten, und ließ sie in den Wagen steigen.

Glücklicherweise erfüllte der Film ihre Erwartungen, ein heiteres und leichtbeschwingtes Lustspiel, welches ihnen beiden Spaß machte. Andrew bemerkte, als er neben Cecily in der angenehm entspannenden Dunkelheit saß, daß ihn eine stille, bisher nicht gekannte Zufriedenheit erfüllte. Desgleichen merkte er, daß er das Verlangen hatte, nicht die Leinwand zu betrachten, sondern Cecilys Gesicht. Mitleidig-nachsichtig hatte er diese Neigung des öfteren bei jungen Männern in Kinos beobachtet und unterdrückte sie jetzt bei sich selbst — nicht völlig, aber fast. Einen raschen Seitenblick zuweilen erlaubte er sich doch, wenn ihr spontanes Lachen, gleichzeitig mit seinem, ein flüchtiges Sich-Anschauen rechtfertigte, aber abgesehen von diesen kurzen Augenblicken zwang er sich, immer geradeaus zu blicken, verfolgte mechanisch die Vorgänge auf der Leinwand und versuchte zu ergründen, worin eigentlich das Geheimnis von Cecilys besonderem Reiz lag. Denn schön im gewöhnlichen, handgreiflichen Sinne war sie nicht: eine allzu hohe Stirn, eine nichtssagende Nase, ein Gesicht, das zu charaktervoll, aber dennoch in den Zügen zu unausgeprägt war, um sich in übliche Kategorien einordnen zu lassen. Aber schließlich, zu seiner inneren Freude, entdeckte er des Rätsels Lösung. Die Klugheit, die aus diesen dunkelblauen Augen sprach, und eine intensive geistige Vitalität verliehen dem Gesicht ein solches Leben, daß die meisten anderen Gesichter — fand er — dagegen langweilig und tot erschienen.

Gegen elf empfing sie die Dunkelheit der jetzt fast menschenleeren Richmond Street. Die kühle, regenreine Luft gab Andrew einen plötzlichen Gedanken ein.

»Müssen Sie jetzt gleich nach Hause?« fragte er.

»Nicht unbedingt. Warum?«

»Nachdem Sie um die Paddelfahrt betrogen worden sind, finde ich, wir könnten vielleicht zum Ausstellungsgelände fahren und wenigstens noch einen Blick auf den See werfen. Falls Sie nicht zu müde sind.«

»Um diese Zeit bin ich kein bißchen müde, nie. Und morgen früh kommt es nicht drauf an, ob ich müde bin oder nicht; morgen brauche ich bloß ein Examen zu beaufsichtigen.«

»Sie hätten also Lust?«

»Gerne, Mr. Connington.«

Er ließ den Wagen an, bevor er seine Antwort aussprach. »Ist es unumgänglich nötig, daß Sie mich so nennen?«

»Solange Sie dabei beharren, mich Miß Ridout zu nennen ...«

»Ich fände es viel einfacher, wenn ich Cecil zu Ihnen sagte.« Erstaunlich, dachte er, wie simple Gespräche durch persönliches Interesse ihre Albernheit verlieren!

»Dann werde ich meine bescheidene und konventionelle Natur dazu bewegen, daß sie mich zu — dir Andrew sagen läßt. O nein, ich tue gar nicht so, als wüßte ich den Namen nicht. Andrew Connington, M. A., liest man ja ständig; ich dachte nur, vielleicht hättest du eine persönliche Vorliebe, einen bisher unbekannten zweiten Namen oder einen Spitznamen.«

»Habe ich nicht.«

»Das ist gut. Apropos, darf ich dir sagen – ohne zu vertraulich zu erscheinen ...«

»Dir Vertraulichkeit vorwerfen, das kann ich nun auf keinen Fall«, unterbrach er sie mit einem etwas bedauernden Lachen.

Sie sann einen Augenblick über seinen Einwurf nach, mit leicht zusammengezogenen Brauen und den Kopf nachdenklich zur Seite neigend.

»Ich finde, diese Bemerkung wollen wir übergehen. Also, was ich sagen wollte – es hat mich sehr gefreut, daß du den ›Ehrwürdigen‹ bei deinem Namen immer weggelassen hast. Das ging doch von dir aus, nicht wahr?«

»Ja. Den wahren Grund weißt nur du und meine Familie. Alle anderen meinen, ich täte es aus übertriebener religiöser Demut. Aber selbst wenn ich – gläubig wäre, auch dann würde ich mich nicht für berechtigt halten, diesen Titel zu führen. Gewiß, die Argumente, die für einen heraushebenden Titel sprechen, sehe ich natürlich ein, genauso wie die Argumente für geistliche Kleidung. Aber für mich sind sie als Beweggründe nicht überzeugend genug.«

»Das freut mich, obwohl ich nie besonders drüber nachgedacht habe.«

»Dann« – Andrew zögerte und hielt den Wagen an, um eine Äußerung zu tun, deren er sich noch vor kurzem für unfähig gehalten hätte –, »dann hältst du mich also nicht mehr für einen völlig hoffnungslosen Heuchler, wie du das neulich noch getan hast?«

»Wie ich das neulich getan habe?« Ihr überraschter Ton war offensichtlich echt.

»Allerdings! Ich hatte beinahe Angst, dich wieder anzurufen. Ich mußte es ganz rasch und impulsiv tun, damit ich keine Gelegenheit hatte, den Entschluß zu revidieren.«

Cecily sah ihn mit einem rätselhaften Ausdruck an, öffnete den Mund zum Sprechen und stockte. Dann kräuselte ein Lächeln ihre Züge, und sie blickte weg zum See hin.

»Vom Lächerlichen zum Erhabenen«, verkündete sie. »Sieh doch, was wir versäumen. Können wir nicht etwas gehen?«

Andrew legte, als er ihr beim Aussteigen half, seine Hand unter ihren Ellenbogen, widerstand dem Impuls, sie dort auch zu lassen – um so leichter, als Cecily durch nichts bekundete, daß sie dies erwartete – und führte sie zu dem eisernen Geländer, wo sie beide stehen blieben. Cecily stützte ihr Kinn auf die verschränkten Arme, die auf dem hohen Geländer ruhten. Unten atmete das Wasser friedlich unter dem nachtblauen Himmel, dessen Tönung langsam immer zarter wurde, je höher der Mond, der schon längst nicht mehr voll war, emporstieg. Jenseits der Bucht schimmerte die Lichterkette der Insel, und das stumpfnasige Fährboot, von Blinklichtern umgrenzt, schob sich, auf seiner zehnminütigen Fahrt von keinen Abenteuern bedroht, gemächlich dem Hafen zu.

Zu anderen Zeiten wäre Schweigen Andrew willkommen gewesen. Jetzt brach er es nach wenigen Sekunden.

»Du hast mir noch nicht auf meine Frage geantwortet«, beharrte er.

»Daß ich dir das Gefühl gegeben hätte, du wärest ein Heuchler? Nun, mir hast du das Gefühl gegeben, daß ich eine zudringliche, starrköpfige und viel zu geschwätzige Schullehrerin war.«

Er fuhr erstaunt in die Höhe.

»Aber wie in aller Welt...«

»Einfach durch deine kurze, distanzierte Art wahrscheinlich. Sie kann einen ziemlich ernüchtern, weißt du. Und kaum hatte ich angedeutet, du könntest unser Zusammensein vielleicht langweilig finden und mich los sein wollen, da gingst du mit einer höchst unschmeichelhaften Hast darauf ein. Das wirkt auf ein Mädchen nicht gerade ermutigend.«

»Aber du sagtest doch, ich sollte dich heimfahren. Ich glaubte bestimmt, du hättest dich tödlich gelangweilt.«

Ihre knappe Geste verriet mehr als ihre Worte. »Also sagen wir, wir seien quitt, ja?«

»Gut, aber da wir gerade bei dem Thema sind – darf ich auf etwas zurückkommen, was du damals gesagt hast?«

»Angenehmer wäre es wahrscheinlich, du kämest nicht darauf zurück. Was war es denn?«

»Du fragtest, ob ich jemals — die Gottheit um Glauben gebeten hätte. Hieße das nicht, daß ich mich durch Autosuggestion in einen Zustand hineinmanövrierte, bei dem ich mir einbilden würde, ihn zu besitzen? Mit den Psychologen habe ich nicht viel im Sinn, dieses ganze fachmännische Kauderwelsch geht mir meistens auf die Nerven. Aber es ist doch etwas dran an ihrer Theorie, daß das, was man zuversichtlich erwartet, auch wirklich geschieht, besonders bei seelischen Reaktionen. Und wenn ich mir nun sage, den Glauben kann man bekommen, man braucht nur darum zu bitten, und ich bitte darum, dann ist es gar nicht unwahrscheinlich, daß ich etwas erlebe, das so aussieht wie Erhörung. Aber auf dieser Basis kann sich ein Mensch an jede beliebige Gottesvorstellung wenden und sich einreden, er stehe mit dieser Gottheit in innerer Verbindung.«

Ein Auto zischte auf dem nassen Asphalt an ihnen vorüber.

»Verstehst du meinen Gedanken?« beharrte er beinahe ängstlich.

Cecily stand schweigend da, jetzt mit dem Rücken gegen das Geländer gelehnt und die Arme darauf ausgestreckt. Er beobachtete ihr Gesicht, sie schien ihre ganze Konzentration zu brauchen, um eine Antwort zu finden. In ihrem Innern kämpfte das Gewissen mit dem Wunsch, dem Thema auszuweichen, eine klare Antwort zu umgehen, in weiblichem Eigensinn zu schweigen. Andrew ahnte ihren Kampf, jedoch als Mann konnte er den wahren Grund ihres Zögerns nicht erkennen, und er wußte nicht, welche geistige Leistung es bedeutete, als sie sich entschloß, zu sprechen.

»Deinen Gedanken verstehe ich sehr wohl«, sagte sie langsam, »er erscheint mir aber nicht ganz stichhaltig. Jemand gab in einer Predigt, die ich hörte, einmal folgendes als Beispiel. Angenommen, du hörtest von einem großen Mann, mit dem in Verbindung zu kommen unendlich wichtig für dich wäre; du kenntest ihn gar nicht und hättest, abgesehen von den Versicherungen deiner Freunde, keinerlei Beweis, daß es ihn überhaupt gäbe. Würdest du zögern, ihm zu schreiben, weil du vielleicht denkst, du könntest einen Antwortbrief von ihm erhalten?«

Andrews logischer Verstand stürzte sich sofort auf die schwache Stelle.

»Aber Cecily, ein Brief ist doch eine greifbare, materielle Tatsache.«

»Ich weiß. Es gibt noch andere Tatsachen, die genauso wirklich sind – obwohl weder greifbar noch sonstwie materiell.«

»Du würdest also sagen, dies Erlebnis – Bekehrung, mit Christus in Verbindung kommen, oder wie du es auch nennen magst – sei genauso wirklich? Und sich durch bloße Suggestion hineinsteigern könne man genausowenig wie sich suggerieren, man habe einen nicht vorhandenen Brief bekommen?«

»Ja.«

»Du weißt das aus eigener Erfahrung«, beharrte er.

Ihr vom Mond beschienenes Gesicht war sehr ernst. Sie sprach mit Anstrengung.

»Ja. Und sag bitte nicht, ich sei eine Mystikerin. Ich bin nicht einmal empfindsam – nicht besonders.«

»Nein. In dir eine Mystikerin zu sehen, darauf würde ich nie kommen. Eigentlich«, fuhr er fort, und er fand es überraschend leicht, vor diesem Mädchen laut zu denken – »sollte ich über deine Aussage gar nicht so sehr erstaunen. Denn es gibt ja wahrhaftig genug historische Beweise, daß eine solche Erfahrung möglich ist. Aber nur so wenige Menschen, die ich kenne, normale Menschen meine ich, haben sie tatsächlich erlebt. Und die am meisten davon reden – und am lautesten –, sind in anderer Hinsicht leider oft ganz unreif. Man kann sich nicht des Eindrucks erwehren, daß in den meisten Fällen heutzutage religiöser Glaube etwas ist, was man in zweifelhaften Sekten auf einer Woge ungesunder Schwärmerei erhascht und was mit normalem Verhalten überhaupt nichts mehr zu tun hat.«

»Ich weiß, das ist die Ansicht der im üblichen Sinn Religiösen. Aber andere als Fanatiker bezeichnen, das würde ich nie wagen. Das ist allzu einfach.«

»Damit hast du recht«, stimmte er ihr bei, in Erinnerung an Sonja. »Tatsächlich gibt es ja erstaunliche Fälle, in denen Menschenleben gänzlich umgewandelt wurden – geheilte Trinker, Rauschgiftsüchtige und so weiter. Und um auf Näherliegendes zu kommen – in meiner eigenen Gemeinde gibt es einige ältere Männer, die ihre ›Bekehrung‹ von einer Erweckungsversammlung vor vierzig Jahren herleiten. Vollkommen sind sie nicht, aber in den meisten Fällen die Vortrefflichsten, die Zuverlässigsten in unserer Gemeinde. Von denen, die nur einen Gefühlsrausch erlebten, sind wahrscheinlich Hunderte später am Wege liegengeblieben. Aber diese anderen erlangten etwas Dauerndes.«

»Also ...?«

»Aber sehr befriedigend ist es trotzdem nicht, aufs Ganze gesehen, nicht wahr? Die Christen, die wirkliche Christen sind, die im wahren Sinn ›mit ihrem Munde Jesus als den Herrn bekennen‹, kann man ziemlich genau herauskennen. Da ist Dr. Murray und einige andere seiner Art — eine treffliche, beständige Gruppe, aber die Welt auf den Kopf stellen werden sie kaum; dann der zweite Typ, den ich in Ermangelung eines besseren Namens die Gruppe der ›Weltfremden‹ nenne, aufrichtig und voller guter Werke und von großem missionarischem Eifer, jedoch in ihrem Denken wie in ihren Interessen genausoweit von gewöhnlichen Menschen entfernt wie ein Klosterorden; und dann gibt es noch die schwülstig daherredende, billige Lieder singende und ganz auf Sinneneindruck eingestellte große Masse, sehr oft unduldsam und pharisäerhaft und lieblos — die Erlösung durch Gnade stellen sie so sehr in den Mittelpunkt, daß sie sich nicht mal mehr für gute Werke interessieren. Das sind die drei, überall vertretenen Klassen. Und ...« Er stockte.

»Und ich«, half ihm Cecily.

»Ja — eine Sonderklasse, soweit ich es bisher durchschaut habe.«

Sie lachte ungezwungen. Ihr Lachen gefiel ihm.

»Das ist das vollkommene Kompliment, und es tut mir in der Seele leid, daß ich es zurückweisen muß. Aber es gibt noch viele andere wie ich, wenn du dir die Mühe machtest, danach auszuschauen.«

»Die Frage wollen wir offenlassen, bis du genügende Beweise beibringst. Logisch gesehen hast du natürlich recht. Ich darf das Erlebnis nicht danach beurteilen, daß manche es zu einem Zerrbild machen — oder es nur vortäuschen. Die Liebe ist ja auch etwas Wirkliches, auch wenn manche Leute in ihrem Namen zu Narren werden oder gar zu Verbrechern. Es kommt drauf an, vermute ich. ›Ach, es kommt immer darauf an.‹«

Sie zog die Brauen hoch. »Woher stammt das doch? Ich müßte es eigentlich wissen.«

»Aus dem *Mikado.*«

»Ach ja. Hast du übrigens die D'Oyly Carte-Truppe gesehen, als sie das Gastspiel hier hatte?«

»Freilich. Ich hatte sie natürlich schon oft gesehen, früher in England.«

Cecily begann wieder zu gehen. »Trotz meines hochherzigen Einspruchs muß ich mich immer schwer gegen die Sünde der Begehrlichkeit wehren, wenn ich höre, daß jemand in England war. Wir sind größtenteils irisch gewesen in der vorigen Generation – Nordirland – aber nach meiner geistlichen und seelischen Herkunft bin ich englisch. Ich hatte gehofft, ich könnte im Sommer hinfahren, aber dann mußte ich es verschieben auf ein anderes Jahr.«

»Ich konnte nichts dafür«, wandte er ein. »Ich wurde in meiner jüngsten Jugend unfreiwillig verschickt.«

»Ich weiß. Von Südafrika. Die Einzelheiten Ihres Lebens, Mr. Connington, sind Gemeingut – wenigstens die Ihres äußeren Lebens. Übrigens, da wir gerade von Interviews reden ...« Sie brach ab und blickte mit einem Lächeln zu ihm auf.

»Das hatte ich gefürchtet! Du hast von meinem Versuch, mich beliebt zu machen, also gelesen?«

»Tut mir leid, daß ich davon angefangen habe, wenn es dir unangenehm ist. Es muß ziemlich schauderhaft gewesen sein.«

»Was?«

»Die Konferenz. Ich kann es mir vorstellen. Ich war öfters auf Studentenkonferenzen.«

»Du findest, daß meine Äußerungen berechtigt waren?«

»Ich finde, sie waren richtig. Ob auch berechtigt, das kann ich nicht entscheiden. Wie hat man dich nachher behandelt? Oder bist du gleich zurückgefahren?«

»Am gleichen Abend. Sag mal, wollen wir nicht irgendwo hingehen und Kaffee trinken?«

»Ich kann bei uns zu Hause welchen machen, das dauert zwei Minuten.«

»Aber es ist schon nach Mitternacht. Wir würden deine Familie aufwecken, und sie würde sich mit Recht über mich ärgern. Nein, es wird sicher noch eins von diesen Nachtcafés offen sein.«

»Daß ich hier bin, ist eigentlich eine Vorspiegelung falscher Tatsachen«, sagte Cecily später, als sie sich an einem glasgedeckten Tischchen in dem fast leeren Café gegenübersaßen. »Ich habe gar nicht die Absicht, zu dieser nächtlichen Stunde noch Kaffee zu trinken. Er würde mich stundenlang wachhalten.«

»Ich werde auch keinen trinken. Aber hierzulande scheint Kaffee und Toast die stereotype Mahlzeit zu sein, die man den Leuten um Mitternacht aufdrängt. Was möchtest du haben?«

»Eis, wenn es das gibt. Als ich klein war, ist meine Sehnsucht nach Eis nie ganz gestillt worden, und um das endlich nachzuholen, esse ich in Lokalen immer Eis. Toast, weißt du, kann ich mir zu Hause selber machen, und zwar bedeutend besseren.«

»Irgendwas zu trinken?«

»Vielen Dank. Nur ein Fruchteis.«

Das Eis verschwand trotz ihres eifrigen Gesprächs, ebenso sein Sandwich und die heiße Schokolade, und die Zeit verging ihm viel zu schnell. Selbst als sie zurückkamen und auf der Veranda standen, spürte er noch keine Lust, den Abend zu beenden. Er redete allerhand nebensächliche Dinge, um den Abschied noch hinauszuschieben, hörte Cecilys Erwiderungen an und betrachtete das heitere Gesicht, das ihm bis zur Schulter reichte. Eine sanfte Nachtbrise ließ die Eichenblätter leise rascheln, und die Mondkringel glitten auf dem weichen Rasen hin und her. Das Verlangen zu verweilen war für Andrew so neu, daß er zuerst nicht wußte, wo es herkam. Dann wurde es ihm plötzlich klar — er wollte sie küssen, und er merkte mit Verwunderung, wie stark dieser Wunsch war. Bisher hatte er nie das Verlangen gehabt, ein Mädchen zu küssen, höchstens unter dem Antrieb einer plötzlichen Aufwallung des Blutes, einer flüchtigen Anwandlung von Leidenschaft; aber nie so wie jetzt, wo Herz und Verstand sich im Einklang befanden und eine Welle von Zärtlichkeit ihn hinwegtrug. Dennoch küßte er sie nicht. Was ihn zurückhielt, war eine gesunde Achtung vor ihrer Person, war die instinktive Überzeugung, daß ein Versuch nicht nur zurückgewiesen würde, sondern ihn in ihren Augen auch herabsetzen würde.

Amüsiert und offen lächelte Cecily ihn an:

»Du bist ja schon so schläfrig, daß du gar nicht mehr weißt, was ich sage«, warf sie ihm vor und ließ ihm keine Zeit, es in

Abrede zu stellen. »Und es ist ja auch unglaublich spät. Danke dir für den Film und alles. Ich habe es sehr genossen.«

»So sehr, daß du es riskieren würdest, wieder etwas zu verabreden?« fragte er und ergriff die kleine, feste Hand, die sie ihm hinstreckte.

»Ich glaube schon, daß ich dieses Wagnis auf mich nehmen könnte.«

»Wann?«

»Du solltest es von dir aus nicht so völlig offenlassen«, meinte sie tadelnd. »Ich könnte ja sagen, am Sonntag.«

»Das würde mich eigentlich gar nicht sehr stören. Im Gegenteil, ein wirklich guter Vorwand, den Gottesdienst am Sonntagabend auszulassen, wäre mir durchaus willkommen. Nein, was hieltest du von Freitag?«

»Freitag, ja.«

»Fällt dir irgend etwas ein, was du besonders gern tun würdest?« Ihm kam ein plötzlicher Gedanke. »Solltest du zufällig reiten?«

»Das ›zufällig‹ mag ich nicht, es bedeutet Unheil«, sagte Cecily, während sie die Tür öffnete, »aber reiten mag ich gern. Ich muß dich nur warnen – bisher habe ich es erst ein paarmal getan, und ich kann nicht garantieren, daß ich oben bleibe.«

»Diesmal trifft das Risiko auf mich. Wir werden etwas finden, wo wir außerhalb der Stadt reiten können. Gute Nacht, Cecily.«

»Gute Nacht.«

Sein Gemüt war in einem seltsam angenehmen Aufruhr, als er heimfuhr und sich sagen mußte, daß er wie ein sechzehnjähriger Junge sei, weil er lange überlegte, ob sie das ›Andrew‹ wohl mit Absicht weggelassen habe. Er lenkte seine Gedanken in sachlichere Bahnen, als er zu Hause in die Einfahrt bog und sah, daß ein Fenster noch erleuchtet war, ein gelbes Viereck auf der schwarzen Hauswand. Er wußte, daß Mansell an chronischer Schlaflosigkeit litt, daher war er keineswegs erstaunt, als der Onkel kurz darauf in Schlafrock und Pantoffeln durch die Halle tappte und ins Zimmer trat.

»Eine nette Zeit zum Nachhausekommen für einen frommen Pfarrer«, sagte er. »Hast du am Krankenbett gewacht? Oder mit dem Sünder gerungen?«

»Nein, Sir, ich habe mich dem weltlichen Vergnügen hingegeben.«

»Wenn ich das glauben könnte, hätte ich einen neuen Hoffnungsschimmer«, meinte Mansell. »Jetzt freilich, wo ich näher hineinschaue, entdecke ich eine gewisse unterdrückte Erregung, die nicht auf eine einsame Nachtwache deutet. Heraus damit! Erhelle mein düsteres Alter durch deine Erzählung von den Torheiten der Jugend. Geständnisse sind gut für die Seele.«

»Für meine nicht«, wehrte Andrew ab. Was würde Onkel George von Cecily wohl denken, was würde er sagen, wenn man ihm von ihr erzählte? Eine plötzliche Erleuchtung verscheuchte jeden leisesten Gedanken an vertrauliche Eröffnungen und beschäftigte ihn noch lange danach, als sein achtloses Geplänkel mit Mansell längst vorüber war und er allein in seinem dunklen, luftigen Zimmer lag. Natürlich, das würde Onkel George sagen, damit würde er das Ganze erklären. Andrew mußte an die Worte denken, die sein Onkel damals gebraucht hatte: ein Anfall von Unzufriedenheit mit dem Leben, hervorgerufen durch den Geschlechtstrieb, durch den Fortpflanzungstrieb, und fälschlich gedeutet als Suche nach Gott.

Er starrte auf den Vorhang am offenen Fenster, der sich träge ins Zimmer hineinblähte. Natürlich, hier saß die Wurzel des Übels, hier war die Ursache seiner Unruhe, seiner Einsamkeit, seines Überdrusses, seiner Leere; nicht Hunger nach geistlichen Dingen, sondern naturhaftes Verlangen nach seelischer Gemeinschaft und sexueller Befriedigung. Daß er so plötzlich und so gefühlsmäßig auf Cecily reagiert hatte, war zweifellos weniger durch ihre Anziehung bewirkt worden als durch seine eigene Bereitschaft, sich anziehen zu lassen. Cecily war gerade im richtigen Augenblick erschienen. Wohl die meisten Ehen hatten ihren Ursprung im – nun, im Reifsein, obwohl es ein scheußliches Wort war – im Reifsein der beiden Personen oder wenigstens einer fürs Heiraten. Und nun, da er endlich ein Ziel, einen Gegenstand für seine Wünsche gefunden hatte, nun würden jene anderen verschwommenen Sehnsüchte wohl aufhören, ihn zu beunruhigen. Im übrigen konnte er froh sein, daß das Ziel gerade Cecily war. Irgendwie mißfiel ihm der Ausdruck »Geschlechtstrieb«, um seine Gefühle für sie zu bezeichnen. Für Sonja, ja. Aber für Cecily –

nun, die Psychologen konnten reden, wie sie wollten; wenn man dies hier Geschlechtstrieb nannte, dann war es eine herrliche Sache, die einen besseren Namen verdiente.

Er gab ihr zunächst überhaupt keinen Namen, erst mehrere Tage danach; fürs erste freute er sich nur, daß das Leben einen neuen Reiz bekommen hatte. Da sich der Freitag als viel zu warm erwies zum Reiten, fuhr er mit Cecily ans Wasser, und sie verbrachten den Abend im Kanu und ließen sich geruhsam auf den Fluten des Humber und am Seeufer dahintreiben. Wie wohltuend, einfach dazusitzen, sich faul an das Rückenpolster zu lehnen und das Paddel ins Wasser zu tauchen, immer mit dem Blick auf Cecily, die ihm verträumt und in zufriedener Entspanntheit auf einem Berg Kissen gegenübersaß. Geistige Anstrengung schien hier genauso fehl am Platz wie körperliche, und während der drei Stunden, die sie gemeinsam verbrachten, fiel kaum ein einziges ernstes Wort.

Das ausruhsame Zwischenspiel stärkte ihn für den Kampf am nächsten Tag, als er die beiden Predigten für den Sonntag fertigmachen mußte. Die Versuchung, die erwartungsvolle Gemeinde dadurch zu befriedigen, daß er einen vernichtenden Kommentar zu der Konferenz in Boston gab, wies er von sich, weniger aus Großherzigkeit als aus einem ganz persönlichen Gefühl der Schuld. Entmutigt griff er auf einen der vielen Predigtentwürfe aus seiner Studentenzeit zurück, und für den Abendgottesdienst arbeitete er eine Ansprache um, die er einmal auf einem Jugendfest in Windsor gehalten hatte. Um seinen Mangel an innerer Beteiligung auszugleichen, predigte er am Sonntag mit verbissener Entschlossenheit, die von seinen Hörern, wie es seine Absicht war, als fest fundierte Überzeugung aufgenommen wurde. Seine Tante, die selten einen Gottesdienst versäumte, vermehrte seine innere Verwirrung, indem sie bei der Heimfahrt sagte:

»Weißt du, Andrew, daß es nur einen einzigen Umstand gibt, der mich am Glauben hindert, wenn ich dich habe predigen hören? Nämlich weil ich weiß, daß du selbst nicht glaubst. Denn du glaubst doch nicht, nicht wahr?«

In ihrem Ton schwang eine wehmütige Sehnsucht, und es schmerzte ihn, daß er sie enttäuschen mußte.

»Leider, Tante Alex. Aber laß das nicht ein Hindernis für dich sein. Es ist eine Frage, die sich an jeden einzelnen von uns persönlich richtet.«

»Ich weiß. Aber die Tatsache, daß du so überzeugend predigen kannst, obwohl du selbst nicht glaubst, zeigt doch, daß George vielleicht doch recht hat und daß alle diese Menschen, auf deren Zeugnisse wir uns verlassen, sich vielleicht getäuscht haben.«

»Daß man das daraus folgern müßte, sehe ich nicht ein«, begann er, brach aber rasch wieder ab. Was hatte es für einen Sinn? Und wie sollte er durch die drei Sonntage hindurchkommen, die ihm noch bevorstanden? Das Grübeln über diese Frage ließ ihn seine Tante vergessen. Noch sechs Predigten — ein unerträglicher Gedanke! Er mußte unbedingt versuchen, Vertreter zu bekommen, wenigstens für einen Gottesdienst an diesen Tagen, und sie selbst bezahlen. In diesem Fall war jede Summe niedrig!

Er war froh gewesen, daß Cecily an den Gottesdiensten nicht teilgenommen hatte; jetzt fühlte er sich plötzlich beunruhigt — ohne jede Logik, denn da Cecily weder als Mitglied noch als Anhängerin zur Gemeinde gehörte, bestand kein Anlaß, ihre Anwesenheit zu erwarten. Aber am Montag winkte die aufregende Aussicht, sie wiederzusehen; denn da die Hitzewelle nachgelassen hatte, stand dem geplanten Ausritt nichts im Wege. Wieder wurden seine Erwartungen übertroffen, wieder rief die Begegnung mit Cecily ein beglückendes Gefühl des Wohlseins in ihm hervor. Voller Staunen sah er auch diesmal ein neues Gesicht, in seiner Wirklichkeit weit fesselnder und anziehender als das Erinnerungsbild in seiner Seele. Auch erlitt ihr Äußeres keinen Abbruch durch den glatten Sitz der Breeches und der blauen Hemdbluse. Cecily gehörte zu den glücklichen Frauen, überlegte er, die in Männerkleidung weder plump und unanständig wirkten noch übertrieben maskulin.

»Hast du eine Vorliebe für eine besondere Pferdeart?« fragte er, als sie vom Auto zu den Ställen schlenderten.

Es verstrich eine ganze Weile, ehe Cecily ihm Antwort gab.

»Eigentlich wollte ich so tun, als ob«, gab sie schließlich zu, »aber jetzt will ich es lieber doch gestehen, daß ich etwas ängstlich bin. Ich hatte es schon neulich an dem Abend leise angedeutet, es kam aber, glaube ich, nicht an. Also – direkt zu Hause fühle ich mich auf einem Pferderücken nicht.«

»Du hast noch nicht sehr viel geritten?«

»Dreimal«, bekannte Cecily und sah so schuldbewußt zu Boden, daß Andrew in ein lautes und unpassendes Gelächter ausbrach.

»Lach doch nicht – bitte. Ach, ich weiß, daß es komisch klingt.«

Andrew kam wieder zu sich.

»Ich hatte gar nicht über dich gelacht – nur über die Art, wie du es gesagt hast. Macht dir Reiten keinen Spaß? Sollen wir lieber etwas anderes tun?«

»Nein. Aber dir werde ich den Spaß verderben, höchstwahrscheinlich. Ich wollte immer schon reiten – schon als Kind. Aber oben im Norden, wo wir unsere Ferien verbrachten, gab es keine Reitpferde, nur riesenhafte Ackergäule. Und Reiten in der Stadt war eine von den ziemlich teuren Sportarten, die ich mir eben nicht geleistet habe. Oh, ich weiß, ängstlich sein ist abscheulich.«

»Abscheulich keineswegs – absolut natürlich«, sagte Andrew bestimmt. »Nur war deine Ängstlichkeit so überraschend für mich. Weißt du, ich hatte in dir ein Wesen gesehen, das über menschliche Schwächen hoch erhaben ist – die Krone aller Frauen.«

»Ja?« sagte Cecily. »Wenn du hiervon auch das Pferd überzeugen könntest, dann wäre das sehr zweckmäßig. Sei nicht eklig, Andrew, sondern such mir eine sanfte Stute aus und dann – hoffen wir das Beste.«

Bald darauf ritt Cecily, auf einer brav aussehenden, dunkelbraunen Stute sitzend, die Louise hieß, an Andrews Seite aus dem Hof heraus und querfeldein – so aufrecht und gelassen, daß sich in Andrew ein leiser Verdacht regte.

»Ich sehe keine Zeichen für einen drohenden Zusammenbruch«, meinte er. »War deine Angst vorhin vielleicht ein Trick, um mich mit deinen Reiterkünsten um so mehr zu überraschen?«

»Keine Spur!« sagte sie entrüstet. »Was willst du denn? Soll ich herunterfallen wie der Weiße Ritter, erst nach der einen Seite, dann nach der anderen? Es macht mir jetzt Spaß. Ich möchte gern ein bißchen leichten Galopp reiten. Galoppieren finde ich bei Pferden noch das leichteste.«

Die Tiere reagierten mit der löblichen Bereitwilligkeit von Mietpferden, wenn sie in der altbekannten Bahn gehen. Andrew hielt seinen etwas schnelleren Gaul zurück, und die beiden galoppierten nebeneinander durch das samtig goldene Licht der Abendsonne. Als die Stuten am Ende des Feld ihr Tempo von selber verlangsamten, wandte sich Cecily, während sie nach ihrem aufgelösten Haar griff, zu Andrew.

»Das war himmlisch!« sagte sie beglückt.

Ihr Gesicht, dachte Andrew, war das Lieblichste, was er je gesehen hatte. Ihre strahlende Freude wärmte und ermutigte sein Herz. Auf seine sachliche Art sprach er etwas aus, das ihm schon verschiedene Male auf der Zunge gelegen hatte.

»Du genießt alles sehr intensiv, nicht wahr?«

Sie wurde sofort ernst, als wolle sie sich mit dem Problem ihres Gefühlslebens von Grund auf auseinandersetzen.

»Ja, vielleicht. Ich habe noch nicht viel darüber nachgedacht. Tue ich es wirklich?«

»Mehr als alle anderen Menschen, die ich kenne. Es fiel mir immer schon auf, jedesmal, wenn wir zusammen ausgingen. Bist du böse, wenn ich dich etwas frage?«

»Wie sollte ich?«

»Du wirst mich sehr eingleisig finden, fürchte ich. Mir scheint nämlich, ich habe dir von diesen Dingen sowieso schon reichlich viel auf den Hals geladen, und du wirst es sicher schon bedauern, daß du meinen wunden Punkt herausgefunden hast.«

»Du weißt doch, daß es mich interessiert. Rede bitte weiter.«

»Würdest du diese übernormale Freudefähigkeit bei dir auf deinen christlichen Glauben zurückführen?«

Sie dachte eine Weile nach, während die Pferde auf dem ansteigenden Waldweg gemütlich vor sich hintrotteten.

»Das ist eine schwierige Frage, die ich da beantworten soll. An sich würde ich ohne weiteres sagen: ja; aber beweisen kann ich es dir nicht. Zu dumm, daß ich mich so wenig beobachte . . .«

»Gar nicht«, unterbrach er und dachte an Sonja. »Selbstbeobachtung kann ein richtiges Laster sein.«

»Ich mache gar nicht den Versuch. Ich kann mein Inneres nicht in verschiedene Sektoren aufteilen. Ich kann die Freude an äußeren Dingen – zum Beispiel jetzt am Reiten oder am Wandern, am Schwimmen, an der Musik — nicht einfach isolieren und von meinem Glauben, meinen Überzeugungen abtrennen. Und überhaupt kann ich mir nicht vorstellen, wenn ich keinen Glauben hätte, daß ich dann an irgend etwas Freude fände. Aber ganz ohne Glauben, weißt du, bin ich eben nie gewesen, diesen Zustand habe ich selber nie erlebt. Um eine befriedigende Antwort zu bekommen, müßtest du wohl jemand fragen, der während eines Teiles seines Lebens ungläubig war.«

»Aber dennoch«, bohrte Andrew weiter, »in deinem Fall besteht doch immer noch die Möglichkeit, daß du von Natur aus glücklich bist, daß dein Leben unbeschwert war und dir keine Prüfungen gebracht hat. Woher weißt du, ob dein Glauben andauern würde, auch in Schwierigkeiten, Prüfungen, Leid?«

Er verheimlichte sich nicht, daß seine Frage etwas Grausames hatte, und normalerweise hätte er sich über seine Hartnäckigkeit geschämt. Aber wie ein Wissenschaftler, der ein Experiment macht, das je nach dem Ergebnis sein Leben gänzlich umgestalten könnte, wollte Andrew unbedingt versuchen, jede eventuelle Fehlerquelle auszuschalten.

»Ich weiß. Das gleiche habe ich mich selbst schon oft gefragt«, gab Cecily zur Antwort. »Aber wenn ich mich nicht irre, Andrew, hörte ich vor einiger Zeit, wie du auf der Kanzel den Apostel Paulus als ein recht anschauliches Beispiel dafür anführtest, daß der Glaube ein ganz ansehnliches Maß von Schwierigkeiten, Prüfungen und Leiden überdauert.«

»Durchaus richtig«, gab er zu. »Aber Paulus steht auf einer gänzlich anderen Stufe. Ich bewundere ihn — ihm nacheifern kann ich nicht.«

»Bei mir...« Auf ihr Gesicht kam ein plötzlicher Schatten. »Mein Leben war bisher sehr glücklich. Wirkliches Leid habe ich nur einmal erlebt. Vor ungefähr zwei Jahren ist Kenneth, der jüngste meiner beiden Brüder, beim Baden ertrunken. Er war fünf Jahre älter als ich und war immer mein Vorbild gewesen. Wir hatten uns immer besonders gut verstanden — von dem Augenblick an, wo er aufhörte, mich als eine lästige Göre zu betrachten, und er hörte sehr viel früher damit auf als die meisten anderen Brüder... Der Glaube hat mich darüber weggebracht.« Sie strich die Mähne ihres Pferdes glatt und gab ihrer Stimme einen leichteren Ton. »Und außerdem hat er mich ohne Verbitterung über meine beiden ersten Jahre als Lehrerin hinweggebracht, und die sind eine Feuerprobe, das sagt jeder. Wenn wir zwanzig Jahre älter sind, werde ich dir noch mehr erzählen können.« Sie errötete auf eine reizende, aber für Andrew unerklärliche Art und machte sich am Zaumzeug ihres Pferdes zu schaffen. »Ich glaube, hier gehen die Gäule meistens wieder im Galopp. Sollen wir?«

»Vielen Dank, daß du meine Frage so geduldig beantwortet hast«, sagte Andrew, als sie die breite Ackerfläche überquert hatten und die Pferde wieder in Schritt fielen. »Wenn es dich freut, es zu hören — du bist mir eine große Hilfe.«

»Ich sehe eigentlich nicht, wieso«, lachte Cecily. Ihre Art zu lachen war tatsächlich über alle Maßen reizend. Oder fand er eben alles an ihr reizend?

»Übrigens, zum Thema Freude bei Christen, von dem wir vorher sprachen — du hast dich wohl nicht von der Theorie derer beeinflussen lassen, die behaupten, in unserer unvollkommenen Welt sei solche Freude etwas Egoistisches?«

»Ach das! Ja, ich weiß. Auf dem College haben sie mir das auch erzählt — kein ›verständiger‹ Mensch könne jemals fröhlich sein, solange es im Leben soviel Leid gebe.«

»Logischerweise müßten wir also alle den Verstand verlieren.«

»Ja, und was wäre dann erreicht? Mir fällt dabei ein Ausspruch ein, den du einmal zitiert hast — von Wesley, glaube ich — über Heilsgewißheit. Ob man Heilsgewißheit haben könne oder nicht. Erinnerst du dich noch?«

»Ich glaube, ja. Etwa in dem Sinne, daß es lachhaft sei, zu meinen, ein barmherziger Gott, der dem Sünder vergeben und ihn angenommen habe, werde ihn sein ganzes Leben lang über diesen Punkt in quälender Ungewißheit lassen. Für Wesley selbst jedenfalls stand die Heilsgewißheit außer allem Zweifel.«

Andrew sann darüber nach. »Dennoch ist mir der Zusammenhang nicht ganz verständlich.«

»Um ganz ehrlich zu sein, mir im Grunde auch nicht. Mir war nur plötzlich deine Predigt eingefallen.«

»Aber vorhanden ist ein Zusammenhang trotzdem«, überlegte Andrew weiter. »All dieses unnötige Leiden, das gewollte und bewußte — angefangen von den körperlichen Selbstzüchtigungen der Flagellanten und der Einsiedler bis zu der seelisch-geistlichen Selbstzüchtigung der Gegenspieler Wesleys und der von uns besprochenen heutigen Zeitgenossen –, das alles stammt so ziemlich aus derselben Wurzel: Auflehnung gegen die Lehre von der freien Gnade Gottes – das Bestreben, die Sühnung selber zu vollziehen, durch irgendeine Art von Werken –, auch wenn man sich dabei unglücklich macht.«

»Und dann diese andere Sorte, die ewigen Schwarzseher! Ständig sehen sie bei anderen schlechte Motive, sie reden immerzu vom Leid auf dieser Welt; sie haben keine Lösung, und die einzige, die es gibt, weisen sie zurück. Ich glaube oft, die eigentliche Quelle ihres Schmerzes ist nicht das Leid der Welt, sondern ihre eigene Unbefriedigtheit.«

»Welch häßliche Bemerkung für eine hochherzige ...« Mitten im Satz brach er plötzlich ab und zog scharf die Luft ein. Sie ritten bergab; Cecily, die über seine Rüge lachen mußte und sich zu ihm umwandte, ließ sich durch einen Seitensprung Louises, als diese vor einem flüchtenden Kaninchen scheute, überrumpeln. Im nächsten Augenblick lag sie rücklings auf dem Boden.

In den schrecklichen Sekunden, die folgten, fanden Andrews Gefühle für Cecily ihren endgültigen Namen. Keine bloße Freundschaft, keine Reizung der Sinne hätte je die kalte Angst erklärt, die ihm bis ins Herz drang, die die ganze Welt auf einen einzigen Punkt zusammenschrumpfen ließ. Er sprang vom Pferd und rannte zu ihr.

Seine Stimmung schlug jäh um, als Cecily sich benommen aufsetzte, im Gesicht kreidebleich, aber mehr verärgert als verwundert, und mit ungläubig blinzelnden Augen bemerkte: »Und dafür mußte ich mir diesen harten Fahrweg aussuchen! Aber das ist die gerechte Strafe«, fügte sie hinzu, »wenn eine Anfängerin sich einbildet, sie könne auf dem Rücken eines Pferdes theologische Gespräche führen!«

Der Umschwung war so groß, daß Andrew sich vor Lachen hätte schütteln können.

»Bist du verletzt?« fragte er.

»Ich nicht, aber meine Gefühle«, sagte sie bekümmert. »Abgesehen davon bin ich ganz in Ordnung.« Sie streckte ihre Hand aus, um sich von ihm aufhelfen zu lassen, aber vorher sagte sie:

»Wenn du mich wieder auf das Tier hinaufbringst, ohne daß ich ihm in die Augen sehen muß, wäre ich dir dankbar.« Sie ließ sich von ihm hochziehen, wimmerte jedoch vor Schmerzen und klammerte sich an seinen Arm.

»Du bist doch verletzt!« rief Andrew und hielt sie mit seinem anderen Arm. »Hör mal, du kannst unmöglich wieder reiten. Ich trage dich bis dort drüben und hole den Wagen.«

»Mir fehlt weiter nichts, ich bin nur ein bißchen durcheinander, und meine Schulter tut mir etwas weh.« Erst jetzt bemerkte er, daß sie sich den Arm aufgeschlagen hatte. »So, nun hilf mir bitte auf. Man muß sofort wieder aufsitzen, habe ich mir sagen lassen, sonst traut man sich nie wieder auf ein Pferd. Und von Louise will ich mich in meinen Taten nicht beschneiden lassen.«

»Richtig. Aber warte trotzdem einen Augenblick, bis du wieder fester auf den Beinen bist.« Sie standen eine Weile schweigend da, Andrew stützte sie mit seinem Arm, und allmählich kam in ihr Gesicht wieder Farbe. Das forcierte Lächeln wurde natürlich; noch immer etwas unsicher, löste sie sich von seinem Arm und klopfte sich den grauen Staub von der Reithose.

Andrew holte die gefügige Louise, hob Cecily in den Sattel, stieg auf seinen Gaul und ritt langsam mit ihr zu den Ställen zurück, noch lange spürte er den leichten Druck ihres Reitstiefels auf seiner Hand, den ihres Armes auf seiner Schulter. Die prikkelnde Freude, die diese kleinen Erlebnisse in ihm hinterließen, erstaunte ihn aufs höchste; bis vor kurzem hatte er solche Empfindungen für Produkte dichterischer Phantasie gehalten. Erst sehr viel später fiel ihm ein, sich zu schämen über das verzweifelte Gebet, das er im Augenblick der höchsten Angst emporgesandt hatte.

Ein Telefonanruf früh am nächsten Morgen und einige langgestielte rote Rosen, die er Cecily ins Haus schickte, halfen ihm den langen Tag zu überstehen: seinen ersten Ausflug mit der Sonntagsschule. Mit liebenswürdiger Ungezwungenheit gab er die erbetenen Ratschläge in bezug auf Tischschmuck, er fungierte als Schiedsrichter beim Eierlauf der Kinder, beteiligte sich beim Blindekuhspielen, übernahm die Stelle eines abgesprungenen Teilnehmers beim Wettbewerb im Nadeleinfädeln, stimmte das Danklied bei den beiden Mahlzeiten an, spielte Drittenabschlagen mit dem jungen Volk und nahm teil am gemeinsamen Liedersingen, bis die wenigen, die von ihm gesagt hatten »ein fabelhafter Kerl, natürlich, aber nicht sehr umgänglich«, völlig durcheinander und beschämt waren. Und die ganze Zeit, während er den Torlauf des Bibelklassenleiters beim Baseballspiel beklatschte oder ein Stück von Mrs. McNeils Auflauf aß, weil »sie seit vierzig Jahren zu den Jugendgruppenpicknicks einen Auflauf mitgebracht und Dr. Thring sie immer um ein Stück gebeten hatte«, oder ein in Tränen ausgebrochenes kleines Mädchen auflas, dessen Fruchteis in den Dreck gefallen war und dem er ein besonders großes neues holte —, während dieser ganzen Zeit war er in Gedanken ganz weit fort, in einem Haus in der Stadt, wo er Cecily an diesem Abend sagen wollte, daß er sie liebe.

Der Gedanke faszinierte und erschreckte ihn zugleich. Gekommen war er ihm am Morgen, als er sie gefragt hatte, ob er nach dem Picknick, sobald er sich freimachen könne, bei ihr vorbeikommen dürfe, nur um sich zu vergewissern, daß sie nicht ernsthaft verletzt sei. Je weiter der Tag vorschritt, desto fester wurde sein Entschluß. An der Echtheit und Dauerhaftigkeit seiner Zuneigung zweifelte er nicht. Bisher war er gegen Herzensregungen immun gewesen, von Natur aus unempfänglich, ohne Interesse; gerade das überzeugte ihn, daß seine jetzigen Gefühle echt waren. Obwohl er sich nicht einredete, seine Kapitulation sei das Ergebnis von vernünftigen Erwägungen, fand er, daß er nie so konsequent gewesen sei wie jetzt, als er sich in Cecily verliebt hatte. Ob es allerdings vernünftig sei, ihr dies nach achtzehntägiger Bekanntschaft mitzuteilen, schien ihm etwas fraglicher. Jedoch er sehnte sich danach, bei dem einzigen Menschen, der ihn ganz durchschaut hatte, völlig offen sein zu können, und es schien ihm sinnlos, lächerliche Verheimlichungsversuche zu machen, denn auch dabei würde sie ihn bald durchschauen.

Cecilys inneres Verhältnis zu ihm suchte er nicht zu ergründen. Nachdem er aus Erfahrung wußte, daß er für Frauen eine starke Anziehung hatte, fehlte es ihm jetzt, als es um die eine, für ihn wesentliche Frau ging, an Sicherheit und Selbstvertrauen. Von allen anderen Mädchen, die er kannte, war Cecily verschieden. Ihre Anerkennung zu erringen, würde sicher schwerer sein als im Falle seiner Predigten. Cecilys Meinung wurde sicherlich auch davon beeinflußt, daß sie um seine Heuchelei wußte. Plötzlich fiel ihm ein, daß er im weltlichen Sinne keine feste Position hatte und insofern einer Frau nichts Sicheres bieten konnte. Würde es ihm unter den jetzigen Umständen möglich sein, das Pfarramt weiter auszuüben? Seit die Bekanntschaft mit Cecily seine Begriffe ins Wanken gebracht hatte, hatte er über jene Frage nie mit richtiger Klarheit nachgedacht. Und auch jetzt wollte er sich über diese Dinge keinerlei Gedanken machen. Das Vordringliche, Wichtige war jetzt die beabsichtigte Erklärung. Mit welchen Worten würde er sie aussprechen?

Er war in diesem Punkt noch immer unentschlossen, als er nach dem Picknick in die Stadt zurückfuhr und in seinem Wagen eine kleine Schar vergnügter Kinder mitnahm, auch später noch, als er eilends nordwärts steuerte zu Cecily, nachdem er seine Fahrgäste abgesetzt und zu Hause sein Äußeres rasch, aber sorgfältig aufgefrischt hatte. Anscheinend sollte seine rednerische Leistung diesmal, im Gegensatz zu sonst, eine Rede aus dem Stegreif sein.

Zu seiner Enttäuschung fand er Cecily und ihre Mutter in ihrem kühlen Wohnzimmer sitzend, wo sie Bekannte mit Gebäck und Ingwerbier bewirteten. Es wurde fast halb zwölf, bis die Gäste aufbrachen und die Mutter sich zurückzog und die beiden allein ließ. Cecilys weißes Organdykleid ließ den arg zerschundenen Arm sehen und überschleierte nur dünn die aufgeschrammte Schulter.

»Deine Kampfwunden sehen so aus, als wenn sie scheußlich weh täten. Das tut mir leid.«

»Deine Blumen haben eine große Heilwirkung gehabt«, erwiderte Cecily und wies mit einer Kopfbewegung auf die weiße Vase mit den Rosen, deren tiefes Rot sich leuchtend von dem schwarzpolierten Holz des Flügels abhob.

»Das ist gut. Bist du sehr müde? Eigentlich wollte ich dich anrufen, daß ich unterwegs sei, aber ich hatte Angst.«

»Angst?«

»Du könntest sagen, daß es schon zu spät sei. Es ist auch spät, ich weiß. Aber schuld daran sind eure dummen Gäste. Wenn ich denke, in welcher unerhörten Art ich meinen guten Ruf als braver Pfarrersmann gefährdet habe, um hierher zu kommen, dann kann ich wirklich nicht schon wieder gehen jetzt.«

Cecily zog die Augenbrauen hoch.

»Hat dich jemand dazu aufgefordert? Komm, wir gehen in den Garten. Er ist trocken. Zum Glück ist Vater kein gewissenhafter Gärtner.«

Durch die Glastür trat sie auf die kleine, mit Fliesen belegte Terrasse und führte ihn zu einem Rasenplatz mit Liegestühlen. Dort, unter dem dämmerblauen Großstadthimmel mit seinen winzigen Silbersternen, ließen sie sich nieder. Der zarte Duft von vielen wohlbekannten Blumen schwebte wohlig durch die laue Nachtluft. Alle Geräusche wurden aufgesogen von dem zarten, silbrigen Geplätscher eines Rasensprengers, der im Nachbargarten seinen Regen auf die Gräser rieseln ließ. Wie eine weiße Schaumwoge bauschte sich Cecilys Kleid auf der Fußraste ihres Liegestuhls. Von ihrem Antlitz sah man nur verschwommen die mattschimmernden Konturen. Andrew, sonst so findig, durchsuchte seinen Geist vergeblich nach einer geschickt überleitenden Bemerkung. Schließlich sagte er ganz einfach:

»Cecily, weißt du, daß ich dich liebe?«

Die Stille wurde unterbrochen durch ein kaum merkliches Geräusch – vielleicht ein heftiges Einatmen, vielleicht ein leises Krachen ihres Liegestuhls, als sie sich bewegte. Dann kam ihre klare Stimme, gelassen und ein wenig ungläubig, und erwiderte:

»Nein, das wußte ich nicht. Sollte ich es wissen?«

»Es ist keineswegs so spaßhaft, wie es klingt«, versicherte er ihr. »Ich weiß, es muß dir ziemlich plötzlich scheinen – danke, daß du es nicht ausgesprochen hast! –, und ich erwarte nicht, daß du jetzt darauf erwiderst oder sonderlich beeindruckt bist. Ich bin mir auch bewußt, daß es wahrscheinlich recht idiotisch von mir ist und auf jeden Fall sehr undiplomatisch, wenn ich es so bald schon sage. Warum ich es getan habe, weiß ich selber nicht genau – vielleicht war die Erleichterung, *einem* Menschen völlig ehrlich zu begegnen, derart stark, daß ich es nicht fertigbringe, dir etwas vorzumachen oder zu vertuschen. Und sagen müssen hätte ich es früher oder später ohnehin. In Gedanken schreie ich es schon seit siebenundzwanzig Stunden laut in alle Winde. Weißt du«, fuhr er eilig fort, denn er fürchtete, die Worte könnten ihn verlassen, bevor er seine Lage ganz erklärt hätte, »ich bin noch nie in jemanden verliebt gewesen — noch nie habe ich etwas Ähnliches erlebt, nicht annähernd. Und deshalb bin ich jetzt so gewiß. Aber, bitte, laß dich dadurch nicht verwirren. Ich möchte dir nur klarmachen, wie ich zu dir stehe.«

Es kam keine Antwort. Er wartete. Das Rieseln der Wassertropfen und der erschreckende Gesang zweier Katzen, deren erste Annäherung durch seine Worte übertönt worden war, ließen ihn an das immer gleiche Walten der Natur denken. Aber von der Frau, die ihm so nahe war, kam kein Laut.

»Möchtest du nicht irgend etwas sagen?« fragte er schließlich.

»Aber ich kenne mich ja gar nicht aus«, erwiderte Cecily mit ziemlich dünner Stimme. »Ich tappe völlig im Dunkeln. Du erzählst mir, du suchtest Erleichterung für deine eigene Seele, von mir erwartest du nicht, daß ich etwas sagte oder fühlte, dich selber fändest du idiotisch und undiplomatisch. Was kann ich darauf sagen?«

Andrew fand plötzlich seinen Liegestuhl beengend und erhob sich. Groß und dominierend stand er neben Cecily in der verzauberten Dunkelheit.

»Anscheinend habe ich mich doch nicht so deutlich ausgedrückt, wie ich meinte. Ich wollte dich nur von der peinlichen Situation bewahren, meine Gefühle schonen zu müssen. Im Grunde weiß ich nicht mal, ob du mich gern magst oder nicht. Natürlich wage ich nicht zu hoffen, daß du die gleichen Empfindungen für mich hast wie ich für dich. Warum solltest du? Im Gegenteil, es besteht die scheußliche Möglichkeit, daß das nie der Fall sein wird.«

»Du scheinst sie recht gelassen hinzunehmen.«

»Das kommt daher, daß ich sie bisher noch gar nicht richtig ins Auge gefaßt habe. Das Ganze ist so neu und überwältigend, daß mir gar nicht mehr die Zeit blieb, auch an *deine* Gefühle zu denken — ich war viel zu sehr mit meinen eigenen beschäftigt. Und weil ich in deiner Gegenwart so glücklich bin, kam mir wahrscheinlich die Idee, dieses Glücksgefühl müsse sich in leichterem Ausmaß auch auf dich übertragen.« Er machte eine kurze Pause, dann fuhr er ruhig fort: »Eine Zukunft, wenn du mich nicht letzten Endes doch magst, kann ich mir nicht vorstellen. Gar nichts kann ich mir vorstellen. Es gäbe leider eine ganze Menge Gründe dafür, daß du mich nicht möchtest. Du weißt zuviel von mir. Ich bin auch bei weitem nicht gut genug für dich, das weiß ich — sonst neige ich ja nicht zu großer Demut —, aber trotzdem werde ich nicht aufgeben.«

Wieder entstand eine Pause. Plädieren war für Andrew etwas Neues. Er suchte ihre Hand und hielt sie in der seinen.

»Willst du mir nicht etwas sagen, daß ich weiß, woran ich bin?«

Ihre freie Hand machte eine unwillkürliche Bewegung.

»Gegen plötzliche Dinge bin ich mißtrauisch. Schließlich sind wir ja nicht Romeo und Julia, obwohl ich auch auf einem Balkon stand, als du zum erstenmal — oh, verzeih. Das hätte ich nicht sagen sollen. Aber wir kennen uns erst eine Woche ...«

»Achtzehn Tage«, unterbrach er, »und vor drei Jahren sind wir uns zuerst begegnet. Und verliebt in dich, glaube ich, habe ich mich eigentlich schon damals.«

»Du hast jedenfalls ...« begann sie, brach aber hastig ab und nahm ihren früheren Satz wieder auf — »und du stehst seit Monaten unter einer geistigen Anspannung. Was du heute abend gesagt hast, wirst du vielleicht morgen bereuen.«

»Das ist lächerlich«, sagte Andrew ruhig. »So idiotisch bin ich auch nicht, und ich bin neunundzwanzig Jahre und besonnener als die meisten anderen Männer. Ich liebe dich, wie ich nie geglaubt hätte, daß ich jemand lieben könnte, und ich will nicht, daß du mich beleidigst dadurch, daß du daran zweifelst.«

»Also gut«, sagte Cecily ein wenig atemlos. »Mir bleibt nicht viel zu sagen. Wirklich, Andrew«, ihre Stimme wurde vor Aufrichtigkeit leise, »ich fühle mich geehrt, bewegt, gerührt — was immer dir am wenigsten geziert klingt. Und ich mag dich gern. Das ging doch schon daraus hervor, hatte ich gedacht, daß wir soviel Freude zusammen hatten. Ich bin mit dir vergnügt und froh gewesen. Es wäre aber unrecht gegen dich, wenn ich mich jetzt fortreißen ließe. Dafür ist das Ganze doch zu wichtig, um sich im Handumdrehen zu entscheiden. Verstehst du, was ich meine?«

Sie beugte sich vor, und ihr Gesicht kam ihm gefährlich nah.

»Ich nehme an«, sagte Andrew und versuchte, seinen leichten Ton zu wahren, »küssen dürfte ich dich nicht, solange du in der Entscheidung stehst? Dann nämlich müßte ich mich jetzt sofort zurückziehen, ehe mich die Selbstbeherrschung ganz verläßt. Diese Situation erfahre ich zum erstenmal, ich kann nicht beurteilen, mit was ich dabei ende.«

Er wartete halb hoffnungsvoll darauf, in ihren festen Augen Zeichen eines Wankendwerdens zu erblicken. Er fühlte, wie die Hand, die er noch immer festhielt, leise zitterte, doch das rasche Kopfschütteln zeigte, daß Cecily nicht nachgab.

»Tut mir leid, Andrew, das darf ich nicht tun. Es könnte uns – oder mich – zu sehr beeinflussen, und das Ganze ist zu folgenschwer, um es auf solche Weise zu entscheiden. Ich müßte erst ganz sicher sein. Bist du jetzt verärgert?« fügte sie betrübt hinzu.

Andrew beherrschte sich mit Mühe.

»Selbstverständlich ärgere ich mich. Aber überrascht bin ich nicht. Auch nicht traurig, im Grunde. So, jetzt werde ich gehen, aber nur unter der Bedingung, daß ich dich morgen sehen kann.«

»Morgen wollen einige von uns den Ferienbeginn feiern und eine Dampferfahrt zu den Niagarafällen machen. Überhaupt ist es vielleicht besser, wenn wir uns nicht sehen ein paar Tage.«

»Wann werdet ihr zurückkommen?«

»Mit dem letzten Dampfer. Wirklich, Andrew, meine konventionellen Eltern wären höchst entsetzt zu so später Stunde.«

Er lächelte sie an.

»Ich bin ein unerhört achtbarer Mann. Dein guter Ruf gerät durch mich in keinerlei Gefahr. Also, abgemacht, ich hole dich am Hafen ab.«

Der nächste Tag erschien ihm endlos, und die Unruhe trieb ihn viel zu früh zum Hafen; er stand eine halbe Stunde an der Landungsbrücke, ehe er die Schiffslichter in der Ferne auftauchen sah. Ganz ungeniert nahm er Cecily für sich in Anspruch, als die Gruppe eintraf, ließ sich bereitwillig den anderen Mädchen vorstellen, fuhr die, die keinen Wagen hatten, mit seinem eigenen nach Hause und beteiligte sich mehr als sonst an den unzusammenhängenden Gesprächen – unbekümmert um Zeit und Ort und äußere Umstände, solange Cecily ihm nahe war; sie saß an seiner Seite, sichtbar, sobald er seinen Kopf ein wenig wandte, hörbar, wenn sie sich herumdrehte, den Arm auf der Rückenlehne, um mit den anderen Mädchen zu plaudern, und greifbar, auch wenn er den nur handbreiten Abgrund zwischen ihm und ihr nicht überbrücken konnte, um sie zu berühren. In kurzer Zeit würden die Schattengestalten der anderen verschwinden und er mit ihr allein sein. Mit einer solchen Aussicht ließ sich jede Wartezeit ertragen.

Jedoch, als der ersehnte Zustand des vertrauten Beisammenseins erreicht war, erwies er sich als unvollkommen. Andrew erzählte Anekdoten von Ausflügen zu den Niagarafällen, sprach über Jugendgruppenpicknicks im allgemeinen und über seine kürzlichen Erfahrungen im besonderen, schilderte den Grundgedanken der neuen Biographie, mit der er diesen Tag schlecht und recht herumgebracht hatte; obwohl aber Cecily auf jedes dieser Themen lebhaft einging, dehnten sich die Pausen zwischen ihnen immer länger aus.

Andrew schloß, daß das Autofahren für die Unterhaltung hindernd sei, und deshalb fuhr er Cecily zu ihrer Wohnung, wo er sie zur Tür begleitete und wartend stehen blieb.

»Willst du nicht hereinkommen?« fragte sie, indem sie auf sein unausgesprochenes Begehren einging. »Im Kühlschrank müßte eigentlich noch Ingwerbier sein, falls die Familie nicht zu durstig war.«

Während Cecily die Gläser füllte und im Büfett übriggebliebenes Gebäck entdeckte, bemühten sie sich beide, die Gehemmtheit ihrer Unterhaltung abzuschütteln. Erst als sie auf gemeinsamen Beschluß hinausgingen und die bescheidenen Erfrischungen auf die Terrasse trugen, gab Andrew seine Anstrengungen auf.

»Es tut mir leid, daß ich so langweilig bin«, entschuldigte er sich freimütig. »In Wahrheit ist es so, daß ich mir vorgenommen hatte, dich gerade nicht zu langweilen, deshalb versuche ich, unbeschwert und sachlich und kameradschaftlich zu sein. Aber in Wirklichkeit sage ich die ganze Zeit: ›Ich liebe dich, Cecily, ich liebe dich; ich kann dir nicht schildern, wie sehr ich dich liebe.‹ Und das macht die Unterhaltung ziemlich schwierig.«

»Ich muß mich auch entschuldigen. Besonders sprühend war auch ich nicht.«

»Jetzt, wo ich mich von meiner Last befreit habe, mag die Luft vielleicht ein bißchen reiner sein. Ganz gereinigt ist sie allerdings noch immer nicht.«

»Nein?«

»Nein. Noch eines möchte ich sagen – eigentlich ja vieles; aber das Wichtigste folgt aus dem einen. Nämlich folgendes: ›Glaubst du, daß du mich jemals lieben kannst?‹ Aber eigentlich ist es unrecht, daß ich eine solche Frage stelle, und ich wollte dich auch nicht damit belästigen. Nur kann ich leider an nichts anderes denken.«

Sie sah mit raschen, aufgeschreckten Augen zu ihm auf.

»Kannst du das tatsächlich nicht?«

»Nein, ich bringe es nicht fertig. Meine sonstigen Probleme haben sich verflüchtigt, die religiösen sind verdrängt. Ich kann nicht arbeiten, nicht lesen, mich nicht konzentrieren, nicht schlafen. Aber das sind Schwierigkeiten, die nur mich betreffen. Um auf etwas anderes zu kommen – eines ist mir äußerst rätselhaft.«

»Und was?«

»Daß du das Geheimnis meiner Schuld erraten hast, gerade du von all den vielen, die mich haben reden hören. Gemocht haben mich bestimmt nicht alle, es gibt sicher Hunderte, die sich von mir nicht angesprochen fühlen. Aber bei den Professoren, bei anderen Pfarrern, bei Christen im allgemeinen habe ich den Eindruck hervorgerufen, daß ich zum mindesten feste religiöse Überzeugungen besäße. Auch bei echten Christen. Sonst hätte ich gesagt, es sei zurückzuführen darauf, daß deine Christlichkeit von besonders ausgeprägter Art ist. Findest du es nicht sehr seltsam?«

»Nicht besonders.« Sie trank ihr Glas aus und wandte sich von Andrew ab, um es auf die Brüstung neben sich zu setzen. Er konnte ihr Gesicht nicht sehen.

»Und wieso nicht? Deine Eltern, sagst du, haben keinerlei Verdacht geschöpft.«

»Im Gegenteil.«

»Wie erklärst du es dir dann in deinem Fall? Bist du übersinnlich?«

»Keine Spur.« Sie saß noch immer halb abgewandt und griff mit ihrer schmalen Hand mehrmals nach dem Stiel des Glases, sichtlich unentschieden. Dann drehte sie sich mit einem plötzlichen Entschluß ihm zu. »Siehst du – sie liebten dich nicht.«

Mechanisch wiederholten sich die Worte in seinem nicht begreifenden Gehirn, bis er ihren Sinn erfaßte. In seinem Ausruf lag höchstes Erstaunen:

»Cecily! Willst du damit sagen: du aber wohl?«

»Du könntest es so auslegen.«

Noch immer starrte er sie ungläubig an, bis Cecily die Augen hob, und unter diesem Blick stürmten plötzlich Gewißheit und eine tolle Freude auf ihn ein. Und dann kam ihm zum Bewußtsein, daß er von der Fessel, die ihn bisher umklammert hielt, befreit war.

»Übrigens«, bemerkte Andrew später etwas unsicher, denn Cecily hatte sich nur so weit geöffnet, daß sie ihm verstehend in die Augen sah, »ich darf doch wohl annehmen, daß du dich als verlobt betrachtest.«

»Ich glaube, angesichts der Umstände täte ich wohl gut daran, schon um meiner Selbstachtung willen.«

»Aber«, knüpfte Andrew wieder etwas später an, als sein logischer Verstand sich nach vorübergehendem Schwanken festigte, »meine Frage wegen deines Scharfblicks hast du mir noch immer nicht beantwortet. Die Tatsache, daß du mich jetzt liebst, jetzt – noch immer kann ich es nicht glauben –, kann doch nicht schon damals diese Einfühlung bewirkt haben.«

Sie seufzte geduldig.

»Andrew, was habe ich genau gesagt?«

»Du sagtest ...« er rief sich die Worte, die der Weltgeschichte einen anderen Lauf gegeben hatten, ins Gedächtnis, »›siehst du – sie liebten dich nicht.‹«

»Eben. Und was wäre die Folgerung aus diesem Satz?«

»›Ich aber liebte dich.‹ Aber das ergibt doch keinen Sinn, denn damals tatest du es ja noch nicht.«

»Nächstens«, sagte Cecily gereizt, »werde ich es selber nicht mehr wissen, ob ich es tue oder nicht. Wenn du unbedingt die Wahrheit hören willst – ich liebte dich schon damals. Ich sage damit nicht, daß ich schmachtete. Ich hatte viel zu tun, und es ereignete sich vieles. Aber seit ich dich zum erstenmal im College sah und vor allem seit dem Abend, als du mit mir sprachst, habe ich gewußt, daß du der einzige Mann bist unter allen, die ich kenne, den ich heiraten möchte.«

Andrew widerstand dem plötzlichen und unwillkürlichen Verlangen, vor ihr hinzuknien.

»Aber du hast niemals angedeutet – ich wußte nicht, daß du mich überhaupt beachtetest.«

»Das hätte gerade noch gefehlt!« sagte Cecily entrüstet. »Besonders wo ich dachte, du ließest dir den Kopf verdrehen von den ungezählten Mädchen, die dir nachliefen. Sie fanden dich geheimnisvoll und faszinierend und so ›europäisch‹!«

»Und du?«

»Ich fand dich klug – und großzügig. Aber sich zu rühren, dieses Vorrecht lag bei dir. Und deshalb habe ich mich gestern nacht geärgert, als du sagtest, schon seit Jahren hätte es dich zu mir hingezogen. Warum hast du nie versucht, mich wiederzusehen? Und dabei wunderst du dich noch, daß ich keine Annäherungsversuche machte!«

»Anscheinend hatte ich ein Brett vorm Kopf«, gestand er zu. »Das Schicksal war viel freundlicher zu mir, als ich es verdiene. Stell dir vor, hätte ich nicht unter dem Balkon gestanden ...«

»Daran wollen wir jetzt nicht denken«, protestierte sie. »Ich bin überzeugt, die Verzögerung hatte einen ganz bestimmten Sinn.«

»Warum aber«, fragte Andrew hartnäckig und entschlossen, jeden Faden seines Glücksgewebes möglichst fest zu knüpfen, »warum hast du mir das nicht schon gestern nacht gesagt?«

»Aber wirklich, Andrew, auch ein Mädchen hat doch schließlich seinen Stolz. Drei Jahre hatte ich gewartet. Und du nur achtzehn Tage.«

»Du sagtest, du müßtest erst ganz sicher sein.«

»In bezug auf dich. Meiner war ich sicher seit dem Abend, wo du sagtest, ich hätte mich in meinem Urteil nicht geirrt. Nächste Frage?«

15

»Haben Sie vor, in Ihrem Urlaub irgendeine größere Reise zu machen, Mr. Connington?« fragte Dr. Murray, der zu Andrews Überraschung nur vorbeikam, um ihm gute Ferien zu wünschen.

»Nichts, was über die Grenzen von Ontario hinausführen würde, soviel ich im Augenblick weiß. Meine Ferienpläne sind schandbarerweise ganz auf Faulsein eingestellt.«

»Das freut mich. Sie brauchen nämlich Ruhe und Erholung. Sie sahen ziemlich müde aus die letzte Zeit. Es war doch ein Fehler, Sie nach Boston zu der Konferenz zu schicken. Dieses ganze Jahr war für Sie sehr anstrengend.«

Andrew, den die Fürsorglichkeit seines Presbyters rührte, wehrte verlegen ab.

»Ist es nicht ein Zeichen für einen Mangel irgendwo, wenn man in meinem Beruf sich ruhebedürftig fühlt, Dr. Murray?«

»Sie sind ja kein Übermensch«, erwiderte der Ältere sachlich. »Auch der Herr führte seine Jünger an einsame Orte, damit sie sich ausruhen konnten. Außerdem — wenn Ihre Wirkungskreise alle für Gott Wichtigkeit besäßen, dann wären Sie wahrscheinlich nicht so abgearbeitet. Was Sie an den Rand Ihrer Kräfte gebracht hat, das sind diese zusätzlichen Dinge — Beteiligung an Geselligkeiten, Reden bei Festessen, Eröffnung von Basaren und so weiter. Nicht, daß ich Ihnen einen Vorwurf machen wollte, Mr. Connington. Wenn ich offen sprechen darf, ich habe Gott während dieses Jahres oft dafür gedankt, daß er unsere Wahl auf Sie gelenkt hat. Ebensowenig wollte ich diese Tätigkeiten als nichtig oder wertlos hinstellen, aber Ihr Predigen kommt zuerst, und ich wäre sehr betrübt, wenn ich sehen müßte, daß Ihnen wegen des geringen Werkes keine Kräfte blieben für das größere. Schonen Sie sich also. Wir brauchen junge Männer Ihrer Art sehr nötig; der Krieg hat uns allzuviele weggenommen.«

»Ihre Söhne, Dr. Murray?« fragte Andrew, der sich plötzlich erinnerte, daß ihm jemand von ihnen erzählt hatte.

»Ja, beide. Bei Courcelette. Sie wären ungefähr in Ihrem Alter, Mr. Connington – und in vielem Ihnen ähnlich, glaube ich.«

»Sie tun mir große Ehre an, Dr. Murray«, sagte Andrew mit ungewohnter Demut.

»Don stand im sechsten Semester, als der Krieg kam, er studierte Medizin; Douglas ging sofort nach dem Abitur. Oft habe ich mich gefragt, ob es einen Sinn hatte, ob unsere heutige Zivilisation es wert ist, daß man solche Opfer bringt, um sie zu erhalten. Aber der Tod eines Christen ist nicht sinnlos. Und Christen waren beide, Gott sei Dank. Bei Douglas hatte ich gehofft, er würde sich entschließen und eines Tages Pfarrer werden. Doch genug davon.« Er riß sich zusammen. »Aber sehen Sie, da ich keinen Sohn mehr habe und Sie keinen Vater, fühle ich mich gerechtfertigt, wenn ich Ihnen Ratschläge gebe. Es gefällt mir gar nicht, daß Sie so bedrückt aussehen. Haben Sie irgend etwas auf dem Herzen?«

Andrew schwankte, überlegte und wich aus.

»Nichts, was über das Normale hinausgeht. Niemand von uns kann ja erwarten, daß sein Leben völlig ohne Sorgen sei.«

»Nein. Und Ihnen brauche ich ja nicht zu sagen, was zu tun ist. Wir haben eine Zuflucht...« Er wurde plötzlich verlegen und brach ab, zwang sich aber fortzufahren. »Bei Ihnen kann ich unbesorgt sein, Mr. Connington. Ich lasse Sie zurück in der Hand des Herrn.«

Das war ein sonderbarer Abschied, dachte Andrew. Die Worte klangen mahnend in ihm nach, als er nach Dr. Murrays Aufbruch ruhelos in seinem Arbeitszimmer auf und ab ging. Auch sonderbar, daß er auf den Älteren einen sorgenvollen Eindruck machte, nachdem die letzten Wochen ihm ein so ungeahntes Glück gebracht hatten. Vielleicht war die Zeit noch zu kurz und die neue Freude hatte die Spuren früherer Sorgen und Bedrückung noch nicht ganz verwischen können. Auf jeden Fall, jetzt fühlte er sich glücklich und zufrieden. Oder doch nicht? An den beiden letzten Tagen war er morgens nicht mehr mit dem neuen Glücksgefühl erwacht. Konnte es sein, daß keine Freude wirklich dauerte, wenigstens nicht in ihrer anfänglichen herzerfüllenden Intensität? Seine Sehnsucht nach Cecily war die gleiche geblieben, noch immer spürte er ein aufquellendes Glücksgefühl, wenn er sie sah, genoß jedes Zusammensein, riß sich nur mit Mühe von ihr los. Aber seine Sehnsucht konnte keinen Frieden finden, und in den Stunden des Getrenntseins quälte ihn eine unbestimmte, aber stete Unruhe.

Er hätte jetzt gern mit Cecily geredet, aber er wußte, daß er sie nicht erreichen konnte. Sie besuchte Freunde außerhalb der Stadt und würde erst am späten Abend zurückkommen. Am folgenden Tage, Dienstag, wollten sie zusammen wegfahren, ins Oberland, wo Cecily ein kleines Sommerhäuschen hatte. Draußen brannte die Sonne, aber hier, in Andrews Zimmer mit den halbgeschlossenen Jalousien, war die Hitze ganz erträglich. Im Hause herrschte tiefe Stille, denn George war mit Alexandra auf einer Geschäftsreise in England. Andrew nahm D'Aubignés *Geschichte der Reformation* zur Hand und versuchte zu lesen, mußte aber feststellen, daß er nicht die Kraft hatte, sich zu konzentrieren, und besah sich statt dessen einige Nummern des Punch, obwohl seine Augen schon seit Wochen schmerzten und nach Ausspannung verlangten. Aber hinter den ermüdeten Augen, hinter dem Gesicht, dem auch der tiefgründigste Humor des Punch kein Lächeln entlockte, ging die innere Auseinandersetzung endlos weiter.

Was hatte seine Ruhelosigkeit für einen Grund? Der Gedanke, es könne unbefriedigtes körperliches Verlangen sein, erschreckte ihn, nicht weil er solche Sehnsucht unnatürlich fand, sondern weil er in einem derartigen Hervortreten des Körpers eine geistige Schwäche sah. Wie viele Männer hatten lange Verlobungen und lange Trennungen ertragen und die Begierde des Fleisches bemeistert. Daß er selbst nicht mit ihr fertig würde, bei drei Wochen nur, schien auch ihm kaum glaublich. Und überhaupt — das Überraschende bei seiner Liebe zu Cecily war weniger das Zutagetreten einer vorher nicht geahnten Sinnlichkeit der eigenen Natur, als vielmehr die Entdeckung, daß man rein sein konnte auch bei starker Leidenschaft. Nein, mit Sinnlichkeit ließ sich seine Unruhe nicht erklären. Aber womit dann?

Er merkte, daß er den Text unter einer Witzzeichnung schon zum drittenmal gelesen hatte, ohne die Pointe zu verstehen. Sein Lachen, als sie ihm dann aufging, klang freudlos. Warum war Cecily noch nicht zurück? Er hatte Verlangen nach ihr, ein schamlos heftiges Verlangen, in ihrer Nähe zu sein, ihr liebenswert-lebendiges Gesicht zu sehen, die Wärme ihrer Gegenwart zu spüren, sich bei seinen momentanen Unzulänglichkeitsgefühlen ihrer Liebe wieder zu versichern. Ein neuer, bisher ungekannter Zustand, und sicherlich sehr heilsam! Seine Aufnahme bei Cecilys Familie als voraussichtlicher Schwiegersohn hatte sich auffallend unterschieden von den Erfahrungen, die er mit den Eltern anderer Mädchen gemacht hatte. Cecilys Eltern hatten ihn aus der Entfernung bewundert, beim näheren Kennenlernen offenbar sympathisch gefunden — nach Cecily außerordentlich sympathisch —, aber daß Ihre Tochter Andrew ihre Gunst schenkte, erachteten sie anscheinend als eine Ehre für ihn, und derselbe Eindruck ergab sich auch aus dem Verhalten von Cecilys verheirateten Geschwistern. Dem vielumschwärmten jungen Pfarrer der Shorncliffekirche war es ungewohnt, daß man ihn so behandelte. Nur Cecilys unerschütterliche Sympathie gab ihm das Gefühl — wie er ihr lachend gesagt hatte —, daß sein Dünkel doch etwas gerechtfertigt sei. Und jedes Offenbarwerden einer menschlichen Unvollkommenheit bei ihr, das gab er offen zu, begrüßte er mit Freuden: ihr gelegentliches Aufbrausen und Gereiztsein; ihre Neigung zu strengen oder schnippischen Antworten; ihre zugegebene Unduldsamkeit gegen seichtes Denken und leichtfertige Gleichgültigkeit; und daß sie beängstigend wenig von der Pünktlichkeit hielt, was sie allerdings fast immer in charmanter Weise wieder gutmachte. Aber trotz dieser kleinen Schwächen blieb sein erster Eindruck doch bestehen und verstärkte sich: Cecily war frei von jeder kleinlichen Gesinnung, ihr Gefühl war echt und tief; und sein eigenes Gefühl für sie nahm zu von Tag zu Tag und grenzte schon an abgöttische Verehrung. Und dennoch wurde er nicht richtig froh.

Vielleicht — der Gedanke schwebte unbestimmt durch seinen Geist wie eine Flocke, die in klarem Wasser abwärts schwebt — war sein Verlangen, mit Cecily ganz eins zu sein und ihr in allem zu gefallen, sein Wissen, daß sie nie mit ihm zufrieden wäre, solange er nicht Christ würde: vielleicht — nein, sicher — lag hier die eigentliche Ursache seiner Unerfülltheit, seiner Ruhelosigkeit. Der Gedanke setzte sich in seinem Innern fest, und er betrachtete ihn eingehend. Das war es! Und hier lag die Gefahr einer Selbsttäuschung. Einen Augenblick erwog er die Möglichkeit, der Versuchung nachzugeben, seine innere Labilität mit religiöser Sehnsucht zu erklären. Nein! Lächerlich! Als wenn er sich, als wenn er Cecily in dieser Hinsicht etwas vormachen könnte! Als wenn Cecily ihn höher achten würde darum, daß er, um ihr zu gefallen, seine – vor dem Ausdruck Lauterkeit schreckte er zurück – Ehrlichkeit ihr gegenüber aufgab. Nein! Diese Möglichkeit kam nicht in Frage, von dieser Versuchung dürfte er sich nicht einmal überrumpeln lassen.

Er rief seine Gedanken energisch zurück. Wieder einmal waren sie in die verbotene Straße eingebogen, in welche sie in unbewachten Augenblicken immer einbogen, in jene unheimliche Straße, wo überall die Angst lauerte, die Scham, die Betäubung, der starre Schrecken seines Abendmahlserlebnisses. Andrew ließ sie niemals bis zum Ende dieser Straße vordringen. Am Ende der Straße war natürlich nichts; und jene Orgie der Gefühle nochmals durchzugehen, sagte er sich kurz, hatte weder Sinn noch Zweck. Auch im Gespräch mit Cecily hatte er den Vorfall nie erwähnt, er schien ihm dafür nicht geeignet. Angst, ihm ins Auge zu sehen, hatte er natürlich nicht. (Warum, fragte er sich allerdings im stillen, verteidigte er sich gegen einen Vorwurf, den niemand ihm gemacht hatte?) Er hatte die ganze Angelegenheit am nächsten Morgen mit sich selber gründlich und erschöpfend durchgesprochen, und es konnte nichts dabei herausspringen, eine vorübergehende geistige Erkrankung immer wieder aufzugreifen.

Er warf die Zeitschrift auf den Tisch und trottete zum Fenster. Nur die harten, blendend weißen Kanten an den Bürgersteigen bekundeten die drückende, von keinem Hauch belebte Hitze: in dieser vornehmen Gegend, wo die meisten Familien ihre Kinder schon aufs Land geschickt hatten, machte sich die lange Dürre kaum bemerkbar. Sorgsam geschorene Rasenflächen, ordentliche Blumenbeete und schattige Bäume boten einen angenehmen Hintergrund, wenn hin und wieder ein Auto entlangglitt, eine Frau in ärmellosem Kleid und breitem Hut vorüberging. Das Bild machte Andrew wenig Freude. Ja, Dr. Murray hatte recht; er hatte Ferien sicher nötig, überlegte er und mußte spöttisch lächeln, als er daran dachte, daß die meisten Männer, wenn sie seine Lebensart von außen sahen, finden würden, er habe so schon

Ferien genug. Sie wußten wenig von der ständigen Nervenspannung; von dem dauernden Ausströmen von Gedanken und Persönlichkeit, das mehr ermüdete als körperliche Arbeit; von dem vielen, was man lesen mußte, um sich auf dem laufenden zu halten, nicht nur auf dem eigenen, sondern auf vielen anderen Gebieten! Welche Wohltat, sechs Wochen lang jetzt nicht zu predigen! Vor kurzem hatte er noch größere Pläne erwogen, eine Fahrt zur Küste, einen Aufenthalt auf einer Farm im Westen, eine Rundreise durch abgelegene Missionsgebiete. Jetzt ging sein Blick nicht weiter als bis zu Cecilys Hütte in den Bergen. Ein paar Wochen ungezwungenen Daseins ohne feste Ordnung, wandern können, anregendes Zusammensein — das war zur Zeit der Gipfel seiner Wünsche. Und morgen würde er ihn erreichen. Wie langsam die Zeit dahinschlich!

Vielleicht kam es von dieser sehnsüchtig-ungeduldigen Stimmung, daß er sich am Abend wie ein mißgelaunter Schuljunge benahm, als Cecily um elf zurückkam, um ihn für sein langes Warten zu entschädigen. Seine ungewöhnliche Gespanntheit war keine sehr geeignete Verfassung, um das, was Cecily ihm dann eröffnete, mit Ruhe aufzunehmen.

»Andrew, ich muß dir etwas sagen. Ich fahre mit bei dieser Autotour nach Quebec.«

Andrew beherrschte seine Stimme.

»Wann?«

»Morgen in acht Tagen.«

»Und wie lange wirst du fort sein?«

»Zehn bis vierzehn Tage. Es hängt davon ab, welchen Weg wir bei der Rückfahrt nehmen.«

»Wer ist wir?«

»Hilda Caven und ihre Familie. Du hast sie vorigen Samstag ja bei uns gesehen.«

Andrew machte keine weiteren Bemerkungen. Es folgte eine lange Pause.

»Nun?« fragte Cecily schließlich. »Dein Interesse für meine Pläne ist nicht allzu schmeichelhaft. Hast du nichts dazu zu sagen?«

Er wandte seinen Kopf mit einem scharfen Ruck, aber als er sprach, war seine Stimme übermäßig ruhig.

»Ich möchte wissen, was mir überhaupt noch bleibt zu sagen.« Es war ein Ton, den Cecily noch nie bei ihm erlebt hatte. »Deine Pläne stehen fest. Eine Ratifikation durch mich dürften sie wohl kaum erfordern. Was willst du also von mir hören? Daß ich dir viel Vergnügen wünsche? Das wäre doch wohl etwas überflüssig, nicht?«

»Ich hoffte, du würdest sagen, daß du mich vermissen wirst.«

»Auch so weit kann ich gehen, wenn dich das irgendwie befriedigt.«

Er verachtete sich selbst, daß er so sprach, aber er fühlte sich betrogen und verletzt. Er blickte sie an und sah, daß ihr Gesicht sich schmerzlich verzog wie bei einem ausgescholtenen Kind. Bittend, fast schüchtern, legte sie die Hand auf seinen teilnahmslosen Arm.

»Andrew – muß das sein, daß du so redest? Sind wir über dieses Stadium nicht hinaus, in dem man immer spöttisch werden muß?«

»Zum Donnerwetter, Cecily!« Seine Stimme war jetzt sehr erregt. »Bist du es, die gekränkt wurde? Das Ganze ist ja wirklich etwas plötzlich. Ich mache keine eigenen Pläne, ich nehme es für selbstverständlich, daß wir in den Ferien zusammen sind. Und dann erzählst du mir aus heiterem Himmel, du würdest eine vierzehntägige Tour im Auto machen, und dazu soll ich auch noch aufstehen und Hurra schreien.«

»Ich hatte von der Tour gesprochen.«

»Nicht mit mir. Ja, ich weiß, du hast mal irgendwas erwähnt, du wärest eingeladen worden, aber nichts, woraus man schließen konnte, daß du mitführst. Mein Gott, du hättest es doch wenigstens mit mir besprechen können!«

»Es tut mir leid, Andrew, wirklich. Bis heute habe ich es selber nicht bestimmt gewußt.«

»Ist es denn bestimmt? Kannst du ihr nicht sagen, du hättest dich inzwischen anders entschlossen?«

»Nein, das kann ich nicht. Ich habe es versucht. Schau, Hilda ist doch einziges Kind, und deshalb ist sie an die Eltern ziemlich angebunden. Die Eltern haben sich die Tour seit langem ausgedacht, und Hilda hat mich schon vor Monaten gefragt, ob ich nicht als vierte mitkäme, so daß sie jemand hat, der ungefähr in ihrem Alter ist. Sonst wäre es für sie recht öde. Ich sagte ihr, ich wollte es mir überlegen, und dann, vor ein paar Wochen, habe ich sie gebeten, sie solle doch versuchen, jemand anderen zu finden, vielleicht Mary oder Jane. Aber Mary fuhr im letzten Augenblick dann nach Europa, und Jane ist bei Verwandten in Chicago. Wenn ich sie nun sitzenlasse, wird sie ziemlich traurig und verlassen sein.«

»Und was ist mit mir?«

»Es dauert ja nicht lange, Andrew. Du brauchst auch gar nicht fortzugehen in der Zeit – falls du gerne dableibst. Die Eltern werden sich sehr freuen, wenn sie dich in unserem Häuschen dahaben.«

»Ich bleibe nicht in einem Häuschen, wenn du nicht dabei bist.«

»Aber Andrew, sei doch nicht so unvernünftig. Cavens wollten eigentlich noch weiter fahren, bis nach Maine, ich sagte ihnen aber, ich könnte nicht so lange ausbleiben, im Höchstfall vierzehn Tage. Deshalb haben sie ihre Pläne alle umgeändert. Hilda hat doch fest mit mir gerechnet.«

»Ich genauso.«

»Du!« lachte Cecily. »Du als alter, eingefleischter Einzelgänger! Ich bilde mir nicht ein, du weintest dir die Augen aus, wenn ich nicht da bin.«

Jede Tröstung ablehnend, stand er auf und sah ihr ins Gesicht.

»Mit anderen Worten: du schließt von dir auf mich. Und gerade das beweist mir, daß du mich nicht halb so liebst, wie ich dich liebe.« Er merkte wohl, wie ungeheuer kindisch seine Worte waren, aber da er nur darauf erpicht war, seinen Standpunkt durchzusetzen, ging er nicht zurück. »Mir wäre es unmöglich, auf eine Autotour zu gehen und dich allein zurückzulassen. Aber du, du fährst ganz seelenruhig fort für vierzehn Tage, dir macht das überhaupt nichts aus.«

Es folgte eine ziemlich lange Pause. Zweimal versuchte Cecily zu sprechen. Dann kam ihre Stimme zärtlich neckend:

»Selbstverständlich, Andrew. Zitier nur deinen Tennyson! ›Die Frau ist minder als der Mann, und deine ganze Leidenschaft, verglichen mit der meinen, ist wie mattes Mondlicht gegen Sonnenlicht, wie Wasser gegen Wein.‹«

Seine Reaktion war genauso kindisch wie seine letzte Bemerkung. Er umfaßte Cecily mit einem Griff, der ihre scharfe Zunge aufs wirksamste zum Schweigen brachte, denn ihr Gesicht war gegen seine Brust gepreßt, und sein Kinn, das fest auf ihrem Kopf lag, ließ diesem keinerlei Bewegungsfreiheit. Er hielt sie umfaßt, bis ihre Arme zögernd emporkletterten und seinen Druck erwiderten, und in den wenigen Sekunden des Schweigens, die folgten, wurde mehr gesagt als in ihrem ganzen verfahrenen Gespräch.

Eine leise Erinnerung an diesen Streit umschwebte am Rande das beglückende Zusammensein während der folgenden Woche und veranlaßte sie beide, äußerst rücksichtsvoll zu sein und die Gefühle des anderen nicht zu verletzen. Andrew lehnte es noch immer ab, während Cecilys Abwesenheit in ihrem Cottage zu bleiben, fügte sich im übrigen aber allen ihren Wünschen. An dem Morgen ihres Aufbruchs fuhr er sie in eine kleine Stadt an der Autostraße, über hundert Kilometer weit, wo sie mit den anderen zusammentreffen sollte. Cecilys Stimmung ging zu Andrews Freude spürbar hinunter, als der Augenblick der Trennung näherrückte; und als sie sich auf Wiedersehen sagten, in der zweifelhaften Abgeschlossenheit einer Hotelhalle, fiel sie ihm mit einem leisen Schluchzen um den Hals.

»Verzeih, daß ich mich so albern hier benehme«, sagte sie am Schluß, als sie sich aus der gegenseitigen Umarmung löste, »aber ich gehe ungern von dir weg. Erst dachte ich, es wäre gut, wenn wir uns für eine Weile trennten, aber Freude machen wird mir diese Fahrt jetzt überhaupt nicht.«

»Dann sieh zu, daß du möglichst rasch zurückkommst«, sagte Andrew, seinen Vorteil ausnützend. Als sie abfuhr, winkte er ihr nach, und weil er wußte, daß sie deprimiert war, wurde seine eigene Stimmung egoistisch froher.

Die frohe Stimmung hielt nicht lange an. Fünf Tage später war keine Spur mehr von ihr übrig. Andrew saß auf einem steilen Felsüberhang am Moose-See, mit seinen starken, ungeduldigen Händen sich an die trockenen Moospolster klammernd, und besah mit grüblerischen Augen eine weite Sicht, beherrscht vom Blau des Wassers und vom tiefen Grün der Fichtenwipfel und belebt von hellem Sonnenlicht und frischem Wind. Es war ein Tag, der ermunterte; Andrew fragte sich erstaunt, warum das Leben ihm so fade vorkam. Ja, das war der richtige Ausdruck, dachte er, fade. Nicht Selbstmitleid erfüllte ihn, auch nicht Rechtfertigung seiner deprimierten Stimmung, nein, nur verdrossene Hinnahme. In seiner Tasche stak Cecilys gestriger Brief, ein entzückend sprunghafter, zärtlicher Brief, der jede Bedrücktheit hätte vertreiben müssen, nicht nur während der beglükkenden Momente des Lesens. Und dennoch war als Reaktion auf diese Augenblicke eine nur noch größere Schwermut eingetreten.

Er war diesem jetzt chronischen Trübsinn nicht erlegen, ohne sich gewehrt zu haben. Da er nach Cecilys Weggehn gefunden hatte, daß die Zeit ihm lang wurde, weil er an die viele Muße nicht gewöhnt war, hatte er beschlossen, als Gegenmittel gegen seine Grübeleien es mit körperlicher Arbeit zu versuchen. Infolgedessen hatte er seine ungeübte Arbeitskraft dem etwa vierzigjährigen kinderlosen Farmer angeboten, dessen Haus ihm Cecily als Unterkunft empfohlen hatte. Eifrige Arbeit auf den heißen Feldern und beim Heumachen hatte ihm sehr gut getan. Seine Haut war schon gebräunter, als sie es nach noch so vielem Golfspiel je gewesen war; seine Hände wurden schwielig; eine ganze Schar von vorher nicht geahnten Muskeln hatten ihn ein wenig unzart davon unterrichtet, daß sie existierten; und an den beiden ersten Abenden war seine Müdigkeit so groß gewesen, daß er auf den Schlaf nicht hatte warten müssen. Aber trotz der heilsamen Ermüdung, dem dauernden Beschäftigtsein, der unerwartet angenehmen Kameradschaft seines Mitarbeiters blieb die Stimmung trüb; sie sank, sobald man ihn allein ließ. Ein Heilmittel, konstatierte er ironisch, das nur half, solange man es pausenlos gebrauchte, war kein Heilmittel.

Die eigentliche Ursache seines Kummers, schloß er jetzt, sei Unzufriedenheit mit dem Beruf, und er begann zu überlegen, was es sonst für Möglichkeiten gebe. So mancher hatte noch mit neunundzwanzig Jahren umgesattelt; ja, eigentlich die meisten fanden erst in diesem Alter ihren richtigen Platz. Eine kaufmännische Karriere war noch immer möglich, entweder in der Firma seines Onkels oder anderswo, besonders angesichts der fast beängstigenden Konjunktur, die nach den Staaten jetzt auch Kanada ergriff. Auch in der Politik gab es manche Möglichkeit. Das Ansehen, das er in Toronto hatte, würde ihm den Zugang sehr erleichtern. Er spielte auch mit der Idee, Jurist zu werden. Dumm war natürlich dort das lange Studium, denn er wollte ja jetzt heiraten. Aber abgesehen davon, sagte er sich, stand die Wahl ihm frei; was immer er auch wählte, weiterkommen konnte er auf jeden Fall.

Sein Dünkel entwich wie die Luft aus einem angestochenen Ballon. Er war ein Versager, mochte die Welt ihn beurteilen, wie sie wollte. Geistig war er ein Versager, weil die Vernunft, für ihn der Maßstab aller Werte, ihn zum Opfer unvernünftiger Launen hatte werden lassen; moralisch war er ein Versager, weil er, ungeachtet seiner äußeren Unbescholtenheit, in seinem Innern beschämende Begierden, Neigungen und Kräfte fühlte, die er nur durch rigorose Unterdrückung in Schach halten konnte, und auch nur so teilweise. Religiös und als Seelsorger war er ein Versager, weil er anderen helfen wollte, aber nicht einmal sich selber helfen konnte; und weil er spürte, daß es Lebensbereiche und höhere Mächte gab, die er nicht erreichen konnte.

Das Läuten einer fernen Glocke weckte ihn aus seinen Grübeleien. Es war halb drei – hier auf dem Lande, wo man das Tageslicht ausnützte, fand der Nachmittagsgottesdienst sehr früh statt. Andrew beschloß, auf alle Fälle hinzugehen und sei es auch nur darum, daß die endlose Eintönigkeit des Tages unterbrochen wurde. Am vergangenen Sonntag hatte er seine Freiheit dadurch gefeiert, daß er der Kirche ferngeblieben war – die kindliche Freude, die ihm dies bereitet hatte, war sehr bald verflogen. Cecily hatte überraschenderweise Verständnis gehabt und ihn nicht gedrängt; jedoch der Tag war seltsam lang geworden und keineswegs so ausruhsam, wie er erwartet hatte.

Die kleine Kirche, an der er eine halbe Stunde später anlangte, unterschied sich nicht von all den vielen anderen, die eine frömmere Generation in dieser Gegend überall erbaut hatte. Von außen sah sie wie ein Schulhaus aus; verkleidet mit schlichten weißen Holzschindeln, kehrte sie dem See und seinem Lächeln tugendhaft den Rücken und sah auf einen kleinen, stillen Friedhof, wo spärliche Grabsteine sich zu Boden neigten, halb verdeckt von jungen Himbeertrieben, Heckenrosen und Holunderbüschen. Nur an dem neuesten der Gräber, geschmückt mit einem rührend altmodischen Kranz aus künstlichen Blumen, hatten sorgende Hände die Wildnis in Ordnung gebracht.

Die eine Fensterreihe – rechteckige Fenster aus gewöhnlichem Glas – blickte auf einen Seitenweg am Fuße eines kahlen Felshügels; die andere auf ein Gehölz mit alten Tannen, deren ausgezackte Wipfel prächtig vor dem tiefen Blau des Himmels standen. Andrew wählte, als er eintrat, einen Platz, von welchem er die Bäume sehen konnte, und fragte sich erstaunt, ob die wenigen Menschen, die in den graugestrichenen Bänken mit den steilen Rückenlehnen saßen, die normale Zahl sei, denn die Gemeinde umfaßte drei verschiedene Ortschaften. Dabei fiel ihm ein, daß Mrs. Magdett, seine Wirtin, davon gesprochen hatte, daß der Kirchenbesuch immer mehr zurückgehe. Und dort drüben saß sie ja, ernst und aufrecht neben ihrem Mann, der mit seinem braunen, schnurrbärtigen Gesicht in dem blauen Sonntagsanzug jetzt ganz fremd wirkte. Andrew hatte Mrs. Madgetts Bemerkung damals kaum beachtet, aber nun, da er die Tatsachen mit eigenen Augen sah, überkam ihn eine merkwürdige Empörung. Wenn man überhaupt noch irgendwo erwartete, den alten Glauben, die Bräuche früherer Zeiten vorzufinden, dann hier in dieser friedlich-hinterwäldlerischen Gegend, die durch ihre schlechten Zufahrtswege noch immer vor dem üblichen Touristenstrom bewahrt wurde. Eine Kirche, die halb leer war, während die Jugend in uralten Fordwagen durch die Gegend jagte und die Älteren zu Hause in der Stube saßen, paßte nicht in dieses Bild.

Andrew empfand die Leere fast als persönliche Beleidigung. Wie mochte sie erst auf den Pfarrer wirken, überlegte er und sah ihn voller Mitleid an, als er durch den Mittelgang nach vorne schritt, seinen Hut auf die erste Bank legte und mit einem flachsblonden Mädchen, welches an der Orgel saß, noch eine flüsternde Beratung abhielt, ehe er die Stufen zur Kanzel hinaufstieg.

Es war ein zartgebauter, älterer Mann mit weißem Haar und außerordentlich durchgeistigtem Gesicht. Andrew fühlte sich sofort zu ihm hingezogen und wartete gespannt auf die einleitenden Worte.

»Meine Freunde – denn als Freunde empfinde ich euch schon jetzt, wie alle, die mit mir verbunden sind durch das unermeßlich teure Band der Gnade Christi – es war ein trauriges und unerwartetes Ereignis, das dazu geführt hat, daß ich mich heute bei euch einführe.«

Aus den Tiefen von Andrews Gedächtnis, wo vieles festgehalten war, was er wegen seiner Selbstversponnenheit nicht mit Bewußtsein in sich aufgenommen hatte, kam ihm die Erklärung. Natürlich, dies war ein anderer Pfarrer! Ein zufällig mitangehörtes Telefongespräch von Mrs. Madgett fiel ihm ein und was sie zur Erläuterung dann erzählt hatte. Der Pfarrer der Gemeinde hatte am vergangenen Sonntag auf der Kanzel seiner Heimatkirche einen Herzanfall erlitten, und dieser ältere Herr trat nun an seine Stelle.

Andrew sah ihn an und empfand noch tieferes Mitgefühl als vorher. Wie schwierig, wenn jemand seine erste Predigt vor einer so wenig aufmunternden Gemeinde halten mußte! Er rief sich seine eigenen Einführungsgottesdienste ins Gedächtnis, die fast bis zum letzten Platz gefüllte Kirche, die aufgeschlossene Gemeinde. Ihm wäre es unmöglich gewesen, diese buntgemischte Hörergruppe anzusprechen – schwerfällige Bauern, deren Frauen, dazwischen ein paar neugierige Touristen.

Jedoch der Pfarrer wirkte weder deprimiert noch lustlos. Er leitete den ländlich schlichten Gottesdienst vor primitiven Hörern so, als sei es ein beneidenswertes Vorrecht. Dieser Mann, das merkte man, würde über einen Gegenstand, der ihm offensichtlich so am Herzen lag, selbst dann mit Freuden sprechen, wenn nur ein einziger Hörer vor ihm säße. Er verfügte über das Geheimnis, dachte Andrew – das Geheimnis, das auch Cecily und Dr. Murray kannten und noch manche andere. Es war natürlich kein Geheimnis. Es war der Glaube. Wie aber ihn erlangen? Denn soviel wußte Andrew jetzt, er mußte ihn erlangen; hier, nur hierin lag das Heilmittel für seine Deprimiertheit, sein Versagen, seine Schuld.

Von dem Moment an, da er dies erkannte, wurde der Gottesdienst für ihn zu einer Kette aggressiver Eindrücke. Die Worte des Psalms drangen ihm blitzartig ins innerste Bewußtsein: »Seid stille und erkennet, daß Ich Gott bin.« Auch der Text des Liedes:

»Der Herr gibt Augenlicht dem Blinden... Er schenket dem Gewissen Ruh« – eine wunderbare Strophe. Und dann kam die frohe Huldigung der nächsten.

»Ich preise Ihn, solange Er mir Odem gibt,
Und wenn die Stimme schweigt im Grab,
Preis ich Ihn droben mit verklärter Kraft.«

Ja, der dies geschrieben hatte, Wesley, auch er hatte das Geheimnis gewußt. Und »wiewohl er gestorben war, so redete er dennoch.«

»Wir möchten Gott vermeiden, und wir verschließen uns in unserem kleinen, lächerlichen Ich«, sagte der Prediger, und Andrew kam es vor, als seien die Worte extra darauf angelegt, daß sie gerade ihn erreichten und ihm auch die letzten Fetzen seines Stolzes abrissen.

Er entwich aus der Kirche, sobald der Segensspruch verklungen war. Gehen, weit und schnell gehen, das war der Wunsch, der ihn im Augenblick beherrschte. Mit seinem kräftigen, raschen Schritt ging er auf einem Nebenweg durch einen Nadelwald, an einem Hof vorbei, kam wiederum durch Wald und schließlich an die Felder eines abgelegenen Bauernhauses. Hier teilte sich der Weg, der eine bog zurück in Richtung auf die große Straße, der andere, ein halb zugewachsener Fußpfad, führte einen Bergabhang hinauf, ziemlich steil und uneben. Fast ohne Zögern wählte er den Fußpfad und kletterte, das scharfe Tempo beibehaltend, aufwärts, rutschte einmal aus auf einem nassen Stein und schlitterte drei Meter abwärts und setzte seinen Aufstieg mit verbissenem Eifer wieder fort. Außer Atem und mit Herzklopfen von der ungewohnten Anstrengung erreichte er den Gipfel und warf sich auf das trockene Moos.

Nach einer Weile drehte er sich auf den Bauch, legte das Kinn auf die gekreuzten Arme und starrte vor sich hin. Der Wind hatte sich gelegt. Tief unten, unterhalb der steilen Felswand, ruhte unbewegt ein grünes Meer von Baumwipfeln. Dahinter leuchtete als heller, schattenloser Fleck ein Heufeld. Ein stiller Weiher, halb versteckt, schmiegte sich an den Rand des nahen Dickichts. In der Ferne dehnten sich mit ihren abenteuerlichen Formen der Moose-See und der Muskeg-See, von Bergen umschlossen, blau und friedlich leuchtend in der Nachmittagssonne. Überall war Frieden — unbegrenzte, heitere Ruhe. Überall, nur in ihm selber nicht. Er blickte lustlos auf die weite Landschaft, gequält und unzufrieden; dann ließ er den Kopf auf seine Arme sinken und verschloß die Augen vor der Schönheit, die ihn unberührt ließ.

Sei stille und erkenne! Er wollte stille werden und erkennen — was immer es auch sein mochte. Wahrhaft stille, hörbereit war er nie gewesen, nie ohne vorgefaßte Meinung in bezug auf das, was während seines Stilleseins auf ihn zukommen mochte. Cecily hatte ihm dies schon bei ihrer ersten Unterhaltung offen vorgeworfen, und er in seiner Blindheit, er hatte sich gekränkt gefühlt, Narr, der er gewesen war. Ihr Argwohn, daß er unaufrichtig sei, war gerechtfertigt. Er hatte nie um Glauben gebeten; er hatte nie die Gebote selbst befolgt, die er anderen gepredigt hatte; er war nie herabgestiegen, um zu werden wie die Kindlein. Was hatte er von Gott erwartet? Denn er wußte, daß Gott da war, er wußte es jetzt so bestimmt, daß er überlegte, wann dieses Wissen über ihn gekommen war — latent war es vielleicht seit Monaten schon dagewesen. Hätte Gott sich zwingender ihm offenbaren können als durch diese unerbittliche Verfolgung, mit der Er ihn von Stufe zu Stufe getrieben hatte, von einer Erfahrung zur anderen — ohne Dank zu ernten, ohne Anerkennung, aber unaufhaltbar? Seine eigenen Bemühungen, Bemühungen aus eigener Kraft, waren stets erfolglos geblieben; erfolglos trotz ihrer engsten Verbundenheit mit dem »Wort«: selbst durch dieses war das Licht ihm nicht gekommen. Nun, jetzt war es da. Jetzt bat er, bat in rückhaltloser geistiger Bescheidenheit, die ihm nun, nach Jahren unfruchtbaren Stolzes, auf einmal als das einzig Richtige erschien: »Gott, vergib mein langes Leugnen. Zeig mir Dein Angesicht. Schenke mir die Gnade zu glauben.«

Es kam keine Antwort.

Ich will warten, dachte er. Ich will nicht ungeduldig sein. Ich will mich nicht entmutigen lassen. Aber eine lange Zeit verging, und keine Antwort kam. In der Leere rührte sich sein alter Skeptizismus und verhöhnte ihn. Was für eine Antwort erwartete er denn? Was war er für ein Narr gewesen, überhaupt etwas zu erwarten! Er hatte gut daran getan, daß er sich bisher auf solche nutzlosen, erniedrigenden Praktiken nie eingelassen hatte. Das beste war, er gab den kläglichen Versuch gleich auf, bevor seine Phantasie wieder mit ihm durchging.

Wieder? Hatte sie das schon einmal getan? Natürlich, damals bei dem Abendmahl. Das Abendmahl! Halb beschämt griff er nach der Erinnerung, die er hartnäckig und zu wiederholten Malen von sich abgewiesen hatte. Jetzt wünschte er sie aufzugreifen, trotz ihrer Schrecken, trotz ihres drohenden Gerichts. Zumindest war doch damals irgend etwas – irgend jemand – dagewesen, ein Licht, auch wenn es ihn gebrannt hatte, die Ahnung einer Gegenwart, auch wenn sie ihn verurteilt hatte. Das war immer noch weit besser als diese leere Finsternis, als dieses hilflose Gefühl, vor einer Tür zu stehen, an welcher seine schwachen Stöße nicht mal einen Laut hervorriefen.

Es ging nicht; die Gedanken, die er so cft zurückgepfiffen hatte, wenn sie auf den verbotenen Weg gerannt waren – jetzt, da er sie systematisch vorwärts trieb, zögerten sie, blieben stehen, wie zum Hohn. Entschlossen versetzte er sich zurück in das vertraute Bild der Kirche, er zwang sich, die Worte des Abendmahls zu wiederholen, jede Handlung einzeln durchzugehen, sich an die Lieder zu erinnern – alles in dem verzweifelten Bemühen, die Empfindung jener fürchterlichen Augenblicke wieder wachzurufen. Vergeblich. Durch die ganze Länge der gefürchteten Straße kämpfte er sich vor, bis zu ihrem letzten Ende – und fand es verlassen. Wer auch immer dort gewesen war, er hatte sich zurückgezogen hinter jene Türe und antwortete nicht auf sein Pochen.

Die Türe! »Siehe, ich stehe vor der Tür und klopfe an.« Andrew sah im Geiste Hohman Hunts Gemälde, wie er es in Oxford einst in Wirklichkeit gesehen hatte. Die Geschichte fiel ihm ein, die damit zusammenhing – wie der Maler sie damit erläuterte, daß die Tür auf der Außenseite keine Klinke habe. Mit dem Fehlen einer Klinke außen hatte er veranschaulicht – welcher Pfarrer in den letzten vierzig Jahren hatte dieses Bild seitdem nicht aufgegriffen und benutzt! – daß Christus seinen Eintritt nicht erzwingen könne, daß das Menschenherz von innen geöffnet werden müsse, durch den Eigentümer. Hier, dachte Andrew, lag vielleicht sein Fehler jetzt. Er klopfte an und bat um Einlaß, während in Wirklichkeit der Gast, draußen stehend, wartete, daß er ihm auftue. Aber er war willens aufzutun. Was mußte man denn machen, um sein Herz zu öffnen? Er versuchte ja.

Plötzlich zuckte er zusammen wie unter einem stechenden Schmerz. Mit welchem Recht konnte er Verbindung erwarten mit Gott? Seit Jahren hatte Gott ihn gerufen, und er selbst war taub gewesen. Er ist ein Gott der Vergebung, sagte er sich hastig, doch im selben Augenblick wies er diese schwache Hoffnung wieder von sich. Dem schuldlos Unwissenden wurde vergeben. Aber warum sollte ihm verziehen werden, ihm, dessen Unwissenheit gewollt war? Er dachte an Männer in der Geschichte, die als gottlos und unfromm gegolten hatten, und er hätte vor Bitterkeit lachen können. Er war unfromm gewesen unter einem Mantel von Frömmigkeit; er hatte eine Lüge aufgeführt; er hatte heilige Handlungen vollzogen, ohne an ihre Heiligkeit zu glauben. Recht und schön, wenn man gewandt zitierte: »Wer zu mir kommt, den werde ich nicht hinausstoßen.« Es gab auch andere Verse, ziemlich unbehagliche: »Wie viel ärgere Strafe, meint ihr, wird der verdienen, der den Sohn Gottes mit Füßen tritt ... und den Geist der Gnade schmäht? ... Schrecklich ist's, in die Hände des lebendigen Gottes zu fallen.«

»Ich lasse Sie zurück in der Hand Gottes«, hatte Dr. Murray gesagt. Selbst in seinem gegenwärtigen Elend ging ihm auf, welche drohende Bedeutung diese Worte jetzt bekommen hatten. Er hatte sein Versagen bisher immer nur gemessen an den eigenen Maßstäben, hatte sich verurteilt wegen seiner Schwäche, dabei aber auf der anderen Seite ohne jegliche Bedenken Handlungen begangen, die man Sünden nennen konnte. Aber Sünde — Sünde als Haltung, als Zustand, wie er ihn jetzt als sein kennzeichnendstes Merkmal empfand —, das war in seinem Weltbild etwas gänzlich Neues. Womit mochte das zusammenhängen? Die Empfindung »Sünde«, dämmerte ihm jetzt, war nur möglich, wenn es ein Wesen gab, gegen das man sündigte, ein Wesen, das durch sie beleidigt wurde. Jetzt, wo dieses Wesen auch in seinen Augen existierte, jetzt schrumpfte seine frühere Selbstzufriedenheit — geboren und ernährt aus dem Vergleich der eigenen Person mit anderen — zu einem Nichts zusammen.

Er hob sein Gesicht, warf seine Arme nach vorne und lag nun mit dem ganzen Körper auf dem harten, rauhen Fels.

Hatte das Anklopfen also aufgehört? War die Zeit für das Auftun vorüber? Hatte er zu spät geöffnet, nachdem der Gast schon traurig fortgegangen war? »Nicht immer wird mein Geist sich um die Menschen bemühen.« Man konnte – er hatte es gelesen und hatte es gepredigt: Gott sei ihm gnädig, erfuhr er es nun selber? – wider den Heiligen Geist so sündigen, daß einem nicht vergeben wurde. Aber seine Not, seine Qual jetzt war doch sicherlich, ganz sicherlich, ein Zeichen, daß er nicht verlassen, aufgegeben war? Wenn er aufgegeben wäre, dann würde er doch gleichgültig sein? Er wußte es nicht. Er hatte keine Kraft mehr. Er mußte daran denken, wie er Cecily halb spöttisch, halb nachdenklich gefragt hatte, ob man sich in den Zustand der Gläubigkeit nicht auch künstlich hineinsteigern könne, und die Einfalt einer solchen Annahme kam ihm nunmehr so grotesk vor, daß er plötzlich lachte – lachte und mit Bestürzung merkte, daß es Schluchzen war. Seine Hände, erst zur Faust geballt, hatten sich geöffnet, und die starken, ungestümen Finger gruben sich in die dünne Schicht aus Erde und Flechten, die den Felsboden überzog. Es kam ihm kaum zum Bewußtsein, daß er sich bewegte, daß die Fingerspitzen bluteten, die Nägel brachen. Sein ganzer Wille schien gelähmt. Er konnte die Türe nicht aufbringen, und die Einsamkeit war unerträglich. Es kam ihm vor, als ersticke seine Seele. Unwillkürlich, wie ein neues Schluchzen, brach ein Gebet aus ihm hervor, ob laut oder nur gedacht, konnte er nicht sagen: »Gott, Gott, Gott.« Kraft strömte in ihn ein bei der leisen Wiederholung Seines Namens. »Gott, sei mir armem Sünder gnädig.«

Die Tür war offen. Erst vage, dann bestimmt kam ihm die Gewißheit. Wie es zugegangen war, das verstand er selber nicht. Jedoch die Tür stand jetzt offen, und er war nicht mehr allein. Während ein ungekannter Friede sein ganzes Wesen durchströmte, lag er eine Weile in verzückter Ruhe unbeweglich da, und die Zeit floß in die Ewigkeit hinüber.

Er fühlte kein Verlangen zu zergliedern, mit dem Verstand zu erklären, nach Begriffen zu suchen. Das Verfahren, die Dinge mit dem Verstand zu erfassen, schien ihm jetzt kindlich und primitiv, verglichen mit dieser neuen und höheren Art des Erkennens, zu der er nun fähig war. Wohl funktionierte sein Verstand noch genauso wie vorher; aber verstandesmäßiges Denken drang nicht bis auf den Grund der Dinge. Er fühlte, daß er früher nie wahrhaft erkannt hatte, weder Tatsachen noch Erlebnisse: es war alles nur äußerliches Erfassen und Spekulation gewesen; erst jetzt hatte er das Gefühl, daß er wirklich erkannte, daß er Zugang gefunden hatte zum Ursprung aller Erkenntnis, zu ihrer Quelle.

Nicht aus seinem eigenen Ich kam das Erkennen. Es kam aus Ihm, der jetzt bei ihm war, dessen Gegenwart er nun gewisser spürte, als wenn sich eine andere Hand auf die seine gelegt hätte. Und diese Gegenwart war nicht erschreckend. Erst hatte er gefürchtet, wenn die Tür sich öffnete, würde das Licht seine nackte Seele treffen wie ein Keulenschlag. Jedoch es wärmte und erquickte und erleuchtete, es teilte sich unmerklich mit, so daß seine eigene Häßlichkeit von seinem Glanz, den er widerstrahlte, überdeckt wurde. »Jesus Christus, der uns gemacht ist von Gott zur Weisheit und zur Gerechtigkeit und zur Heiligung und zur Erlösung.« Die Worte schwebten durch seinen Geist so neu, als seien sie noch nie von jemandem gedacht worden, und mit einem staunenden Aufatmen erkannte er sie als wahr.

Einen Anflug solchen Staunens hatte er erlebt in Stunden harmonischen Zusammenseins mit Cecily. Aber dieses Neue war in seinem Wesen anders, mit ihm konnte jenes sich nicht messen. In seinem Einssein mit Cecily war er Teil einer zusammengesetzten Persönlichkeit geworden, während er in dieser neuen Einheit, schien ihm, zum erstenmal im wahren Sinn er selbst wurde. Es kam ihm vor, als sei er plötzlich aufgewacht in einer neuen Welt. Und doch umgaben ihn die gleichen Dinge und Erscheinungen wie früher. Er sah sie aber jetzt mit anderen Augen ... Ja, nicht die Welt: er selbst mußte sich gewandelt haben. »Wer in Jesus Christus ist, der ist eine neue Kreatur.«

Die Zeit trat wieder in Funktion. Mit steifen Gliedern stand er auf und streckte seine Muskeln in einer zum Himmel gerichteten Bewegung. Er fühlte sich erfrischt und wach wie nie zuvor. Im Westen verblaßten auch die letzten Farben, und indem er schaute, blitzte an der weiten samtenen Wölbung ein einzelner Stern auf. In dem klaren Dämmerlicht traten Felsen, Bäume, Wälder scharf hervor, plastisch wie in einem Stereoskop. Ähnlich, spürte er, hatte auch sein eigenes Wesen eine neue Dimension erhalten. Nie war ihm eine Landschaft so zu Herzen gehend schön erschienen. Die Schönheit rings umher war nicht mehr sinnlos oder niederdrückend; ihr Friede verband sich mit dem gleichgestimmten Frieden seiner Seele zu einer unaussprechlich tiefen Ruhe.

Noch eine kleine Weile blieb er stehen und überhörte die Stimme der Vorsicht, die ihn mahnte, daß es bald zu dunkel sei, um den Weg zurück zu finden. Die Stätte war geheiligter Boden, konnte ein Abstieg in die Ebene den Bann nicht zerbrechen? Aber dann mußte er lächeln. Was ihm widerfahren war, dafür spielten Ort und Umwelt keine Rolle. Sein Gott war »überall und ohne Grenzen«.

Ohne daß der Bann zerbrach, erreichte er das flache Land und eilte durch die dunkelnden Wälder. Sein Hirn, das ihm in der letzten Zeit so träge vorgekommen war, stürmte von einem Gegenstand zum anderen. Unter den sich jagenden Gedanken kehrte besonders einer immer wieder, beherrschender und öfter noch als selbst der Wunsch, Cecily von seinem Widerfahrnis zu erzählen — das Verlangen, jetzt zu predigen. War es erst an diesem heutigen Nachmittag gewesen, daß er gemeint hatte, nie wieder predigen zu können, und sich doch nichts anderes denken konnte, was er hätte tun wollen? Jetzt zu predigen, wahrhaft, aus eigenem Wissen, nicht aus fremdem, aus innerer Erfülltheit, statt aus äußerlichem Antrieb: das mußte wahre Freude sein. Und dort, erkannte er, lag seine Bestimmung. Alle die scheinbar sinnlosen Zickzacklinien seines Lebens hatten nur dazu gedient, ihn zu diesem Ziel zu führen, ihm selber unbewußt, aber nicht dem Einen, der den Plan entworfen hatte. »Ihr habt mich nicht erwählt, sondern ich habe euch erwählt«, fiel ihm ein, und ein weiterer geheimnisvoller Satz stieg in ihm auf und verdrängte alles andere durch seine staunenswerte Aussage: »Durch Christus erwählt, ehe denn der Welt Grund gelegt war.«

Er war fast an der Straße angelangt, als sein Gewissen ihm eine beunruhigende Frage vorhielt. War es richtig, sich zu freuen und zu frohlocken? Wieso sollte er berufen und erwählt sein, wenn er nichts Besseres verdient hatte als andere? Besonders, wo er vielen dieser anderen die Hilfe schuldig geblieben war, die sie mit Recht von ihm hatten erwarten können? Die versäumten Gelegenheiten, die ungenützten und die mit Absicht beiseite geschobenen, standen vor ihm auf und klagten ihn an. Die Zahl der Unbekannten, deren Blut auf sein Haupt kam, war Legion; doch schon die, denen er begegnet war und die er wissentlich im Stich gelassen hatte, bildeten eine düstere Prozession — Sonja, Jerry Garfield, Mrs. Harold, seine Tante Alexandra, sein Onkel, der junge Smithson. Und Mrs. Harold war tot.

Starr vor Gewissensbissen, erblickte er die kleine Kirche, die sich kahl und geisterhaft von den dunklen Feldern abhob. Das quietschende Eisentor fiel klirrend zu, als er in den Friedhof trat, um Zuflucht zu suchen vor seinem anklagenden Herzen. Die Kirche war offen. Eine lose Bohle am Eingang senkte sich unter seinem Gewicht, und der Holzfußboden knarrte vernehmlich, als er sich zu seinem alten Platz tastete. Die Spitzen der Tannen draußen waren kaum noch zu erkennen. Er saß unbeweglich da, und unentrinnbar verfolgten ihn die quälenden Gedanken. Selbst bei der festen Gewißheit, die er jetzt hatte — wie konnte er Genugtuung leisten für vergangene Unterlassungen? Sein Verhalten in der Zukunft mochte sein, wie es wollte — wie sollte er die Schuld wiedergutmachen, die zurücklag, die Versäumnisse, die vernachlässigten Seelen?

Er konnte sie nicht wiedergutmachen! Er brauchte sie nicht wiedergutzumachen. Es war schon geschehen, ein anderer hatte das Sühnegeld schon bezahlt. Andrew sank auf seine Knie, die Stirn an die harte Vorderbank gelehnt. Auch ihm, dem geringsten aller Heiligen, widerfuhr das Wunder aller Wunder, und die Erlösung durch den Sühnetod wurde Wirklichkeit für ihn.

Früher hatte er versucht, sie theoretisch zu ermessen, hatte von ihr gepredigt als dem einzigen Ausweg für das Schuldgefühl der Menschheit, als der einzigen Art, wie die Freisprechung der Menschen mit der göttlichen Gerechtigkeit vereinbart werden konnte. Wie anders jetzt, da er sie an seiner eigenen Person erfuhr! Zwar nicht im entferntesten ihre volle Bedeutung — die ging über dieses Leben weit hinaus —, wohl aber jener Teil, nach dem es ihn in seiner Seelennot so verlangte, war ihm nun offenbart worden: daß bereute Übertretungen auf wunderbare Weise getilgt, daß lähmende Gewissensqualen hinweggenommen wurden. Als er aufbrach und die letzte Etappe seines Heimwegs zurücklegte, herrschte in seinem Innern wieder Frieden. Nach Gottes geheimnisvollen Wegen mit anderen zu fragen, dazu hatte er kein Recht; noch war es seine Aufgabe, zu ergründen, was Er von ihnen wollte und wieso sie Seinen Plan durchkreuzen konnten. Sein eigener Weg war klar: Gottes Willen für ihn selbst erkennen und ihn tun. Alles übrige, auch das Vergangene, lag in Seiner Hand. Der Richter aller Menschen konnte nicht ungerecht sein.

16

Zwischen jenem Abend und dem Morgen, an dem er zum erstenmal nach seiner Rückkehr wieder auf die Kanzel trat, waren die Wochen in zweckvoller Muße froh und rasch dahingeglitten. In allen Einzelheiten aber konnte er sich an den Tag erinnern, da Cecily zu ihm an seinen See zurückgekommen war. Er hatte viel darüber nachgedacht, wie er ihr die Neuigkeit wohl beibringen solle. Aber seine sorgfältige Planung hätte er sich sparen können.

Mit ernsten, aber frohen Augen sah Cecily ihn an, und ihre schmale Hand straffte sich bei seinem Händedruck.

»Ich wußte es doch, Lieber. Wie hätte ich dir versprechen können, dich zu heiraten, wenn ich nicht gewußt hätte, daß du dich eines Tages – daß Gott – ja, daß dies unausweichlich war?«

»Du hättest mich sonst nicht geheiratet?«

»Liebling, wie hätte ich das tun können? Wir wären in dem einzigen wirklich Wesentlichen unser ganzes Leben lang getrennt geblieben.«

»*Ich* wußte nicht, daß es geschehen würde.«

»Gott spielt nicht mit uns, Andrew. Er hatte dich zu deutlich aufgerufen und geführt und gegen deinen Willen zu Seinem Knecht gemacht. Du warst schon im Begriff nachzugeben, als du mit mir zusammentrafst. Ich hätte dich nicht lieben können sonst – nicht mit ganzem, ungeteiltem Herzen. Eigentlich wollte ich ja warten. Ich dachte aber, wenn ich dich hinausschöbe, könnte dich das irgendwie beeinflussen, nach der einen oder anderen Seite. Entweder würdest du vielleicht versuchen, mir zuliebe ...«

»Der Gedanke daran kam mir.«

»Und das wäre nicht der rechte Weg gewesen. Oder du würdest dich so sehr um mich bemühen, daß du die wesentliche Sache – vorübergehend – aus dem Auge verlörest.«

»Ich liebe dich«, sagte Andrew nicht ohne Bedeutung, und küßte sie.

»Und nun, du Seherin«, fuhr er fort, »nachdem du alles von mir weißt, Vergangenheit und Gegenwart und offenbar auch meine Zukunft, nun entscheide du, wann ich es den anderen sagen soll.«

»Den anderen?«

»Meiner Gemeinde.«

»Ich weiß nicht«, sagte sie nachdenklich, »ich meine — was dein Beweggrund ist bei einer Beichte.«

Sein Hauptbeweggrund, gestand er, sei der, daß er sein Gewissen reinigen wolle und einen neuen Anfang machen. Auch ein gewisser Trieb zu Selbstkasteiung spiele mit, denn sich vor anderen aufzudecken, falle ihm ja von Natur aus schwer.

»In meinen Augen«, meinte Cecily, »ist die Frage die, ob der eventuelle Nutzen den Schaden, den es anrichten würde, ausgleicht — außer wenn du sicher bist, daß es Gottes Wille ist. Ich kann mir denken, daß es eine Sensation würde und daß alle von dir sprechen würden.«

»Das ist ja auch mein höchstes Ziel«, unterbrach er.

»Aber in erster Linie«, fuhr sie nach einer kurzen Strafpause für seine häßliche Bemerkung fort, »denke ich eigentlich an Leute wie Dr. Murray und auch an die Jüngeren, die dich so bewundern. Es ist ja nicht so, daß du eine falsche Lehre gepredigt hättest und nun widerrufen müßtest. Es wird sie ziemlich verletzen, wenn du es ihnen sagst. Deine Reue und deine jetzige Ehrlichkeit mögen noch so deutlich sein, sie werden trotzdem nicht vergessen, daß sie den Schein für Wirklichkeit gehalten haben, und werden fürchten, daß sie womöglich noch einmal getäuscht werden.«

»Soll ich also nichts sagen?«

»Du wirst sowieso eine Menge sagen, ohne daß du es weißt. Die Leute werden die Veränderung von selber spüren. Verbergen könntest du sie gar nicht!«

Liebe Cecily! Ihr pikantes Gesicht, nach einem kleinen, ermutigenden Lächeln jetzt ungewöhnlich ernst und gesammelt, hatte er gleich erblickt, als er die Kanzel betrat. Absichtlich wandte er die Augen von ihr ab, denn noch immer, wenn er sie plötzlich sah, fing sein Herz an zu klopfen und seine Gedanken gerieten in Durcheinander.

Diesmal war die Kirche nicht bis zum letzten Platz gefüllt wie an seinem ersten Sonntag im vergangenen Jahr. Es herrschte warmes Wetter, viele der Gemeindeglieder befanden sich noch in

Ferien, und die Neugier, die die Leute aus anderen Gemeinden weite Wege machen läßt, wenn es einen neuen Prediger zu hören gibt, war nicht mehr im Spiel. Während Andrew auf der altvertrauten Kanzel saß, empfand er wieder mit Erstaunen, wie sehr sich seine Auffassungen gewandelt hatten. Die Leute vor ihm waren nicht mehr eine Menge, die er durch Beredsamkeit, durch Logik, durch seine Persönlichkeit zu beeinflussen und zu dirigieren hatte, sondern Einzelmenschen, die man dahin bringen mußte, daß sie in Christus fanden, was er selbst gefunden hatte, Menschen, die er stärken mußte, damit sie in der Gnade und Erkenntnis wuchsen und ihrerseits andere führten.

Und wie stand es mit den zahllosen Männern und Frauen, die den Weg in diese oder eine sonstige Kirche nie fanden, die in der Dunkelheit materialistischer Anschauungen lebten, von dem vernachlässigten Erbe nichts wußten und ein häßliches oder nichtiges oder ein nur unbestimmt strebendes Dasein führten? Auch sie mußten erreicht werden. Und noch andere gab es: die vielen Tausende, deren Leben von dem der Gemeindeglieder so gänzlich verschieden war, als lebten sie auf einem andern Stern. Jetzt wurden auch sie ihm wichtig und teuer, die Armen, für die Christus gestorben war. Er mußte sich Mittel und Wege ausdenken, auch an die niederen Klassen heranzukommen, denen man beibrachte, sich von der Religion als dem von den Reichen erfundenen Druckmittel abzukehren und den Namen Christi zu schmähen, und die gar nicht wußten, daß Er ihre Armut geteilt und ihre Schmerzen gekannt hatte.

Es erstaunte ihn auch, wo er herzliche Freundschaften nie erlebt hatte, welche Freude es ihm bereitete, manche bekannten Gesichter wiederzusehen, besonders von solchen, die in seinen Kämpfen und Schwierigkeiten immer zu ihm gehalten hatten. Seine Tante konnte er deutlich sehen, wie sie ihn mit einer Mischung von Hoffnung und Argwohn beobachtete; denn er hatte ihr von seiner Bekehrung erzählt und hatte zu seiner Üerraschung und zu seinem Leidwesen feststellen müssen, daß sie ihm, nach seinen früheren Täuschungsmanövern, jetzt nicht ganz glaubte. Daß auch sein Onkel da war, bedeutete eine Herausforderung. Mansell hatte Andrews ruhigen Bericht ohne Zeichen von Überraschung aufgenommen. »Ich habe dir ja gesagt, es würde dich eines Tages erwischen«, hatte seine einzige, wenig ermunternde Antwort gelautet, und heute war er gekommen – sehr ostentativ, dachte Andrew halb lächelnd –, um zu beweisen, daß er sich gern überzeugen lasse und sich vor keines Predigers Geschützbatterien fürchte. In Andrew regte sich plötzlich ein menschlicher Trieb mit dem Entschluß, ihn zu überzeugen, oder bei diesem Angriff zu sterben, aber im nächsten Augenblick schämte er sich seiner niederen Motive.

Für die Gemeinde verlief der Gottesdienst in der gewohnten Weise. Wohl nur sehr wenigen kam in Erinnerung, als Andrew aufstand, um mit der Gemeinde zu beten, daß diese Aufgabe früher fast immer auf die Schultern von Dr. Gamble gelegt worden war. Noch wenigere konnten wissen, daß sie von ihrem Prediger zum erstenmal ein Gebet hörten, das nicht vorher niedergeschrieben und auswendig gelernt war. Aber kein einziger – so fand wenigstens Cecily, die ihre Augen nicht von dem geliebten Gesicht zu wenden vermochte – konnte sich der Überzeugung entziehen, daß Andrew zu einem Wesen sprach, das er kannte und anbetend verehrte.

Kurz, bevor es soweit war, daß die Predigt beginnen mußte, überfiel ihn eine panische Angst. Woher wußte er, ob er überhaupt noch predigen konnte? Was sollte er machen, wenn sich herausstellte, daß gerade sein inneres Fernstehen die Voraussetzung für seine Leistung gewesen war? Bei dieser Predigt hatte er sich außerstande gesehen, sie mit sachlicher Unbefangenheit zu beurteilen. Das meiste war ihm mühelos zugeflossen, fast ohne eigene Willensanstrengung und nach mehrmaligem Beten. Während er wartend dasaß, betete er wieder, und seine Angst wurde beruhigt. Die Predigt war im Namen Gottes geschrieben, und Er würde sie segnen.

Geborgen in dem Gefühl einer von Gott kommenden Ruhe erhob er sich und sprach den Bibeltext, den er gewählt hatte. Er hatte sein Thema um die zwei Verse gewoben, die ihn seit dem Tag seiner Wiedergeburt ständig begleiteten. »Seid stille und erkennet, daß ich Gott bin« war die Voraussetzung, und wenn sie erfüllt wurde, folgte das andere »... der uns gemacht ist zur Weisheit und zur Gerechtigkeit und zur Heiligung und zur Erlösung.« Andrew sprach über die Schwierigkeiten, die wirklichen oder vermeintlichen, die einen abhalten, die Voraussetzung zu erfüllen, und von den erstaunlichen und unübersehbaren praktischen Folgen, die die Erfüllung mit sich bringt. Für diese Predigt hatte er eine unerschöpfliche Fülle von Stoff gefunden. Und alle die Vorzüge, die ihm den Ruf eines außergewöhnlichen Predigers eingebracht hatten, waren noch da: die überzeugende Stimme mit ihrer fesselnden Variationsfähigkeit, die sorgfältige Aussprache, die treffende, bis ins letzte präzise Formulierung. Aber darüber hinaus war noch ein Neues hinzugekommen; an die Stelle der etwas hochmütigen Reserviertheit, der glänzenden, akademisch vollkommenen Redekunst war die Herzenswärme und die Bescheidenheit eines Menschen getreten, der nicht darauf ausgeht, unterlegene Geister von seiner eigenen Meinung zu überzeugen, sondern seine Mitmenschen zu bitten, sich mit Gott versöhnen zu lassen.

Dieses Motiv trieb alle Beweggründe niederer Art hinweg. Er sprach als ausgeglichene Persönlichkeit, kein Teil seines Innern lag mit einem anderen in Streit oder stand abseits. Er vergaß den ironischen Spott seines Onkels, vergaß seinen eigenen Stolz, vergaß sogar Cecily: und als er die Predigt beendet und sie und sich selbst und die Gemeinde in Gottes Hände gelegt hatte, damit Er sie gebrauche, da vermochte er nicht zu sagen, ob seine Predigt ein »Erfolg« gewesen war oder nicht. Das eine nur wußte er, daß er dem ihm verordneten Auftrag gehorcht und mit einer nicht aus ihm selbst kommenden Kraft seine überwältigende, neue Entdeckung weitergesagt hatte: »Das Beste ist, Gott ist mit uns.« Wie weit lag es zurück, daß er die Worte zu einfältig und simpel gefunden hatte, um die ganze Fülle von Wesleys geistiger Kraft auszudrücken! Wieder einmal erwies sich als wahr, daß die Weisheit der Welt vor Gott nur Torheit ist — und Seine Torheit weiser denn alle Menschen.

Als Schlußlied hatte er gewählt »O, daß ich tausend Zungen hätte«, denn ihm war eingefallen, wie er einmal vor Jahren — nicht ohne Selbstironie — sich gewünscht hatte, er könnte es rückhaltlos mitsingen; und wieder ergriff ihn dankbares Staunen, daß auch dieser Wunsch nun erfüllt wurde. Nach diesem Lied wollte ein Segensspruch ihm überflüssig scheinen; aber er sprach ihn doch, in dem demütigen und freudigen Bewußtsein, daß er nunmehr das Recht und die Vollmacht besaß, solche Segnungen auf die Gemeinde herabzubitten.

Der Strom von Menschen, die sich immer nach dem Gottesdienst zur Kanzeltreppe schlängelte, war an diesem Morgen ungewöhnlich groß – vielleicht nur deshalb, weil es Andrews erste Predigt nach den Ferien war. Die leisen Bemerkungen und Dankworte waren ihm zum größten Teil von früher wohlvertraut; sie schienen aber heute wärmer als gewöhnlich, obwohl es an Begeisterung und Beifall nie gefehlt hatte; Dr. Murray, der von seinem Platz vorn im Mittelschiff mit Würde vorschritt, langte ungefähr als erster an.

»Unnötig zu fragen, ob Sie gute Ferien hatten, Mr. Connington. Ihre Predigt hat mir schon alles gesagt, was ich wissen mußte.«

»Ich habe einen sehr guten Sommer gehabt, Dr. Murray.«

»Froh darüber. Und dankbar. Ihre Predigt hatte Hand und Fuß. Guten Morgen!«

Easton, der daneben stand, blickte verlegen, fast verwirrt. Er begann zu sprechen und brach ab, drückte Andrews Hand und wandte sich mit einem plötzlichen »Danke« hinweg.

Hinter ihm kam Mansell, sichtlich unbeeindruckt.

»Verzeih, daß ich mich in die Reihen deiner Anbeter eindränge«, sagte er mit diskret gedämpfter Stimme, »aber Alexandra läßt dich fragen, ob du zum Mittagessen heimkommst. Du hättest so etwas gesagt, als wenn du zu Ridouts gingest.«

»Später, ja. Zum Essen komme ich nach Hause, obwohl – nur für kurz, hoffe ich.«

»Ich werde es ausrichten«, sagte Mansell. Er senkte seine Stimme und fügte hinzu: »Ich sehe, du betörst dein Publikum noch immer. Leider bin ich zu unbegabt, um in deiner Methode irgendeine ungewöhnliche Veränderung zu entdecken.«

Andrew blickte seinem Onkel in die Augen und mußte über seine Worte lächeln.

Der nächste, der herantrat – nach mehreren Frauen, die gern mehr gesagt hätten als nur »Vielen Dank, eine wundervolle Predigt« – war ein junger Mann, ein altbekanntes, aber verändertes Gesicht.

»Harkness! Bob Harkness!«

»Richtig«, erwiderte der andere und überlegte sichtlich, wie er Andrew anreden sollte. Schließlich ließ er es. »Sag mal, deine Predigt war ja ganz enorm. So direkt und frei heraus.«

»Freut mich, daß du das findest.«

»Bestimmt. Phyll genauso. Sie hatte nicht den Mut, mit herzukommen. Du würdest dich nicht mehr an sie erinnern, meinte sie.«

»Aber selbstverständlich tue ich das. Wie geht es ihr?«

»Blendend. Sie wird – wir werden wohl im Frühjahr heiraten, wenn mein Antrag auf die Stelle an der Klinik durchgeht.«

»Gratuliere.«

»Vielen Dank. Sie ist ein fabelhafter Kerl, hat viel Geduld gehabt. Bei einem Arzt zu warten, bis er fertig ist und anfängt, ist ja nicht so angenehm. Also, deine Predigt hat uns beiden sehr gefallen, das wollte ich dir eben sagen.«

»Das ist nett von dir.«

»Ach wo. Ich mußte unwillkürlich daran denken, was ich für einen Schreck bekam, als ich damals hörte, daß du Prediger werden wolltest. Selbst letztes Jahr, das eine Mal, wo ich dich gehört habe, konnte ich es noch immer nicht recht glauben. Aber heute morgen war mir alles klar, ich wußte, daß du dafür ausersehen bist. Ich bin wahrscheinlich mehr fürs Praktische geschaffen. Aber es war wirklich fabelhaft, bestimmt.«

Andrew konnte keine passende Entgegnung finden.

»Ja, ich glaube, ich halte den Verkehr auf. Vielleicht sehen wir uns mal, wenn du nicht zu sehr beschäftigt bist. Weißt du übrigens, von wem Phyll neulich einen Brief bekommen hat? Von Sonja. Kannst du dich erinnern? Sonja Long?«

»Ja. Wie geht es ihr?«

»Immer noch die alte. Sie kommt aber wieder her; wird jetzt wohl unterwegs sein, denke ich. Bis oben angefüllt mit neuen Ideen von irgendeinem jungen Mann in Wien. Also, bis dahin.«

Ihm folgten zwei halbwüchsige Verehrerinnen, die vor Schüchternheit ihre atemlosen Sätze nicht zu Ende brachten. Dann kam ein junger Mann, der bei der Jugendarbeit in der Sonntagsschule mitmachte und der sich ihm noch nie genähert hatte, obwohl er öfters in die Gebetsversammlungen gekommen war.

»Ich wollte nur fragen, ob ich Sie wohl irgendwann mal sprechen könnte, Sir.«

»Sicher. Ich stehe immer zur Verfügung — wann Sie wollen. Heute?«

»Würde es Ihnen passen nach der Sonntagsschule? Ich gehe nämlich in die Bibelklasse. Sie — Sie werden es wahrscheinlich etwas seltsam finden, ich habe aber ein paar Fragen, über die ich mir gern klar würde. In diesem Sommer ist etwas geschehen, was mich zum Nachdenken gebracht hat, und Ihre Predigt heute morgen war genau das, was ich wollte — oder vielmehr brauchte.«

Andrew fühlte sich sonderbar bewegt.

»Ich werde in meinem Zimmer sein.«

»Vielen Dank, Sir. Eigentlich wollte ich schon letztes Jahr kommen, ich wußte aber nicht, ob Sie es verstehen würden und ob Sie gern damit belästigt wären. Ich glaube, ich habe mich geändert. Dann bis heute nachmittag.«

Es war der letzte. Die Menschen waren durch die weit geöffneten Türen in die klare Sommerluft hinausgeströmt. Andrew zog den Talar aus und schritt der Türe zu, die zu seinem Zimmer führte. Fast war er bei ihr angelangt, als er plötzlich Mrs. Garfield gegenüberstand, sehr emsig, sehr gut aufgelegt, sehr elegant und teuer angezogen in einem taubenblauen, seidenen Jackenkleid, taubenblauen Filzhut und mit einem Silberfuchs.

»Ah, Mr. Connington! Sie müssen wirklich meinen Mann von dieser Arbeit im Finanzausschuß befreien. Soeben habe ich versucht, ihn etwas anzutreiben. Er sitzt da und zählt die Kollekte oder trägt sie in die Bücher ein oder irgendwas. Wir haben doch genügend andere Männer, die das übernehmen könnten — die sich sogar freuen würden und die sich nicht um tausend andere Dinge kümmern müssen wie Jerome.«

»Es scheint Ihnen ziemlich eilig zu sein.«

»Ach, ungeduldig bin ich nicht, Mr. Connington. Ich finde aber wirklich, wenn ein Mann einen größeren Wirkungskreis hat, dann sollte er diese kleinen Dinge jemand anderem überlassen. Ich warte nämlich, daß er uns hinausfährt in den Klub. Wir wollen ein paar Gäste mitnehmen und dort mit ihnen essen. Ganz reizende Leute, wir lernten sie im Sommer kennen, in Nantucket.

Und ich will Ihnen ein Geheimnis verraten. Es könnte sein, daß Sie in Kürze jemand trauen werden, nämlich Mary Jane.«

»Mit einem dieser Gäste?«

»M'm. War in West Point. Familientradition. Beste amerikanische Familie. Ich sage immer: wenn man auf die wahren Amerikaner trifft, trifft man auf die wahre Aristokratie. Ja, wir sind sehr froh darüber. Wir haben die Familie heute morgen in die Kirche mitgenommen.«

Andrew erwiderte die üblichen Worte und war im Begriff, ihr eine Nachricht für Jerry anzuvertrauen, überlegte es sich aber anders. Um Jerry wollte er sich lieber selber kümmern.

»Es freut mich, daß Sie einen angenehmen Sommer hatten, Mrs. Garfield.«

»Ach, es war ganz herrlich. Und bei Ihnen auch, hoffe ich?«

»Ja. Aber ich bin froh, daß ich heute morgen wieder hier bin.«

»Und trotzdem, es war für Sie nicht leicht, wieder in die alte Spur hineinzukommen. Sie brauchen es mir gar nicht zu erzählen. Ich habe es gemerkt.«

»Gemerkt?«

Sie nickte.

»Ihre Predigt. Nicht so ganz Ihr sonstiges Niveau, nicht wahr? Oh, sehr gut natürlich, und eigentlich soll ich ja nichts sagen. Jerome würde furchtbar böse auf mich sein. Ich wäre viel zu offen, meint er; ich sage ihm dann immer: ›Jerome, gerade deshalb trauen mir die Leute, sie wissen, daß ich nie ein Blatt vor den Mund nehme.‹ Das wissen Sie ja auch, Mr. Connington, nicht wahr? Ich habe Ihnen immer schon gesagt, was mir gefallen hat und was mir nicht gefallen hat. Und jetzt kann ich ja nicht plötzlich damit aufhören. Ich hoffe, dafür sind wir doch zu gute Freunde.«

»Zweifellos. Ich wäre aber froh, wenn Sie mir noch sagen würden, was Sie denn nun falsch gefunden haben.«

»Oh, nicht falsch! Das wäre viel zuviel gesagt. Nicht ganz auf Ihrer sonstigen Höhe. Ich schreibe es dem üblichen Zustand nach den Ferien zu — es fällt einem schwer, in die Arbeit wieder reinzukommen.«

»Und was ...?«

»Oh, ein bißchen zu ernst, zu eindringlich, zu theologisch, zu viel altmodische Betonung des Persönlichen. Darüber sind wir doch hinaus. Heutzutage müssen wir die Dinge freier sehen, weitherziger. Und wir müssen Mäßigung bewahren — in der Religion besonders. Man sollte den Leuten die Dinge, wissen Sie, nicht aufdrängen.«

»Ich verstehe.«

»Nicht, daß Sie das täten, verstehen Sie mich nicht falsch. Höchstens eine Spur. Was ich heute vermißte, war das angenehm Unverpflichtende. Mein Prinzip heißt Mäßigung. Immer dezent sein. Sonst werden wir am Schluß Fanatiker.«

»Das ist ein schwieriges Wort.«

»Oh, Sie nehmen es doch hoffentlich nicht ernst? *Sie* könnten nie fanatisch sein! Das weiß ich doch. Wir alle wissen das. Nur müssen wir drauf achten, daß wir auf Fremde nicht den falschen Eindruck machen. Ah, jetzt höre ich Jerome.« Sie wandte sich um, als ihr Mann durch die Schwingtür kam, und Andrew begrüßte ihn und sah mit leisem Schrecken, daß der harte und gereizte Ausdruck sich bei ihm verstärkt hatte; um Mund und Augen hatten sich gequälte, unzufriedene Züge eingegraben.

»Ich muß eben dort hinübergehen und die Aster zurechtrükken«, sagte Mrs. Garfield. »Ich kann es nicht ausstehen, wenn eine nicht am richtigen Platz sitzt. Auf Wiedersehen, Mr. Connington. Wir müssen bald zusammenkommen. Und denken Sie daran — in allem dezent sein!«

Auf ihren hohen Absätzen ging sie zu den Stufen des Altarraums, wo sie eine große rosa Aster aus einem Blumenkorb herauszupfte, ihre Wirkung kritisch prüfte und sie dann mit eleganter Sicherheit auf die andere Seite steckte. Die zarten Pastelltöne belebten in dezenter Harmonie den Vordergrund. Im Hintergrund schilderten die weniger gefälligen Farben eines bunten Fensters, nackt und undezent, die Todesqualen des Gekreuzigten.

Andrew blickte Mrs. Garfield eine Weile unbeweglich nach. In seinen Augen war kein Unwille.

Brunnen Taschenbücher: Berichte, Biographien, Erzählungen

13068 Johanna Lorch
Opfernd reift die Frucht

13116 Adolf Wunderlich
Von Gott umgeben

13124 Ernst Schreiner
Die Meistergeige

13126 Klaus Bockmühl
Auf dem Weg

13129 Wilhelm Landgrebe
Dietrich Bonhoeffer

13146 Schick/Haag
Christian Friedrich Spittler

13156 Isobel Kuhn
Die mich suchen/ In der Arena

13163 Dieter Theobald
Stets zu Diensten

13164 Garth Lean
John Wesley

13174 Andreas Markusson
In der Finsternis wohnen die Adler

13178 Maria Stiefl-Cermak
Jemand hat mir zugelächelt

13180 Sheldon Vanauken
Eine harte Gnade

13196 John Pollock
Hudson Taylor – Pionier im verbotenen Land

13207 Dieter Theobald
Alles halb so schlimm

13208 Manfred Siebald
Ist schon alles gesagt?

13209 J.H. Oldham
Ein Mensch wagt zu lieben

13235 Ursula Koch
Sahel heißt Ufer

13236 Willy Kramp
Deine unbesiegbare Kraft

13254 Willy Kramp
Wir sind Beschenkte

13255 Johanna Lorch
Solange es Tag ist

13263 Andreas Benda (Hrsg.)
Noch die kleinste Pfütze spiegelt den Himmel

13264 Dieter Theobald
Bedenkliches / Gebete aus dem Kirchenschiff

13265 Noreen Riols
Manchmal wünschte ich mir Flügel

13283 Rolf Bielke
Kennzeichen C

13284 Heinz Böhm
Tödliches Schweigen

13285 Markus Maggi
Balanceakt

13286 Robert Vittoz
Jenseits der Wälder

13287 Hanna Ahrens
Schenk mir einen Regenbogen

13305 James Johnson
Deckname Sebastian

13306 Herbert Fuchs
Nur einer kann helfen

13307 Anny Hahn
Es gibt einen lebendigen Gott

13318 Heinz-Günther Klatt
Der Gestapo-Chef

13319 Sheila Walsh
Leben live

13337 Herbert Fuchs
Nur einer bringt zum Ziel

13338 Walter Wanner
Mitten im Leben

13340 Hanna Ahrens
Feste, die vom Himmel fallen

13342 Klaus Dieter Härtel
Martin Luther King

13343 Walter Nenzel
Die größere Liebe

13348 Reinhard Frische
Wasser aus der Wüste
Worte aus dem Leben von Charles de Foucauld

13352 Hermann Jantzen
Im wilden Turkestan

13353 Noreen Riols
Mein geliebtes nie geborenes Kind

13354 Steve Volke
Background

13382 I.W. Weiberg
Geschichten unter der Sonne

13383 Grace Irwin
Die Karriere

13384 Grace Irwin
Der größere Reichtum